守望经典  学问弥新

未名社科·大学经典

国家间政治
权力斗争与和平
简明版

〔美〕汉斯·摩根索 著
〔美〕肯尼思·汤普森 修订
徐昕 郝望 李保平 译
王缉思 校

北京大学出版社
PEKING UNIVERSITY PRESS

Hans J. Morgenthau, revised by Kenneth W. Thompson
Politics Among Nations: The Struggle for Power and Peace, Brief ed.
ISBN:0-07-043306-2
Copyright © 1993 by The McGraw-Hill Companies, Inc.
All Rights reserved. No part of this publication may be reproduced or transmitted in any form or by any means, electronic or mechanical, including without limitation photocopying, recording, taping, or any database, information or retrieval system, without the prior written permission of the publisher.
This authorized Chinese translation edition is jointly published by McGraw-Hill Education (Asia) and Peking University Press. This edition is authorized for sale in the People's Republic of China only, excluding Hong Kong, Macao SAR and Taiwan.
Copyright © 2012 by McGraw-Hill Education (Asia), a division of the Singapore Branch of The McGraw-Hill Companies, Inc. and Peking University Press.

版权所有。未经出版人事先书面许可，对本出版物的任何部分不得以任何方式或途径复制或传播，包括但不限于复印、录制、录音，或通过任何数据库、信息或可检索的系统。

本授权中文简体字翻译版由麦格劳-希尔（亚洲）教育出版公司和北京大学出版社合作出版。此版本经授权仅限在中华人民共和国境内（不包括香港特别行政区、澳门特别行政区和台湾）销售。

版权 © 2012 由麦格劳-希尔（亚洲）教育出版公司与北京大学出版社所有。

本书封面贴有 McGraw-Hill 公司防伪标签，无标签者不得销售。

北京市版权局著作权合作登记号　图字：01-2012-2415 号
图书在版编目(CIP)数据

国家间政治：权力斗争与和平/（美）摩根索著；徐昕，郝望，李保平译. —北京：北京大学出版社，2012.9
（未名社科·大学经典）
ISBN 978-7-301-19019-7

Ⅰ.①国… Ⅱ.①摩… ②徐… ③郝… ④李… Ⅲ.①际政治—研究 Ⅳ.①D5

中国版本图书馆 CIP 数据核字(2012)第 205526 号

书　　　　名：	国家间政治：权力斗争与和平(简明版)
	GUOJIA JIAN ZHENGZHI: QUANLI DOUZHENG YU HEPING
著作责任者：	〔美〕汉斯·摩根索 著　〔美〕肯尼思·汤普森 修订
	徐　昕　郝　望　李保平 译　王缉思 校
责 任 编 辑：	徐少燕
标 准 书 号：	ISBN 978-7-301-19019-7/D·3171
出 版 发 行：	北京大学出版社
地　　　　址：	北京市海淀区成府路 205 号　100871
网　　　　址：	http://www.pup.cn
电 子 信 箱：	编辑部 ss@pup.cn　　总编室 zpup@pup.cn
电　　　　话：	邮购部 010-62752015　发行部 010-62750672
	编辑部 010-62753121　出版部 010-62754962
印　　刷　者：	北京汇林印务有限公司
经　　销　者：	新华书店
	890 毫米×1240 毫米　A5　16.625 印张　432 千字
	2012 年 9 月第 1 版　2024 年 3 月第 9 次印刷
定　　　　价：	69.00 元

未经许可，不得以任何方式复制或抄袭本书之部分或全部内容。
版权所有，侵权必究
举报电话：010-62752024　电子邮箱：fd@pup.pku.edu.cn

摩根索
(1904—1980)

经典作家小传
汉斯·摩根索
(Hans J. Morgenthau, 1904—1980)

美国政治学家、国际法学家,国际关系理论大师,国际法中"权力政治学派"的缔造者。汉斯·摩根索出生于德国,先后就读于柏林大学、法兰克福大学、慕尼黑大学,曾在法兰克福大学教授并从事法律专业,还担任劳工法庭的主席。在希特勒上台前的一年,摩根索教授前往日内瓦大学任教;他于1937年赴美国,此前在西班牙马德里执教。到美国后,他在布鲁克林学院和堪萨斯城市大学任教,直至1943年受聘于芝加哥大学。他也是芝加哥大学新社会研究学院的政治学教授和该校政治学、现代历史阿尔伯特·A.迈克尔逊杰出服务教授,以及纽约城市大学城市学院的政治学里伦纳德·戴维斯杰出教授。他还是哥伦比亚大学、哈佛大学、西北大学、耶鲁大学和加利福尼亚大学的访问教授。摩根索教授曾任美国国务院和国防部顾问,并且曾是芝加哥大学美国外交政策研究中心主任、普林斯顿高级研究所成员、华盛顿外交政策研究中心合作人、外交关系学会的高级研究员。摩根索的主要著作还有《捍卫国家利益》(1951)、《美国政治的目的》(1960)、《二十世纪的政治》(1962)、《美国外交的新政策》(1969)、《科学:奴仆还是主人?》(1972)。

肯尼思·汤普森
(Kenneth W. Thompson)

美国弗吉尼亚大学威尔逊政府管理和外交事务学院教授,创立并领导了弗吉尼亚大学米勒公共事务研究中心。他曾是摩根索的学生和研究助理。他的主要著作有《国际思想大师》(1980)、《国际思想之父》(1994)、《国际关系中的思想流派》(1996)等。

名师点评

作为一项政治理论,摩根索的体系是相当完整的。第一,它描绘了国际政治的现实,并解释了其中的因果关系:国际社会中的各个国家为自身的权益而斗争,当国家间的利益一致时就产生合作;竞争、对抗与冲突则是利益相互抵触的结果。第二,它有自己的价值判断:国家的生存和世界和平是理论研究的目标。国家的生存有赖于对国家利益的理性追求,有赖于对国家实力的符合现实的估计。维持大国之间的均势有助于维持和平。意识形态和宗教的讨伐不利于国家利益和国际稳定。第三,它提出了解决问题的方案:在现存的国际体系中,维持和平的真正建设性的步骤,是通过讲究艺术的传统外交手段取得国家间的妥协,这种和解将成为通向世界大国的铺路石。

——王缉思(摘自《国家间政治》1990 年中译本序)

汉斯·摩根索……是美国国际政治学界的第一位大师,他的主要著作《国家间政治》被认为是使国际政治学成为一门独立的、系统化的社会科学门类的关键作品。在他以后,国际政治学的发展又经历了好些个阶段,学者们又有不少新的贡献和超越,但没有一个阶段和一个学者能够在实现自己的进步时完全无视摩根索的工作,他们是"站在巨人的肩膀上"完成这种超越的。

《国家间政治》也是一部系统的教科书,里面涉及古典政治学的基本原理、它们在国际关系中的运用、国际体系的概念和外交的基本原则、欧洲近代国家间体系的历史和国际史学家对它们的总结;这本书像是一部国际政治的"小百科全书",不论你是否赞成作者的具体结论,通过阅读你总能够对国际政治学家研究的主要对象和基本范围有一个总体的了解,包括国际政治学特有的范畴、术语和常识等。

——王逸舟(摘自《西方国际政治学:历史和理论》)

简明版前言

四十多年来,《国家间政治》被很多人奉为国际政治的奠基之作。在本书第六版面世之时,这部著作的主题,包括国家利益和权力,对外交政策的实践者来说已是老生常谈。与此同时,其对广大公众的价值也开始显现出来。

出版《国家间政治》简明版至少基于以下四个考虑。第一,由于高等教育费用的飞涨,本书在20世纪90年代的使用变得愈加困难。尽管书籍在学生教育开支中只占较小份额,但精装本高出三倍的定价有时还是会让他们望而却步。第二,如今的学生对平装书已习以为常,从农艺学到动物学的所有领域概莫能外。因此,推出让民众和学生触手可及的《国家间政治》简明版是适宜的。第三,有关摩根索教授著作的讨论在过去二十年里有增无减,诸如新现实主义的衍生学派相继出现,这使得让广大美国公众接触到摩根索巨著的益处彰显无遗,因为这样做可以使批评者和同情者直接阅读这部著作,而无须经由他人大脑的过滤。第四,在名校讲授国际关系大课的教师们呼吁出版定价低廉的简编版,而在过去20年里,社会科学领域的大多数通用教材均通过相关出版项目推出了简明版。

在准备简明版的过程中,我遵循了以下三项选编原则。第一,我完整保留了第六版的前十章。摩根索教授认为这十章包含了他的国际政治哲学的许多基本原则:现实主义理论、作为权力斗争的政治、外交政策、民族主义和国家权力。第二,我保留了应用上述这些原则的各章中的实质部分,这些章包括权力均衡、道义和国际法。这几章合在一起提供了结合丰富历史实例对国家权力限度所作的讨论。从这一部分开始以及在其后各章中,我删除了某些繁琐的技术性细节,无论这些内容出现在什么地方,这些内容或许更适于在高级研究生及专业研讨课上讨论。第三,我对那些侧重当代问题及通往和平的三种根本途径的几章做了筛选:裁军、集体安全和国际政府对国家权力的制约;经由世界国家和世界共同体而谋求变革;以及经由外交途径谋求和解。我觉得删掉那些无碍分析完整性的历史细节以及删除涵盖在前面有关国际法章节中的司法解决是合理的。对于有志于深入探讨这些问题的学生,我敦促他们阅读完整版。

对大多数国际政治学人来说,《国家间政治》一书无须介绍。它已是教师、研究生和成千上万的本科生不可或缺的精神食粮。简明版必将有助于进一步扩大读者的范围。简言之,我们期待简明版找到新的读者群。这个新的版本旨在满足新时代高等教育和公共事务的需求。

尚有两点需要说明一下。在整个书稿中,人称代词皆以男性代词表达,这是本书最初出版年代的习惯性做法。对此我们决定不作改动,保持文本原貌。我们只是希望,虽然我们通用男性人称代词,读者仍会在恰当之处理解我们意指男女两性。其次,关于书中的时间状语,我们在此提醒读者注意,作者写作本书的年代是20世纪中期。

肯尼思·汤普森

目 录

第一编　国际政治的理论和实践

第一章　国际政治的现实主义理论　/ 003
　　政治现实主义的六项原则　/ 006
第二章　国际政治学　/ 023
　　理解国际政治　/ 025
　　理解国际和平问题　/ 034

第二编　作为权力斗争的国际政治

第三章　政治权力　/ 039
　　什么是政治权力　/ 041
　　对政治权力的贬抑　/ 048
　　贬抑政治权力的两个根源　/ 052
　　关于和平的科学：当代乌托邦主义　/ 055
第四章　寻求权力的斗争：现状政策　/ 067
第五章　寻求权力的斗争：帝国主义　/ 077
　　帝国主义不是什么　/ 079
　　关于帝国主义的经济理论　/ 083
　　帝国主义的不同类型　/ 090
　　怎样察觉和对抗帝国主义政策　/ 102
第六章　寻求权力的斗争：威望政策　/ 113
　　外交礼仪　/ 116
　　炫耀武力　/ 122

威望政策的两个目标 / 124
　　威望政策的三种误用 / 127
第七章　国际政治中的意识形态因素 / 133
　　政治意识形态的本质 / 135
　　外交政策中典型的意识形态 / 139
　　辨认问题 / 149

第三编　国家权力

第八章　国家权力的实质 / 155
　　什么是国家权力 / 157
　　现代民族主义的根源 / 160
第九章　国家权力的要素 / 169
　　地理 / 171
　　自然资源 / 174
　　工业能力 / 181
　　战备 / 184
　　人口 / 189
　　民族性格 / 193
　　国民士气 / 201
　　外交的素质 / 208
　　政府的素质 / 213
第十章　国家权力的评估 / 223
　　评估的任务 / 225
　　典型的评估错误 / 228

第四编　国家权力的限制：权力均衡

第十一章　权力均衡 / 243
　　社会平衡 / 245
　　权力均衡的两种主要模式 / 251

第十二章 权力均衡的不同方式 / 259
　　分而治之 / 261
　　补偿政策 / 262
　　军备 / 263
　　联盟 / 264
　　权力均衡的"掌控者" / 279
第十三章 权力均衡的结构 / 285
　　支配系统和从属系统 / 287
　　权力均衡结构的变化 / 290

第五编　国家权力的限制：国际道德和世界舆论

第十四章 道德、习俗和法律对权力的限制 / 295
第十五章 国际道德 / 303
　　保护人类生命 / 306
　　普遍道德对抗民族主义化的普世主义 / 319

第六编　国家权力的限制：国际法

第十六章 国际法的主要问题 / 341
　　国际法的一般性质 / 343
　　国际法的立法功能 / 347
　　国际法的执行 / 358

第七编　当代世界的国际政治

第十七章 新的道德力量：民族主义化的普世主义 / 363
　　新旧民族主义 / 365

第八编　和平问题：以限制求和平

第十八章 裁　军 / 371
　　我们时代的和平问题 / 373

裁军的历史　/ 375
　　核时代的武器管制　/ 376
第十九章　安　全　/ 389
　　集体安全　/ 391
　　国际警察力量　/ 395
第二十章　国际政府　/ 399
　　神圣同盟　/ 401
　　国际联盟　/ 411
第二十一章　国际政府：联合国　/ 425
　　根据《宪章》设计的联合国　/ 427
　　联合国——政治现实　/ 431

第九编　和平问题：以转变求和平

第二十二章　世界国家　/ 443
　　国内和平的条件　/ 446
　　两个虚假的解决方法　/ 457
第二十三章　世界共同体　/ 463
　　文化的途径：联合国教科文组织　/ 465
　　功能的途径　/ 471

第十编　和平问题：以调解求和平

第二十四章　外　交　/ 479
　　外交的四项任务　/ 481
　　外交的工具　/ 484
　　外交的式微　/ 488
第二十五章　外交的未来　/ 495
　　外交如何才能复兴　/ 497
　　外交的希望：它的九项规则　/ 506
　　结论　/ 516

第一编 国际政治的理论和实践

第一章　国际政治的现实主义理论

经典名句

- 如果人们希望理解外交政策,人们需要知道的主要不是政治家的动机,而是他把握外交政策基本面的认识能力,以及把他所把握的东西转化为成功的政治行动的政治能力。
- 政治现实主义的六项原则:

　　1.政治现实主义认为,像社会的一般现象一样,政治受到根植于人性的客观法则的支配。
　　2.以权力界定的利益概念是帮助政治现实主义找到穿越国际政治领域的道路的主要路标。
　　3.现实主义认为,以权力所界定的利益这一关键概念是普遍适用的客观范畴,但是它并不赋予这个概念一个永久固定的含义。
　　4.政治现实主义明白政治行动的道德意义。
　　5.政治现实主义拒绝把特定国家的道德愿望等同于普天之下适用的道德法则。
　　6.因此,政治现实主义和其他学派之间的差异是真实的、深刻的。

第一次世界大战

本书旨在提出一种国际政治理论。对于这种理论的检验不能是先验的和抽象的,而必须是经验的和实用的。换言之,理论不是要由某些预先设想的与现实无关的抽象原则或概念来判断,而必须由它的意图来判断,即要看它是否将纷纭复杂的现象条理化并做出解释,而倘若没有这种理论,这些现象将依然是杂乱无章和无法理解的。它必须接受经验和逻辑的双重检验,即实际存在的事实是否与理论对它们的解释相符,以及理论得出的结论是不是从它的前提引出的必然的逻辑结果?简言之,理论是否与事实一致并能自圆其说?

这个理论提出的问题关系到整个政治的本质。现代政治思想的历史是两个学派之争的过程,两派在关于人、社会和政治的本质的观念上,存在着根本的分歧。一派相信,源于普遍正确的抽象原则的理性的和道德的政治秩序是能够于此时此地实现的。它假设人性本质上是善的和无限可塑的,并且把社会秩序不符合理性标准的情况归咎于缺乏知识和理解、陈腐的社会制度,或某些孤立的个人或集团的腐化。它坚信,教育、改革和偶尔使用武力能够弥补这些缺陷。

另一学派认为,尽管从理性观点来看世界是不完善的,但它却是人性中固有的各种力量的产物。为了改善世界,人们必须顺应这些力量,而不是与它们对抗。由于这个世界本质上是一个利益对抗和利益冲突的世界,道德原则永远也不可能完全实现,但是必须通过不断暂时地平衡各种利益和不断勉强地解决冲突而尽量接近它。因此,这一学派把制约和均衡的制度看做是适用于所有多元化社会的普遍原则。它求助于历史先例而不是抽象原则,它的目标是实现较小的恶,而不是绝对的善。

这种对于人的真实本性和实际发生的历史进程的理论关注,为本书所提出的理论赢得了现实主义的称号。政治现实主义的信条是什么?这里不可能对政治现实主义的哲学做出系统的解说;指出经常被误解的六项基本原则就足够了。

政治现实主义的六项原则

1. 政治现实主义认为,像社会的一般现象一样,政治受到根植于人性的客观法则的支配。为了改善社会,我们首先必须理解社会赖以生存的法则。这些法则不受人们的偏好的左右而起作用,人们若向它们挑战,就要冒失败的危险。

现实主义固然相信政治法则的客观性,同时它也必须相信有可能建立起反映这些法则的合乎理性的理论,无论这种反映多么不完善和片面。因此,它也相信在政治中区分真理和意见是可能的——真理是客观上和理性上真实的,以事实为依据的,靠推理阐明的;而意见只是主观判断,是脱离于实际的事实的,是受到偏见和臆想影响的。

政治法则的根源是人性,而自从中国、印度和希腊的古典哲学致力于发现这些法则以来,人性没有发生变化。因此,在政治理论中,新颖独特未必是优点,年代久远未必是缺点。如果一种政治理论前所未闻(如果确有如此之理论的话),那么人们就易于得出对其正确性持怀疑而非认同的推断。反之,如果事实上一种政治理论在几百年前甚至几千年前就已经建立起来——如权力均衡理论——人们却并不能得出它必然陈腐过时的推断。政治理论必须接受推理和经验的双重检验。因为一种理论在几个世纪前就已成熟而把它抛弃掉,这种做法提出的不是理性的论据,而是一种认为现在理所当然地优于过去的现代主义偏见。把复兴这样一种理论说成是"追求时髦"或"赶风头",就等于说在政治问题上我们只能各持己见而得不到真理。

对于现实主义来说,理论在于确定事实并通过推理赋予它们以意义。现实主义认为,外交政策的性质只有通过检验所采取的政治行动和这些行动可以预见的后果才能得到确定。因此我们能够发现政治家实际做了什么,并从其行动的可预见的后果中推测出他们的目标可能是什么。

然而,只检验这些事实是不够的。要使外交政策的事实原材料说明问题,我们就必须用一种理性的框架去接近政治现实,这个框架就相当于为我们提示外交政策的可能含义的一幅地图。换言之,我们把自己置于一个必须在某种环境中解决某个外交政策问题的政治家的位置上,并问我们自己,在此环境中处理这个问题的政治家有哪些可供他挑选的理性的选择方案(假定他总是理性地行动),并且在此环境中行动的这个特定的政治家可能从这些理性的方案中选择哪个。只有把这一理性假说放在事实及其结果中进行检验,才能赋予国际政治的事实以理论意义。

2. 以权力界定的利益概念是帮助政治现实主义找到穿越国际政治领域的道路的主要路标。这个概念把试图理解国际政治的推理与有待于理解的事实联系了起来。它使政治成为行动和知识的独立领域,从而将它与其他领域如经济学(它是由财富界定的利益概念而得到理解的)、伦理学、美学或宗教区分开来。没有这样一个概念,无论是国际政治还是国内政治的理论都是根本不可能产生的,因为没有它我们就无法将政治的和非政治的事实加以区分,也无法给政治领域带来至少是某种程度的系统化条理。

我们假定,政治家的思想和行动是从以权力界定的利益出发的,而历史事实证实了这一假定。这一假定使我们能够回顾和预言过去、现在或未来的政治家在政治舞台上已经迈出或将要迈出的步伐。我们好像就站在他背后看他撰写公文;我们倾听他与其他政治家谈话;我们洞察并推断他的真实想法。从以权力界定的利益角度思考,我们就能够像他那样思考,而且作为利益与己无关的旁观者,我们对他的思想和活动的理解,也许比他这个政治舞台上的演员的理解更为透彻。

以权力界定的利益概念为观察者规定知识规范,为政治学的研究主题注入理性秩序,因而使对政治的理论分析成为可能。对政治家来说,它为行动提供了理性的约束,并带来外交政策的惊人的连续性,这使美国、英国或俄国的外交政策看起来具有可以理解的及理性的连贯性,政策大体上前后一致,而不论相继执政的政治家有如何不同的动机、好恶、知识水平和道德品质。因此,国际政治的现实主义理论将防止出现两个流行的谬误:对动机的关注和对意识形态倾向的关注。

只从政治家的动机来寻找外交政策的线索既是无效的,也是靠不住的。它之所以无效,是因为动机是心理现象中最虚幻的东西。动机受到行动者和观察者的利益和感情的歪曲,经常被歪曲到面目全非的地步。我们是否真正知道我们自己的动机是什么?我们知道他人的动机是什么吗?

而且,即使我们有可能接近政治家的真实动机,那也不会对我们理解外交政策有什么帮助,而有可能将我们引入歧途。确实,对政治家的动机的了解,可以为我们提供了解他的外交政策的可能方向的众多线索中的一条线索。可是,它不能向我们提供可以用来预测他的外交政策的线索。历史没有显示出动机的性质与外交政策的性质之间有精确和必然的相互联系。无论是从道德的角度还是从政治的角度看,这样说都是正确的。

从政治家的良好意图中我们不能得出结论说,他的外交政策在道德上将是值得称赞的,或在政治上将是成功的。判断他的动机时,我们可以说他不是故意要实行道德上错误的政策,但是,我们对于政策成功的可能性则不能做出任何判断。如果想知道他的行动的道德和政治品质,我们必须了解这些品质本身而不是了解他的动机。有多少次,政治家们怀着改善世界的愿望,结果却把世界搞得更糟?又有多少次,他们为了一个目标而奋斗,结果却得到他们既没有料到也不愿得到的东西?

内维尔·张伯伦的绥靖政治,在我们看来,是基于良好的动机的;与许多其他英国首相比,他的动机可能含有更少的个人权力的考量,他寻求维持和平,并试图确保一切有关方面满意。然而,他的政策使第二次世界大战不可避免,并给千百万人民带来无穷的苦难。另一方面,温斯顿·丘吉尔爵士的动机在范围上不那么具有世界性,而是受到更为狭隘的个人权力和国家权力的驱使。但基于这些较差的动机之上的外交政策,在道德和政治品质上却无疑优于他的前任所追求的外交政策。若从动机来判断,罗伯斯庇尔是有史以来最善良的人之一。然而,正是那种善良的乌托邦激进主义促使他屠杀了那些不如他善良的人,并把自己送上了断头台,葬送了他所领导的革命。

良好的动机可以保证避免有意制定坏政策;但它们不能保证其所产生的政策在道德上是仁慈的,在政治上是成功的。如果人们希望理解外交政策,人们需要知道的主要不是政治家的动机,而是他把握外交政策基本面的认识能力,以及把他所把握的东西转化为成功的政治行动的政治能力。可见,抽象意义上的伦理学判断动机的道德品质,而政治理论则必须判断才智、意志和行动的政治品质。

国际政治的现实主义理论也将避免另一个常见的谬误,即将政治家的外交政策与他的哲学或政治倾向等同起来,并从后者推断出前者。政治家,特别是当代条件下的政治家,为了赢得大众对他们的政策的支持,可能已经十分习惯于根据他们的哲学和政治倾向阐述他们的外交政策。然而,他们像林肯一样,会将他们的"官方责任"(从国家利益出发的思想和行动)与他们的"个人愿望"(关心他们自己的道德价值和政治原则在全世界的实现)加以区别。政治现实主义不要求也不容忍对政治理想和道德原则漠不关心,但是,它的确要求明确区分希望得到的东西和可能实现的东西,即区分任何时间、任何地点都希望得到的东西和在一定时间、地点的具体条件下才能实现的东西。

当然,并非所有的外交政策都总是遵循着如此理性的、客观的和非感情的路线的。个人特质、偏见、主观偏好,以及人类所固有的智力和意志上的弱点,所有这些偶然因素,都必然使外交政策偏离它们的理性轨道。特别是,在外交政策是在民主控制的条件下得到执行的地方,引导公众的感情去支持外交政策的需要不能不损害外交政策本身的理性。然而,旨在追求理性的外交政策理论,似须暂时从这些非理性的因素中超脱出来,并寻求描绘一幅外交政策的图画,这幅图画将反映出可以在经验中发现的理性实质,避免包括也可以在经验中发现的偶然偏离理性的情况。

并非由决策者的个人狂想或个人精神变态所引起的偏离理性的现象,可能只是从纯理性的高度来看是偶然的,但是,这些现象本身也可能是存在于自成一律的非理性系统中的因素。建立一个有关非理性政治的逆向理论(counter-theory)的可能性是值得探讨的。

对美国人在外交政策方面的思想发展进行反思时,人们惊奇地发现,各种错误的态度有着顽强的抵抗力,它们以各种伪装逃避了学术争论和政治实践。当这种惊奇以真正的亚里士多德方式转变为对理性理解的追求时,这种追求所产生的结论既令人安慰又令人不安:我们都以不同的方式在不同程度上带有各种思想缺陷。它们一同显示出国际政治的一种病态的轮廓。当人的思想带着采取行动(政治接触是这种行动的明显例子)的目的接近现实的时候,它经常被四个常见的精神现象中的任何一个引入歧途:过去的思想和行动模式的残余,这些模式过去是恰当的,而现在新的社会现实使之过时了;对现实的妖魔化解释,即以虚幻的现实——那里充满了恶人而不是看来棘手的问题——代替实际的现实;以花言巧语否认危险事态的存在,从而拒绝正视此种现实;依赖于似乎难以驾驭的现实的无限可塑性。

人们以重复的模式对社会形势做出反应。同样的情况,如果被认为与过去的情况完全相同,就引起同样的反应。头脑仿佛事先掌握了几种适用于不同情况的模式,然后只需要确定一种特定的情况,把它套在适用于它的早已形成的模式上。因此人的头脑遵循了省力的原则,避免重新检查每一个别情况并考虑适用于它的思想和行动模式。然而当事物经历剧烈变化时,传统的模式就不再适用了,必须用能够反映这种变化的新模式取代传统模式。否则,传统模式和新的现实之间将出现差距,思想和行动将受到错误的指导。

在国际舞台上这样说绝不是耸人听闻,即国际关系的结构——正像在政治制度、外交程序和法律安排中反映出来的那样——趋于与国际政治的现实不相符合,并在很大程度上不相干。前者假设所有国家"主权平等",而后者充满了各国间的极端不平等。其中的两个国家被称作超级大国,因为它们手中掌握着前所未有的进行彻底摧毁的力量。而其中的许多国家被称为"蕞尔小国",因为它们的力量即使与传统的民族国家相比也是很小的。正是国际政治的现实与为理解并控制现实而设计的概念、制度和程序之间的这种反差和矛盾,使至少是在大国层次以下的国际关系不可驾驭,而国际关系已处在无政府状态的边缘。国际恐怖主义和各国政府对它的不同反应,外国政府对黎巴嫩内战的干预,美国在东南亚的军事行动,苏联对东欧的军事干涉,这些都无法用传统的概念、制度和程序来解释或辩护。

所有这些情况都有一个共同特点。现代世界相互依赖的事实需要一个考虑到这一事实的政治秩序;而实际情况则是,上溯到19世纪的法律的和制度的上层建筑假定,现实存在的是众多自给自足和不可渗入的主权民族国家。这些过时的法律和制度秩序的残余,不仅阻碍了基于力量不平等和利益相互依存而进行的国际关系的合理转变,而且使得在这样一个有缺陷的体系结构中采取更合乎理性的政策如果不是不可能的,也是不稳妥的。

原始思想的一个特征是把社会问题人格化。当问题显得不易于用理性来理解且不容易进行有效控制的时候,这种倾向尤其强烈。当某个人或某一群人被视为难以克服的困难时,问题似乎就变得既可以理解,又容易得到解决了。因而,以为撒旦是邪恶之源的信念,使我们把对邪恶的起源和控制方法的研究,集中在我们以为真实存在着的一个特定的人身上,以为这样我们就"理解"了邪恶的本质。政治冲突的复杂性摒除这种简单的解决方法。烧死女巫不能防止自然灾害;搞掉一系列的德国领导人铲除不了强大的德国建立欧洲霸权的威胁。但把问题与某些我们能够或希望能够控制的人联系起来,我们就在思想上和实践上将问题缩小在可以控制的范围内。一旦我们认定某些个人或人群是罪恶之源,我们似乎就理解了由个人导致社会问题的因果关系。这种表面的理解意味着表面的解决方法:消灭"对该问题负责"的个人,问题就解决了。

迷信仍然左右着社会中人与人的关系。妖魔化的思想和行动模式如今已经转移到了人类行动的其他领域,这些领域排斥理性的探索和行动,而这种理性因素正是将迷信从人与自然的关系中驱除掉的力量。正如威廉·格雷厄姆·萨姆纳所说:"迷信的程度没有多大变化,但是它现在依附于政治之上而不是宗教之上。"① 美国在对共产主义多中心性的认识和反应上的多次失败是这种缺点的主要例子。对共产主义不分青红皂白地反对,导致了对于口头上反共和行动上反共的政府和运动的一概支持。美国在亚洲和拉丁美洲的政策就源于这种简单化的立场。越南战争和拒绝与中国妥协,都在这里找到了理论根据。反叛乱的理论与实践也是一样,包括在越南的凤凰计划下进行的大规模暗杀活动,以及对一些政治家实际的和未遂的暗杀。最近在中美洲运用类似手段的迹象也很明显。

外交政策中的妖魔化做法加强了另一病态趋势,即拒绝承认

---

① "Mores of the Present and Future", in *War and Other Essays* (New Haven, CT: Yale University Press, 1911), p. 159.

并有效地应对现实的威胁。这种妖魔化转移了我们的注意力,使我们只关注共产主义的追随者——国内外的个人、政治运动、外国政府,而忽视了真正的威胁——其他国家的实力,无论其是不是共产主义国家。美国的麦卡锡主义不仅提供了妖魔化的最深刻的例证,而且也是这种错误判断的最极端的例证之一:它用国内颠覆这个在很大程度上是虚构的威胁,代替了俄国权力的真正威胁。

最后,这种对待政治的态度还相信,通过出自好心的、有大力财政支持的、有效的努力,没有任何真正解决不了的问题,无论它们显得多么没有希望。我处处都试图揭露这种信仰的思想根源和历史根源。② 这里我只限于指出这种信仰的持久力量,而不管许多与此相反的经验,例如越南战争和美国权力的全面衰落。这种运用经济手段解决政治和军事问题的偏好,得到了经济援助的潜在受惠国的有力支持。这些国家乐于得到明显有利可图的经济实惠的转移,而不愿意进行费力的和危险的外交讨价还价。

国际政治的实际情况和来源于国际政治的理性理论之间的差别,类似于照片与画像之间的差别。照片显示出肉眼所能看到的每一细节;画像不能显示肉眼所能见到的一切细节,但它却能显示或至少试图显示肉眼无法看到的一样东西:被画者的人格特性。

政治现实主义不仅包含理论的要素,而且也包含规范的要素。它知道政治现实充满了偶然因素和系统的非理性因素,并指出这些因素对外交政策所产生的典型影响。然而,和所有的社会科学理论一样,为了便于理论上的理解,它需要强调政治现实中的理性因素;因为正是这些理性因素使得现实在理论上成为可以理解的。政治现实主义建立起理性外交政策的理论框架,这是经验永远不可能完全做到的。

同时,政治现实主义认为理性外交政策就是良好的外交政策;

---

② *Scientific Man Versus Power Politics* (Chicago: University of Chicago Press, 1946).

因为只有理性的外交政策能够使危险减至最小,使利益增至最大,所以它符合道德上的谨慎原则和政治上对成功的要求。政治现实主义要求政治世界的照片尽可能地和它的画像相似。政治现实主义知道好的——也就是理性的——外交政策和实际上执行的外交政策两者间不可避免地存在着差距,所以它不仅认为理论必须将重点放在政治现实的理性因素之上,而且认为外交政策就其道德的和实际的目的来说,也应该是理性的。

因此,如果说实际的外交政策没有或不能够符合这里提出的理论,这并不能驳倒这种理论。这种论点误解了本书的目的。本书的目的不在于不加选择地描绘政治现实,而在于提供关于国际政治的理性理论。举例来说,在政治现实中很难找到完美的均势政策,这一事实远远不能否定现实主义的价值。现实主义认为,虽然在这方面有缺陷,现实必须作为一种近似于理想的均势体系的事物来理解和评价。

3. 现实主义认为,以权力所界定的利益这一关键概念是普遍适用的客观范畴,但是它并不赋予这个概念一个永久固定的含义。利益的观念确实是政治的实质,不受时间和空间的环境的影响。修昔底德基于古希腊的经验说:"无论国家之间还是个人之间,利益的一致是最可靠的纽带。"19世纪的索尔兹伯里勋爵接受了这种观点,他认为国家之间"唯一能够持久的联合方式,就是国家之间没有任何利益冲突"。乔治·华盛顿更把它确立为政府的普遍原则:

> 我们若对人性稍有了解,就会相信对于绝大多数人来说,利益都是起支配作用的原则;几乎每一个人都或多或少受它的影响。基于公德的动机,人们可能在某一时刻或某些特殊情况下遵循纯然无私的原则办事;可是,这种动机本身不足以使人持久地严格遵守和履行社会义务的约束和责任。很少有人能够为大众的福祉而长期牺牲一切从个人利益或好处出发的考虑。在这方面,仅仅谴

责人性的卑下是徒劳的;事实就是如此,每一时代每一国家的经验都已证明了这一事实,并且,在我们能够改变它之前,我们必须大大地改变人的素质。任何制度,如果不是建立在这些格言所推断的真理之上,都不会成功。③

在20世纪,马克斯·韦伯的论述是对以上论断的呼应和进一步阐明:

> (实质的和理想的)利益而不是观念,直接支配着人们的行动。可是这些观念所创造的"世界的形象"经常像转轨器一样决定着行动的轨道,循此轨道,利益的动力驱动着人们不断地行动。④

然而,在一个特定的历史时期之内,哪种利益能够决定政治行为,要视制定外交政策时所处的政治和文化的环境而定。国家实行的外交政策所追求的目标,能够包括有史以来任何国家曾经追求的以及可能追求的任何目标。

这一论断也适用于权力概念。它的内容及其运用的方式取决于政治和文化环境。任何事物,只要能建立并保持人对人的控制,就包含在权力之中。因此,权力包含服务于这一目的的所有社会关系,从有形暴力到最微妙的心理关系,一个人凭借这种关系控制另一个人。权力包含人对人的支配。有时,例如在西方民主国家,权力受到道德的约束和宪法保障的控制;又有时,权力是一股未经驯服的野蛮的力量,实力是其唯一的法则,扩张是其唯一的正当性。

外交政策所处的当代环境是极不稳定的,随时存在着大规模

---

③ *The Writings of George Washington*, edited by John C. Fitzpatrick (Washington, DC: United States Printing Office, 1931—1944), Vol. X, p. 363.

④ Marianne Weber, *Max Weber* (Tübingen: J. C. B. Mohr, 1926), pp. 347—348. 又见 Max Weber, *Gesammelte Aufsätze zur Religionssoziologie* (Tübingen: J. C. B. Mohr, 1920), p. 252.

暴力冲突的威胁,但是,现实主义认为这种环境并非不能改变。例如,虽然权力均衡确实是所有多元化社会的永久因素——《联邦党人文集》的作者们深深懂得这一点,但它也能够在相对稳定与和平冲突的条件下运作,就如同在美国那样。如果促成这种条件的各个因素能够重现于国际舞台的话,相似的稳定与和平的条件也将在那里占主导地位,正如它们长时期地在某些国家的历史中起主导作用一样。

11　　我们对于国际关系的一般性质的论述,也适用于当代外交政策最终的主体——国家。现实主义者的确相信利益是判断、指导政治行为的唯一永存的标准,但是利益和国家之间的现存的联系则是历史的产物,因此,它必定将在历史的进程中消失。现实主义的立场丝毫也不反对这一假设:目前的政治世界分裂为许多国家的现象将被更大的、性质十分不同的单位所取代,这将更符合当代世界技术发展的趋势和道德的要求。

现实主义和其他学派的思想在如何改造当今世界这一极为重要的问题上分道扬镳了。现实主义者相信,只有通过对支配过去并将支配未来的各种永远存在的力量进行巧妙的驾驭,才能实现改造。现实主义者不能相信,我们面对具有自身发展规律的政治现实时,可以无视这些规律,而只是依据一个抽象的理想,就能够实现这种改造。

4. 政治现实主义明白政治行动的道德意义。它也清楚在道德要求和成功的政治行动的需要之间存在着不可避免的紧张状态。而且它不愿掩饰或抹杀这种紧张状态,以使赤裸裸的政治事实显得仿佛比实际情况在道德上更令人满意,使道德法则显得好像比事实上更缺乏约束力,从而既模糊了道德问题也模糊了政治问题。

现实主义坚持认为,普遍的道德原则在抽象的普遍形式下是无法适用于国家行为的,道德原则必须经过具体时间和地点的环境的过滤。一个人也许可以代表他自己说:"即使毁灭世界,正义也必须伸张",但是国家却无权以它所管辖的人民的名义这样说。

个人和国家都必须依据普遍的道德原则,例如自由这一道德原则,来判断政治行为。可是个人有道德上的权利为捍卫这类道德原则而牺牲自己,国家却无权因在道德上责难对自由的侵犯而妨碍政治行动的成功。事实上,采取成功的政治行为本身就是基于国家生存的道德原则。不谨慎,也就是说不考虑表面上道德的行为的政治后果,就谈不上政治道德。因此,现实主义认为谨慎——对不同的政治行动的后果进行权衡——是政治中至高无上的品德。抽象的伦理原则在判断行动时,要看它是否符合道德法则;政治伦理在判断行动时,要看它的政治效果如何。古典和中世纪的哲学懂得这一点,林肯也懂得这一点。他说:

> 我以自己所知道的最好方式、尽最大努力做到最好,并决心一直这样做,直到最后。如果最后证明我对,一切反对我的话就分文不值。如果最后证明我错,即使十个天使发誓说我对,也无济于事。

[12]

5. 政治现实主义拒绝把特定国家的道德愿望等同于普天之下适用的道德法则。正如同它对真理和见解要加以区别一样,它也对真理和盲目崇拜加以区别。所有国家在诱惑下——没有几个国家能够长期抗拒那种诱惑——都以适用于全世界的道德目标来掩饰它们自己的特殊愿望和行动。知道国家受道德法则的约束是一回事,而假装确切知道在国家间关系中什么是善什么是恶,则完全是另一回事。有一种信念认为,所有国家都将受到凡人无法预知的上帝的审判;另一种亵渎神明的信念是,上帝永远站在自己一边,自己的意愿必然也是上帝的意愿。这两种信念有天壤之别。

漫不经心地将某一特定的民族主义与上帝的意旨等同起来,在道德上是站不住脚的。因为希腊的悲剧作家们和圣经中的先知提醒统治者和被统治者注意,正是那种傲慢的罪恶。这种等同在政治上也是有害的,因为它很容易造成歪曲的判断,这种歪曲的判断在盲目的十字军式的狂热中,毁灭了许多民族和文明;而这种毁灭是在道德原则、理想或上帝的名义下进行的。

另一方面,恰恰是以权力界定的利益概念可以把我们从道德上的极端和政治上的愚蠢中拯救出来。因为如果我们把所有国家,包括我们自己的国家在内,都看作追求它们各自以权力界定的利益的政治单位,我们就能够以公正的态度对待所有国家:我们将能够像判断我们自己的国家一样判断其他国家;以这种态度判断它们之后,我们能够实行的政策,就既能尊重他国利益,同时又能保护和增进我们本国的利益。道德判断的适度一定会反映在政策的适度上。

6. 因此,政治现实主义和其他学派之间的差异是真实的、深刻的。无论政治现实主义理论受到多大的误会和曲解,它对政治问题所抱的独特的思想态度和道德态度是毋庸置疑的。

在思想上,政治现实主义者保持着政治领域的独立性,正像经济学家、律师、道德学家保持各自领域的独立性一样。现实主义者从以权力界定的利益概念出发进行思考,这同经济学家从以财富界定的利益概念出发,律师从行动与法律规定的一致性出发,道德学家从行动与道德原则的一致性出发,是一样的。经济学家要问:"这个政策对社会或社会某部分的财富有何影响?"律师要问:"这个政策是否符合法律的规定?"政治现实主义者要问:"这个政策将如何影响国家的权力?"(或因情形而定,是否将影响联邦政府的、国会的、政党的或农业界的权力?)

政治现实主义者并非不知道除了政治上的思想准则外,还存在其他有关的思想准则。作为政治现实主义者他不能不使其他准则从属于政治准则。当其他学派把适用于其他领域的准则应用于政治领域时,政治现实主义者就与他们分道扬镳了。正是在这里,政治现实主义与研究国际政治的"法理主义—道德主义学派"发生了争论。这种争论并不像某些人所说的,只是想象中的虚构,而是政治现实主义和其他学派争论的核心。这可以由历史上的许多例子证明。只举三个例子就足以说明这个问题。[5]

1939年,苏联进攻芬兰。这一行动使法国和英国面临两个问题,一个是法律的,另一个是政治的。这一行动是否违反了《国际联盟盟约》?如果违反了,法国和英国应当做出怎样的反应?法律的问题可以很容易地给予肯定的回答,因为苏联的行动明显属于《盟约》所禁止的行动。对于政治问题的回答,首先取决于俄国的行动以何种方式影响了英法的利益,其次取决于以英法为一方和以苏联和其他潜在的敌对国家(特别是德国)为另一方的双方当时的权力分配情况,最后再次要看可能作出的反应对英法的利益以及未来的权力分配可能产生什么影响。法国和英国在国际联盟中是居领导地位的成员国,它们执意把苏联逐出国联。仅仅是由于瑞典拒绝允许英国和法国的军队过境去芬兰,两国才未能加入芬兰的对苏战争。如果不是瑞典的拒绝救了它们的话,英法很快就会发现,它们不得不同时对苏联和德国作战。

法国和英国的政策是法理主义的一个典型例子,因为它们让法律问题的答案(就法律观点来看它是正确的)来决定它们的政治行为。它们不是同时提出两个问题——法律问题和权力问题,而是仅仅提出一个问题——法律问题;它们所得到的答案可能和决定它们生死存亡的问题没有关系。

第二个例子可以用来剖析对国际政治的"道德主义态度"。这个例子涉及中国的共产党政府的国际地位。这个政府的建立给西方世界带来了两个问题,一个是道德的,另一个是政治的。这个政府的性质和政策符合西方世界的道德原则吗?西方世界应当与这

---

[5] 关于其他例子的讨论,见 Hans J. Morgenthau, "Another 'Great Debate': The National Interest of the United States", *The American Political Science Review*, Vol. XLVI (December 1952), pp. 979 ff. 又见 Hans J. Morgenthau, *Politics in the 20th Century*, Vol. 1, *The Decline of Democratic Politics* (Chicago: University of Chicago Press, 1962), pp. 79 ff; abridged edition (Chicago: University of Chicago Press, 1971), pp. 204 ff.

样一个政府打交道吗？对于第一个问题的回答不能不是否定的。但是，不能据此断言，第二个问题的答案也应当是否定的。应用于第一个问题即道德问题的思想准则，只是以西方的道德原则来检验中国共产党政府的性质和政策。另一方面，第二个问题即政治问题的答案，必须对每一方所涉及的利益和可运用的权力，以及一种或另一种行动路线对这些利益和权力会产生什么影响进行复杂的检验。进行这个检验很可能得出这个结论，即不与中国共产党政权打交道将是比较明智的。但在完全忽视这个检验的情况下从道德观点来回答这个政治问题，并得出这个结论，则无疑是对国际政治采取"道德主义态度"的典型例子。

第三个例子鲜明地说明了现实主义与外交政策上的法理主义—道德主义学派之间的差异。英国作为比利时中立的保证国之一，于 1914 年 8 月对德国开战，因为德国破坏了比利时的中立。无论从现实主义的角度还是从法理主义—道德主义的角度来看，英国的行动都是合情合理的。也就是说，人们可以从现实主义的观点出发论辩说，几个世纪以来，英国外交政策的一项基本原则就是阻止敌对国家对低地国家的控制。所以英国进行干涉的主要理由并不在于比利时的中立受到破坏这一事实本身，而在于破坏者的敌对态度。如果破坏者是德国以外的其他任何国家，英国很可能不去进行干涉。这是当时英国外交大臣爱德华·格雷爵士所采取的立场。1908 年，英国副外交大臣哈丁对他说："如果法国在对德战争中侵犯了比利时的中立，英国或俄国是否肯动一根手指头去维护比利时的中立都是值得怀疑的。可是如果德国侵犯了比利时的中立，很可能情况就正相反。"格雷接着应道："说到点子上了。"然而人们也可以站在法理主义和道德主义的立场上说，侵犯比利时中立的行为本身在法律和道德上是错误的，因此，无论是否利益攸关，也无论谁是侵犯者，英国甚至美国进行干涉都是合理的。西奥多·罗斯福 1915 年 1 月 22 日在给格雷的信中采取的就是这种立场：

对我来说,比利时是局势的关键。如果英国或法国对比利时采取了像德国已采取的那种行动,我就会像我现在反对德国一样反对它们。我坚决支持你的行动,认为这对于那些认为应当忠实地遵守条约的人和相信国际道德这种东西确实存在的人,在行动上是一个典范。我作为一个美国人,一个既不是德国人也不是英国人的美国人,采取这一立场,我努力忠诚地为我自己国家的利益服务,但是我也力所能及地为一般人类的正义和公平做出贡献。因此,我感到有责任根据所有其他国家在特定的情形下所采取的行动对它们做出评价。

现实主义者捍卫政治领域的独立性,抵制其他思维模式对它的侵犯,但这并不意味着现实主义无视其他思维模式的存在和重要性。这不过意味着每一种思维模式应当有其适当的领域和功能。政治现实主义建立在对人性的多元理解上。现实的人是"经济人""政治人""道德人""宗教人"等多种人的综合体。一个人如果只是纯粹的"政治人",他将是一只野兽,因为他将丝毫不受道德的约束。一个人如果只是纯粹的"道德人",他将是一个蠢人,因为他根本缺乏谋略。一个人如果只是纯粹的"宗教人",他将是一个圣徒,因为他根本没有世俗的欲望。

政治现实主义认识到人性具有许多不同的侧面,并且认为要理解人性中的某一侧面,人们必须从这一侧面的角度来研究它。也就是说,如果我想理解"宗教人",我必须暂时从人性的其他方面中超脱出来,而专门研究人性中的宗教方面,好像宗教方面是人性中唯一方面一样。不仅如此,我必须在宗教方面的研究中应用适合于这方面的思想准则,同时意识到还有其他准则的存在及其对人的宗教品质的实际影响。人性的其他侧面也和人性的宗教侧面一样。例如,没有一个现代经济学家会使用任何其他方法来考察他的学科与其他人文科学的关系。正是由于通过把经济现象的研究从其他思想准则中解放出来,并建立一套适用于研究该主题的思想准则,经济学才发展成一套关于人的经济活动的独立的理论。为政治学领域的类似发展做出贡献,正是政治现实主义的目的。

基于这些原则的政治理论得不到全体一致的赞同是很自然的事情,这样一种外交政策同样也不会得到一致赞同。因为理论和政策都与我们文化中的两个趋势背道而驰,这两个趋势无法和一个理性的、客观的政治理论的假设和结论相调和。其中一个趋势是根据19世纪的经验和哲学而轻视权力在社会中的作用;我们在后面将较详细地讨论这一趋势。⑥ 另一趋势也是与现实主义的政治理论和政治现实相反的,它来源于存在并且必然存在于人心与政治领域之间的那种关系。由于我们将在后面仔细讨论的理由⑦,人心在进行日复一日的日常活动的时候,就不敢正视政治的真相。人心必然对真相加以伪装、歪曲、贬抑、粉饰——一个人愈是如此,他就愈是积极地参与了政治活动的过程,在国际政治中尤其如此。因为只有在政治的本质和他在政治舞台上所扮演的角色方面欺骗自己,人才能够作为一个政治动物既问心无愧又心安理得地与他人共处。

因此,不可避免的是,如果一种理论试图理解国际政治的实际状况,理解基于其固有本质而非人们的主观愿望国际政治应当如何,这个理论就必须克服一种其他大多数学科不需要面对的心理上的阻力。所以,一本致力于从理论上理解国际政治的著作,需要特别的解释和论证。

---

⑥ 见第37页及其后。(本书注释中提及的页码是原书的页码,即本书边码。后同。——编者)

⑦ 见第101页及其后。

第二章　国际政治学

经典名句

- ◆ 国际政治作为一个学科就会有别于当代历史和时事、国际法和政治改革。
- ◆ 国际政治学者必须懂得和永志不忘的第一个教训是,国际政治的复杂性使得简单的解决方案和可靠的预测成为不可能。
- ◆ 在一个仍以主权国家对权力的追求作为动力的世界中,和平只能通过两种方法来维持。一是社会力量的自我调节机制,它表现为国际舞台上的权力角逐,即权力均衡。二是以国际法、国际道德和世界舆论的形式对权力角逐加以规范性的限制。

《慕尼黑协定》签署

理解国际政治

不同的研究方法

本书有两个宗旨。第一是要发现和理解决定国家间政治关系的力量,并理解这些力量是如何相互作用并作用于国际政治关系和制度的。在社会科学的其他大多数领域中,这一目的或被视为理所当然的。因为所有科学研究的目的自然都是要发现存在于社会现象背后的力量和这些力量发挥作用的方式。在研究国际政治时,人们却不能把这个目的视为理所当然的;因此,这一点需要特别强调。正如格雷森·柯克博士所指出的:

> 到最近为止,美国的国际关系研究一直在很大程度上由采用如下三种方法之一的学者所主宰。首先是历史学家,他们认为国际关系不过是当代历史,就此而言学者所遭遇的障碍是缺乏足够数量的可利用的资料。其次是国际法学者,他们关注的主要是国家间的法律关系;虽然这样做是恰当的,但他们很少认真努力地探寻造成国际法律制度不完全不充分的根本原因是什么。最后,还有那些理想主义者,他们不太关心国际政治的实际情况,而是关注他们乐于建立的较完美的国际制度。只是到了最近,学者们才姗姗来迟地开始考察世界政治中的基本的、持久的力量和体现这些力量的制度;他们不以褒贬为目的,而只想对决定国家外交政策的基本动力提供较好的

理解。于是，政治学家最终进入了国际领域。①

查尔斯·马丁教授吸收了柯克博士的论点，他指出：

> 国际关系的学生和教师比其他任何人更多地面临着二元论的问题，即我们不得不在两个不同的和相反的领域内进行研究。我所指的这两个领域是与调解纠纷相联系的和平机制的领域，以及权力政治和战争的领域。然而，情况只能如此，我们无法躲开它。……我想，对过去二十年来我们的教学态度可以提出的最严重指责之一，大概就是轻率地把战争的机制一笔勾销，以及把权力政治的影响从书中抹掉。我认为政治学家这样做犯了一个大错误。正是我们这些人，应该研究权力政治和它的意义，以及产生它的环境，也正是我们这些人应当研究战争机制。②

如此定义之后，国际政治作为一个学科就会有别于当代历史和时事、国际法和政治改革。

国际政治包含的内容不止于当代历史和时事。观察者处于当代现象的包围之中，这些现象的重点不断转移，呈现的事物不断变化。他如果不钻研基本的东西，就无法找到立足的基础或进行评价的客观标准。要发现这些基本的东西，就必须把最近的国际事件与较久远的过去联系起来，与作为两者根基的人性的永恒本质联系起来，以揭示它们之间的相互关系。

国际政治不能被简化为法律条令和制度。国际政治在这种条令的框架和这种制度的机器中运转，但是，它并不能与它们等同，正像美国的全国性政治并不等于《美国宪法》、联邦法律和联邦政

---

① *American Journal of International Law*, Vol. 39 (1945), pp. 369—370.

② *Proceedings of the Eighth Conference of Teachers of International Law and Related Subjects* (Washington, DC: Carnegie Endowment for International Peace, 1946), p. 66.

府的各机构一样。

有人还没有努力去理解国际政治是什么,就试图改革国际政治。就此而言,我们赞同威廉·格雷厄姆·萨姆纳的观点:

> 政治讨论中的最大邪恶是教条主义。它的立场建立在大的原则和假设的基础之上,而不是建立在对客观事实和真实人性的严格检验的基础之上。……理想是由高于或好于现实存在的某种东西组成的,而且这个理想几乎无意识地被设想为已经存在的事物,并被当作毫无根据的想象的基础。……对政治课题进行抽象推测的整个方法是错误的。它之所以流行是因为它简单易行;想象一个美好的新世界要比学会了解当今世界更容易;基于几条空泛的假设进行臆测,要比研究国家的历史和制度更容易;利用一个流行的教条要比分析出它是否真实更容易。所有这一切都只能导致混乱,导致陈词滥调,导致无休止的争论,而对于各国的繁荣无所裨益。③

理解的局限

对国际政治的性质和规律进行理论探讨时,面临的最大的困难是观察者所要研究的材料具有模糊性。一方面,他必须努力理解的事件都是独特的事件,它们以这种方式只出现过一次,空前绝后。另一方面,它们又是相似的,因为它们是社会力量的显示。社会力量是人性在行动中的产物。因此,在相似的条件下,它们将以相似的方式再次显示自己,但是相似与独特之间的分界线应当划在何处呢?

国际政治理论需要理解的事件所带有的模糊性——这里可以顺便指出——只是人类的理解遇到的普遍障碍的一个特殊的例子

---

③ "Democracy and Responsible Government", *The Challenge of Facts and Other Essays* (New Haven, CT: Yale University Press, 1914), pp. 245—246.

而已。蒙田认为:"正像没有一件事、一个形状同另一件事、另一形状完全相似一样,也没有任何一种东西与另一种东西完全不同:**这正是大自然巧妙的混合。如果我们的面孔毫无相像之处,我们将无法区分人与野兽;如果我们的面孔毫无区别,我们就无法彼此辨认。**所有事物都由某种相似之处聚在一起;每一个例子都是有缺陷的,从经验中产生的比较总是有缺陷的、不完善的。然而,人们在某个地方把各种比较连接起来,从而使定律成为有用的,并通过某种歪曲的、勉强的和偏颇的解释使之适用于我们的每一件事实。"④国际政治理论必须不断警惕的,正是此类对于政治事件的"歪曲的、勉强的和偏颇的解释"。

  从对这类事件的比较中,我们学习国际政治的各项原则。某种政治局势导致了某种外交政策的制定和执行。处理不同的政治局势时,我们问自己:这种局势与先前的局势有什么不同,或者有什么相似之处?相似之处是否再次证明了以前制定的政策有效?或者,相似与差异的混合是否使以前的政策的基本点,在政策的某些方面得到修改之后,仍能得到保留?抑或差异完全取代了相似之处,并使先前的政策不适用了呢?如果想要理解国际政治,抓住当代事件的实质并预言和影响未来,人们就必须能够完成这些问题中暗示的双重的思想任务。人们必须能够区分两种政治局势的相同和不同之处。进而,人们必须能够评估这些相似和差异对于可供选择的那些外交政策有什么意义。随意举三起系列事件就可以说明这个问题和它的困难。

  1796年9月17日,乔治·华盛顿向全国发表告别演说时,把美国外交政策的原则概括为避免卷入欧洲事务。1823年12月2日,门罗总统在给国会的咨文中以类似的方式制定了美国外交政策的原则。1917年当德国威胁到英国和法国的独立时,美国加入

---

  ④ *The Essays of Michel de Montaigne*, edited and translated by Jacob Zeitlin (New York: Alfred A. Knopf, 1936), Vol. III, p. 270;着重标记为蒙田所加。

了英法一边。1941年美国采取了相似的行动。1947年3月12日,杜鲁门总统在给国会的咨文中重新制定了美国外交政策的原则,主张对共产主义实行世界范围的遏制。

1512年,为了抗拒法国,英国的亨利八世与哈布斯堡王朝结盟。1515年,他与法国结盟反对哈布斯堡王朝。1522年和1542年,他加入哈布斯堡王朝反对法国的行列。1756年,英国与普鲁士结盟反对哈布斯堡王朝和法国。1793年,英国、普鲁士和哈布斯堡王朝又联合起来对抗拿破仑。1914年,英国加入法国和俄国一边反对奥地利和德国,并在1939年支持法国和波兰抗击德国。

拿破仑、威廉二世和希特勒试图征服欧洲大陆,都以失败告终。

这三起系列事件中的每一系列中的事件是否有相似之处,足以使我们为每一系列事件制定一种外交政策的原则呢?或者,是否每一事件都与系列中的其他事件不同,因此,每一事件都需要有不同的政策呢?回答这些问题的困难程度,就相当于在外交政策上做出正确判断的困难程度,相当于明智地规划未来的困难程度,也相当于以正确的方式在正确的时间做出正确的行动的困难程度。

是否应当认为华盛顿《告别演说》中的外交政策原则是美国外交政策的普遍原则?或者,是否因为它产生于当时的环境,所以它只适用于当时的环境?华盛顿和门罗咨文中的外交政策和杜鲁门主义相容吗?换一种方式提出问题:杜鲁门主义究竟是对华盛顿和门罗的外交观念所包含的普遍原则的修正,还是急剧地脱离了美国外交政策的传统?如果脱离了,变化了的条件是否能证明它正确呢?一般来说,美国在1796年、1823年、1917年、1941年和1947年所处国际地位的区别,能否说明美国根据这些不同的政治局势制定和执行的不同的外交政策是正确的呢?美国在1917年、1941年和1947年所面临的欧洲局势有何相同与不同之处呢?这种前后局势的相似与差异,到底要求美国的外交政策相似或相异到什么程度呢?

英国外交政策的那些转变有什么意义呢?它们是否产生于君主和政治家的狂念和狡诈?或者,它们产生于这个民族(该民族可以超越任何特定的联盟,世代铭记着那些决定他们与欧洲大陆关系的恒久力量)长期积累的政治智慧?

三次征服欧洲大陆的努力所带来的灾难,是否仅仅是许多偶然的事件,而这些事件出于根本不同的原因?或者是否可以说,结果的近似标志着整个政治局势的近似,从而使那些企图再次进行征服的人得到一点教训并进行三思呢?更具体地说,苏联在第二次世界大战刚结束时奉行的政策是否和拿破仑、威廉二世和希特勒的政策相似?如果相似,美国是否应当采取与1917年和1941年相似的政策呢?

有些时候,比如在英国外交政策发生变化的时候,答案似乎很清楚:那一政策出于明智而非狂念。可是,大多数的时间里,特别是当我们讨论到现在和未来的时候,答案必然是尝试性的,并且不能不附带条件。答案所依据的事实,基本上是模糊不清的,并且在不断变化。对于那些得出不同答案的人来说,历史除了提供了虚假的类比之外没有提供任何东西。当这些人负责制定本国的外交政策的时候,他们只能带来灾难。威廉二世和希特勒从拿破仑的命运中没有学到任何东西,因为他们认为那对他们没有什么教益。那些把华盛顿的忠告奉为教条而盲目遵循的人所犯的错误,与那些把它完全抛弃的人所犯的错误同样严重。

1938年的《慕尼黑协定》是另一个能说明问题的例子。当然,事后我们从政治经验中知道那是一个失败,并且从那一经验中我们建立起理论框架,说明它注定是一次失败。但是我记得很清楚,当《慕尼黑协定》缔结时,从理论家和外交政策的执行者到普通的老百姓都一致表示赞同。那时《慕尼黑协定》被普遍地认为是政治家才能的伟大体现,是为了和平而对可能的征服者所做的让步。E. H. 卡尔那时这样认为,A. J. P. 泰勒现在仍这样认为。这种推理的缺陷又是忽视了政治预测所固有的偶然性。当时很少有人明白这一点,也许很少有人能够明白。事后显得很简单的真理,在事前不是完全不知道,就是只能通过模糊的预感来确定。

最后举出当代的核战争问题。美国的政策制定者时常公开讲要在核战争中"占优势"。他们的说法恰恰重复了俄国军事领导人的言论——尽管苏联的政治领导人不这样说,例如像勃列日涅夫就不止一次地警告说热核战争对于两个超级大国来说无异于自杀。特别是在20世纪80年代,当冷战再趋紧张时,两个国家的论调都反映了一种信念,即取得核战争的胜利并不是不可想象的,只要能够通过大幅度增加防务预算形成巩固的战略力量。人们有可能建立一种核战争理论,假设核战争只不过是另一种暴力,它在规模上更大,但在实质上与我们在历史上所熟悉的暴力类型没有区别。从该假设出发就会认为,核战争虽比常规战争更可怕,但如果我们采取措施使我们中间至少一些人生存下来,它并不一定无法容忍。换言之,一旦人们从对于核战争的性质和后果的这种理论假设出发,就能合乎逻辑地得出结论说,美国不需要将自己的外交政策局限于竭力防止核战争,美国也必须准备在核战争后生存下来。于是,人们当然就可以合理地提出这样的问题:假如1亿美国人死于核战争,美国十分之九的经济能力遭到毁灭,我们如何才能够使幸存下来的美国人以残存的十分之一的经济能力重建美国呢?

这种核战争理论中的偶然因素是它的极不确定性,这种不确定性在国际和国内政治领域的各个层次的理论分析和预测中,都具有典型性。即使人们接受这种理论对死亡、物质破坏和物质复苏率所做的所有估计,它仍然不能肯定人们对于核战争可能带来的那种人类的和物质的毁灭会有什么反应。显然,如果一个高度复杂的人类社会能被设想为像原始的蚂蚁社会那样活动,那么,它理所当然地具有复原能力。如果一个蚁族损失了一半蚂蚁和十分之九的实物,我们可以肯定说,残留下来的蚂蚁将重新开始一切,重建蚁族,繁衍生存,直至下一次灾难迫使它们再从头做起。

但是,人类社会不具有这种类型的机械复原能力。像个人一样,社会也有崩溃点,超越了这一点,人的耐力在那种史无前例的大规模破坏的压力下便再也无法发挥人的主动性了。一旦达到了这一点,文明本身就将崩溃。在人类反应的天平上,这一点的准确位置在哪里,是理论理解所达不到的。我们只能依赖预感,而预感可能得到经验的证明,也可能得不到。

国际政治学者必须懂得和永志不忘的第一个教训是,国际政治的复杂性使得简单的解决方案和可靠的预测成为不可能。这正是学者和冒牌学者不同的地方。理解了决定各国间政治的各种力量之后,理解了它们的政治关系发展的种种方式之后,人们就可以认识到国际政治事实的模糊性。在每一种政治局势下,相互矛盾的趋势都在发挥作用。在某种条件下,其中的一个趋势可能相对占优势。但是,哪一趋势将实际占优势,则纯属猜测。因而学者所能做的最好的努力,是追踪某一"特定"的国际局势中所具有的作为潜在可能性的不同内在趋势。他能够指出哪种条件可能使某一趋势胜过另一趋势,并最终估量出不同的条件和趋势实际胜出的概率。

因此,任何人如果想依据他对于过去的知识和当前的迹象预测未来的话,世界事务的现实势必令他惊诧不已。1776年华盛顿宣告说:"我们国家的命运,很可能将取决于几个星期的努力。"可是直到七年之后,独立战争才结束。1792年2月,英国首相皮特为削减军费(特别是英国海军人员的急剧裁减)辩护,并希望将来作更多的削减。他宣布:"毫无疑问,在这个国家的历史中,从来就没有一个时期像现在这样,可以使我们从欧洲的局势中合理地期望十五年的和平。"可是,仅仅两个月之后,欧洲大陆就陷于战争之中。不到一年,英国也卷入了战争。就这样,连绵延续了将近四分之一世纪的战争时期开始了。当格兰维尔勋爵于1870年出任英国外交大臣的时候,常务副大臣通知他说:"在他长期任职期间,他从不知道在外交事务方面以前曾有过如此的平静。他不知道有什么重要的问题需要他[格兰维尔勋爵]去处理。"就在同一天,霍亨索伦—西格马林金王朝的利奥波德亲王接受了西班牙的王位,这一事件在三个星期之后导致了普法战争的爆发。1917年俄国爆发二月革命之前的六个星期,列宁对苏黎世的一个青年社会主义者小组说:"我们这些老人可能在有生之年看不到未来革命的决战了。"不到一年之后,俄国革命的决战在他的领导下开始了。

大政治家们的预言尚且如此不准确,我们从一般人物的预言中还能期望得到什么呢?第一次世界大战爆发之前,人们普遍认为战争不可能爆发,或者至少战争不会持续很久。那时有多少关于国际事务的著作对于将要来临的事件做出了稍微正确的预测呢?两次世界大战之间所写的书里,有哪一本帮助人们准确地预见到20世纪90年代国际政治的情况呢?在第二次世界大战之初,谁能预言战争结束时的政治世界将是什么样子?在1945年谁能知道1970年或1980年的情况将是怎样的呢?那么,对于那些在今天预言明天和后天或2000年会是什么情况的人,我们又能寄予多大的信赖呢?⑤

在1979年,情报界特别是中央情报局受到批评,因为他们未能警告美国的政策制定者伊朗将发生以驱逐国王为高峰的动乱。卡特总统亲自对情报界的最高领导人进行了前所未有的公开谴责,称他们缺乏远见。

什么因素使这些在其他方面都很聪明负责的人如此缺乏远见呢?答案在于这些个人要处理的经验资料的本质。观察者面对着大量的因素,这些因素的总和塑造着未来。为了预测未来,观察者

---

⑤ 企图预言下一场战争的本质的专家们所犯的荒唐错误明显地说明预言国际事务的荒谬,从马基雅弗利到 J. F. C. 富勒将军,他们的预言都是逻辑推理。尽管推理本身似乎很有道理,可是它们与历史的实际发展中出现的偶然因素毫无联系。例如,富勒将军在1923年预言,第二次世界大战的决定性武器将是毒气!见 *The Reformation of War* (New York: E. P. Dutton, 1923)。

必须了解所有这些因素,了解它们的动态、它们的相互作用和反作用,如此等等。但是,他实际了解的和所能了解的,只是总和中的一小部分。他只能猜测——只有未来能够证明在众多的猜测中谁的正确。

因此,情报界对于伊朗的猜测错了。与其不问青红皂白地指责情报界,我们应当问自己两个问题:人们是否能够及时地准确指出大众的不满将要爆发?如果回答是肯定的,美国又能对此做些什么呢?对于第二个问题最好不过的回答是:做不了什么。这可能就是为什么情报界当初没有像它本该做的那样对伊朗给予更多注意的原因。

经济学被认为是社会科学中最精确的学科,因为它的核心概念,即财富,在定义上就是定量的。令人遗憾的是,经济学同样不能可靠地进行预测。查看一下对美国 1953—1963 年的国民生产总值的年度变化所做的大量预测,就会发现平均错误达 40% 之多。⑥ 1966 年 10 月,保诚人寿保险公司预测,1967 年消费者支出将增加 310 亿美元,存货投资将增加 75 亿美元。到 1967 年 10 月,它将消费者的支出的估计降到 270 亿美元,误差近 15%,并想当然地认为修改后的估计是正确的;它将对存货投资的估计降到 70 亿美元。经济顾问委员会对于同年国民生产总值的增长做出了高出 12% 的错误估计。

理解国际和平问题

这些问题把我们带到本书的第二个目的。对于政治的任何研究,尤其是 20 世纪最后几十年对于国际政治的任何研究,绝不可能超然世外,把知识和行动割裂开来,并为了知识而追求知识。国际政治再也不像美国历史上的大部分时间那样,只不过是一系列

---

⑥ Viktor Zarnowitz, *An Appraisal of Short-Term Economic Forecasts* (New York: National Bureau of Economic Research, 1967).

使美国有所得失但从未危及美国的生存和命运的事件了。过去，更深刻影响美国的生存和命运的，是内战一类的国内事件，而不是那些导致了和产生于墨西哥战争、美西战争和罗斯福对门罗主义的引申的国际政策。⑦

我们的时代所特有的两个事实，把国内政策与国际政策对美国的相对重要性完全颠倒了过来。首先，在写作本书的此时此刻，美国是地球上两个最强大的国家之一。然而，和它实际的和潜在的竞争者比起来，美国还没有强大到敢于无视它的政策对于它的国际地位的影响的地步。从内战结束直到第二次世界大战开始，美国对它的拉丁美洲邻邦、中国或西班牙无论采取什么政策，都无关宏旨。美国自己的力量可以自给自足，加上权力均衡的作用，使美国不至于因成功而产生无限的野心，也免于因遭受失败而产生恐惧和沮丧。美国能够坦然对待成功和失败，而不会产生过度的贪婪或恐惧。而现在它却站在它的大陆堡垒的围墙之外，与整个政治世界为敌或为友。它已变得既具威胁性又有脆弱性，既为别国所惧怕又惧怕别国。

作为并非无所不能但还算很强大的国家所冒的风险，由于第二个事实而加大了，这个事实就是世界政治结构在三个方面的革命。第一，以欧洲为中心的旧的多国体系，已被世界范围的、中心在欧洲以外的两极体系所取代。不仅如此，政治世界的道德统一（这曾是西方文明在其大部分历史中的标志）已经分裂成两个互不相容的思想和行动体系，两个体系在世界各地竞相争取人们的效忠。最后，现代技术已使导致全球性毁灭的全面战争成为可能。在当代国际政治中，这三个新因素的重要性不仅使维护世界和平变得十分困难，而且也使战争的固有危险增加到了使全面核战争

---

⑦ 西奥多·罗斯福在1904年12月6日给国会的咨文中含有此项推论。他在咨文中宣布美国有权干涉拉丁美洲国家的内政。该文见 Ruhl J. Bartlett, editor, *The Record of American Diplomacy: Documents and Readings in the History of American Foreign Relations*, 4th ed. (New York: Alfred A. Knopf, 1964), p.539。

成为自我毁灭的荒谬行为的程度。鉴于美国在目前这种国际局势中居于举足轻重的权势地位，并因此负有首要的责任，所以理解支配国际政治的力量和决定它的进程的因素，对于美国来说已不仅仅是一种兴趣使然的学术职业，而已成为一种事关生死存亡的必需之举。

因此，从当代美国的优势地位出发思考国际政治问题，就是要考虑美国外交政策在我们的时代所面临的生死攸关的问题。增进作为大国一员的美国的国家利益，一向是美国外交政策主要关心的问题，可是，在我们这个时代中，世界已经经历了两次世界大战，并且学会了如何用核武器进行全面战争，因此，保卫和平已成为所有国家关注的首要问题。

正是出于这一原因，本书打算围绕着权力与和平这两个概念展开论述。在20世纪的最后几十年中，人类积聚的空前数量的毁灭力量已使和平问题成为空前迫切的问题，战争与和平这两个概念是有关世界政治的讨论中的核心概念。在一个仍以主权国家对权力的追求作为动力的世界中，和平只能通过两种方法来维持。一是社会力量的自我调节机制，它表现为国际舞台上的权力角逐，即权力均衡。二是以国际法、国际道德和世界舆论的形式对权力角逐加以规范性的限制。鉴于这两个方法就它们今天发挥的作用而言，都不可能无限期地将权力角逐保持在和平的范围内，所以我们必须进一步提出并回答三个问题：现今提出的维持和平的各种主要建议有什么价值？更具体地说，主张把主权国家的国际社会转变为超国家组织如世界国家的建议，有什么价值？最后，一个记取了过去的教训并努力使这些教训有助于解决目前问题的行动纲领，应当是什么样的？

第二编 作为权力斗争的国际政治

第三章 政治权力

经典名句

◆ 国际政治像一切政治一样,是追逐权力的斗争。无论国际政治的终极目标是什么,权力总是它的直接目标。

◆ 领袖人物的超凡魅力和由此引起的臣民的爱戴,在国际政治中具有重要意义。

◆ 一项外交政策的实际目标,无论是获得自然资源、控制海上要冲,还是改变领土现状,始终必须通过影响他国意志、支配他国行为的途径来实现。

◆ 无可否认的是,在整个历史时代中,不管社会、经济和政治条件如何,国家总是在争夺权力的过程中彼此相遇。

乔治·华盛顿

什么是政治权力①

作为实现国家目的的手段

国际政治像一切政治一样,是追逐权力的斗争。无论国际政治的终极目标是什么,权力总是它的直接目标。政治家和人民可以全力寻求自由、安全、繁荣或权力本身;他们可以根据一种宗教的、哲学的、经济的或社会的理想来界定他们的目标;他们可以冀望于凭借理想的内在力量,或依靠神力的干预,或通过人类事业的自然发展实现这一理想;他们还可以采用非政治的方式,譬如与别国或国际组织进行技术合作来推动理想的实现。然而,一旦他们力图通过国际政治的手段去实现自己的目标时,他们就必定参与角逐权力的斗争。十字军渴望解放异教徒控制下的圣地,伍德罗·威尔逊幻想让世界安享民主,纳粹企图把东欧变成德国的殖民地,进而支配全欧、征服世界——正因为他们都是选择权力来实现这些目标的,所以他们才是国际政治舞台上的行为者。②

从国际政治的这一概念出发,我们可以得出两条结论。第一,并非一国对另一国采取的任何行动都含有政治性质。一般说来,许多活动都是在完全未考虑权力因素的情况下进行的,而且也不

---

① 政治权力的概念构成了政治学中最困难、争论最多的问题之一。政治学中所使用的任何一种概念的价值,都取决于它解释通常被认为是属于政治活动领域中的大量现象的能力。因此,若要使政治权力概念的内涵在理解国际政治方面有所裨益,那它就必须比适用于国内政治领域中的权力概念的内涵广泛。国内政治中所使用的政治手段与国际政治中所使用的政治手段相比,所受的限制要严格得多。

② 有关权力与国际政治之间关系的某些重要评论,见 Lionel Robbins, *The Economic Causes of War* (London: Jonathan Cape, 1939), pp. 63 ff。

会对从事这些活动的国家的权力产生影响。大量的法律、经济、慈善和文化活动均属此类。因此，当一国与另一国缔结引渡条约时，当它与别国交换商品和劳务时，当它向受灾国家提供救济时，以及当它致力于文化成果在全世界的传播时，它并没有直接地参与国际政治。换言之，一国所进行的国际政治活动，不过是它在国际舞台上所从事的多种活动中的一种而已。

第二，并非所有国家在任何时期都同等程度地参与了国际政治。就目前来说，各国参与国际政治的程度，从美国和苏联的最大限度，到像瑞士、卢森堡、委内瑞拉这类国家的最小限度直到列支敦士登和摩纳哥的完全不参与，表现出各种层次。类似的从一个极端到另一个极端的情况也可以从某些特定国家的历史中看到。在 16 世纪、17 世纪，西班牙曾是国际政治舞台上权力角逐的主要竞争者，但今天它却只能在国际政治舞台上扮演一个无足轻重的角色了。像奥地利、瑞典和瑞士这类国家也是如此。另一方面，美国、苏联和中国这样的国家，今天远比五十年前甚至二十年前更深入地卷进了国际政治。总之，国家与国际政治的关系具有动态的特性。这种关系伴随着权力的盛衰而变化，权力时而把一国推向权力斗争的前沿阵地，时而剥夺一国积极参加权力斗争的能力。这种关系也会在文化演进的影响下发生改变，文化演进会促使一国宁要诸如商业之类的其他追求而不要权力。鉴于国家或多或少地卷入权力斗争的趋向，阿诺德·沃尔弗斯评述道，在一条从权势极到无足轻重极的权力光谱上，各国分别位于其中一端。

权力的本质：四种区别

我们在本书讲到权力时，不是指人类驾驭自然的力量，或掌握某些艺术手段诸如语言、会话、声音、色彩的能力，或支配生产资料或者消费资料的能力，或自我控制的能力。我们在讲到权力时，是指人支配他人的意志和行动的控制力。至于政治权力，我们指的是公共权威的掌控者之间以及他们与一般公众之间的控制关系。

政治权力是权力行使者与权力行使对象之间的心理关系。前者通过影响后者的意志而对其某些行动有支配力量。这种影响源于三个方面:对利益的期待、对损失的恐惧、对领袖或制度的景仰和爱戴。权力的行使可以通过命令、威胁、个人或位的权威或超凡魅力,或任何这些因素的结合得以实现。

从这一定义出发,我们必须做出四种区分:权力与影响力、权力与武力、可用的与不可用的权力、正当的与非正当的权力。

美国国务卿就外交政策的实施为总统出谋划策,假如他的意见被采纳,他便影响了总统。但是他无权支配总统,因为在其职权范围内,他没有任何办法将自己的意志强加于总统。他可以劝说,但不能强迫。而另一方面,总统有支配国务卿的权力,因为考虑到其职位的权威、获利的希望和受损的威胁,总统可以将自己的意志强加于国务卿。

政治权力必须同武力即实际使用的暴力相区别。警察行动、监禁、极刑或战争等暴力威胁形式都是政治的内在因素。当暴力演变成现实,这便意味着政治权力让位于军事力量或冒牌军事力量。尤其是在国际政治中,作为威胁或潜在威胁的武装力量,是一国获取政治权力的最重要的物质因素。假如暴力在战争中成为现实,政治权力便被军事实力取而代之。实际使用暴力意味着两个人之间的心理联系为他们彼此间的身体接触所取代;前者是政治权力的本质所在,后者则取决于孰强孰弱。恰恰因为这个原因,一旦诉诸武力,政治关系中的心理因素便不复存在了。因此,我们有必要区分军事力量和政治权力。

核武器的出现还要求我们必须区分可用的权力与不可用的权力。核时代的矛盾现象之一是,同以往整个非核时代的经验相比,军事实力的增长不再必然有益于政治权力的增长。全面核暴力的威胁意味着彻底毁灭的威胁。于是,用核武器去对付一个无相应报复力量的国家,还不失为一种有效的外交政策的工具。核国家可以对无核国家说"要么你听我的,要么我就置你于死地"从而维护控制他国的权力。如果受到威胁的国家能够回答"假如你用核武器毁灭我,我也会以牙还牙毁灭你",那情况就不相同了。这样,

第三章 政治权力

双方的威胁便相互抵消了。既然用核武器摧毁对方会使自己同样难逃厄运,那么基于双方都将理智地行事这一假设,双方便可以相互蔑视对方的核威胁。

核战争威胁的可信性正是基于这一假设:有关国家或许会采取非理性的行动,在一场全面的核战争中相互摧毁。美国和苏联确实曾以核战争相互威胁,苏联在1956年苏伊士运河危机期间,美国在1961年柏林危机期间,以及两国在1973年阿以战争期间的做法,都可作为例证。虽然在这里武力威胁可以用做外交政策的理性工具,但是实际动用武力则是非理性的,因为相互威胁下的武力不再是用以实现影响对方意志的政治目的,而是用于实现毁灭对方因而也必然导致自我毁灭的非理性目的。

因此,与外交政策所追求的适当政治目标的有限性相比,核破坏之巨使得我们不能把核力量作为外交政策的工具。在特定条件下,为了改变对方的意志,威胁要用核力量毁灭对方是理性的;实际毁灭对方从而招致自我毁灭则是非理性的。相比之下,常规力量则可用做外交政策的工具,因为只要甘冒相应的风险有限地损害对方,一国就确实能够把常规力量用做改变对方意志的适当工具。

最后,必须区分正当权力即其行使得到道德或法律认可的权力和非正当权力。具有道德或法律权威的权力必须区别于赤裸裸的权力。警官凭借搜查证搜捕我的权力本质上不同于强盗持枪所做同样行为的权力。这种区分不仅具有哲学意义,而且关系到外交政策的实践。其行使能够获得道德或法律认可的权力比相应的非正当权力可能更为有效。也就是说,正当权力比同等的非正当权力更能影响权力对象的意志。基于自卫或以联合国的名义,能够比通过"侵略"或违犯国际法更为成功地行使权力。就像我们将要看到的那样,政治意识形态的作用便是为外交政策披上正当性的外衣。

人们一般承认,对利益的期望、对损失的恐惧、对领袖或制度的景仰和爱戴,这些交织在一起并不断改变着组合形式的因素,构成了全部国内政治的基础。而在国际政治中,这些因素的重要性虽然不甚明显,却同样是现实存在的。有一种倾向,试图将政治权力贬低为武力的实际运用,或至少将它等同于成功的武力威胁和诱迫,而忽略了魅力的作用。我们将看到③,这种忽略在很大程度上又使人们忽视了威望这一国际政治中的独立因素。然而,由于领袖或制度的超凡魅力能激发起信任和爱戴,人们因此乐于使自己的意志服从于这样的领袖或制度的意志,所以,如果我们不考虑像拿破仑或希特勒那样的领袖的魅力,或者像美国政府或宪法那样的制度的魅力,我们就不能理解某些在当代尤为重要的国际政治现象。

领袖人物的超凡魅力和由此引起的臣民的爱戴,在国际政治中具有重要意义。这种重要意义早在苏格兰长老会教徒、新教统一活动家约翰·杜里的一封信中就得到了明确的阐释。1632 年,杜里致函英国大使托马斯·罗,解释当时正致力于德意志新教事业的瑞典国王古斯塔夫·阿道夫权力衰落的原因:

> 他的不断增长的权威是其地位的基础,而爱戴则是其权威的基础。他的权威只能来源于爱戴而不是权力,因为他的权力并非基于他自己的臣民而是基于异邦人;并非基于他自己的财富而是基于异国的财富;并非基于异邦人的善意,而只是基于他们之间目前关系的必要性。因此,如果这种必要性不如现在这样急迫,或者,如果上帝(他人所能,上帝无所不能)示以其他手段排除了这种必要性,那么,他就将失去它所拥有的金钱、权力和资助,随之他还会丧失权威和王位,因为最初的爱戴已消失殆尽。……④

美国总统之所以对政府行政部门拥有政治权力,在于他的命

---

③ 见第六章。
④ Gunnar Westin, *Negotiations About Church Unity*, 1628—1634 (Upsala: Almquist and Wiksells, 1932), p. 208.

令得到了行政官员的遵从;政党领袖之所以拥有政治权力,在于他能够用自己的意志约束党员的行为;至于说到企业家、工会领袖和院外活动分子的政治权力,则要看他们的意向在多大程度上影响了公职人员的行动;而美国之所以在波多黎各享有政治权力,在于该岛居民遵守美国的法律;最后,当我们说到美国在中美洲的政治权力时,我们必须记住这种权力正是建立在中美洲各国政府唯美国之命是从这一基础上的。⑤ 由此看来,所谓 A 渴望或拥有对 B 的政治权力,是指 A 渴望做到或已经做到通过影响 B 的意志来控制 B 的某些行为。

一项外交政策的实际目标,无论是获得自然资源、控制海上要冲,还是改变领土现状,始终必须通过影响他国意志、支配他国行为的途径来实现。法国之所以寻求莱茵河自然疆界并把它作为长达百年之久的对外政策目标,是因为它试图使莱茵河成为阻挡德国进攻的天然屏障,使德国丧失进攻法国的能力,从而达到粉碎德国侵略企图的政治目的。大英帝国之所以在整个 19 世纪的国际政治中拥有至高无上的地位,是因为它颇具匠心地设计了这样一种政策:使别国意识到与英国为敌既太危险(因为大英帝国太强大)又无必要(因为它运用力量有所节制)。

任何形式的军备,其政治目的都在于,通过使各国意识到使用武力对自己过于危险,从而阻止诉诸武力。换言之,军备的政治目的是,诱迫潜在的敌国放弃使用武力,从而减少实际使用武力的必要性。战争本身的政治目的本质上并不是攻城略地、歼灭敌军,而是使战败国屈从于战胜国的意志。

因此,每当我们讨论国际关系领域里的经济政策、财政政策、领土政策或军事政策时,我们都有必要做出这样的区分:以经济政

---

⑤ 书中的例子也说明了政治权力作为单纯的社会现实(如院外活动分子的例子)和政治权力作为合法权威(如美国总统的权威)两者之间的区别。无论是美国总统还是院外活动分子都行使政治权力,尽管这种权力的来源和性质有很大的不同。

策为例,要分清出于经济自身要求所奉行的经济政策和作为政治政策工具的经济政策——在政治政策中,经济目标只不过是达到控制他国政策目的的手段。瑞士对美国的出口政策属于前一类,苏联对东欧国家的经济政策则属于后一类,而美国在拉美、亚洲和欧洲所推行的经济政策,许多也应归入后一类。这种区分具有重大的实践意义,不作这样的区分造成了政策和公众舆论的极大混乱。

一项为本身目的而采取的经济政策、财政政策、领土政策或军事政策,只能根据政策本身的标准来评价。一项政策在经济上和财政上是否有利可图?取得领土对一国人民和经济会造成什么影响?调整军事政策将对教育、人口和国内政治体制产生何种后果?有关这些政策的制定只能从各个领域的内在因素来考虑。

然而,如果这些政策旨在增强一国相对于他国的权力,那么我们在做出判断时,就必须首先考虑这些政策及其目标对国家权力所做的贡献。这样,一项经济政策即使从纯经济观点来论证未必可行,只要它有利于国家的政治政策,它就是可取的;一笔既担风险又无利可图的贷款,虽然从纯财政观点来看会遭到激烈反对,会被银行家视为莫大蠢事,但只要它有利于国家的政治政策,反对意见也是不能成立的。当然,情况也许正相反,这些政策所造成的经济或财政损失超过了所企望的政治利益,从而削弱了国家的国际地位。如果是这样,这些政策就可能被否定。由此看来,决定政策的因素并不是纯粹的经济和财政考虑,而是要比较所涉及的政治机会和政治风险,也就是说,要考虑这些政策对国家权力可能造成的影响。

当美国向波兰这样的国家提供贷款或援助时,其目的主要不是获取经济或财政利益,而是要促使这样的国家从苏联的影响和控制下争得几分独立。如果美国政府同意波兰向美国代理商或金融机构延期还债,这不单单是出于人道的或慈善的考虑。相反,为波兰政府保留较大的选择余地正是美国的政策,这样做意在防止波兰完全依赖苏联。在经济领域所采取的这些行动是基于政治目标,这些政治目标从长远来看可以确保波兰作为一个主权国家的生存——尽管至少在短期内波兰由于所处的地理位置和政治环境不得不在苏联的势力范围内接受一个卫星国的地位。一言以蔽之,美国对波兰经济政策的目的,是限制苏联在中欧和东欧的影响和权力,同时加强美国在这一地区的影响力。

对政治权力的贬抑

像在所有政治中一样,权力欲是国际政治中的突出因素,因此,国际政治必然是权力政治。尽管这一事实在国际事务的实践中得到了普遍承认,但学者、政论家以至政治家却经常发表否认这一事实的见解。自从拿破仑战争结束以来,西方世界中越来越多的人接受了这样的观念:国际舞台上的权力斗争是一种暂时现象,是一种历史的偶然;一旦产生这一现象的特殊历史条件被消除,这一历史的偶然现象就必定会随之消失。所以杰里米·边沁相信争夺殖民地是一切国际冲突的根源,"解放你们的殖民地!"是他对各国政府的忠告,一俟殖民地获得解放之后,国际冲突和战争就必然消失。⑥ 而像科布登⑦和蒲鲁东⑧这样的自由贸易的信徒则相信,消除贸易障碍是建立国家间永久和谐的唯一条件,甚至可能导致国际政治的完全消失。"在某种未来的选举中,"科布登说,"我们或许会看到,'不搞对外政治'这一标准将用以测验那些想要充当

---

⑥ *Emancipate Your Colonies* (London: Robert Heward, 1830).

⑦ "自由贸易!它是什么?那就是,摧毁分裂国家的障碍;在那些障碍的后面,隐藏着傲慢、复仇、怨恨和嫉妒的情绪,这些情绪每每冲破了它们的界限,使整个国家陷入血泊之中。""自由贸易是上帝的国际法",自由贸易与和平似乎是"同一事业"。见 *Speeches by Richard Cobden* (London: Macmillan, 1870), Vol. I, p. 79; *Political Writings* (New York: D. Appleton, 1867), Vol. II, p. 110;科布登(Cobden)1842年4月12日致亨利·阿什沃思(Henry Ashworth)的信,引自 John Morley, *Life of Richard Cobden* (Boston: Roberts Brothers, 1881), p. 154。

⑧ "让我们消灭关税吧,这样的话,各民族间的联盟就将宣告成立,它们的团结将获承认,它们之间的平等将昭示于天下。"*Oeuvres Completes* (Paris, 1867), Vol. I, p. 248。

自由选民代表的候选人。"⑨对马克思及其信徒来说,资本主义是国际冲突和战争的根源。他们坚持认为,国际社会主义将扫除国际舞台上的权力斗争并将带来永久和平。在整个19世纪里,世界各地的自由主义者都深信,权力政治和战争是陈腐的政治制度的残迹;民主制和立宪政府在反对专制主义和独裁统治斗争中的胜利,将确保国际和谐和永久和平取代权力政治和战争。在这股自由主义思潮中,伍德罗·威尔逊是最雄辩和最有影响的发言人。

最近一段时间以来,那种认为可以从国际舞台上消除权力斗争的信念,已经与建立诸如国际联盟和联合国这类世界组织的巨大努力联系在一起了。1943年的莫斯科会议为联合国的成立奠定了基础,当时的美国国务卿科德尔·赫尔在出席这次会议后返回国内时宣称,新的国际组织将意味着权力政治的终结和国际合作新纪元的到来。⑩ 1946年,当时的英国外交大臣菲利普·诺埃尔—贝克也宣称,英国政府"决心运用联合国的有关制度来消灭权力政治,以使人民的意志通过民主的方法取得至高无上的地位"⑪。

关于这些理论以及从这些理论中产生出的种种期望,我们随后还要进行详细的讨论⑫,这里只要说明权力斗争具有时空上的普遍性而且是一个经验上不可否认的事实就足够了。无可否认的是,在整个历史时代中,不管社会、经济和政治条件如何,国家总是在争夺权力的过程中彼此相遇。虽然人类学家已证明某些原始人类似乎是超脱了权力欲望的,但是还没有人指出怎样才能在世界范围内重新营造他们的那种心理状态和生活条件,从而消灭国际舞台上的权力斗争。⑬ 让地球上的某些民族摆脱权力欲而同时却使其他民族保有权力欲,那将是毫无意义和自取灭亡的。如果权

---

⑨ 引自 A. C. F. Beales, *A Short History of English Liberalism*, p. 195。
⑩ *New York Times*, November 19, 1943, p. 1.
⑪ *House of Commons Debates* (Fifth Series, 1946), Vol. 419, p. 1262.
⑫ 见第八编。
⑬ 关于这个问题的富于启发性的讨论,见 Malcolm Sharp, "Aggression: A Study of Values and Law", *Ethics*, Vol. 57, No. 4, Part II (July 1947)。

力欲望不能从世界各个角落里被消除,那么那些可以摆脱权力欲的人就将沦为另一些握有权力的人的牺牲品。

我们在这里采取的立场也许会受到一些人的批评,他们认为从过去历史中推导出的结论是没有说服力的,做这样的推论从来都是进步和改革的敌人的主要惯用伎俩。虽然某种社会秩序和制度过去确实一直存在,但并不能由此必然推论说它们将来必然一成不变。但当我们所面对的不是由人所创建的社会秩序和制度,而是那些创造出社会本身的基本生物—心理本能时,情况便大不相同了。生存、繁衍和支配的本能欲望是人所共有的[14],这些本能欲望的相对力量取决于社会条件;社会条件也许会偏好一种欲望而倾向于压抑另一种欲望,或者可能使这些欲望的某些表现形式得不到社会的赞许而同时却赞许另一些表现形式。所以,仅从权力方面举例来说,大多数社会都谴责把杀人作为在社会内部取得权力的手段,但所有社会都鼓励在称为战争的权力斗争中杀死敌人。独裁者对其公民谋求政治权力的愿望看不顺眼,但民主国家却认为积极参与政治权力的竞争是公民的责任。在经济活动中,哪里有垄断组织的存在,哪里就缺乏谋求经济权力的竞争。在竞争性的经济制度中,争夺经济权力的某些表现形式是非法的,而另一些形式则是受到鼓励的。奥斯特罗戈尔斯基援引托克维尔这位泰斗的话说:"美国人民的热情不是政治性的而是商业性的。在那个尚待开发的世界中,热衷于权力的目的更多的是着眼于物而不是人。"[15]

---

[14] 动物学家试图说明,支配的欲望甚至在动物身上也存在,如鸡和猴,它们根据支配的愿望和能力制造社会等级,参见,例如,Warder Allee, *Animal Life and Social Growth* (Baltimore: Williams and Wilkens, 1932); *The Social Life of Animals* (New York: W. W. Norton, 1938)。还可参阅康拉德·洛伦茨(Konard Lorenz)的理论及有关争论。

[15] M. Ostrogorsky, *Democracy and the Organization of Political Parties* (New York: Macmillan, 1902), Vol. II. p. 592.

无论特定的社会环境如何,要驳斥那种认为国际舞台上的权力斗争仅仅是历史的偶然现象的观点,就必须从国内政治的本质推导出决定性的论据。国际政治与国内政治在本质上是完全相同的。这两种政治都是争夺权力的斗争,它们的不同仅仅在于这种斗争在国内范围和在国际范围赖以进行的条件不同。

更具体地说,支配倾向是所有人类组织联系中的一个基本因素,贯穿于从家庭到联谊社团、专业协会、地方政治组织以至于国家的各个层次上。就家庭这一层次而言,婆媳之间的典型冲突本质上就是一种权力斗争,是捍卫既有权力地位与企图建立新的权力地位之间的纠葛。同样地,这种纠葛预示了国际舞台上现状政策与帝国主义政策之间的冲突。社交俱乐部、联谊会、专业联合会和商业组织也都是各团体间不断进行权力斗争的舞台;那些团体或者企图保有既得的权力,或者寻求得到更多的权力。企业之间的竞争、雇主和雇员之间的劳务纠纷是司空见惯的,这种竞争和纠纷不仅仅是、有时甚至主要不是为了获取经济好处,而是为了控制对方和他人,也就是为了争夺权力。最后,国家——尤其是民主国家——的全部政治生活,从地方政治到全国政治,都是一场持续不断的权力斗争。定期选举、议会表决、法庭诉讼、行政决策和措施执行——人们在所有这些活动中都试图维持和建立他们自己对其他人的权力。立法、司法和行政机构做出决议的过程要受到由"压力集团"所施加的压力和反压力的牵制,那些"压力集团"总是试图捍卫或者扩大它们自己的权力地位。正如《死海》经卷之一所描述的:

> 哪国愿受更强一国欺压?谁人愿其财产遭无理掠夺?然而,有哪国不曾欺压过其邻邦?在世界上你又在哪里能找到一个从未掠夺过另一民族财产的民族?究竟哪里?

借用修昔底德的话来说就是:"我们所知之神,我们所信之人,凡其力所能及之处，无不施行统治，这是其天性使然之必然法则。"⑯又如托尔斯泰所说："对朵拉豪夫来说，支配另一个人意志的过程本身，就是一种愉悦、一种癖好、一种需要。"⑰

再引用索尔兹伯里的约翰的话来说：

> 虽然并非所有人都渴望攫取君权或王权，但完全未被暴政腐蚀的人是极少的或根本不存在的。一般认为，暴君是依仗武力统治来压迫全体人民的人；但一个人并不一定要压迫全体人民才能充当一个暴君，即使处于一个最卑贱的地位，他也能够这样做。因为即使不压迫全体人民，一个人仍然能够在其权力所及之处充当暴君。⑱

鉴于权力斗争在所有社会关系和各层社会组织中无所不在，国际政治必然是权力政治这一论断有什么值得大惊小怪的呢？如果说权力斗争是国内政治所有领域中的一个永久性和必然性的因素，而同时又说权力斗争只不过是国际政治中的一个偶然的和短暂的属性，岂非咄咄怪事？

贬抑政治权力的两个根源

权力在国际舞台上所发挥的作用之所以遭到贬抑出自两个根源：一个是关于国际关系的哲学，这种哲学主导了19世纪的大部分时间并仍然在很大程度上左右着我们对国际事务的思考；另一个是决定美利坚合众国与世界其他国家关系的特定的政治和文化环境。

19世纪的哲学

导致权力政治在19世纪遭受贬抑的原因在于权力政治的国

---

⑯ Thucydides, Book V, § 105.
⑰ Leo Tolstoy, *War and Peace*, Book Eight, Chapter XI.
⑱ John of Salisbury, *Policraticus*, translated by John Dickinson (New York: Alfred A. Knopf, 1927), Vol. VII, p. 17.

内经验,这一经验的显著特征表现为贵族政府对中产阶级的控制。19 世纪的政治哲学由于把贵族政府对中产阶级的控制等同于任何类型的政治控制,因而便把对贵族政治的反对等同于对任何类型政治的敌视。在贵族政府失败之后,中产阶级发展了间接控制的制度。他们用经济依赖的无形链条取代了作为贵族统治特征的统治阶级与被统治阶级的传统分野及公开暴力的军事手段。这种经济制度通过一套似乎是平等的法律规则进行运作,而这些法律规则则掩盖了权力政治的真正本质。在 19 世纪里人们看不清这些法律化关系的政治本质,因为这些关系似乎根本不同于迄今为止在政治名义下所进行的所有活动。因此,人们便把表现为贵族形式的——即公开的和暴力的——政治认同于政治本身。这样一来,在国内事务和国际事务中的权力斗争便似乎仅仅是一个历史的偶然因素,它随着独裁政府的出现而出现,并注定要随着独裁政府的消亡而消亡。

美国的经验

这种把权力政治认同于贵族政府的做法在美国的经验中找到了佐证。这可以追溯到美国经验中的三项因素:美国所作尝试的独特性、美洲大陆与 19 世纪世界冲突中心的实际隔离状态和美国政治思想中人道主义的和平主义和反帝国主义。

切断与英国王室的宪法联系标志着美国开始奉行一项与欧洲在外交政策名义下的所作所为不同的外交政策,这在华盛顿的《告别演说》中得到了清晰的表述。"欧洲有一套我们没有或与我们关系甚远的基本利益,因此她必须卷入频繁的争吵中,而其争吵的原因则与我们毫无关联。因此,对我们来说,如果通过人为的联系,使我们自己卷入已属司空见惯的变幻不定的欧洲政治中去,或者卷入同样是司空见惯的朋友或敌人的联盟中去,那肯定是不明智的。"1796 年,欧洲政治与权力政治是同一的,除了欧洲王室卷入的权力政治之外,没有其他的权力政治。在美国人眼中,"欧洲的野心、对抗、利益、异想天开或反复无常的怪圈",是国际权力斗争的唯一表现。因此,正如华盛顿所声明的那样,摆脱欧洲政治就意味着摆脱权力政治本身。

然而,美国超然于欧洲权力政治的传统并不只是一项政治纲领。尽管有个别的例外情况,但直到19世纪末,这都是一个既定的政治事实。这个事实既是客观地理条件所致,也是深思熟虑使然。通俗作家们也许从美国独特的地理位置中看到了上帝之手已经不可更改地规划了美国的孤立以及扩张的方向。但从华盛顿开始的更负责任的观察家们却一直谨慎地强调地理条件与外交政策之间的联系——外交政策应基于地理条件来选择它的目标,并利用地理条件去实现这些目标。华盛顿曾谈到"我们独处一方、远离他国的(地理)位置",并问道:"为什么要放弃如此得天独厚的有利条件呢?"当美国外交政策的这一时期临近结束时,约翰·布赖特致函阿尔弗雷德·赖夫说:"在你们的大陆上,我们或许仍可指望在那里繁衍生息的千百万人民今后仍不知战争为何物。没有人能够攻击你们,而你们也渴望避免卷入其他国家之间的争执。"⑲

从北美大陆的海岸望去,新世界的公民们观望着在遥远的欧洲、非洲和亚洲海岸上正在上演的国际权力斗争的奇观。由于在19世纪的大部分时间里美国的外交政策使美国人得以保持一种旁观者的角色,所以,美国人就把实际上是由暂时的历史偶然现象所造成的结果,看成是一种天定的和自我选择的永恒条件。从最坏的情况来说,他们会继续旁观别国进行的权力政治游戏;而从最好的情况来说,随着民主制度在世界各地的建立,终场的帷幕很快就要落下,权力政治的戏码从此不再上演。

帮助实现这一目标被构想成美国使命的一部分。在美国的全部历史中,美国的国家命运一向是以反军国主义和自由意志主义来理解的。在美国的国家使命表现为非侵略性的和不介入的那些

---

⑲ 引自 Merle Curti, *Peace and War: The American Struggle 1636—1936* (New York: W. W. Norton, 1936), p.122。

著述中,如约翰·卡尔霍恩的政治哲学所表述的,这种使命被设想为对国内自由的促进。因此,我们或许"通过自身的榜样比打一千场胜仗更有助于把自由传播到本大陆及整个世界"。当美国在美西战争之后似乎放弃了这种反帝国主义的和民主的传统时,威廉·格雷厄姆·萨姆纳重新阐述了这种理想的实质:"扩张和帝国主义是对民主的大进攻……扩张和帝国主义是向美国人民的最好的传统、原则和利益开战。"⑳在比较了欧洲的权力政治倾向与美国的传统理想之后,萨姆纳持有和华盛顿同样的看法,认为二者是互不相容的。然而,萨姆纳未卜先知,他预言,美西战争的结局使美国不可挽回地走上了同一条当时正使欧洲陷于革命和战争旋涡的不归路。

这样,19世纪形成的有关外交事务性质的一般概念与美国经验中的特殊因素相结合,就确立了一种信念:卷入权力政治并不是不可避免的,而仅仅是一种历史的偶然;国家可以在权力政治和未被权力欲玷污的其他类型的外交政策之间进行选择。

关于和平的科学:当代乌托邦主义

有一个迄今在政界和知识界仍有影响力的学派应当述及,这个学派提出以"科学的"方法取代理性主义国际政治观这种"永恒的智慧"。由于没有更恰当的词汇来命名,我们不妨把这一学派称之为"科学的乌托邦主义"。像以上在讨论权力政治的持久性时提到的那些自我欺骗的渊源一样,这种科学解释的根源也深藏在19世纪欧洲和美国的经验之中。然而在这里,对"关于和平的科学"寄予乌托邦式期望的原因,既不是阶级支配关系,也不是偶然的地缘因素。相反,自然科学方面惊人的巨大进步促使形形色色的思想家做出这样的推测:若将同样的方法应用到个体和集体的人类行为中,可能也会产生巨大的进步,从而走向赫伯特·马尔库塞等

---

⑳ "The Conquest of the United States by Spain", *Essays of William Graham Sumner* (New Haven, CT: Yale University Press, 1940), Vol. II, p. 295.

人所谓的"人类生存的和平化"。

关于和平的现代科学源出于这样的假设:世界完全服膺科学和理性,世界自身就蕴含着全人类和睦相处的一切必要因素。这些因素分别被界定为利益和谐、经济法则、自由贸易和现代通信,而科学的任务就在于探明这些因素;在这些因素不能自行奏效的地方,对它们加以应用就是法律的职能;而透过公开冲突的表层去发现这些因素,则是谈判和妥协的职能。

对这种理性主义来说,正是权力政治这种返祖现象掩盖和歪曲了利益的和谐,而利益的和谐才是国际关系的真正本质。亚当·斯密这位古典自由主义和古典经济学的奠基人,发现了存在于利己的竞争性经济行为表象之下的一种根本的利益和谐。利己的追求通过一只"看不见的手"的作用为所有人带来了更多的财富。自由市场靠其内在逻辑的支配,达成万物的最佳配置。19世纪的自由主义在寻求建立国家间和谐关系的手段方面,甚至无须此种奇迹的发生。只要严格遵循理性的原则就能奏效;一切国际冲突都被认为能够或者通过妥协或者通过仲裁得到圆满的解决。由于所有人都具有理智,所以他们迟早会殊途同归,发现他们之间的各种冲突是表面上的而不是实质性的,因而统统可以通过一个能为所有人接受的理性方式得到解决。如果所有国家总是能充分意识到它们的真正利益所在,那它们就会认识到那些表面上对立的利益实际上是一致的,对一国有利的事情必然对其他所有国家同样有利,冲突仅仅是愚昧和失误的产物。

于是,国家间的冲突应归因于由缺乏理解而导致的失调和政治激情的影响。一旦摆脱了无知和意气用事,理智就会轻而易举地、合理地解决国际冲突,就如同它在自然科学领域已经解决了诸多难题一样。蒲鲁东是最早颂扬科学给国际领域带来福音的人之一:

> 真理无地域之分,科学代表人类的统一。因而,如果科学而非宗教或权威被各国接受为社会规范,并随着政

府的消亡而成为利益的最高仲裁者,那宇宙的全部法则便会归于和谐。国籍或祖国这类词汇就其政治含义而言将不复存在,唯一保有的是出生地的概念。人不论其种族或肤色如何,实际上都将成为世界居民,在世界各地取得公民权。就像在一国领土内某一地区的市政当局代表国家并且行使国家的权威一样,地球上的每一个国家都将代表人类并在其自然疆域内为人类而工作。各国将处于和谐之中,既无外交也无内政;这种和谐从此再也无法颠覆。[21]

按照乔德的说法:"和平主义者的最重要职责就是信守理智。也就是说,他应该依靠运用自己的理智提出诉求,应该假定其他人也可以被引导运用他们的理智。……事实上,只要向人们提供充分的机会去发现真理,真理总会获胜。"[22]正是由于对理智的力量抱有同样的信心,克拉伦斯·斯特赖特在1941年宣称:"一旦美国参议院和英国议会中的大人物们理解了[两国间的]联盟,他们就会拥护它。"[23]

这样一来,政治史就变成了科学问题层出不穷的历史,这些问题本来可以用科学的方法解决,但却被无知而又感情用事的人类处理得极不合理。即使是在像霍默·李这样的现实主义观察家看来,国际事务问题也可归结为知识问题;如果"匹夫之勇"被有关事实的知识所取代,那人们就能在国际舞台上成功地行事了。著名的和平主义者伯莎·冯·萨特纳写道:"政治科学将会取代目前的治国韬略,唯有那些真诚地寻求真理并努力依据真理去争取唯一的利益——涵盖所有文明国家的普遍利益——的人们……才会拥

---

[21] "Idée générale de la révolution au dix-neuvième siècle", *Oeuvres complètes*, IX (1868), p. 300;又见 Proudhon, *La Guerre et la paix* (Paris: E. Dentu, 1861)。

[22] "Pacifism: Its Personal and Social Implications", in G. P. Gooch, *In Pursuit of Peace* (London: Methuen, 1933), pp. 61,63。

[23] *Union Now with Britain* (New York: Harper and Brothers, 1941), p. 197。

有立法权和政治权,这样的时代必将到来。"

在罗伯特·林德看来,单就人类所拥有的知识而言,萨特纳所说的时代已经到来了。他写道:

> 这一诊断确已十分全面,这要归功于对民族主义、帝国主义、国际金融和贸易以及我们文化中助长战争的其他因素的一系列过硬的研究。战争问题比其他大多数问题更多地占据了若干学科领域里科学家的注意力,他们的分析研究业已取得长足进展,从而掌握了相当确凿的知识。战争的原因已为一大批有见地的学者所了解所认知,但是关于应该采取何种行动的言论却显得苍白无力,这是因为社会科学在将学术性专著中严峻的研究成果转变为大胆的行动纲领方面畏葸不前。……就这种情况而言,问题并不在于缺少知识,社会科学需要的似乎是汇集研究成果的意志,以使这些成果中所包含的真理不再作为另类学问继续流失。我们对于战争及其起因已有足够的认知,因而应该提出这些研究成果,指出它们的含义,并建议采取行动,从而把令人警醒的证据确凿地、权威性地昭示于最谦卑的公民面前。㉔

这个理性时代要达到的,是用新的科学的方法取代权力政治、秘密外交和战争的旧方法。领土要求、对少数民族的主权、原料分布、市场争夺、裁军、"富国"和"穷国"的关系、和平变革以及和平组织整个世界——这些并非是"政治"问题,非要依靠相互争吵的国家间的权力分配和这种分配可能达到的平衡来达成暂时的、从来都不稳定的解决。这些问题是"技术"问题,理性在每一种情况下都会为它们找到唯一正确的解决方法。

这样,作为一门独立的科学知识分支的"和平学"便在 19 世纪

㉔ *Knowledge for What?* (Princeton: Princeton University Press, 1939), p. 241.

发展起来。以此命名的书籍大量出版，有一部甚至在学术竞赛中获得头奖。㉕"自然疆界"的概念在 16 世纪和 17 世纪曾有过战略的和政治的内涵，却不曾有过科学的内涵，法国革命者和拿破仑则把它解释成地理学上"正确的"疆界。19 世纪 70 年代和 80 年代，英国的公众舆论严肃地讨论过"科学的疆界"问题，这种"科学的疆界"也就是一种符合理性的疆界，它最终会使同一地理区域内的所有其他疆界成为科学上不正确的疆界。1878 年 11 月 9 日，迪斯累里在伦敦市长官邸的一次讲话中，以印度边界是"一条任意的而非科学的疆界"为由为第二次阿富汗战争辩解。

寻求"科学的"疆界的做法始于 18 世纪后半叶。当时，在领土分割和兼并的场合，有待分配的领土份额的相对价值，是根据某些"客观"标准，如人口出生率、人口的数量和素质等因素决定的。与这种趋势相适应，在梅特涅的建议下，维也纳会议指定了一个特别统计委员会，负责依据人口的数量、素质和类型这些"客观"标准来估价讨论中的领土。㉖ 这样，领土的划界就变成了数学演算。19 世纪末叶针对俄国的领土野心在德国发展起来的"好边界"的观念也有某种类似的内涵。"科学的关税"的思想试图将科学引进对外贸易之中，这一思想部分地建立在弗里德里希·李斯特在 19 世纪早期提出的理念之上。关于公民投票的理论和实践也是用理性主义方式处理国际问题的典型表现；在这里，大多数人的意志就是一个科学的检验标准，领土主权依此而定。20 世纪 30 年代，梅杰·莱弗比尔少校提出了关于"科学的裁军"的理论。而"地缘政治学"则力图将外交政策作为整体置于科学的基础之上。

只是到了第一次世界大战之后，这种将政治问题归结为科学命题的倾向才被普遍接受。哈特伍德的艾伦勋爵写道："理性最终正在成为一个影响人们行为的独立的力量。这是由于科学的到

㉕　Louis Bara, *La Science de la paix* (1872).

㉖　详见 Charles Dupuis, *Le Principe d'équilibre et le Concert Européen* (Paris: Perrin et Cie, 1909), pp. 38 ff, 60 ff.

来。……由于人意识到自己是自然的主人,人的思想便开始按理性的而非迷信的方式运作。当要形成一种意见时,他就观察他周围的现象并得出他的结论。从这一时刻起,思想便开始成为一种独立的具有影响力的力量了。因此,它现在可以被看作是一种政治力量,而这在以前的文明史上却绝无可能。在最近三十年中,这种状况已开始影响公众舆论。"[27]

由此,一个可以恰如其分地称之为"以科学方法处理国际事务的时代"到来了,而且至今仍看不出这个时代将会结束。以海牙会议和数百次较小型的和平会议为先导,各国政府着手实施一项史无前例的狂热的行动计划,目标是运用科学方法解决一切国际问题。各国政府、国际联盟以及私人团体竞相组织国际会议,鼓励从事教学和研究,并出版数以百计的书籍,目的在于用科学的方法来医治人类的各种弊病。最近我们已看到人们正在做出普遍的努力以寻找一种解决战后世界问题的科学方法。这些活动是这种现代思潮的最新表现,但很可能不是最后一次。[28]

我们这个时代始终在寻求一种点石成金的神奇公式,只要机械地对这种公式加以运用,就会产生预期的结果,从而以理性计算的确定性来代替政治行动的不确定性和冒险性。然而,那些探求者想要得到的是简单的、理性的和机械性的公式,而他们必须应付的却是复杂的、非理性的和无法计算的现实。结果,为了至少显示

---

[27] "Pacifism: Its Meaning and Its Task", in *Pursuit of Peace*, pp. 22,23.

[28] 参见 Charles A. Beard, *A Foreign Policy for America* (New York: Alfred A. Knopf, 1940), pp.98—99:"为了符合新的利益,学院鼓励对国际法和外交进行研究。对于外交的陈旧课程——冷冰冰的、学究式的讲授——补充以国际关系方面的课程,因为后者所强调的是世界和平与促进和平的手段。关于和平安定方面的书籍、小册子和文章的写作、出版和广泛流传,还常常得到政府和平基金的资助。人们组织国际和平会议,这为旅行和进行广泛的讨论提供了机会。学院的院长和教授、牧师以及妇女领袖很少享受过这类特权,也很少受到一般公众如此突出的重视。对他们来说,这就好像是在一个新的在重大事务的领域里施展才能、创功立业的时代已经开始了,他们尽力利用这个时代所带来的机会。"

出科学解决方法的表象,他们就不得不将国际政治的现实简单化,不得不依赖于人们所谓的"单一原因法"。

消除战争是国际学说面临的根本问题。为了解决这个问题,人们必须首先清楚地确定战争的一个或几个原因。对一个非理性主义的头脑来说,找到一种解决方案之所以看起来如此困难就在于所涉及的原因的多样性,这些原因植根于人类心灵的最深处。如果能够将所有这些多重的、复杂的因素归结为一个单一的原因——一个能够形成理性公式的原因,那么,找到战争问题的解决方法似乎就不是不可能的了。这就是自由主义的外交政策自其发端伊始一直尝试在做的,而自从国际联盟进入全盛期以后,大多数人便以为如果政治家或政治思想家没有一项能够克服"单一原因"的"建设性"计划,那就是缺乏创造性的思想。

难道不正是封建主义的残渣余孽在当今世界上制造战争吗?古典自由主义会说,让我们打倒世界各地的贵族式政府吧,那样我们就将享有和平了。在政治实践中,这种一般性的命题往往被缩小成了更为特殊的意在对付特定情况的纠正办法。因而,正如我们前面所述,边沁和边沁主义者便把争夺殖民地当作战争的主要原因,他们主张把放弃殖民地政策作为消除战争的方法。而对另一些人来说,关税是全世界的万恶之源,自由贸易则是百善之泉。还有一些人想要废除秘密条约和一般的秘密外交,并且通过对国际政策实行公众控制来保障和平。现代战争难道不是帝国主义的后果,而帝国主义本身不也是垄断资本主义各种矛盾的结果吗?因此,马克思主义者会说,让我们推翻资本主义吧,那样我们就永远不会有战争了:社会主义就意味着和平。

同样的单向思维方式也存在于国内政治中。一切社会弊端都起源于我们对经济规律的无知,而"单一税收"则注意到了这些规律因而将解决所有的社会问题;我们的经济制度之所以不相协调是因为政府入不敷出,因而只要平衡预算就可以解决我们的经济问题了;坏的语言习惯是我们社会弊端的根源,随着掌握了好的语言习惯,我们的社会问题就将得到解决。爱默森在《新英格兰的改革家》一文中这样描绘了这一类的思想:

> 一个改革家认为所有的人都应当去务农;另一个改革家认为谁都不应当去经商,因为使用金钱是主要的罪恶;还有一个改革家认为祸根就在我们的饮食之中,我们吃喝的东西是该诅咒的,应当制作未发酵的面包,而且要拼命反对发酵;……另一些人攻击农业制度,攻击在耕作中使用畜肥,攻击人对牲畜的暴虐,认为这些陋习玷污了人的食物。……即使是昆虫世界也应当受到保护——这个问题曾长期被忽视,一个保护蚯蚓、蛞蝓和蚊子的学会应立即成立。与此同时,还出现了一些顺势疗法、水疗法、催眠术、骨相学的行家以及他们的如基督教奇迹一般的奇妙理论!有人攻击一些特定的职业,如律师、商人、制造商、牧师、学者;还有人攻击婚姻制度,认为它是社会弊病的根源;也有人对教会和礼拜聚会忧心忡忡。比起老一辈清教徒中五花八门的唯信仰论,不胜枚举的改革新论看上去毫不逊色。㉙

不过,在国内政治领域,"单一原因法"在理论上和实践上的重要性是相当有限的。因为在这一领域,倘若不是在集体疯狂时期,个人的直接经验就会揭示这一方法的荒谬性,而且那些利益受到影响的人会施加压力,防止人们误把江湖医生认作救命良医。

另一方面,乌托邦国际主义者与国际舞台亦相脱节。他的思想如果具有足够的普遍性,就可以通行全球而不会冒与严酷的政

㉙ Ralph Waldo Emerson, *Essays: Second Series* (Boston: Houghton Mifflin, 1899), pp. 204—205.

治现实相冲突的风险。如果他为美国自己而宣传"四大自由",那他很快就会从个人的经验中领悟到,实现这些伟大原则的任何企图所引起的社会问题和政治问题是多么巨大。反之,主张在"世界各地"都实行四大自由就具有足够的普遍性,从而避免了与历史现实和政治事实发生冲突。

不负权责的改革者在现代国际思想的武器库中找到了他一直在寻找的东西,他并不在乎各种万灵药方之间常见的矛盾之处。由于"单一原因"是从大量实际原因中任意抽象出来的,所以,一种抽象也即一个"单一原因"就和另一个"单一原因"一样正确。此外,由于寻找"单一原因"的行动源于一种为人类生活的改善做出某种贡献的宏愿,而不是决意要以一种确定的方式去干预一种确定的政治事态,所以实际上,任何对世界弊病的一般性解释和任何消除这些弊病的一般性计划,都会满足相应的心理需要。

因此,国际舞台便成了寻找"单一原因"及消除这一原因之"科学公式"的大猎场,而这些活动的鼎盛期是两次世界大战之间的二十年。[30] 国际社会并未组织化,因而"国际组织"——在其抽象理性意义上作为一种与18世纪、19世纪哲学中的乌托邦制度相对立的法律制度——就变成了一个科学公式,这一公式自从最主要的和平主义者、诺贝尔奖获得者 A. H. 弗里德在20世纪初提出以来,已经成为一个完整学派的信念。另外一些人指望物质疗法。战争难道不是用武器进行的吗?让我们禁止或至少裁减军备吧,这样就不再可能有战争或至少使战争的可能性减少了。还有一些人把不同的补救方法结合起来,辩解说"在科学基础上"的这种结合是唯一恰当的配方。所以,法国激进社会党主张将"安全、仲裁、裁军"

---

[30] 见 Kenneth W. Thompson, *Ethics, Functionalism and Power in International Politics: The Crisis in Values* (Baton Rouge: Louisiana State University Press, 1979), pp. 35—45。

作为确立永久和平的具有逻辑连续性的相继步骤；而法国社会党人调换了一下次序后断言，"通过仲裁和裁军实现安全"是唯一具有科学价值的公式。而法国的外交政策尤其盛产抽象的计划，像"白里安计划""赖伐尔计划""塔迪厄计划""赫里欧计划""保罗—邦古计划"，这些计划无不自命为要用一个法律公式为欧洲安全问题提供一种科学的解决方法。

在其他领域，尤其是自1929年危机以来，国际动荡的"单一原因"在经济领域里出现了。根据这一论点，对国际贸易的限制、原料的短缺和国际购买力的不足驱使各国走向战争。那么让我们找出一种能够达成互惠贸易协定、重新分配原料和筹集国际贷款的科学公式吧，这样就会有和平了。面对20世纪30年代的帝国主义欲望，人们推导出：每当国家不能和平地改变现状时，它们就会试图通过战争来改变。因此，科学界定的和平变革就使战争失去了存在的必要。由于银行家对其投资的担忧是我们卷入第一次世界大战的原因，所以让我们取消对交战双方的贷款吧，这样我们就能避免卷入下一场战争了。最近，有人"发现"国家主权是造成战争的原因，接着便推论出以世界联邦的形式或至少以民主国家的联邦形式共享国家主权是解决战争与和平问题的一个科学方法。由此看来，我们的时代总是在寻找科学的公式，但顽固的现实却一次又一次地使今天的解决办法变成明天的谬误。

国际关系的"科学"时代导致了以想象中的科学标准代替真正的政治评估的情形。在某些情况下，这种情形发展到了即使不是彻底毁灭、至少也是损害做出任何明智政治决定能力的地步。权力无论怎样有限和有条件，都是国际政治承认的最高价值。所以，国际政治决策所必须经受的考验，涉及这些决策影响权力分配的程度。黎塞留、汉密尔顿（在这方面不亚于杰斐逊）或迪斯累里在国际舞台上采取行动之前都会问的一个问题是：这个决定是会增强还是会削弱本国和别国的权力？而国际"科学家"的问题则不同。由于对他来说,国际事务的历史相当于一连串的科学问题,这些问题由见多识广的官员或是孤陋寡闻的官员或正确或错误地处理着,所以最高价值不是权力而是真理。于是追求和保卫权力就成为背离科学态度的一种过失,而科学的态度应该是寻找原因及其解决办法。如果我们不喜欢事物的现状,那就让我们去寻找事物的起因并通过改变起因来改变事物。从根本上说,没有任何东西值得为之战斗,却总有某些东西需要分析、理解和改革。

在现代人的头脑中,科学万能的信念如何才能变为外交政策的控制力量呢?答案还是要到理性主义哲学的一般前提中去寻找,因为其普遍性的假设似乎已为国内经验所证实。自由主义在国内的胜利导致了政治领域特有的萎缩和非政治领域的相应扩展,故后者对超然的理性检验门户洞开。以往被视为政治权力斗争战利品的东西,如今以一种超脱、务实的方式便可获得,并可根据经济学、行政管理或法律的专门技能加以掌控。首先,自然科学和宗教已经摆脱了政治的支配,确立了各自的自主性。其次,自由主义通过对国家的征服,使得摆脱政治直接支配的领域不断扩大。最后,自由主义看起来甚至把政治从国家领域中驱赶了出去,使治国之道本身变成了一门科学。工商业最早赢得了理性下的自主性。对重农主义者来说依旧是一种政治纲领——虽向当时的权势者建言但却未获采纳——的东西,在亚当·斯密那里则已成为一套得到经验证实的科学真理体系了,而其实践上的含义是任何一个有理性的人都无法回避的。政治法庭被由法官所组成的独立法院所取代,法官受过依据法律科学的原则公正执法的训练。偏袒某些政治集团的陈旧专横的选举制度让位于能够保障全体公民享有充分和平等代表权的科学的制度。文官制度将政府职员的遴选置于客观的、非政治的基础之上。今天,立法改革越来越多地由专家委员会进行筹备,而专家们似乎主要是受科学的而非政治的考虑影响。税收、行政管理和保险在方法上也变成"科学的"了。最后,没有任何一个政府活动的领域不被认为是应用"政治科学"的合适领域了。

  基于对自由主义经验认知基础上的现代思想,将科学方法应用于政治领域,这在过去和现在都是国内事务中一种政治谬误。然而在国内事务中,政治压力和自我利益的精巧机制对教条主义泛滥起到了自动的抑制作用。而在国际领域,这种直接作用于个人的机制是不存在的。因此在这一领域,科学公式万能的信仰尤甚,但效果甚微。因为正是在这里,从这种信念中衍生出的各种万应灵药,与决定事物实际进程的力量毫无关联。因此,要么是事物按其自身的进程发展,就好像国际专家委员会的所有建议和其他的理性主义—乌托邦的方法从未发明一样;要么是将这些方法运用在某个特例中,从而产生其倡导者意料不到的、对他们来说往往是灾难性的后果,就如同在意大利—埃塞俄比亚战争期间对意大利的制裁一样。不过,最具有讽刺意味的是,这一学派企图垄断"讲求实际"的美德;对那些将国际行动的基础建立在真正理解决定政治现实的各种力量之上而非抽象理性的理想假设之上的难得的尝试,它一概嗤之以鼻。㉛

 ㉛ 早在 1877 年,詹姆斯·洛里默(James Lorimer)就写道:"然而非常奇怪的是,这些关于英国功利主义的推测,作为一个整体,所论述的全都属于一个我所知道的、从实践观点来看用途最小的课题。"见"Le Problème final du droit international", *Revue du droit international et de legislation comparèe*, IX (1877), p. 184. 还可参阅 Beard, *A Foreign Policy in America* 一书的第 129 页:"在 1919 年的国际主义思想中不可思议的邪恶,几乎每一种在二十年间都出现了。这就似乎表明,这一学说是建立在有关人和国家的本质和特性的某些错误观念基础上的;或者,如果这一解释站不住脚的话,那就说明,国际主义者没有采取正确的'方法'来谋求他们为自己确立的目标。他们对世界的看法与世界的现实有出入,或者,他们的方法在技巧方面有欠缺。他们可以把他们的失败归咎于人和国家的疯狂,而且他们中的一些人的确这样做了,但这正好供认了他们以前的前提和行动是建立在错误估计和预测基础上的。无论如何判决都会如此,除非所有的谴责都加在美国人身上,把他作为世界上最大的替罪羊。"

第四章 寻求权力的斗争：现状政策

经典名句

◆ 全部政治，无论是国内政治还是国际政治，都揭示出三种基本的模式；也就是说，所有政治现象都可以简约为三种基本类型之一。一项政治政策所寻求的，或是保持权力，或是增加权力，或是显示权力。

◆ 现状政策的目的在于维持历史上某一特定时刻所存在的权力分配。

◆ 现状政策是以维持某一特定历史时刻存在的权力分配为目标的，但这并不意味着现状政策必然反对任何变化。它并不反对变化本身，而只是反对任何会导致两个或更多国家间权力关系发生逆转的变化。

1922年华盛顿会议

国内政治和国际政治不过是权力斗争这一现象的两种不同表现。权力斗争之所以在这两个不同领域中表现不同,是因为在各自领域中占主导地位的道德、政治和社会条件各不相同。在西方,各国社会内部显示出比各国相互间大得多的社会凝聚力。文化的一致、技术的统一、外部的压力,尤其是政治等级结构等因素的结合,就使一国社会成为有别于他国社会的一个统一的整体。其结果是,国内政治秩序就比国际秩序,比如说,具有更大的稳定性,且较少经受剧烈的变动。

全部历史表明,积极参与国际政治的国家,或是在不断地准备战争,或是在积极地卷入战争,或是处于从战争中恢复的过程中。而战争就是有组织的暴力行为。另一方面,在西方民主国家的国内政治中,有组织的暴力行为作为一种大规模政治行动的工具的情形已变得绝无仅有了。但作为一种潜在的可能性,它在这些国家的国内政治中却依然存在;并且,对以革命形式出现的有组织的暴力行为的恐惧,不时对政治思想和行为产生重要影响。[①] 国内政治和国际政治在这方面的差异只是程度上的不同,而不是性质上的差别。

全部政治,无论是国内政治还是国际政治,都揭示出三种基本的模式;也就是说,所有政治现象都可以简约为三种基本类型之一。一项政治政策所寻求的,或是保持权力,或是增加权力,或是显示权力。

---

① 这在 19 世纪尤其如此,正如古格利尔莫·费雷罗(Guglielmo Ferrero)在 *The Principles of Power* (New York: G. P. Putnam's Sons, 1942)一书中所指出的那样。

50　　　　对这三种类型的政治模式,有三种类型的国际政策与之对应。如果一国的外交政策趋向于保持权力而不是朝着利己的方向改变权力分配,则该国奉行的就是现状政策;如果一国的外交政策目的在于通过改变现存的权力关系获得比它实际拥有的权力更多的权力——换言之,其外交政策寻求的是在权力地位上的有利变化,那该国奉行的就是帝国主义政策;如果一国的外交政策寻求的是为维护或增加权力而显示它所拥有的权力,则该国奉行的就是威望政策。② 应当注意的是,这些概括仍嫌粗糙,有待于进一步的细化完善。③

"现状"(status quo)这一概念源于"战前状况"这个外交术语,意指和平条约中常见的一项条款,这项条款规定敌军撤出占领区,将该领土归还给战前的主权者。例如,与意大利④和保加利亚⑤订立的结束第二次世界大战的和平条约规定:"同盟国的所有武装部队将尽速撤出"意大利或保加利亚领土,"且在任何情况下都不得

---

② 有时,一国在未受到强力驱使的情况下也会放弃权力,如英国在1947年对印度的做法和美国几次对拉丁美洲国家的做法。这并不是国际政治的这种三重模式的例外。在这些案例中,一个国家的行为恰似一个在某种情况下会撤退的军事指挥官的行为,之所以撤退,是因为他的战线过长,或者因为他的交通线受到了威胁,或者因为他想集中力量发动一次进攻。与此相似的是,一个国家也会从一个暴露的、它无望长期保有的权力据点撤退;或者它也许将一种控制方式换为另一种控制方式,比如说,用军事控制取代政治控制,用政治控制取代经济控制,或是反转过来(用睦邻政策取代"大棒"政策就是一个恰当的例子);或者在外交政策目标上作一下改变,使力量集中于另一点。无论如何,自愿放弃权力的事实并不意味着该国对权力不感兴趣,正如一个军事指挥官的撤退不能说明他对军事胜利不感兴趣一样。

③ 特别需要指出的是,这些不同模式的国际政策,并非必然地与政治家或外交政策支持者内心的自觉动机相对应。政治家和支持者们甚至可能没有觉察到他们奉行和支持的政策的实际性质。更具体地说,一国也许打算奉行现状政策,但实际上却不自觉地采取了帝国主义政策。所以人们谈论英国人时,曾说他们是"心不在焉"地获得他们的帝国的。下文关于这一论题的讨论,我们将集中于所奉行政策的实际性质,而不管那些奉行政策的人的动机。

④ 见 Article 73, *The New York Times*, January 18, 1947, p.26。
⑤ 见 Article 20, ibid., p.32。

迟于自本条约生效起的第九十天"。这表明,在这一期限内,战前状况将在该领土上重新建立。⑥

现状政策的目的在于维持历史上某一特定时刻所存在的权力分配。人们可以说,现状政策在国际政治中所履行的功能,与保守政策在国内事务中所发挥的功用是相同的。作为现状政策参照点的某一特定历史时刻,往往是一场战争的结束;在战争结束之时,权力分配便被用法律的形式确定在和平条约之中了。这是因为和平条约的主要目的在于用法律条文把前一次战争中的胜利和失败所造成的权力变动固定下来,并通过法律规定保证新的权力分配的稳定性。由此看来,现状政策的典型作用似乎是维护终结上一场全面战争的和平解决方案。从1815年到1848年,奉行现状政策的欧洲各国政府和政党在维护结束拿破仑战争的1815年和平解决方案方面正是这样做的。这些政府在1815年缔结神圣同盟的主要目的,即是维持拿破仑战争结束时存在的现状。结果,神圣同盟主要扮演了和平条约即1815年《巴黎条约》的保证者的角色。

在这方面,维护1815年现状的政策与《巴黎条约》及神圣同盟之间的关系,类似于维护1918年现状的政策与1919年和约及国际联盟之间的关系。第一次世界大战结束时存在的权力分配状况,在1919年的和平条约中得到了法律上的表述。而国际联盟的主要目标就是要维护1919年和平条约所规定的1918年现状,借以维护和平。《国际联盟盟约》第十条责成其会员国"尊重并保持所有联盟各会员国领土之完整及现有政治上之独立,以防御外来侵略",这就确认了国联的目的之一是维持1919年和平条约所确立的领土现状。结果,在两次世界大战之间的这段时间里,维护和反对现状的斗争,主要就表现为捍卫还是反对《凡尔赛条约》的领土条款以及《国际联盟盟约》第十条关于这些领土条款的保证的斗

---

⑥ 关于大量的更早的例子,见 Coleman Phillipson, *Termination of War and Treaties of Peace* (New York: E. P. Dutton, 1916), pp. 223 ff。

争。因此,那些反对1919年所确立的现状的主要国家——日本于1932年、德国于1933年、意大利于1937年——断绝其各自与国际联盟的关系,从它们自己的观点来看就是顺理成章的了。

现状政策不只是表现在和平条约和支持和平条约的国际组织中,那些渴望维护某种权力分配的国家还可以把一些专门条约作为它们的工具。1922年2月6日在华盛顿签署的《九国关于中国事件应适用各原则及政策之条约》⑦和1925年10月16日在洛迦诺签署的《德比法英意相互保证条约》⑧就是这样的事例。

《九国公约》把美国在华的"门户开放"政策转变成了一项多边政策,那些在对华贸易方面兴趣颇大的国家,都保证要拥护这一政策。这一政策的主要目的,是稳定当时存在于缔约各国之间的权力分配状况。这意味着某些国家特别是英国和日本在中国的某些地区如满洲和许多港口所取得的特权,不仅应当维持不变,而且中国不应向任何缔约国让与新的特权。

《洛迦诺相互保证条约》力求以一项针对德国西部边界的特别条约,来补充《国际联盟盟约》第十条对1918年领土现状所做的一般保证。该条约第一条明确规定了对"德国和比利时之间、德国和法国之间的边界领土维持现状"的保证。

特别应予指出的是,同盟条约往往在某些方面具有维持现状的作用。例如,在1871年反法战争胜利结束、德意志帝国建立之后,俾斯麦试图依靠旨在防止法国发动复仇战争的同盟来保护德国在欧洲刚刚赢得的支配地位。1879年,德国和奥地利结成共同防范俄国的同盟;1894年,法国和俄国缔结反对德奥联合的防御联盟。一个同盟担心另一个同盟在声称要维护现状的同时却致力于改变现状,由此引起的相互恐惧,是燃起第一次世界大战全面战火的主要因素之一。

---

⑦ United States *Treaty Series*, No. 671 (Washington, 1923).

⑧ *American Journal of International Law*, Vol. 20 (1926), Supplement, p. 22.

法国在两次世界大战之间与苏联、波兰、捷克斯洛伐克和罗马尼亚缔结旨在维持现状的同盟条约,主要是鉴于德国可能改变现状的企图。捷克斯洛伐克、南斯拉夫和罗马尼亚之间的类似条约以及《捷苏条约》都具有同一目的。这些同盟在经受1935—1939年考验时所表现出的无效,是造成德国1939年进攻波兰的原因之一。1939年4月5日英国与波兰结盟是战争爆发前的最后一次努力,目的是至少维持德国东部边界的领土现状。今天,苏联与东欧国家所缔结的同盟、西欧国家之间及其与美国所缔结的同盟,也以相似的维持现状为目的,这种现状是依据第二次世界大战结束时的权力分配在欧洲的这些相应地区确立的。

有一项现状政策对美国具有最重要的意义并已成为美国对外关系的基石,它的表现就是门罗主义。门罗主义是门罗总统于1823年12月2日在致国会的年度咨文中所做的一个单方面声明,它规定了任何现状政策都具备的两条根本原则。一方面,它保证美国将尊重西半球的权力分配现状:"我们没有干涉过任何欧洲列强的现存殖民地和保护国,将来也不会干涉。"另一方面,它声明美国将抵抗任何非美洲国家对西半球权力分配现状的任何改变:"但是对于那些已经宣布独立并保持着独立的政府,……任何欧洲列强为了压迫它们或以任何方式控制它们的命运而进行的任何干涉,我们都只能认为是对合众国的不友好态度的表现。"正如富兰克林·D.罗斯福总统1933年4月12日在泛美联盟理事会上所做的讲演中表达的那样:"它[门罗主义]的目的过去和现在都是,反对任何非美洲国家以任何方式获得对本半球其他领土的控制权。"⑨

我们已经指出,现状政策是以维持某一特定历史时刻存在的权力分配为目标的,但这并不意味着现状政策必然反对任何变化。

---

⑨ *Roosevelt's Foreign Policy, 1933—41, F. D. R.'s Unedited Speeches and Messages* (New York: Wilfred Funk, 1942), p. 4.

它并不反对变化本身,而只是反对任何会导致两个或更多国家间权力关系发生逆转的变化——比如说,A 从一流强国沦为二流强国,而 B 则升至 A 先前占据的显赫地位。而权力分配的小幅调整则由于保持了有关国家相应权力地位的完整,所以是完全符合现状政策的。例如,美国 1867 年购买阿拉斯加这块土地当时并没有影响美国和俄国之间的现状,因为从当时的交通通信技术和战争技术来看,美国获得这块当时无法进入的土地没有对美俄之间的权力分配产生任何可感受得到的影响。

与此相似的是,美国虽然于 1917 年从丹麦手中获取了维尔京群岛,但它并未采取一项旨在改变涉及中美洲各共和国现状的政策。虽然就保卫通向巴拿马运河的航道而言,获取维尔京群岛大大改善了美国的战略地位,但这并没有改变美国和中美洲各共和国相应的权力地位。获取维尔京群岛也许加强了美国在加勒比地区既有的支配地位,但并没有创造这种支配地位,因而它与现状政策是一致的。人们甚至可以说,通过加强美国在中美洲各共和国的优势地位,实际上巩固了权力分配现状,从而也就满足了现状政策的目标。

1962 年年初,苏联为了大大扩展它的影响,着手在古巴部署导弹。肯尼迪政府衡量了迫使苏联撤走导弹的各种可供选择的行动方案,包括空袭在内,最后,它选定了封锁和隔离的政策。作为《肯尼迪—赫鲁晓夫协议》的结果,苏联人撤走了他们的导弹。但苏联继续以大量的经济和军事援助来支持卡斯特罗政权。与此同时,古巴则寻求它自己在加勒比地区和中美洲的意识形态影响。到 20 世纪 80 年代,人们在格林纳达和尼加拉瓜这类国家里发现了古巴和苏联的军事援助和军事人员。姑且不论这些国家中的民众是否支持古巴的干涉,美国决策者所面对的问题是现状受到威胁的程度如何。古巴独自的干涉威胁了现状吗?古巴作为苏联代理人的行动构成了真正的威胁吗?苏联的卷入是否破坏了门罗主义和《肯尼迪—赫鲁晓夫协议》,其卷入本身是否威胁了现状?从约翰·肯尼迪开始的历任政府都不得不面对这个问题。1983年10月25日,里根政府入侵了格林纳达,表面上是要保护该岛上的大约一千名美国人的生命,实际原因却是美国人认为格林纳达是古巴人和苏联顾问在那里和加勒比其他地区策划军事行动的大本营。观察家们仍然会问,古巴和苏联的活动是否曾对该地区的现状构成了真正的威胁?当里根总统的政策受到严厉批评时,在欧洲和美国出现了一些相互冲突的答案。判断苏古的卷入和美国决策者所做出的反应的标准是,权力分配以及现状是否正在发生重大的变化。

第五章　寻求权力的斗争：帝国主义

经典名句

- 大英帝国是一个殖民帝国，并且由此变成了现代帝国的原型。结果是，对殖民地的获得和剥削成了帝国的同义语，于是帝国便几乎一概被赋予了经济内涵。这一经济内涵导致一种寻求解释现代帝国主义的最广泛、最系统，也是最流行的思潮的产生，即帝国主义的经济理论。
- 由军事征服所造成的新的权力关系，通常只能通过由被征服国家挑起的另一场战争来改变，而这种战争往往是不利于后者的。
- 它（指文化帝国主义）的目的不是征服领土和控制经济生活，而是征服和控制人们的心灵，以此作为改变两国之间权力关系的手段。

俾斯麦

帝国主义不是什么

客观的分析可以表明,美国获取维尔京群岛是它在这一地区奉行现状政策的一部分。然而,这些以及类似的旨在加强美国在加勒比地区地位的行动,却被许多观察家诋毁为帝国主义的行为。那些观察家使用"帝国主义的"这一词汇并不是为了客观地表述一种特定类型的外交政策,而是把它当作责骂之语,以使他们所反对的政策丧失信誉。这种为了论战的目的而任意使用这一词汇的现象已经变得如此普遍,以至于今天"帝国主义"和"帝国主义的"之类的词汇被不分青红皂白地运用于任何使用者所反对的外交政策上,而不管这些政策的实际性质如何。

憎恶英国的人在 1980 年仍把英帝国主义称作一种现实,一如他们在 1940 年或 1914 年所做的那样。憎恶俄国的人把俄国人在对外事务中的所作所为一概斥之为帝国主义的。苏联在 1941 年遭到德国进攻之前,认为所有第二次世界大战的参加者都是在从事一场帝国主义战争;而随后它被迫投入的这场战争,基于它自己的定义就变成反帝国主义的了。对于美国在世界各地的敌人和批评者来说,"美帝国主义"是一个标准用语。更有甚者,某种经济和政治制度以及经济集团,例如银行家和企业家,也被不加区别地与帝国主义的外交政策画上了等号。

在这种滥用过程中,"帝国主义"一词已丧失了全部具体含义。每一个人对某一个恰巧反对他的外交政策的人来说,都是帝国主义者。在这种情形下,破除庸俗用法,以赋予这一词汇一种道德上中立、客观和可界定的含义,便成为理论分析的任务了,这同时也是有益于国际政治的理论和实践的。①

在我们问帝国主义实际上是什么之前,让我们首先看一下帝国主义不是、而往往被认为是的那些情况。有三种最普遍的错误概念需要我们注意。

1. 并不是所有旨在增加一国权力的外交政策都必然是帝国主义的表现。我们在讨论现状政策时已经破除了这一错误概念。②我们把帝国主义界定为一项目的在于推翻两个或更多国家间的权力关系现状的政策。一项仅仅寻求调整的政策,将会保持这些权力关系内核的完整,因而仍然是在现状政策的基本框架内行事的。

把帝国主义完全等同于任何有目的的权力的增加,这种观点主要为两类不同的人所主张。那些基于原则反对一个特定国家及其政策的人,如恐英派、恐俄派和反美派,将他们所憎恶的对象本身的存在视为对世界的威胁。一个如此令人恐惧的国家无论在何时打算增加自己的权力,那些害怕它的人都必定把其权力的增加看作是征服世界的踏脚石,也就是看成是帝国主义政策的表现。另一方面,那些19世纪政治哲学的继承者,认为任何积极的外交政策都是一种邪恶,在可预见的将来注定要消失,所以他们谴责寻求增加权力的外交政策。他们把这种外交政策与在他们眼中作为邪恶典型的帝国主义看作一路货色。

2. 并不是所有旨在维护既存帝国的外交政策都是帝国主义。人们普遍认为,像英国、苏联或美国这样的国家,为了维持自己在某一地区的支配地位而做的一切努力都是帝国主义的。这样一来,帝国主义便等同于对一个既存帝国的维护、保卫以及使之稳

---

① 这一词汇常被用做任何种类的殖民扩张的同义词,如在 Parker Thomas Moon, *Imperialism and World Politics* (New York: Macmillan, 1926)一书中即是如此,只要这种用法不暗示关于扩张主义政策本身性质的一般理论,从理论观点来看它就是无可非议的。由于在下文中我们关心的是国际扩张政策的一般特征,所以显然,一个仅限于殖民扩张现象的概念,对于我们的目的来说就是过于狭窄了。

② 关于这一点,见第四章的讨论。

定,而不是取得帝国的能动过程了。然而,虽然把"帝国主义"一词应用到一个现存帝国的国内政策上也许还讲得通,但若把它运用到基本上具有静态和保守性质的国际政策上,就会引起混乱并导致误解。因为在国际政治中,帝国主义是与现状政策相对而言的,因而具有动态的内涵。人们常指的"英帝国主义"的历史,在这一点上具有启发性。

英帝国主义的观念源自英国本身。在1874年选举活动中,迪斯累里领导的保守党人首先使用了它,由迪斯累里构想出后来又被约瑟夫·张伯伦和温斯顿·丘吉尔所发展了的英帝国主义观念,是与保守党人所说的自由党人的普世主义和国际主义相反相成的。这一观念具体体现在"帝国联邦"的政治计划中。这项计划的要旨是:(1)英国及其自治领借助于保护性关税,统一、整合为一个统一的帝国;(2)为英国人保留自由殖民地;(3)统一武装部队;(4)在伦敦设立中央代表机构。

当这项"帝国主义"计划拟订并付诸实施时,英国的领土扩张大体上已经趋于结束。英国的"帝国主义"计划因此基本上便成为巩固而非扩张的计划。这项计划寻求保障和利用既得之物,旨在努力稳定凭借大英帝国的创立所带来的权力分配。

当基普林为英帝国主义辩护,将它称为"白人的负担"时,这一负担早已重负在肩了。自19世纪70年代以来,英国"帝国主义"——即英国对其海外领地的外交政策——就帝国主义一词的精确含义而言基本上就成了一种现状政策,而绝非帝国主义政策了。然而,英国及其他地方的反帝国主义分子接受了迪斯累里和张伯伦帝国主义口号的表面价值,并把帝国主义的后果误认为是帝国主义本身,因此将英国在其海外殖民地尤其在非洲和印度所奉行的剥削和巩固政策斥之为"帝国主义的"而予以反对。事实上,当丘吉尔在1942年拒绝"主持不列颠帝国的解体"时,他不是作为一个对外事务中的帝国主义者,而是作为一个保守分子,一个帝国现状的捍卫者讲话的。

英国"帝国主义"和它的反对者是将帝国的巩固和防御与帝国主义混为一谈的突出例子,但不是唯一的例子。当我们谈论罗马帝国和罗马帝国主义时,我们自然想到了始于奥古斯都的那一段罗马历史,奥古斯都是统治当时首次被称为罗马帝国的那片土地的第一个皇帝。不过,当奥古斯都赋予罗马及其领地帝国宪法时,罗马的扩张基本上就告结束了。从三次布匿战争开始到共和国被朱利乌斯·恺撒推翻为止,罗马共和国的外交政策才是名副其实的帝国主义政策。在那段时间里,地球的政治面貌被改变并且罗马化了。后继皇帝们的外交政策和他们所进行的连年不断的战争都服务于一个主要的目的,就是巩固和保卫先前征服的成果。与英国自迪斯累里到丘吉尔的"帝国主义"政策并无两样,罗马的外交政策也是一种保守政策,一种现状政策。虽然仍有征服,例如在图拉真率领下的征服,但这些征服政策的目的却是为了确保帝国的安全和巩固罗马的至高无上的地位。

同样的情况基本上也适用于20世纪初到第二次世界大战美国在领土方面的"帝国主义"。20世纪初叶所展开的赞成还是反对美帝国主义的大辩论,紧随19世纪帝国主义大扩张之后。成为那场辩论主题的政策,实质上是巩固、保护和剥削政策,也就是现状政策。当威廉·格雷厄姆·萨姆纳在1898年把美国的领土扩张政策看作"西班牙对美国的征服"③时,他所指的是一项业已完成的政策。当参议员艾伯特·贝弗里奇宣称"上帝把我们造就成治理能手,使我们可以在野蛮和衰朽的民族中行使管治"④时,他是力图为已确立的统治辩护,而不是支持筹划中的未来的扩张。

所以,在英美两国,有关帝国主义的现代辩论大抵是紧随帝国主义扩张进程之后,在追溯中谴责或支持这种扩张。就未来要遵

---

③ 见前引文,第41页注释⑳。
④ 1900年1月9日在参议院的讲演,重印在 Ruhl J. Bartlett, *The Record of American Diplomacy*, 4th ed. (New York: Alfred A. Knopf, 1964), p.385。

循的实际政策而言,这场辩论主要关心的是帝国主义政策的后果,即帝国的管理和维护。原因是不难找到的。这场大辩论是随着保守党人对大英帝国的歌颂而发端于英国的。这种歌颂其实是与大陆民族主义相对应的不列颠民族主义。大英帝国是一个殖民帝国,并且由此变成了现代帝国的原型。结果是,对殖民地的获得和剥削成了帝国的同义语,于是帝国便几乎一概被赋予了经济内涵。这一经济内涵导致一种寻求解释现代帝国主义的最广泛、最系统,也是最流行的思潮的产生,即帝国主义的经济理论。这里,我们找到了掩盖帝国主义真实本质的第三种错误观念。

关于帝国主义的经济理论

马克思主义帝国主义论、自由主义帝国主义论和帝国主义"妖魔"论

关于帝国主义的经济理论在三个不同的流派中得到了发展:马克思主义、自由主义,以及被恰如其分地称作帝国主义"妖魔"论⑤的一派。

马克思主义的帝国主义理论基于作为全部马克思主义思想基础的一种信念:所有政治现象都是经济力量的反映。因此,帝国主义这一政治现象是它赖以滋生的经济制度即资本主义的产物。根据马克思主义理论,资本主义社会不能在其内部为其商品找到足够的市场并为其资本找到足够的投资场所,因而,它们有一种奴役广大非资本主义地区甚至资本主义地区的倾向,以便为其剩余产品寻找市场和为其剩余资本寻找投资机会。

温和的马克思主义者,如考茨基和希尔弗丁,则相信帝国主义是一种资本主义政策,因此一项帝国主义政策是资本主义或许多

---

⑤ Charles A. Beard, *The Devil Theory of War* (New York: Vanguard Press, 1936);又见 *The New Republic*, Vol. 86 (March 4, 11, 18, 1936)。

少可以根据情势做出选择的政策。另一方面,列宁⑥及其追随者特别是布哈林⑦则把帝国主义和资本主义完全等同起来,帝国主义就是资本主义发展的最后阶段,即垄断阶段。根据列宁的观点:"帝国主义是发展到垄断组织和金融资本的统治已经确立、资本输出具有特别重大的意义、国际托拉斯开始分割世界、最大的资本主义国家已把世界领土分割完毕这一阶段的资本主义。"⑧

在马克思主义者看来,资本主义是万恶之源,而帝国主义不过是其必然的或最可能的表现。以约翰·霍布森⑨为主要代表的自由主义学派所关心的主要是,帝国主义并不是资本主义自身的产物,而是由资本主义制度内部某种失调造成的。与马克思主义一样,自由主义学派断言,帝国主义的根源在于要到国外市场寻找出路的剩余商品和资本。然而,按照霍布森及其学派的观点,帝国主义扩张不是处理这些剩余物的不可避免的方法,甚至不是最合理的方法。由于过剩是由购买力分配不均造成的,因此,治病良方就在于通过诸如提高购买力和消除过度储蓄这样的经济改革来扩大国内市场。自由主义学派与马克思主义的主要区别,就在于自由主义学派相信国内改革可以取代帝国主义。

与以上这两种理论相比,帝国主义"妖魔"论的知识层次要低得多。这一理论为和平主义者所广泛主张,并已成为共产主义宣传的惯用手法。或许可以说,它曾是奈伊委员会的正式哲学,该委员会于1934—1936年代表美国参议院调查了美国的金融和工业

---

⑥ *Collected Works*(New York：International Publishers, 1927), Vol. XVIII; *Selected Works*(New York：International Publishers, 1935), Vol. V.

⑦ *Imperialism and World Economy*(New York：International Publishers, 1929).除了上文提到过的作者外,对马克思主义关于帝国主义理论的发展具有特别重要影响的作者中,罗莎·卢森堡(Rosa Luxemburg)和弗里茨·斯滕伯格(Fritz Sternberg)应该被提及；参见后者的 *The Coming Crisis*(New York：John Day, 1946).

⑧ *Imperialism, the Highest Stage of Capitalism*(New York：International Publishers, 1933), p.72.

⑨ *Imperialism*(London：G. Allen and Unwin, 1938).

利益集团对美国介入第一次世界大战的影响。该委员会活动记录的公布使得帝国主义"妖魔"论一时间成了关于美国外交事务的最流行解释。这一理论的简单化大大促进了它的传播,它确认某些集团明显地从战争中牟取了利润,像战争物资制造商(所谓的军火制造商)、国际银行家("华尔街")等。由于他们牟利于战争,他们必然对从事战争感兴趣。于是,这些战争牟利者便把自己变成了"战争贩子",变成了为使自己发财而策划战争的"妖魔"。

极端的马克思主义者将资本主义等同于帝国主义,温和的马克思主义者和霍布森的信徒把帝国主义看作是资本主义制度内部失调的结果,而对"妖魔"论的信徒来说,帝国主义和战争一般来说无非是邪恶的资本家为了个人获利的目的而策划的阴谋。

对这些理论的批判

所有对帝国主义的经济解释,无论是细致的还是粗糙的,都经不起历史经验的验证。从经济角度解释帝国主义,往往基于一些孤立的事件,把有限的历史经验上升为普遍的历史法则。毫无疑问,在19世纪晚期和20世纪,一小部分战争主要——如果不是唯一的话——是受经济目标驱使的。典型的例子是1899—1902年的布尔战争和1932—1935年玻利维亚和巴拉圭之间的查科战争。英国开采金矿的利益是导致布尔战争的主要原因,这一点是没有什么疑问的;而查科战争则被一些人视为主要是两家石油公司为夺取油田控制权而进行的战争。甚至1991年的海湾战争,其目的也是多重性的,而不仅仅是经济方面的。

但是,在整个成熟的资本主义时期,除布尔战争之外,列强之间的战争没有哪次纯粹是或者主要是为了经济目标而进行的。1866年的普奥战争和1870年的德法战争就不具有任何重大的经济目的,它们是政治战争,是地地道道的帝国主义战争,是为了确立一种新的权力分配而进行的。前一场战争是为了确立普鲁士在德意志内部的优越地位,后一场战争是为了确立德国在欧洲国家体系中的优越地位。1854—1856年的克里米亚战争、1898年的美西战争、1904—1905年的日俄战争、1911—1912年的意土战争和几次巴尔干战争也都显现出,如果有任何经济目标的话,那些经济目标也不过只起着次要的作用。两次世界大战理所当然是政治战争,其利害所在若不是为了支配世界,至少也是为了支配欧洲。自然,战争的胜利带来了经济利益,而战争的失败却尤其招致了经济上的损失。但这些后果并非问题的实质,它们不过是胜利和失败的政治后果所带来的副产品,而这些经济上的得失就更不是驱使当权的政治家决定战争与和平问题的动机了。

由此看来,关于帝国主义的经济理论得不到资本主义时代历史经验的支持,这些理论认为资本主义时代若不是等同于帝国主义,也是与帝国主义有密切联系的。此外,经济理论还倾向于在帝国主义与殖民扩张之间画等号,而殖民扩张的主要时期是先于成熟的资本主义时代的,因而不能把它们归咎于衰落的资本主义制度的内在矛盾。与16世纪、17世纪和18世纪相比,19世纪和20世纪对殖民地的获取屈指可数。而在最近的阶段,资本主义甚至经历了帝国的大规模解体,其形式是大英帝国、法国、葡萄牙和荷兰从亚洲和非洲的撤退。

如果人们用前资本主义时期帝国建立进程所提供的事例来检验经济理论的话,历史例证就更不利于经济理论的论点了。古代导致埃及、亚述和波斯帝国建立的那些政策,就其政治意义而言是帝国主义政策。基督时代前最后一个世纪亚历山大大帝的征服和罗马的政策同样如此。7世纪和8世纪阿拉伯的扩张表现出全部帝国主义的特征。教皇厄本二世曾用典型的意识形态论点来支持一项帝国主义政策。1905年,他在向克勒蒙宗教会议解释第一次十字军东征的理由时说道:"你们所居住的这块土地,四面八方为海洋闭锁、山峰环绕,对于你们庞大的人口来说它太嫌狭小;而由于财富匮乏,土地也难以为其开垦者提供足够的食粮。所以,这块土地便成了你们相互残杀和毁灭之所,从事战争之所,你们中的许多人在内斗中陨没之所。"⑩路易十四、彼得大帝和拿破仑一世都是前资本主义时代的大帝国主义者。

所有这些前资本主义时代的帝国主义,与资本主义时代的帝国主义具有同一倾向,即推翻既有权力关系,代之以帝国主义的权力支配。而在帝国主义的这两个不同时期,经济目标都同样从属于政治考虑。

亚历山大大帝和拿破仑一世与阿道夫·希特勒一样,不是为了个人获利的目的或为逃避其经济制度的失调而推行帝国主义政策的。他们所追求的目标恰恰就是工业巨头试图建立一个工业"帝国"时所追求的目标,工业巨头一个一个地兼并企业,直到他以垄断或半垄断的方式控制了他所经营的行业才会罢手。前资本主义时代的帝国主义者、资本主义时代的帝国主义者和"帝国主义的"资本家想要的都是权力而不是经济利益。工业巨头同拿破仑一世一样都不是被经济需要或个人贪婪驱使而走向"帝国主义"目标的,对他们来说,通过帝国主义扩张获取个人利益和解决经济难题是美妙的追思,是值得欢迎的副产品,而不是诱发帝国主义欲望的目标。

我们已经看到,帝国主义并不是由经济学、资本家或是其他什么东西所决定的。我们现在将要看到,资本家本身并不是帝国主义者。根据经济理论尤其是"妖魔"论,资本家利用政府作为其煽动帝国主义政策的工具。然而,对那些被引用来支持经济解释的历史事例详加调查就会发现,在大多数情况下,政治家与资本家之间实际存在的关系正好相反。帝国主义政策一般是由政府构想的,而资本家却要响应政府号召支持这些政策。所以历史例证表明,政治优先于经济。熊彼特教授的"金融家统治……国际政治"

---

⑩ F. A. Ogg, editor, *A Source Book of Medieval History* (New York: American Book Company, 1907), p. 286.

之说,实在是"违背事实、近乎荒唐的报端童话"⑪

其实,资本家作为一个集团——而不是某些个人——非但远不是帝国主义政策的煽动者,甚至连帝国主义政策的热心支持者都谈不上。现代社会中代表资本主义因素的集团和政党,其文件和政策印证了商业和制造业阶层传统上是反对任何可能导致战争的外交政策如帝国主义政策的。正如瓦伊纳教授所说:

> 那些拥护和平主义、国际主义、国际争端的和解与折中妥协以及裁军的人大多是中产阶级。而贵族、平均地权派,往往还有城市工人阶级则多为扩张主义者、帝国主义者和沙文主义者。在英国议会,正是"有钱势力"的代言人、北方制造业地区新兴中产阶级的代言人和"伦敦城"的代言人,在拿破仑战争、克里米亚战争及布尔战争中,以及从希特勒崛起到德国入侵波兰这段时间内,充当了绥靖派。在我们自己的国家里,对于美国革命、1812年战争、1898年的帝国主义和珍珠港事件前罗斯福政府的反纳粹政策,重大的反对力量大部分来自工商界。⑫

从18世纪初安德鲁·弗里鲍特爵士在《旁观者》上的文章到我们时代诺曼·安杰尔的《伟大幻想》,作为一个阶级的资本家和作为个人的大多数资本家业已形成这样一种信念,即"战争是划不

---

⑪ Joseph Schumpeter, *Business Cycles* (New York and London: McGraw-Hill, 1939), Vol. 1, p. 495, n. 1.

⑫ Jacob Viner, "Peace as an Economic Problem", *International Economics* (Glencoe: Free Press, 1951), p. 255. 关于纽约和新英格兰商人反对南北战争的问题,参阅 Philip S. Foner, *Business and Slavery: The New York Merchants and the Irrepressible Conflict* (Chapel Hill: University of North Carolina Press, 1941)。1876年9月26日迪斯累里对索尔兹伯里勋爵说:"所有国家的所有有钱阶级和商人阶级都反对战争……"在这一方面同样值得玩味的是英国驻德国大使在1914年6月30日第一次世界大战前夕向英国外交部提供的报告:"事实上我从各方面都听到了金融和工业阶级是拼命反对任何类型的战争的……" *British Documents on the Origins of the War, 1898—1914* (London: His Majesty's Stationery Office, 1926), Vol. XI, p. 361.

来的",战争与工业社会格格不入,资本主义利益需要的是和平而不是战争。因为唯有在和平的条件下才能进行理性的估算,而资本主义活动正是建立在这种理性估算之上的。战争本身包含着非理性的和混乱的因素,这种因素与真正的资本主义精神格格不入。然而,作为企图推翻现存权力关系的帝国主义本身,却包含着不可避免的战争风险。所以,资本家作为一个集团是反对战争的;他们不会倡导帝国主义政策,而只会疑虑不安地在压力之下支持帝国主义政策;因为这样的政策可能会导致战争,而且在很多情况下确实导致了战争。

像帝国主义经济理论这样的彻底违反经验事实的一套教条,何以能控制公众的思想呢?这一教条的成功取决于两个因素:西方世界的舆论氛围和这一教条本身的特点。我们已经指出了把政治问题简化为经济问题的时代倾向。[13] 资本家及其批评者都犯了这一根本错误。资本家期待,资本主义的发展在摆脱了前资本主义时代隔代遗传下来的桎梏之后,只遵循它本身固有的法则,从而带来普遍的繁荣与和平。资本主义的批评者则相信,这些目标只有通过改革或废除资本主义制度才能实现。两个阵营都指望用经济药方来解决政治问题。边沁主张以解放殖民地作为消除导致战争的帝国主义冲突的手段。蒲鲁东、科布登及其信徒将关税视为国际冲突的唯一根源,进而推导出和平在于扩大自由贸易的结论。[14]

在我们的时代,我们已听到一种论调说,由于德、意、日帝国主义产生于经济需要,所以如果它们得到贷款、殖民地和原料的供给,它们本来是会抑制帝国主义政策的。这种论调还说,穷国为了逃避经济灾难将走向战争;而如果富国减轻了穷国的经济痛苦,穷

---

[13] 见第 36 页及其后。又见 Hans J. Morgenthau, *Scientific Man vs. Power Politics* (Chicago: University of Chicago Press, 1946; Phoenix Edition, 1965), pp. 75 ff。

[14] 见第 35—36 页。

国就没有理由走向战争了。在古典资本主义时代,资本主义制度的拥护者和反对者都相信,那些似乎决定着商人行动的经济动机,支配着所有人的行动。

人们易于接受帝国主义经济解释的另一原因在于这一解释貌似有理。熊彼特教授对马克思主义帝国主义论所做的评论可谓一语中的:"我们时代的一系列重大问题似乎得到了完美的说明,国际政治的全部混乱似乎通过一锤定音式的简单有力的分析而得到了澄清。"⑮帝国主义作为一种有威胁性的、非人道的和通常是残暴的历史力量所具有的神秘性,将帝国主义界定为一种明确的国际政治类型所遇到的理论难题,尤其是在具体形势下认清帝国主义并运用适当手段对付它所面临的实际困难——所有这些不是被简化为资本主义制度的固有倾向,就是被简化为对这一制度的滥用。每当人们需要对帝国主义现象得出理论上的认识或采取实际行动时,这种简明的论述便都会几乎自动地提供一个使人心安理得的答案。

帝国主义的不同类型

帝国主义作为一种旨在推翻现状的政策,其真实本质可以通过对若干典型情形的揭示得到最好的说明。这些情形是有利于帝国主义政策的,而且,假使主客观条件都要求采取一项积极的外交政策,其结果就将几乎不可避免地产生一项帝国主义政策。

帝国主义的三种诱因

战争的胜利

当一国与另一国交战时,一种很可能出现的情况是,那个预期会取得胜利的国家会奉行一项寻求永久改变它与战败敌国之间权

---

⑮ Joseph Schumpeter, *Capitalism, Socialism, and Democracy* (New York and London: Harper and Brothers, 1947), p. 51.

力关系的政策。不管战争开始时的目的是什么,这个国家都将采取这样一项政策。这一政策转变的目的,就是将胜利者和被征服者之间在战争结束时存在的关系,通过和平协定转化为一种新的现状。这样一来,胜利者起初所进行的目的在于维护战前现状的防御性战争,便随着胜利的迫近转变成了一场帝国主义战争,也就是为永久改变现状所进行的战争。

罗马人通过"迦太基和平"使他们与迦太基人之间的权力关系发生了对自己长久有利的变化,而"迦太基和平"则变成了这种旨在使战争结束时胜利者与被征服者之间的关系永久化的和平协定的别名。结束第一次世界大战的《凡尔赛条约》及其相关条约,在很多观察家看来具有类似的性质。第二次世界大战之后苏联势力范围在东欧的扩张,特别是《赫尔辛基协议》对这一势力范围的确认,是另一个例子。按照我们的定义,一项旨在达成这类和平协定的政策,必定被称为帝国主义政策。它之所以是帝国主义的是因为它试图以战后的现状取代战前的现状;战前,对立双方的权力是大致平等的,或至少不是完全不平等的,而在战后现状中,胜利者变成了被征服者的永久主人。

战争的失败

正是这种倾向于使战败者屈于永久从属地位的情势,会轻易地在战败者心中滋生一种愿望,想要改变倒向胜利者一边的天平,推翻由其胜利所造成的现状,并与其交换在权力等级中的地位。换句话说,胜利者预计到自己将获胜时所采取的帝国主义政策,很可能唤起战败一方的帝国主义政策。假如战败者未被彻底毁灭,也未被战胜者争取到自己的事业中来,那么,战败者就将企图重获他所失去的东西,如果可能的话,获得更多的东西。

这种帝国主义是对他国成功的帝国主义的反应,其典型例子就是自 1935 年到第二次世界大战结束时的德意志帝国主义。1914 年的欧洲现状是以奥地利、法国、德国、英国、意大利和俄国这些列强间的协调为特征的。协约国的胜利及随之而来的和约造成了一种新的现状，这一现状是法兰西帝国主义政策的结果。法国在这一新现状中确立了自己的霸权，它凭借与东欧和中欧大多数新建立国家的结盟来行使这种霸权。

1919—1935年的德国外交政策似乎是在这一现状的框架内实施的，但暗中却在为推翻这一现状做准备。它试图为德国争取一些让步，但它却至少暂时地和在心理上有保留的情况下接受了《凡尔赛条约》所确立的权力关系。它没有公开向这种权力关系挑战，相反，它的目标是调整这种权力关系从而保留这种权力关系内核的完整。特别是魏玛共和国所奉行的"履行政策"——也就是履行《凡尔赛条约》的政策——就具备这种特征。正是这种改善德国国际地位同时至少暂时接受凡尔赛现状的企图，激起了民族主义者和国家社会主义党人的强烈反对。在国家社会主义党人于1933年上台并在国内稳定了他们的政权之后，他们便在1935年废弃了《凡尔赛条约》的裁军条款。1936年，他们违反同一条约占领了莱茵地区并宣布毗连德法边界的德国领土的非军事化无效。随着国家社会主义党人所采取的这些外交政策行动，德国公然走向了帝国主义；作为一系列行动中最初步骤，这些行动表明，德国决心不再接受凡尔赛现状作为其外交政策基础，而要为推翻这一现状而努力。

虚弱

有利于帝国主义政策的另一种典型情况是弱国或政治真空地带的存在。它们对强国具有吸引力而且是强国易于进入的。殖民帝国主义就产生于这种情况，也正是这种情况使得美国十三州所组成的最初的联邦能够转变成一个大陆强国。拿破仑以及希特勒的帝国主义也部分地具有这种特征，特别是后者在1940年"闪电战"时期更是如此。第二次世界大战即将结束时以及随后的十年中，苏联和东欧国家之间的关系可以作为帝国主义产生于强国和弱国之间关系的范例。权力真空的存在诱发帝国主义，这种情况至少对许多亚非新兴国家的生存构成了潜在的威胁，因为它们缺乏最重要的权力要素。

帝国主义的三个目标

正像帝国主义出自三类情形一样,帝国主义也导向三种目标。帝国主义的目标可以是支配政治上组织起来的全球,即世界帝国;它也可以是基本上在大陆范围内的帝国或霸权;它还可以是严格区域化的权力优势。换言之,帝国主义政策除了由可能的牺牲者的抵抗力所造成的限制外,可能就没有限制了;或者,它也可能受制于地理因素,诸如大陆的地理疆界;或者,它还可能受制于帝国主义国家本身的区域性目标。

世界帝国

无限制的帝国主义的突出历史事例,是罗马亚历山大大帝、公元7世纪和8世纪的阿拉伯人、拿破仑一世以及希特勒的扩张主义政策。他们都具有共同的扩张欲望,这种扩张没有理性的限制,它以自身的成功为动力,并且,如果没有一个优势力量阻止的话,它就将一直走到政治世界的边缘。⑯ 只要什么地方仍然存在可能进行支配的对象——一个政治上有组织的人群,其独立本身就对征服者的权力欲构成了挑战——这种欲望就将得不到满足。正如我们将要看到的,恰恰是缺乏节制,想要征服一切适于征服的目标的欲望,即无限制的帝国主义的特征,在过去一直是这一类帝国主义

---

⑯ 霍布斯曾对这种无限的权力欲做出了经典性的分析:"因此,我首先作为全人类共有的普遍倾向提出来的便是,永无休止、死而后已的权力欲。造成这种情形的原因,并不永远是人们得陇望蜀,希望获得比现已取得的快乐还要更大的快乐,也不是他不满足于一般的权势,而是因为他不事求取就会连现有的权力以及取得美好生活的手段也保不住。因此,权力至尊的君王倒要在国内致力于通过法律,在国外致力于通过战争来保持其权力。做到这一点之后,新的欲望又随之而起。有些人是为求新辟疆土之名,有些人是为求安逸和肉体之乐,还有些人则希望在某些艺术或智能方面出类拔萃,以博得人们的赞扬或恭维。"Hobbes, *Leviathan*, Chapter XI (Everyman's Library), pp. 49 ff.

政策失败的原因。唯一的例外是罗马,其原因将在后面论述。[17]

大陆帝国

地理因素决定的帝国主义类型,在欧洲列强获取欧洲大陆支配地位的政策中得到了最清楚的体现。路易十四、拿破仑三世和威廉二世是很恰当的例子。加富尔统治下的皮德蒙特王国在19世纪50年代寻求控制意大利半岛,1912—1913年巴尔干战争的各参战国渴望获得巴尔干地区的霸权,墨索里尼企图把地中海变成意大利湖——这些例子都是由地理因素决定的小于大陆范畴的帝国主义。美国在19世纪的政策就是逐渐把美国的统治扩张到北美大陆的大部分地区。这一政策主要是由大陆的地理局限所决定的,但地理并非唯一的决定因素。美国并未企图把加拿大和墨西哥置于自己的控制之下,尽管它能够这样做。大陆帝国主义在这里被修正了,因为它局限于该大陆的部分地区。

美国对整个西半球的外交政策,其本质也是这种混合型的帝国主义。通过在西半球提出一项针对非美洲强国的现状政策,门罗主义竖起了一个保护性的盾牌,在它背后美国得以在该地理区域内确立支配地位。不过,在西半球的地理范围内,美国的政策也并非千篇一律都是帝国主义的。对中美洲共和国和某些南美洲国家,美国的政策常常是赤裸裸的帝国主义。但在与其他一些国家如与阿根廷和巴西打交道时,美国的政策则仅仅是寻求维持美国现存的优势;这种优势是一种自然演进的结果,而不是由美国蓄意采取的政策带来的。尽管美国有力量以实际霸权的形式将自己的优势强加给这些国家,但它并没有选择这样做。这里我们再次看到了在由地理因素所限定的政策的总体框架内的一个区域性帝国主义。

地区优势

区域性帝国主义的原型可以从18世纪和19世纪的君主政策

---

[17] 见第343页及其后。

中找到。18世纪,腓特烈大帝、路易十五、玛丽亚·特蕾萨、彼得大帝以及凯瑟琳二世都是这种外交政策的推行者;19世纪,俾斯麦是这种帝国主义政策的大师,这种政策寻求推翻现状,并在自我选择的限度内建立政治优势。这种区域性帝国主义政策与大陆帝国主义及无限帝国主义之间的区别,就是俾斯麦的外交政策与威廉二世的外交政策及希特勒的外交政策之间的区别。俾斯麦想要在中欧确立德国的优势,威廉二世意在称雄全欧,希特勒则企图称霸全球。俄罗斯帝国主义的传统目标,如控制芬兰、东欧、巴尔干地区、达达尼尔海峡地区和伊朗,本质上也属于区域性的帝国主义。

这类帝国主义的局限与由地理因素所限定的那类帝国主义的情况不同。它主要不是自然客观事实的产物——若超越自然客观事实,或者在技术上是困难的,或者在政治上是不明智的;相反,这类帝国主义的限度主要是在几个方案中自由选择的结果,其中之一可能是现状政策,另一种可能是大陆帝国主义,第三种可能是区域性帝国主义。18世纪,第三种选择受到青睐,因为当时以各方实力大体相当为基础的列强协调,抑制了谋求大陆帝国主义的任何企图。路易十四的经历表明了这种企图可能会何等地有害。此外,18世纪帝国主义的主要驱动力是关于君主权势和尊荣的考虑,而不是现代民族主义的大众情感。这些考虑限定在君主制传统和欧洲文明的共同框架之内,对政治舞台上的角色施以道德上的约束,这种约束在宗教或民族主义狂热时期则荡然无存。

19世纪,作为区域性帝国主义政策特征的选择因素,在俾斯麦外交政策史中是极其重要的。首先,俾斯麦必须克服普鲁士保守分子的反对,这些保守分子赞成普鲁士实行现状政策,反对俾斯麦旨在谋求在德意志范围内建立霸权的区域性帝国主义政策。当战争的胜利使俾斯麦的政策变得切实可行时,这一政策还要防范那些想要超越俾斯麦为普鲁士霸权和后来的德意志霸权划定的界限的那些人。1890年,俾斯麦被威廉二世解职,这标志着区域性帝国主义的结束以及德国外交政策至少已倾向于大陆帝国主义的肇端。

帝国主义的三种方法

正如帝国主义有三类赖以发端的典型情形和三类目标一样，帝国主义政策所使用的典型手段也可分为三种。因此，我们必须区分军事帝国主义、经济帝国主义和文化帝国主义。一种普遍的错误观念是将这三种方法和帝国主义目标混为一谈，例如，认为经济帝国主义好像只是为了对其他民族进行经济剥削。这种错误观念源于前文提及的对国际关系中权力要素的忽视以及帝国主义的经济理论。[18] 诚然，军事帝国主义寻求军事征服，经济帝国主义寻求对其他民族进行经济剥削，文化帝国主义寻求用一种文化取代另一种文化。然而它们都是实现同一个帝国主义目的的手段。这一目的总是推翻现状，也就是反转帝国主义国家和它的可能的牺牲者之间的权力关系。这一永久不变的目的是凭借军事、经济和文化手段，或者单独或者结合起来运用来实现的。我们这里所关心的正是这些手段。

军事帝国主义

最明显、最古老也是最残酷的帝国主义形式是军事征服。各个时代的大征服者也都是大帝国主义者。从帝国主义国家的观点看，这种方式的优越性在于这样一个事实：由军事征服所造成的新的权力关系，通常只能通过由被征服国家挑起的另一场战争来改变，而这种战争往往是不利于后者的。拿破仑一世或许可以仅凭法国革命的思想力量在欧洲和世界确立起法国的霸权，也就是说他本来可以选择文化帝国主义而不是军事征服；反过来说，假如他能够实现并维持军事征服，他就会更快地达到自己的帝国主义目标，并从征服的过程中得到战斗胜利带给胜利者最大限度的个人满足。然而，这种说法言之成理的条件本身表明，军事征服作为一

---

[18] 见第30页及其后。

种帝国主义方法有一大缺陷:战争即赌博,胜负难以逆料。为帝国主义目的而发动战争的国家可能得到一个帝国并保有它,如罗马之所为;也可能在得到它之后又在力图得到更多利益的过程中失掉它,像拿破仑的例子;还有可能得到它、失掉它,并沦落为其他国家帝国主义的牺牲品,就如同国家社会主义党人的德国和日本的情况一样。军事帝国主义是一场下了最高赌注的赌博。

经济帝国主义

经济帝国主义与军事帝国主义相比,没有那么大的风险,一般来说也没有那么有效。作为攫取权力的一种理性方式,它是现代的产物。就是说,它是重商主义和资本主义扩张时期的伴随物。它在现代最突出的例子是所谓的"金元外交"。在英法帝国主义的历史中,它也发挥了重要作用。自18世纪开始以来,英国在葡萄牙的影响一向是靠强有力的经济控制来支撑的。英国在阿拉伯世界的优越地位是经济政策的产物,而将其经济政策冠以"石油外交"并无不当之处。相似的是,阿拉伯人也发现了石油的政治用途,这使得阿拉伯产油国相对于进口阿拉伯石油的工业国而言获取了一种前所未有的权力。两次世界大战之间法国之所以能在罗马尼亚等国发挥支配性的影响,在相当大的程度上也是取决于经济因素的。

我们称之为经济帝国主义的那些政策的共同特征,是这样一种倾向:一方面,通过改变帝国主义国家与其他国家的权力关系来推翻现状;另一方面,依靠经济控制而非通过领土征服来实现这一目标。如果一国不能或不愿为确立它对别国控制的目的而征服别国领土,那么它便可以努力确立它对那些控制领土的人的控制权来实现这一目的。例如,中美洲的共和国都是主权国家,它们具有主权的全部属性并展示出主权的全部面貌。但是,由于它们的经济生活几乎完全依赖对美国的出口,因此,除非它们得到其他来源的重大支持,否则它们就片刻都不可能奉行美国所反对的任何内外政策。

经济帝国主义是取得和保持对别国控制的一种不引人注目的、间接的但却相当有效的方法。它的这一本质在两个竞争的帝国主义对手为控制同一外国政府而以经济手段相互角逐的地方表现得特别突出。持续一世纪之久的英俄控制伊朗之争,尽管在很长时间里主要是用军事手段进行的,但仍不失为经济帝国主义的一个例子。P. E. 罗伯茨教授在第一次世界大战前对伊朗(当时称作波斯)的形势作了这样的描绘:

> 俄国从北方推进,英国从南方推进,尽管两强的影响是大不相同的。英国手中掌握着波斯南方的大部分对外贸易,并声称对西起亚丁东到巴鲁切斯坦的全部亚洲海岸拥有总控制权。……英国从未觊觎领土占有。……伏尔加河航道的开发和里海铁路的建设已使俄国控制了波斯北方的大部分贸易。但俄国的商业武器是垄断和保护主义,它设置禁令,严禁在波斯领土上建造铁路,并常常反对可能使波斯复兴的措施。[19]

唯有"英国的商业和政治竞争"似乎才堵住了俄国将伊朗完全并入自己势力范围的道路。

英国和俄国在该地区进行经济和政治竞争期间,伊朗政府的外交政策,常常还有国内政策,忠实地反映了竞争的两强所施加的经济的以及有时是军事的压力的强度。当俄国许诺或给予经济利益而英国却未能提供相应的经济利益时,或者当俄国威胁撤销它已给予的利益时,俄国的影响便增加了。反过来说英国的情形也是如此。俄国不敢实现其对伊朗的领土野心,英国没有这种野心,但双方都试图控制伊朗政府,因为恰是伊朗政府控制着油田及通往印度之路。

---

[19] *Cambridge Modern History* (New York: Macmillan, 1910), Vol. XII, p. 491.

文化帝国主义[20]

我们建议称之为文化帝国主义的政策是最微妙的,而且如果它能单独取得成功的话,也是最成功的帝国主义政策。它的目的不是征服领土和控制经济生活,而是征服和控制人们的心灵,以此作为改变两国之间权力关系的手段。如果人们能够设想,A 国的文化,特别是它的政治意识形态连同其一切具体的帝国主义目标,征服了 B 国所有决策人物的心灵,那么,A 国就将赢得比军事征服和经济控制更彻底的胜利,并在比军事征服者和经济支配者更稳定的基础上奠定霸权地位。A 国将无须为达到其目的而进行军事威胁或使用军事力量,或者施加经济压力;因为 B 国服从其意志这一目的,可以通过优越文化和更富有吸引力的政治哲学的说服力而得以实现。

然而,这是一个假设的例子,文化帝国主义一般达不到如此完全的胜利而使其他帝国主义方法成为多余。文化帝国主义在现代所发挥的典型作用是附属于其他方式:它软化敌人,并为军事征服或经济渗透准备基础。文化帝国主义在现代的典型表现是第五纵队。第二次世界大战爆发之前和爆发之初,国社党第五纵队在欧洲的活动,可以看作文化帝国主义在现代的两次突出的成功事例之一。它在奥地利的成功最为惊人。在那里,亲国社党政府于 1938 年邀请德国军队占领了该国。它在法国也取得了相当大的成功,在那里,政府内外的大批有影响的公民皈依了国社党的哲学及国际目标。如果说这些国家在军事上被彻底地征服之前,已经被文化帝国主义手段部分地征服了,这并非夸大其词。第二次世界大战爆发时英国拘留了在其境内的所有已知的国社党人及其同情

---

[20] 在这一标题下所做的描述,通常是在意识形态帝国主义的名称下进行的。"意识形态"一词特指政治哲学之间的争辩。但有两点理由使得代之以"文化"一词更为可取:其一,"文化"一词包含了各种服务于帝国主义目的的精神影响,无论是政治的还是其他方面的;其二,我们在第七章中在特定的社会学意义上使用了"意识形态"一词,如果我们这里在其一般通行的意义上使用同一词汇的话,只会造成混乱。

者,此举正说明了文化渗透对德意志帝国主义的可能牺牲者构成了怎样的危险。

苏联为确立其对东欧国家的控制权而使用的技巧,提供了文化帝国主义与其他类型的帝国主义征服之间相互有机联系的一个典型例子。在那些国家中,共产党在莫斯科的指挥下推行共产主义,仅仅是实现俄国控制这一目的的手段;为达到同一目的,莫斯科也配合使用其他手段。所以,军事征服是苏联控制东欧的基础;配合军事征服并部分地代替军事征服的,是俄国对东欧经济生活的控制以及随之而来的东欧对苏联的经济依赖;最后,苏联致力于以对共产主义的忠诚——其结果是对苏联的忠诚——来取代东欧人民传统上所怀有的对他们各自的民族、宗教和政党的忠诚,从而使他们心甘情愿地成为俄国政策的工具。

极权政府的文化帝国主义有良好的纪律性和高度的组织性,因为这些政府基于其极权的本性,能够对其公民和国外同情者的思想和行动施加严格的控制和指导性的影响。尽管文化帝国主义的技巧是由极权主义者完善并塑造成第五纵队这种有效的政治武器的,但把文化同情和政治吸引用作帝国主义武器的做法却差不多和帝国主义本身一样古老。在古希腊和文艺复兴时期的意大利历史中,利用与敌人营垒中的政治同情者的联系而非通过军事征服来执行帝国主义政策的事例不胜枚举。与政府有联系或与政府合一的宗教组织在文化性的帝国主义政策方面扮演了重要角色。这方面的典型是沙皇俄国的帝国主义政策。沙俄利用沙皇既作为俄国政府首脑又作为东正教领袖的双重身份,来实现将俄国势力扩张到国外东正教徒中的目的。俄国之所以在19世纪能够战胜土耳其并成为巴尔干地区的主宰力量,主要应归结于文化帝国主义把东正教用作俄国外交政策的武器。

在世俗领域,法兰西的文化使命是法国帝国主义的强有力武器。为法国外交政策的目的而刻意利用法国文明中的那些有吸引力的成分,是第一次世界大战以前法国在东地中海沿岸各国推行帝国主义政策的基石之一。在两次世界大战中,对法国表示声援的公众同情浪潮席卷全球,这是文化帝国主义的成果,而这种浪潮反过来又加强了两次世界大战胜利以后的法国军事帝国主义。相对于极权主义方式,以传播民族文化为形式的文化帝国主义,在机制上和组织上都大为逊色,但效果未必不好。前者主要是利用政治哲学上的相互认同,而后者则以其文明的内在吸引力,对外国思想上有影响力的集团施加影响,直到这些集团逐渐认知到属于这种文明的政治目标和方法同样具有吸引力。

我们已经指出,文化帝国主义一般扮演从属于军事和经济帝国主义的次要角色。相似的是,尽管经济帝国主义有时自行其是,但也常常用于辅助军事政策。另一方面,尽管军事帝国主义能够在没有非军事方式的支持下实现征服,但仅仅基于军事力量之上的控制是不可能持久的。所以,征服者不会仅仅把经济和文化渗透当作军事征服的准备,也不会把他的帝国仅仅建立在军事力量之上,而主要会建立在对被征服者的生计的控制和对他们的心灵的支配之上。然而,正是在这种最微妙又最重要的任务方面,除罗马之外,从亚历山大到拿破仑再到希特勒的所有大帝国主义者都失败了。他们虽然在其他方面完成了征服,但却未能征服被征服者的心灵,正是这一失败最终导致了他们的帝国的崩溃。几度重组的反拿破仑联盟、贯穿19世纪的波兰人反对俄国人的暴动、反对希特勒的地下斗争,以及爱尔兰和印度为摆脱英国统治而进行的战斗,都是关于帝国主义政策无力解决这一根本问题的现代经典事例。

自第二次世界大战以来,经济帝国主义和文化帝国主义在政府的全部国际活动中所占的比例大大增加了。之所以如此有两个原因:一方面,由于军事帝国主义本身包含有升级为一场自我毁灭的核战争的危险性,所以,公开和大规模地追求军事帝国主义不再是外交政策的理性工具。于是,执意进行帝国主义强权扩张的国家便常常使用经济和文化方式代替军事方式。另一方面,殖民帝国瓦解为大批弱国,而其中许多国家为求生存必须依赖外部援助,这就为帝国主义国家利用经济和文化手段扩张其权力创造了新的机会。于是,中国、苏联和美国便利用它们的经济和文化资源展开相互竞争,以达到把它们各自的权力扩张到所谓不结盟的第三世界的目的或至少达到阻止另外两国扩张权力的目的。新国家的贫弱为它们提供了这种机会,而核战争的难以承受的风险则将这种机会变成了理性的必然。

怎样察觉和对抗帝国主义政策

以上的讨论导向了一个根本问题,这个问题摆在负责实施外交政策的政府官员和试图对国际问题形成明智看法的公民面前。这个问题涉及别国所推行的外交政策的性质,以及本国针对该项外交政策所应采取的对策。另一国的外交政策是否是帝国主义的呢?换言之,它是寻求推翻现存的权力分配,还是仅仅期望在既有现状的总体框架中进行调整呢?对这一问题的回答决定着国家的命运,错误的答案常常意味着致命的危险或实际的毁灭,因为只有在答案正确的前提下,由这一答案所推导出的外交政策才能取得成功。用针对现状政策的措施对付帝国主义企图是致命的错误,而把一项寻求在现状内进行调整的政策当作帝国主义政策来对付,风险也少不了多少。前一种错误的典型例子是20世纪30年代末对德国的绥靖,而欧洲列强在第一次世界大战爆发前几十年中的外交政策,则是受了后一种错误的决定性影响。

政策问题:遏制、绥靖、恐惧

正如帝国主义政策和现状政策在性质上根本不同一样,用来对付它们的政策也是根本不同的。一项适于对付现状政策的政策不足以对付帝国主义政策。一项寻求在现有全部权力分配内部进行调整的现状政策,可以用一种互让政策、平衡政策、妥协政策来对付;简言之,所采取的政策应利用在现存全部权力分配内部进行调整的技巧,来达到获取最大限度好处和蒙受最小限度损失的目的。而对于寻求推翻现有权力分配的帝国主义,则必须至少以遏制政策来对付。这种政策为捍卫现有的权力分配,要求帝国主义国家停止进一步的侵略、扩张,或其他破坏现状的行为。遏制政策竖起一道壁垒,这道壁垒或者像中国的长城或法国的马其诺防线那样是有形的,或者像1945年在苏联势力范围与西方世界之间所划的军事分界线那样是想象的。壁垒实际上告诉帝国主义国家:"到此为止,不得逾越",以此警告帝国主义国家,逾越一步便必然引发战争。

绥靖是一种企图用适宜于现状政策的方式来对付帝国主义威胁的外交政策,它试图把帝国主义当作现状政策来对付。其错误在于,把妥协政策从与之相宜的有利于维护现状的政治环境,挪用到了不相宜的暴露在帝国主义进攻之下的环境。人们或许可以说绥靖是一种讹用的妥协政策,其错误在于把帝国主义政策误认为现状政策。

鉴于当代将"绥靖"一词不加区别地作为一个贬义词使用的倾向,注意绥靖与帝国主义在逻辑上的相互关联性是重要的。换言之,一方的绥靖政策是以另一方的帝国主义政策为先决条件的。如果我们说,A国针对B国奉行一项绥靖政策,那么我们同时应该说,B国对A国奉行了一项帝国主义政策。如果后一说法不成立,则前一说法也毫无意义。

绥靖者在帝国主义国家接连不断提出的要求中,看到的是合理的有限目标,这些目标本身与维持现状是一致的,因而必须按照其本身的是非曲直或以妥协的方法来处理。绥靖者的错误在于,他没有认清那些连续不断的要求远不是自我节制的,也不是出于具体的不满,它们不过是一串链条的一个个环节,这串链条的末端是推翻现状。依据法律或道德原则,或经由外交折冲来调解政策间的对抗,的确是外交的伟大任务,而外交活动是在双方都承认的现状限度内进行的。由于双方接受现存的权力分配,双方便能够基于原则或通过妥协来解决它们的分歧,因为无论解决方案如何,都不会影响它们之间的基本权力分配。

但是,当一方怀有或双方均怀有帝国主义企图时,也就是说,当它们寻求根本改变现存权力分配时,情况就不同了。这时各自基于法律或道德原则或经由讨价还价所要求的解决方案,不管对权力分配可能会有什么影响,都相当于在权力关系中造成了有利于帝国主义国家的零星改变。因为帝国主义国家将总是因妥协而受益,并将谨慎地为其要求寻找理由以期得到原则的认同。终于,这些零打碎敲的变化汇合起来,使权力关系发生有利于帝国主义国家的根本改变。帝国主义国家就将兵不血刃地但却是决定性地战胜一个不知妥协与绥靖有何区别的对手。

1935年德国以其他国家并未裁军且法俄两国尚在扩军为由,废弃了《凡尔赛条约》的裁军条款,由此公然开始推行帝国主义政策。如果撇开其别有用心的目标来看,德国的论点本身单从法律上的平等原则来讲不无道理。除了纸面上的抗议和联盟,对德国在通向帝国之路跨出的第一步所做出的唯一实在的反应,是三个月后《英德海军协定》的缔结。在该协定中,英国向德国做出让步,允许德国拥有一支海军,其力量不得超过英国海军力量的百分之三十五。1936年德国重新占领莱茵地区,同年晚些时候又废弃了对其水路的国际管制。如果把德国为其要求所宣称的合理限度认作实际限度的话,这两个行动都符合法律上的平等原则。1938年德国对奥地利的兼并可以轻易地以民族自决原则来辩护,而民族自决也曾是第一次世界大战中协约国所宣称的战争目标之一。

随后在1938年,德国要求得到捷克斯洛伐克的德语地区,《慕尼黑协定》满足了德国的要求。在达成《慕尼黑协定》前夕,当希特勒宣称捷克斯洛伐克的德语地区是德国在欧洲不得不提出的最后领土要求时,他实际上是在说,兼并这些领土本身就是目的,这种兼并在它自己的合理限度内是自我节制的。他假称,德国外交政策是在欧洲现状的总体框架内活动而无意推翻这一现状的,因此,其他欧洲大国应以这一观点来看待德国外交政策并相应地与德国打交道。直到1939年3月底,距第二次世界大战爆发还有五个月的时候,对整个捷克斯洛伐克的兼并和对波兰的领土要求才使西方国家确信,那些似乎是现状政策的做法,从一开始其实就是帝国主义的政策,即使不是世界范围的也是大陆范围的。

当时,欧洲的权力分配已变得有利于德国了,这种变化已经到了非战争不能阻止德国力量进一步增加的地步。德国已强大到足以公然向凡尔赛现状挑战了,而那些认同凡尔赛秩序的国家的威望——亦即权力的声誉——已一落千丈,它们已无力单靠外交手段来捍卫残缺不全的现状了。它们不战则降。于是,1938年的绥靖者在1939—1945年间不是变成了卖国贼(如果他们认为抵抗德意志帝国主义已属无望),就是变成了英雄(如果他们认为不管结果怎样,抵抗都是道义上的要求,或径自认为抵抗有成功的机会)。最后的灾难,以及这一灾难使国际舞台上的行为者们所面临的悲剧性选择,都是由最初的错误决定的。这一错误就在于:把帝国主义政策当作现状政策来回应。

一旦一项遏制政策成功地阻遏了一项帝国主义政策,或者后者由于达到了目标或丧失了活力而走完了自己的自然进程,遏制(一项不妥协的抵抗政策)就可能让位给妥协(一项互让政策)。虽然这种妥协政策如果用来寻求姑息帝国主义是可恶的,但当它旨在适应一项已将帝国主义欲望搁置一旁的现状政策时,它就变成了一种德行。温斯顿·丘吉尔爵士1950年12月14日在下院发言时所指的正是这种区别:

> 首相关于不会再有绥靖的宣言几乎博得了全体一致的拥护。对国家来说,这是一个好的口号。不过在我看来,本院需对绥靖做出更为精确的定义。我认为,我们的真正意思是,不要出于软弱或恐惧而绥靖。绥靖本身或好或坏取决于具体情势。出于软弱和恐惧的绥靖即是无益而致命的,而基于实力的绥靖则是宽宏和高尚的,并且

可能是走向世界和平的最切实的、也许是唯一的道路。

那些负责管理外交事务的人最可能陷入的另一根本错误,与以上所讨论的错误正好相反。这一错误把一项现状政策误以为是帝国主义政策。由于这一错误,A国针对B国采取某些意在防御的措施,如加强军备、建立基地、订立同盟。而B国则相应地采取对抗措施,因为它这时认为A国正在推行一项帝国主义政策。这些对抗措施强化了A国对B国政策最初的误解,循环往复,于是彼此的误解愈来愈深。最后,除非两国都纠正涉及它们各自政策的错误,否则不断加深的相互猜疑由于恶性循环终将导致战争。正是从最初的错误中形成了这种恶性循环。两个或更多国家,本来各自只想维持现状,但由于它们都认为别国怀有帝国主义图谋,因而便从别国的错误中为它们自己的错误判断和行为找到了根据。在这种情况下,唯有一种近乎超人的努力才能扭转这一导向灾难性结局的趋势。

从1870年德法战争到1914年第一次世界大战爆发这段时期的欧洲外交史正好说明了这种情势。在1870年战争胜利结束和德意志帝国建立之后,德国的外交政策主要是防御性的,它关心的是维护德国在欧洲的既得地位,以及敌对联盟特别是法俄联盟可能向这一地位挑战的危险,即俾斯麦著名的联盟噩梦。德奥意三国同盟即是这种防御政策的工具。与俄国缔结的《再保险条约》也是服务于这一政策的,在该条约中,俄国和德国互相保证,一旦一方卷入与第三国的战争,另一方即应保持中立。

1890年俾斯麦被解职后,威廉二世决定废止《再保险条约》,这主要是因为他担心继续执行该条约会疏远奥地利从而葬送三国同盟。俄国随后(1891年和1894年)与法国缔结协定,这些协定也是防御性的,缔结这些协定的动机显然是由于法俄对三国同盟意图的恐惧。尤其是,1894年的《军事协定》预言,三国同盟可能从防御工具转变为帝国主义工具,所以该协定规定,只要三国同盟有效一天,该协定也将有效一天。协定的主要条款作了如下规定:如果法国遭受德国或德国支持下的意大利的进攻,俄国将给予法国军事援助;如果俄国遭受德国或德国支持下的奥地利的进攻,法国将向俄国提供军事援助。如果三国同盟的军队进行动员,法国和俄国也将随即动员它们的军队。

最初,对敌对同盟的恐惧导致了三国同盟的形成;然后,对三国同盟解体的担心导致德国断绝与俄国的友好关系;最后,对三国同盟意图的忧虑促成了法俄同盟。正是这两个防御同盟的相互恐惧,以及由威廉二世信口开河的帝国主义言论所造成的普遍不安全感,造成了第一次世界大战前二十年间的外交折冲。这些外交折冲不是寻求在破坏现存同盟基础上的新的组合,就是寻求尚未结盟国家对现存同盟的支持。最终,1914年的大战便成为不可避免的了。因为双方都害怕,倘若不先发制人,以使权力关系变得对自己一方有利,对方就会首先这样做,从而使权力关系的决定性改变有利于对方。在两个对抗的集团中,俄国和奥地利尤其因这种恐惧而惴惴不安。这种猜疑对方为帝国主义所造成的恐惧引起了帝国主义反应,而这种反应反过来又使最初的担忧弄假成真。

当相互对抗的外交政策披上普世性的意识形态㉑外衣时,相互恐惧所产生的这种歪曲效果便表现得更为突出了,尽管实际奉行的外交政策可能符合也可能不符合这些意识形态。由于共产主义哲学假定资本主义国家本质上是好战的和"帝国主义的",所以,西方关于遵守法律和秩序、反对侵略和颠覆的表白均被共产主义国家解释为不过是帝国主义政策的意识形态伪装。

双方对现实的这种虚构的感知,促使每一方都采取政策以求遏制另一方的帝国主义,而这些对策又正好印证了有关各方头脑中最初所虚构的解释。这些大国于是陷入了恶性循环。起初,恐惧使它们从意识形态出发来理解现实,而意识形态又加重了这种恐惧;随后,它们为保护自己免受想象出的危险而采取的措施,使

㉑ 关于这一概念的说明,见第七章。

另一方证实了自己的恐惧和对现实的误解;接着,另一方采取反措施以对抗对方的保护性措施,这又证实了对方心目中的恐惧和误解。如此等等,循环往复。这样,一方的恐惧助长了另一方的恐惧,反之亦然。由于陷入相互恐惧之中并且为平息这些恐惧而从事军备竞赛,所以没有任何一方能够把最初的帝国主义假设置于实际经验的检验之下。最初对现实的虚构感知,随后变成了一种自我证实的预言:因相互恐惧而产生的政策似乎为最初假设的正确性提供了经验证据。㉒

洞察帝国主义之困难

绥靖是由于未能认清帝国主义而试图与帝国主义妥协;恐惧是在没有帝国主义的地方制造了帝国主义——这是两个错误的答案,是明智的外交政策必须设法避免的两个致命的错误。这样,一种明智的外交政策若想要在存在帝国主义的地方认清帝国主义并确定这种帝国主义的特性,它就面临着五个困难,而这些困难都是难以克服的。

第一个并且是最根本的困难是布哈林指出的,布哈林曾是从列宁去世到20世纪30年代中期大清洗这段时间里共产主义信条的主要阐述者。在批驳关于帝国主义的非经济解释时,他这样总结说:"帝国主义是一种征服政策,但不是每一种征服政策都是帝国主义。"㉓这种说法的确是正确的,而且它与先前我们关于在既存现状范围内活动的征服政策应区别于寻求推翻现状的征服政策的说法不谋而合。㉔但要在具体情况下做出这种区分则是极其困

㉒ 参见 John H. Kautsky, "Myth, Self-Fulfilling Prophecy, and Symbolic Reassurance in the East-West Conflict", *The Journal of Conflict Resolution*, Vol. IX, No. 1 (March 1965), pp. 1 ff。

㉓ N. I. Bukharin, *Imperialism and World Economy* (New York: International Publishers, 1929), p. 114。

㉔ 见第55页及其后。

难的。人们怎么能确切地知道希特勒的最后目标是什么呢？从1935年起，希特勒提出了一个又一个要求，其中每一个要求本身都与现状政策完全一致，然而每一个要求又可能是通向帝国之路的踏脚石。个别步骤本身的意义是含糊不清的，因而不能显露出由这些个别步骤构成其要素的那种政策的实质。那么，我们的问题能在哪里找到答案呢？

人们或许可以从我们讨论过的有利于帝国主义政策的三类情形的两类中找到答案，尽管这种答案不很确定而且有怀疑的余地。推翻《凡尔赛条约》所确立的现状的愿望，从一开始就是国社党纲领的要点之一，而这个纲领在1933年变成了德国政府的官方政策，有鉴于推翻凡尔赛现状这一目标，人们也许能够预见到，一旦时机成熟，也就是说，一旦与《凡尔赛条约》所确立的现状命运攸关的国家不再能够或不再愿意有效地捍卫这一现状时，德国政府便会立即奉行一项寻求实现这一目标的外交政策。

这个最初的和根本的困难由于这样一个事实而加剧了：起初寻求在现存权力分配内部进行调整的政策，可能在其成功的进程中或在其受挫的进程中改变了自己的性质。换言之，在现存权力分配范围内实现最初目标的轻而易举提示这个正在扩张的国家：它正与一个软弱的或优柔寡断的对手打交道，改变现存权力关系可以在不花费大力气或不冒风险的情况下实现。这样一来，胃口越吃越大，在现状范围内一项成功的扩张政策会在一夜之间变成帝国主义政策。对于现状范围内的一项不成功的扩张政策来说，情况同样如此。一国在其有限目标似乎不能在现存权力关系内部实现因而受挫后，便会得出这样的结论：如果要确保得到它想要的东西，它就必须改变这些权力关系。

如果一项政策纯粹以领土得失为目标，那么，领土目标的本质有时便显示出所奉行的政策的本质。例如，领土目标也许是一个战略要点，因而获取这个要点本身就可能改变这一特定地区的权力关系。如果一项外交政策主要以经济或文化渗透作为媒介，那就不能指望明确看清政策的性质了,因而必定会遇到另一个困难。就经济和文化方式所服务的政策的性质来看,它们本身也是含糊不清的,而它们的含糊不清大大超过了军事方式,因为军事方式规定了领土目标。经济和文化扩张一般都没有明确限定的场所,它们所应对的是身份难以辨别的形形色色的人。而且,它们还被无数国家广泛地实践着。要分辨哪些经济或文化扩张是帝国主义的,哪些文化和经济政策在明确的文化和经济目标背后并无暗藏的权力目标,因而不是帝国主义的,的确是件困难的工作。这里,再次参考有利于帝国主义政策的典型情况仍会有所裨益。

瑞士在国际领域里一直奉行着积极的经济政策,但这种政策从来都不带有帝国主义的色彩。英国对某些国家的外贸政策有时带有帝国主义特征;但今天,这些政策的目的基本上是纯经济的,也就是说,这些政策力图为英伦三岛的居民获取生活必需品。这些政策的目的在于寻求贸易顺差来实现经济生存而不是保持或取得对外国的政治权力。自从第二次世界大战结束以来,只是在涉及某些像埃及和伊朗这样的战略地区时,英国的经济政策有时才从属于政治考虑。这些考虑中的某些部分也许已经具有帝国主义的性质了,或者在某些条件下将会带有帝国主义的性质。

西班牙以往对拉丁美洲的文化渗透,一般来说一定不会有帝国主义意义,因为西班牙相对美国而言军事上是软弱的,这就打消了它要改变拉丁美洲权力关系、使之有利于西班牙的任何念头。法国的文化使命在有些国家和某些时候其目的就在于文化本身。在不同的情况下和在另一些国家里,它便从属于帝国主义目的。这里,经济和文化扩张的性质,是可能随着政治形势的变化而变化的。当机会招手之时,"善意之泉"或在另一国外贸中所取得的优越地位,会突然之间变成政治权力的源泉和权力斗争的强有力工具,而这种善意和优越地位本来是作为目的本身取得的。但当情况再度变化时,它们会同样突然间丧失政治权力源泉和权力斗争工具的特性。

当所有这些困难都被克服,一项外交政策被正确地辨认为帝国主义政策时,另一困难又会出现。这个困难涉及一国必须对付的帝国主义的类别。成功的区域性帝国主义会从其成功中受到鼓舞,从而越来越广地进行扩张直到变成大陆性的或全球性的帝国主义。尤其是,一国为了稳定和保障地区优势,会发现在更大范围内取得权力优势是必要的,而且只有在一个世界性帝国中它才会感到充分的安全。帝国主义本身常常含有一种能动的力量,在根据侵略或防御需求将之合理化后,这种能动力量便驱使帝国主义从一个有限的地区走向一个大陆,再从一个大陆走向全球,菲利普和亚历山大统治下的马其顿帝国以及拿破仑帝国主义都属此类。另一方面,一项世界性帝国主义政策,在遭到优势力量反击之后,也许会退缩到一个地理因素所限定的地区去,或者以区域性优势为满足。甚至它也许完全丧失了其帝国主义倾向,转化成一项现状政策。这种从地理上被限定的帝国主义到区域性帝国主义、又从区域性帝国主义到永远失去帝国主义倾向的演变,在17世纪和18世纪瑞典帝国主义的历史中有迹可循。

由此看来,对帝国主义倾向的评估以及对随之而来的对抗帝国主义的政策的评估是不能一劳永逸、一成不变的。政策和对策总是需要重新评估和重新制定。但外交政策的制定者总是容易受到诱惑,把一种特定类型的帝国主义扩张或任何其他类别的外交政策视为一成不变的,甚至在这种类型的帝国主义扩张已经发生变化后,还在奉行针对这种类型帝国主义的外交政策。对世界性帝国主义所需采取的对抗措施不同于针对区域性帝国主义的对抗措施;而一国若以针对世界性帝国主义的措施来反对区域性帝国主义,那就会带来它正竭力避免的那种危险。必须迅速认清另一个国家帝国主义政策的改变是又一个困难,而未能针对这种改变迅速修正自己的外交政策,是导致错误的又一源泉。

最后,帝国主义还提出了一个所有外交政策都面临的共同问题,只不过帝国主义以特别尖锐的方式表现出来了,这就是透过意识形态伪装认清外交政策的真正本质的问题。国际舞台上的各种角色很少会坦白地说明他们正在推行的究竟是哪种外交政策,而一项帝国主义政策在那些奉行这项政策的人的言论中,几乎从不暴露出它的真正面目。那些被奉行的政策的真正本质,隐藏在意识形态伪装的面纱之后。关于为什么一定会如此以及这些意识形态所采取的典型形式,将在本书第七章进行讨论。区分外交政策的表象和实质究竟如何困难,将在该章的讨论中昭然若揭。

第六章　寻求权力的斗争：威望政策

经典名句

- 由于军事实力是衡量一国力量的明显尺度，所以炫耀武力可以使别国对该国的国力获得深刻印象。
- 外交政策的终极目标不是权力之名，而是权力之实。
- 在权力斗争不仅运用政治压力和军事威力的传统方式来进行，而且在很大程度上是作为争取人心的斗争来进行的时代里，威望作为一种政治武器已经变得特别重要了。
- 向世界各国显示自己国家所拥有的权力——既不虚张声势又不谨小慎微——是一项明智的威望政策的任务。

拿破仑

在现代政治学文献中,威望政策作为国际舞台上权力斗争的第三种基本表现,很少为人们所认识。造成这种情况的原因是三重的。我们曾经指出,理解无形而又微妙的权力关系之所以异常困难,是因为理论和实践所集中关注的,是以实际武力或武力威胁形式表现出来的权力的物质方面。① 而威望政策之所以被忽视,正与无形而又微妙的权力关系被忽视的原因如出一辙。再者,威望政策所使用的主要工具之一是外交界所习用的贵族式社交礼仪。而外交界的礼仪规则、关于衔级和优先权的争吵以及空洞的形式上的繁文缛节,均与民主的生活方式格格不入。甚至那些并不完全相信权力政治不过是贵族遗风的人,也倾向于把外交官们所实践的威望政策看作是一种不合时宜的游戏,既无聊滑稽,又缺少与国际政治实务之间的任何有机联系。

最后,与维护权力和取得权力相反,威望很少以自身为目的。在大多数情况下,威望政策是现状政策和帝国主义政策试图实现其目的时所使用的一个工具。这就很容易得出这样一个结论:威望政策是不重要的,不值得进行系统的讨论。

实际上,尽管威望政策的用途有时被夸大到显得荒唐的地步,但它却是国际关系中的一个固有因素,正像渴求威望是人际关系中的一个固有因素一样。这再一次表明,国际政治和国内政治不过是同一社会事实的不同表现而已。在这两个领域中,追求社会承认的愿望是决定社会关系和创建社会制度的强大动力。个人从其同伴那里追求对其自我评价的确认,只有当别人称赞他的善意、

---

① 见第32页。

智慧和权势时,他才会完全相信他自以为是的这些优越品质并且陶醉于其中。只有依靠他的卓越声誉,他才能取得他认为自己应得的那份安全、财富和权力。所以,在为生存和权力这种其本身只是社会生活中单纯的物质因素而进行的斗争中,别人对我们的看法与我们的实际情况同样重要。作为社会的一分子,决定我们是什么的,乃是我们在自己同胞的心灵之镜中的形象(即我们的威望)而不是我们的本来面目,尽管镜中的形象可能只不过是本来面目的歪曲反映。

由此看来,一个必需的和重要的任务,就是努力使别人心目中关于自己社会地位所形成的印象,即使不超过至少也要忠实地代表实际情况。这恰好是威望政策的意义所在。威望政策的目的,是使别国对自己国家实际拥有的权力,或它自认为拥有的权力,或想使别国相信它拥有的权力产生深刻的印象。为达到这个目的,可以使用两种具体方法:广义的外交礼仪和炫耀武力。

外交礼仪

拿破仑生活中的两则轶事清楚地显示出,一个代表国家的统治者的权力地位是如何通过礼仪的象征作用表现出来的。一则轶事显示出拿破仑正处于权力的顶峰,另一则轶事则表明他已从顶峰上跌落下来。

1804年,当拿破仑将要被教皇加冕称帝时,对这两个统治者来说,显示自己的权势优于对方至关重要。拿破仑成功地表现了他的优越,他不仅亲手戴上了皇冠而没让教皇为他加冕,而且还玩弄了一种礼仪上的诡计。拿破仑的一个将军、警察总监罗维戈公爵在其回忆录中记述说:

> 他在去尼莫尔的路上迎接教皇。为避免礼仪,以假借举行狩猎聚会为托词;扈从们和他的马车都停在森林里。皇帝身着猎装骑马而行,他的扈从跟随左右。会见是在山顶的半月形坡面上举行的。教皇的马车在那儿停

下,他身披白袍走出左门。地面肮脏,他不愿穿着他的白缎鞋踩在上面,但最后还是不得不这样做了。

拿破仑下马迎接教皇,他们相互拥抱。皇帝的马车已被有意驶到了山顶,这时又向前挪了几步,好像是驭手粗心所致。可是车门两旁已有人站在那里将双门打开;上车时,皇帝选了右门,一名教廷官员搀扶教皇到了左门。这样,他们便同时从两个门上了马车。皇帝自然而然地坐在了右边。于是,这未经谈判的第一个步骤便确定了教皇在巴黎逗留的整个期间应当遵守的礼节。②

另一则轶事发生在1813年的德累斯顿。拿破仑在征俄失败后,正面临一个全欧联盟的威胁,而正是这一联盟随后不久使他在莱比锡遭受了惨败。在一次持续九小时的会晤中,拿破仑试图阻止奥地利首相梅特涅加入反对他的联盟。拿破仑的举止像在过去十年一样,俨如欧洲霸主,而梅特涅却视拿破仑为没落之徒。经过一番异常激烈的争辩之后,拿破仑像是要验证一下自己的优越地位,扔掉了自己的帽子,期待着那位敌对联盟的代言人把它拾起,而梅特涅却视而不见。两人当时心中一定明白,奥斯特里茨和瓦格雷厄姆战役的胜利者的威望和权势已经发生了决定性的变化。在讨论结束时,梅特涅对拿破仑说,他确信拿破仑已经输了。此言可谓一语中的。

外交官们通过彼此间的关系,很自然地充当了威望政策的工具。因为外交官是他们各自国家的象征性代表。③ 对他们示以尊重实际上是向他们的国家表示尊重。他们所施加或所遭受的侮辱实际上是他们的国家所施加或所遭受的侮辱。历史上说明这些特点及其在国际政治中的重要性的事例比比皆是。

在大多数宫廷里,按照惯例,外国大使由普通官员引见给君

---

② *Memoirs of the Duke of Rovigo* (London, 1828), Vol. 1, Part II, p. 73.
③ 关于外交官的不同职能,见第二十四章。

主,而王室的大使则由亲王引见。1689年,当路易十四要洛兰亲王把威尼斯共和国大使引见给他时,威尼斯大议会请法国大使向法王保证,威尼斯共和国将永远感激这一荣誉,大议会还向路易十四发了一封感谢信。法国以这一姿态来表明,它把威尼斯共和国视如一个王国那样强大,而威尼斯所感激的,正是这一新的威望。在教廷,教皇通常在不同的大厅里接待来自不同类型国家的外交代表。国王和威尼斯的大使在国王厅接见,其他王公和共和国的代表在公爵厅接见。据说热那亚共和国曾向教皇表示愿奉上百万金钱以期它的代表不在公爵厅而在国王厅被接见。但由于威尼斯的反对,教皇拒绝了这一请求。威尼斯不愿见到热那亚取得与它同等的待遇。待遇平等意味着威望——即权力的声誉——的平等。对此,威望较高的国家是不会同意的。

　　18世纪末,君士坦丁堡宫廷里的习惯仍然是,大使及其随员觐见苏丹时,宫廷官员抓住他们的胳膊,他们均须俯首弯腰。在大使与首相互致礼节性祝词之后,宫廷官员呼道:"赞美真主,异教徒来朝,拜见英明圣上,以示臣服。"使外国代表蒙受如此屈辱,目的在于象征性地贬抑他们所代表的国家权势卑微。

　　在西奥多·罗斯福总统任内,所有外交使节都在元旦一起被接见,为的是要他们向总统恭贺新禧。塔夫脱总统改变了这一安排,下令大使和公使分别接见。西班牙公使未被告知这一变动,所以1910年元旦当他为出席大使接见会而出现在白宫时,遭到婉拒。西班牙政府为此召回了公使,并向美国政府提出抗议。一个刚刚丧失其帝国、降到三流行列的国家,至少要坚持与它以前鼎盛时期相称的威望。

　　1946年,在巴黎庆祝胜利大会上,当苏联外长被安排坐在第二排而其他大国代表坐在第一排时,他退席表示抗议。一个长期以来一直是国际社会中的贱民的国家,已经取得了无可争议的大国地位,因而它坚持享有与这一新地位相称的威望。在1945年的波茨坦会议上,丘吉尔、斯大林和杜鲁门没能就谁先进入会议室达成协议,最后他们同时从三个不同的门走进了会场。这三位政治领袖象征着他们各自国家的权力,因此,其中之一若取得优先权便会赋予他的国家优越于另两国的威望,而这是另两国不愿让与的。由于他们主张权力平等,因而他们必然关心维护威望,因为平等可以通过威望象征性地表现出来。

再举两个最近的例子。由于戴高乐反对欧洲共同体的超国家倾向,法国因而反对

> 共同市场委员会主席沃尔特·哈尔斯坦博士在接受大使呈递国书所采用的那套条纹裤、早礼服加香槟酒的传统做派。
>
> 巴黎感到这一仪式造成了一种印象:哈尔斯坦博士就接受大使国书而言,在位阶上等同于戴高乐总统这样的国家元首。
>
> 法国人争辩说,委员会不是政府,因而仪式应当降低规格。这是法国反对欧洲共同体所谓超国家特征的一个方面。法国把欧洲共同体看作是主权国家组成的集团。④

美国、越南南方政府、越南北方政府和民族解放阵线(越共)之间的和平谈判本应于 1968 年 11 月开始,结果由于在会议桌形状上存在分歧推迟了十周。北越建议采用一张四方桌,或者四张围成一圈或摆成菱形的桌子,或者一张环绕一周的通体圆桌。另一方面,美国则建议,将两张半椭圆形的桌子相对而放,形成一个分开的椭圆;或者用两张半圆桌,形成一个分开的圆圈;或者用两张半圆桌,其间安放两张秘书用的矩形桌将它们彼此分开一段。美国就最后一个建议作了让步,将两张半圆桌推到一起,与其间的秘书

---

④ *New York Times*, May 4, 1966, p.16.

桌连上。不过,秘书桌必须比两边的半圆桌凸出几英寸。⑤ 终于,各方就使用一张不设姓名架、旗帜或标记的圆桌达成了协议。两张大约四英尺半长、三英尺宽的矩形桌,在超出圆桌十八英寸的地方相对而放。

隐藏在这些似乎很荒唐的程序背后的东西是什么呢?北越坚持要确认越共为谈判中独立的一方,而美国则想要使它的一个假设得到承认:越共仅仅是北越政权的延伸。这一假设是美国长期以来对这场战争所持看法的根本出发点,所以,会议桌形式之争是这一实质性冲突的象征性反映。越南战争是北越利用越共作为工具进行侵略的结果吗?还是说越共是一支真正代表民众的力量,只得到北越的援助和鼓励而非由北越一手制造的?采用这种还是那种会议桌形式,将会预先确定这一实质性问题。而最后达成协议的那种形式似乎把这个问题暂时搁置起来了。

所有外交官都竞相举办招待会,这种招待会在政治上的重要性,在以下论述华盛顿社交场面的文章节选中得到了充分的说明:

> 关于外国使馆通过所有这些款待为它们的国家实际赢得了什么这个问题,目前自然尚难断定。这个问题无从查证。但大多数大使非常认真地热衷于他们的社交活动,将其视为他们工作中最重要、最富有成效的方面之一。他们很可能是对的。
>
> 毕竟,礼仪严格地限制了大使在驻在国首都的活动。大使当然不想被人们看到他在国会山与议员们厮混在一起,或者他对立法辩论的论调和主旨做出公开的反应。但他一定要多多参加社交活动,以求对美国的事务和官员获得准确的印象,反过来也使他自己和他的国家的特性在公众心目中留下印象。为此,社交渠道几乎是他唯一的途径。除非他富有魅力、擅长社交周旋,否则,他就

---

⑤ *New York Times*, December 14, 1968, p. 2.

不会对他的国家的外交有多大用处。……

由于拉丁美洲人常在华盛顿举办最盛大、最豪华的聚会,而且他们似乎又从中获益最小,因而人们便往往倾向于把他们仅仅看作是浪荡公子而已。这是错误的。拉丁美洲人努力追求的首先是威望,是在美洲国家大家庭中的平等地位;他们在一系列无与匹敌的款待活动中,不仅炫耀了财富,而且一展他们的绅士风度、聪明才智和古道热肠。因此又有谁能够断言,他们没有为赢得威望这一目的而取得了某种成就呢?⑥

威望政策作为一种显示一国所拥有的权力,或它自认为拥有的权力,或它欲使别国相信它拥有的权力的政策,有一个特别富有成效的领域,即国际会议会址的选择。当许多对立的主张相互对抗而不能通过妥协达致谅解时,会址常常被选定在一个不参与那种威望竞争的国家里。由于这个原因,荷兰的海牙和瑞士的日内瓦便成为人们所喜爱的国际会议的会址。情况常常是,从一方所喜欢的会址迁移到另一方所喜欢的会址,象征着权力优势的转移。在19世纪的大部分时间里,大多数国际会议是在巴黎举行的;但1878年的柏林会议,却是在战胜法国后重建的德意志帝国的首都举行的。这向全世界显示了德国作为欧洲大陆举足轻重的强国所具有的新的威望。苏联起初反对选择日内瓦为联合国总部所在地,因为作为前国际联盟总部的所在地,日内瓦是俄国在两次世界大战之间威望处于最低点的象征。第二次世界大战之后,当联合国在纽约开会时,联合国内部的权力分配表明,苏联在联合国似乎永远要以少数派的地位面对着美国领导下的多数派。这时,苏联便主张将联合国总部搬到日内瓦,因为日内瓦不是美国优越地位的象征。1972年,尼克松总统与中国总理周恩来的会见是在北京

---

⑥ "R. S. V. Politics", *Fortune*, February 1952, p. 120. (Used by permission of *Fortune*. Copyright Time Inc., 1952.)

而不是在华盛顿或某个中立地方举行的。这一事实具有重大象征意义,表明有关国家相信亚洲和世界的权力分配已经发生了根本改变。

在某一特定领域或地区拥有权力优势的国家,一般都坚持处理有关领域或地区事务的国际会议要在其领土内或至少在接近其领土的地方举行。于是,大多数处理海上问题的国际会议便在伦敦举行;涉及日本的国际会议便在华盛顿或东京举行;而大多数关系到第二次世界大战后国际前途的国际会议或者在俄国领土上(如莫斯科和雅尔塔)举行,或者在被苏联占领的领土上(如波茨坦)举行,或者在靠近苏联的领土上(如德黑兰)举行。然而,到1947年年底,政治形势已经发生了重大的变化,因而杜鲁门总统能够语气强硬地宣称:除华盛顿外他不会在其他任何地方会见斯大林。⑦

炫耀武力

除外交实践之外,威望政策还以炫耀武力作为实现其目的的手段。由于军事实力是衡量一国力量的显著指标,所以炫耀武力可以使别国对该国的国力获得深刻印象。例如,邀请外国军事代表观看平时的陆海军演习,并不是为了让他们接触军事机密,而是为了让他们和他们的政府对该国的军备状况留下深刻印象。邀请外国观察家观摩1946年在太平洋上进行的两次原子弹试验,其用意也在于此。一方面,外国观察家会对美国海军的威力和技术成就留下深刻印象。《纽约时报》报道说:"来自联合国原子能管制委员会的二十一位观察家……今天一致认为,美国轰炸的那批舰船,其规模大于世界上许多国家的海军。"⑧另一方面,外国观察家会亲眼看到原子弹在水上和水下的威力,以及垄断原子弹的国家与没

---

⑦ *New York Times*, December 19, 1947, p. 1; July 27, 1948, p. 1; February 4, 1949, p. 1.

⑧ Ibid., July 1, 1946, p. 3.

有原子弹的国家相比,在军事实力上必定占有何等的优势。

海军具有高度的机动性,能把一国的旗帜和权力带到地球的四面八方,而且其壮观景象会给人留下极为深刻的印象,因此,炫耀海军力量从来都是威望政策偏爱的手段。法国舰队1891年对俄国喀琅施塔特港的访问和俄国舰队1893年对法国土伦港的回访,标志着世界政治史上的一个转折点,因为这次互访向世界表明了法俄之间的政治和军事联盟。海上强国定期派遣舰队进入远东港口,目的是向这那一地区的人民显示西方力量的优势。美国不时派战舰到拉丁美洲港口为的是提醒有关国家,美国的海军力量在西半球是无与伦比的。

每当一个海上强国的权利在殖民地或半殖民地受到当地人或与其竞争的列强的挑战,这些国家就会将其战舰派往那一地区,作为本国强权的象征。这种威望政策的一个著名例子,是1905年威廉二世乘坐德国战舰莅临摩洛哥港口丹吉尔,以对抗法国在摩洛哥的权利要求。第二次世界大战以来,美国海军舰队一直在地中海游弋,进入意大利、希腊和土耳其的港口,就是对俄国在该地区野心所做的一个明白无误的回答。西方盟国选择西欧最暴露地区作为其合成部队的演习场所,意在向苏联和盟国自身显示大西洋联盟的军事力量和使用这种力量保卫西欧现状的决心。

威望政策所运用的最激烈军事形式是局部或全面动员。动员作为威望政策的一个工具,在今天也许过时了,因为未来的战争大抵要求常备不懈。然而,在过去,甚至迟至1938年和1939年,将某类后备役兵员或所有符合服兵役条件的人统统征召入伍,一直是威望政策的一个有力工具。例如,当俄国1914年7月开始动员其陆军后,奥地利、德国和法国也步其后尘动员它们的军队;法国和捷克斯洛伐克于1938年9月动员其陆军,而后法国于1939年3月和9月再度进行动员。这些行动的目的都是向朋友和敌人显示它们自己的军事实力和使用这种实力支持政治目标的决心。

这里,威望——权力的声誉——既被用来阻遏战争,又被用来准备战争。人们希望本国的威望能大到足以阻遏别国走入战争的程度。同时人们也希望,这种威望政策万一失败,战争实际爆发前武装部队的动员能使本国处于当时情形下可能达到的最有利的军事地位。在这一点上,政治政策和军事政策合二为一,变成了同一政策的两个不同方面。关于战时及平时外交政策与军事政策之间的密切关系,我们还将进一步论及。⑨

威望政策的两个目标

威望政策有两个可能的最终目标:为威望而谋求威望,以及更为经常的为支持现状政策或帝国主义政策而谋求威望。虽然在国内社会里人们常常把威望本身当作追求的目的,但威望却很少成为外交政策的首要目标。威望至多是人们乐意看到的这种外交政策的副产品。外交政策的终极目标不是权力之名,而是权力之实。作为国内社会成员的个人,由于其生存和社会地位受到一整套社会制度和行为规范的保护,因而能够沉醉于争取威望的竞争之中,并把这种竞争当成一种无害的社会游戏。但对国家来说,作为国际社会的成员,它们必须主要依靠自己的权力来保护自身的生存和权力地位,所以国家很难忽视威望的得失对它们在国际舞台上权力地位所造成的影响。

因此,正如我们曾经指出的那样,那些低估权力重要性的国际事务观察家常常轻视威望问题就不是偶然的了。同样并非偶然的是,只有那些有勇无谋的狂妄自大之徒才偏执于为威望而谋求威望的政策。在现代史上,威廉二世和墨索里尼就是两个很好的例子。他们被新获得的国内权力冲昏了头脑,把国际政治看作是一种个人竞技,借提升本国、侮辱别国来满足个人的虚荣。但他们此举混淆了国际舞台和国内舞台。他们在国内显示权力或至少摆摆威风,最糟也只不过是一种无害的蠢行而已。而在国外这样做则是在玩火;如果玩火者并不拥有与其自信或自吹相称的权力,那他

---

⑨ 见第九、十八、二十五章。

就将引火烧身。寡头政府——即君主专制统治或绝对独裁统治——往往把统治者的个人荣耀与国家的政治利益视为一体。而对外交政策的成功实施来说,这种做法是一个严重的弱点,它会导致一项以威望自身为目的的威望政策,忽略根本的国家利益和可用来支持国家利益的权力。用这一分析的观点来观察1975年美国在印度支那的政策,可能是再好不过的了。

威望政策为现状政策和帝国主义政策所发挥的功能,完全产生于国际政治的本质。一国的外交政策总是对某一历史时刻存在于不同国家间的权力关系,以及这种关系在不久以后和遥远的将来可能发生的变化进行估计的结果。譬如,美国的外交政策的基础就是对美国的权力相对于诸如英国、苏联和阿根廷这些国家的权力所做出的评估,以及对这些不同国家的权力在未来的可能发展所做的估计。同样,英国、苏联和阿根廷的外交政策也是建立在类似估计的基础上的,这些估计需要不断重新审视、与时俱进。

威望政策的首要功能在于影响这种估计。譬如,如果美国能够使拉丁美洲国家对它的权力形成极其深刻的印象,使它们确信美国在西半球的优势是不容挑战的,那么,美国在西半球的现状政策就不太可能受到挑战了,从而也就保证了这一政策的成功。欧洲在20世纪20年代和30年代初之所以保持了相对的政治稳定,主要是由于法国享有世界上最强大的军事强国这样的威望。而德意志帝国主义在30年代后期的巨大成功,主要也归因于一项成功的威望政策。这项政策能够使那些与维持现状利害攸关的国家相信,德国即使尚未达到无敌于天下的地步,至少也已取得了优势地位。举例来说,给外国观众放映在波兰和法国进行"闪电战"的纪录影片,而且观众最好是外国军政领导人,这种做法显然就是服务于这一目的。无论一国外交政策的最终目标是什么,一国的威望——其权力声誉——总是决定其外交政策成败的重要的、有时是决定性的因素。因此,威望政策是理性的外交政策不可或缺的一个要素。

冷战曾支配了第二次世界大战后二十年间西方世界与苏联集

团之间的关系，而冷战主要是以威望这个武器来进行的。美国和苏联都努力使对方对自己的军事能力、技术成就、经济潜力和政治原则形成深刻印象，以削弱对方的士气，阻止对方采取走向战争的无可挽回的步骤。与此相似的是，它们也试图使其盟国、敌对同盟中的国家和没有结盟的国家对这些素质留下深刻印象。它们的目标是保持自己盟国的忠诚，削弱敌对盟国的团结，赢得中立国家的支持。

在权力斗争不仅运用政治压力和军事威力的传统方式来进行，而且在很大程度上是作为争取人心的斗争来进行的时代里，威望作为一种政治武器已经变得特别重要了。在亚洲、中东、非洲和拉丁美洲的广大地区，冷战主要是以两种对立的政治哲学、经济制度和生活方式相互竞争的方式来进行的。换句话说，在这些地区，威望——成就和权力的声誉——已成为进行政治战的主要赌注。这一斗争的主要工具是宣传和外援；宣传寻求的是增加自己一方的威望，贬抑敌方的威望；外援意在使受援国对援助国的经济和技术优势留下深刻印象。

当威望政策使奉行这一政策的国家获得了权力声誉，而这种声誉足以使该国放弃对威望这一权力工具的实际利用时，威望政策也就取得了最大的胜利。这一胜利之所以可能，是由于有这样两个因素：拥有不可匹敌的权力的声誉和使用这种权力时自我节制的声誉。同时具有这两种声誉的情况是罕见的。只有罗马帝国、大英帝国和奏效时的美国睦邻政策是这种罕见情况的典型例子。

许多与罗马帝国具有类似规模的帝国，一般都没能逃脱迅速袭来的土崩瓦解的命运。这与罗马帝国的长盛不衰形成了鲜明对比。而罗马帝国之所以长盛不衰，主要归因于在帝国疆域内对罗马之名怀有的深刻敬意。罗马的政治手腕和军事实力优越于帝国内部的任何一个组成部分，但它却尽可能地使保持其优势的重负易于承受，这样它就消除了各臣服民族想要摆脱罗马控制的诱因。在最坏的情况下，这部分或那部分臣民可能会反叛，但永远不会有一种强烈的诱因促使一个强大得足以向罗马挑战的联盟形成。而对孤立的叛乱,罗马可以用其优势武力迅速有效地予以挫败,这反而会进一步提高罗马的权力威望,那些胆敢向罗马挑战的人所遭遇的凄惨命运,与那些继续效忠罗马的人在罗马法律保护下的安居乐业形成了鲜明的对比,这更提高了罗马行使其权力温和节制的声誉。

权力与自我节制两相调和的声誉,同样是大英帝国的基石之一。姑且不说帝国内的许多自治领是靠忠诚这种自愿的纽带联结在一起的事实,单是数千名英国官员所具有的控制上亿印度人的能力,就足以使观察家们惊异不已。然而,大英帝国在第二次世界大战中在日本人手中所遭受的可耻失败,却永远打碎了其权力所向无敌的声誉。整个亚洲被压迫民族为争取民族解放而发出的呐喊,淹没了对时代和智慧所陶冶的宽容统治的记忆。当这种双重威望丧失殆尽,以赤裸裸的武力来维持帝国所需的资源又濒于枯竭之时,大英帝国亚洲部分的消失便为时不远了。

在睦邻政策时期,美国在西半球的霸权同样是基于其权力无与匹敌的声誉之上,而不是基于这种权力的实际使用之上。美国在西半球的优势是显而易见和无与伦比的,因此,单是威望便足以确保美国在美洲各共和国中占据与其权力相当的地位。美国有时甚至可以不必坚持它所应得的威望,因为它借此表现出的自我节制,使它的霸权在其南方邻邦眼中变得更能容忍了。所以,美国自执行睦邻政策伊始,便提议泛美会议在拉丁美洲国家而不在美国举行。由于美国在西半球拥有实质性的不容挑战的权力,所以它认为不再坚持享有与这种无与伦比的权力相称的那种威望的所有方面,而允许西半球的其他某个国家至少享受一下以威望形式表现出来的权力表象,是更为聪明的做法。只是随着美洲国家组织的衰落和美国政策的转变,这一形势才开始出现变化。

威望政策的三种误用

不过,对一个国家来说,仅仅追求威望政策是不够的。在这方面它可能做得过分,也可能做得远远不够,而无论在哪种情况下,它都要冒失败的风险。当一国由于对自己的权力缺乏自信因而产生不安全感时,它便赋予某一特定行动一定程度的超出其实际重要性的威望。这时,它就走过了头。一国的威望不是由某个特定历史时刻所采取的特定行动的成败来决定的。恰恰相反,它是一个国家的品质和行动、功业和败绩、历史遗产和愿望的综合反映。国家的威望酷似银行的信用。一家拥有大笔可靠财源和一系列成功记录的银行能够承受一个弱小且往往经营不善的竞争者无法承受的困难,即犯错误或受挫折。它的众所周知的财力足以支持其威望,使其安然度过逆境。就国家而言,情况同样如此。

历史记载中充满了这样一些事例:一些国家由于对自己所拥有的巨大权力成竹在胸,且其权力地位得到了其他强国的承认,所以,它们即使遭受失败或放弃显赫的位置也不会蒙受威望上的损失。法国的威望在哪个时候比较高呢?是当它在印度支那和阿尔及利亚进行它既赢不了又自觉输不起的战争时,还是在它已经了结了这些无望成功的事业之后呢?再有,从长远看,美国的威望在1962年猪湾的溃败中蒙受了多大的损失呢?当法国表现出智慧和勇气,收拾了那两个它曾以"荣誉"为赌注的烂摊子时,它的威望升到了自第二次世界大战开始以来它从未达到的高峰。而猪湾失败对美国威望高低的影响无足轻重,美国威望之所以高,是因为它拥有强权并建立了许多功业。国家必须小心谨慎地避免将公共舆论的一时波动与国家权力和威望的持久基础混为一谈,所以,在某一特定场合所表现出的威望,就像它所反映出的权力一样,必须在一国总体权力和威望的格局中才能看清。权力的强大是通过威望反映出来的,而威望的不足则是由权力来补偿的。

当一国夸口自己的权力进而企图获取超出其实力的权力声誉时,它便又走过了头。在这种情况下,它把自己的威望建立在权力表象而非权力实质之上,于是威望政策便转变成了恫吓政策。最近历史中这方面的突出例子,是意大利从1935年的埃塞俄比亚战争到1942年的非洲战役期间所推行的政策。为了实现把地中海变成意大利湖的目标,意大利着手推行一项帝国主义扩张政策,它在埃塞俄比亚战争和 1936—1939 年的西班牙内战期间竟敢蔑视当时世界上的头号海上强国和地中海霸主大英帝国。它之所以如此贸然行事是因为它制造了一种印象,好像它已成为一流的军事强国。只要没有哪个国家敢于对意大利的权力假象做一下实际检验,意大利就会在推行这种政策中取得成功。一旦这种检验到来,由大量宣传手法蓄意制造出来的意大利的权力声誉与其实际权力之间的巨大差距,立刻就会显露出来。于是,它的威望政策的假面具被剥掉了,恫吓政策的真面目暴露无遗。

一种舞台上的把戏可以对恫吓政策的本质做出恰如其分的说明。这种把戏是:让十多个身着士兵服装的临时演员在舞台上来回走动,然后消失在幕后,继而重新登场,周而复始,循环往复,从而造成大军挺进的幻象。无知和轻信之辈会轻易为这种武力的表象所蒙骗,而了解内情和超然事外的观察家则不会上当受骗。假如舞台监督要求一支"军队"与另一支"军队"交战的话,这种虚张声势的做法对所有人来说就变得显而易见。在这里,恫吓政策的本性和基本手法原形毕露。恫吓政策在短期内取得成功是容易的,但从长期看,它只有永远推迟对其真实能力的检验才能获得成功,而即使最出色的治国才干也不能保证这一点。

幸运和政治智慧所能做出的最佳努力,是利用恫吓政策的最初成功设法将一国的实际权力增强到和其权力声誉名实相符的地步。当一国通过虚张声势使别国对其权力做出了过高估计时,它便赢得了设法使威望与实际权力相符的时间。所以,一个在权力竞争特别是军备竞赛领域已经落后的国家,或许可以努力将其弱点隐藏在恫吓政策背后,与此同时尽力弥补自己的缺陷。1940—1941 年秋冬之际,英国实际上极易被入侵,而它当时拥有的远远超出其军事实力的威望,很可能是阻遏德国入侵其领土企图的最重要的一个因素。随后,在维护其防御实力表象的同时,它得以获取了实际的防御力量。不过必须说明的是,是希特勒的军事错误侥幸帮了恫吓政策的忙,而且,这一政策与其说是英国自由选择的,不如说是由几乎不可抗拒的必要性强加给英国的孤注一掷之计。⑩

由此看来,在国际政治中采取恫吓政策一般来说无疑仍然是错误的,但如果走到另一个极端,满足于低于实力的权力声誉,那也同样是错误的。这种"消极威望政策"的突出例子是美国和苏联在两次世界大战之间尤其是在第二次世界大战初期所奉行的政策。

第二次世界大战爆发时,美国已成为世界上潜在的最强大的国家,而且它已公开宣布它反对德国和日本的帝国主义政策。然而,德国和日本却肆行无忌,好像美国作为一个一流强国根本就不存在。就本节的讨论而言,袭击珍珠港的意义就在于它暗示着对美国军事实力的蔑视。美国的权力声誉——也就是它的威望——异常低落,使得日本竟能将其战争计划建立在这样一种假设上:美国的军事实力将不会及时从珍珠港的打击中恢复过来并影响战争的结局。美国的威望是如此低落,以至于德国和意大利非但不设法使美国置身欧洲战争之外,反而近乎渴望地通过1941年12月10日向其宣战把它拉进了战争。据说希特勒曾在1934年宣称:"美国人不是战士,这个所谓的新世界之低劣和堕落,充分表现在其军事的无能上。"⑪

遭受如此巨大的蔑视,可以说主要归因于美国几乎缺乏一项就军事力量的声誉而言的威望政策。美国非但未向别国显示自己潜在的人力和物力可能意味着怎样的军事能力,相反却似乎急于向世界证明,它不愿——如果不是不能——将其巨大的潜力转化

---

⑩ 人们可以有把握地说,英国在其历史上的两个最关键时期,至少部分地是靠它的威望而获救的。1797年,当全欧都被拿破仑踩在脚下,法国全力以赴要摧毁大不列颠的时候,英国舰队中爆发了一场兵变,一度只有两艘皇家舰只部署在大陆与英伦三岛之间。1940—1941年冬,不管原因多么不同,英国再次面临相似的困境。在这两次,不列颠威名所带来的敬畏都成为威慑敌人进攻的因素之一,而当时物质权力的分布是大大有利于敌人的。

⑪ Hermann Rauschning, *The Voice of Destruction* (New York: G. P. Putnam's Sons, 1940), p. 71.

成实际的战争工具。美国因此招致敌人的轻视和袭击,招致其自身政策的失败和对其根本利益的致命危险。

而苏联之所以身陷相似的处境,不是因为它被轻视而是因为它执行威望政策的失败。在两次世界大战之间的整个时期里,苏联的权力声誉是很低的。德国、法国和英国虽然不时谋求俄国支持它们的外交政策,但没有一国对苏联的权力做出足够高的评价从而克服对俄国政治观念的嫌恶和对俄国向欧洲其他地方扩张的恐惧。例如,在1938年捷克斯洛伐克危机期间,当法国和英国面临要么赞成德国的帝国主义扩张,要么努力在苏联的援助下阻止这种扩张的选择时,由于苏联的威望极其低落,所以这两个西欧强国几乎不加考虑就拒绝了苏联主动提出的合作建议。苏联的军事威望在1939—1940年进攻芬兰的战役中降到了最低点。当时,小小的芬兰似乎就能抵挡住俄国巨人。这种缺乏威望的情况是使德国总参谋部以及同盟国总参谋部确信苏联无力阻挡德国进攻的因素之一。

无论如何,对明智的外交政策来说,对威望与实际权力不符的情况不应该等闲视之。因为,假如苏联在1938年或1939年或1940年表现得像它的实际情况一样强大的话——也就是说,如果它的威望当时与它的实力相称的话,其他国家对苏联的政策或许自然就大不相同了,而苏联和世界的命运可能也就不同了。今日的苏联是否像它表现得那样强大,是更强一点,还是更弱一点,这是一个对苏联和对世界各国都具有根本重要性的问题。对美国和任何在国际政治中发挥积极作用的国家来说,情况也是如此。向世界各国显示自己国家所拥有的权力——既不虚张声势又不谨小慎微——是一项明智的威望政策的任务。

第七章　国际政治中的意识形态因素

经典名句

◆ 一切国际的和国内的政治都具有一个特点,即其基本表象往往没有显示出政治的实际状况,并不表现为权力斗争。而且,作为既定政策直接目标的权力因素,是用道德的、法律的或生物学的语言来加以解释并使之正当化的。

◆ 虽然所有政治都必然是对权力的追求,但意识形态却把参与这种权力角逐解释成演员和观众在心理上和道德上都能接受的某种东西。

◆ 当帝国主义政策并不是针对由一场失败的战争所造成的特定现状,而是产生于一个诱发征服欲的权力真空时,帝国主义国家就不再诉诸公正的自然法来反对不公正的实在法了,而是代之以道义上的意识形态,宣称征服是不可推脱的义务。

1919年6月28日德国在《凡尔赛条约》上签字

政治意识形态①的本质

一切国际的和国内的政治都具有一个特点,即其基本表象往往没有显示出政治的实际状况,并不表现为权力斗争。而且,作为既定政策直接目标的权力因素,是用道德的、法律的或生物学的语言来加以解释并使之正当化的。这就是说,政策的真实性质被意识形态的辩解和文饰隐藏起来了。

个人卷入权力斗争越深,就越不可能看清权力斗争的本来面目。哈姆雷特对他母亲所说的话,或许也可以讲给所有渴望权力的人,尽管他们可能同样听不进去:

……母亲,为了仁慈的爱,
别让那自我安慰的甜言蜜语蒙蔽了你的心灵,
使你不觉自己的罪过,只以为我在胡言乱语。

或者,如托尔斯泰在《战争与和平》中所说:

一个人单独行动时,他心中总有一套考虑,他觉得这

---

① 意识形态这一概念常常是在哲学、政治和伦理信念的一般意义上使用的;在本书后面的章节里我们将在这种一般意义上讨论有关的问题。本章所使用的意识形态概念与卡尔·曼海姆(Karl Mannheim)所称的"特殊意识形态"这一概念是一致的。参见 Mannheim, *Ideology and Utopia* (New York: Harcourt, Brace, 1936)一书第49页:"当意识形态一词意味着我们怀疑我们的对手所提出的观念和主张时,意识形态便被赋予特殊的含义。那些观念和主张被认为是对一种情况的真正本质多少有意的掩饰,因为认清这种情况的真实性质不符合他的利益。这些形形色色的歪曲表现,从故意说谎到半有意和无意的掩饰,从存心骗人到自我欺骗。"又见第238页:"意识形态研究的任务,是揭穿人类利益集团特别是政党的有意无意的欺骗和掩饰。"

些考虑指导了他过去的行为，并可用来为他现在的行为辩护，指导他为将来的活动做出规划。

人类的集团也是如此行事，只是让那些不直接参加行动的人，对他们的集体行动进行考虑、辩护和规划。

为了我们所知或不知的缘由，法国人开始自相残杀。而与此相呼应的，是伴随而来的以某些人所表达的意志为这个事件所做的辩解，这些人宣称法国的福祉、自由和平等的事业至高无上。当人们停止互相残杀，伴随这个事件的辩解，则是权力集中、抵抗欧洲等的必要性。当人们自西向东行进，残杀他们的同类，伴随那个事件，就有了法国的光荣、英国的卑劣等说辞。历史教导我们，那些对事件的辩解是完全缺乏常识的，是自相矛盾的，例如说杀死一个人是由于宣告了他的权利，在俄国杀害数百万人是为了使英国屈服。但那些辩解在它们自己的时代却具有一种不容争辩的价值。

这些辩解免除了那些事件制造者的道义责任。它们在当时的作用就像为列车清道的扫帚一样，将人类道义责任的道路清扫干净。没有这些辩解，就无法回答人们在考察任何历史事件时所遇到的最简单问题，即：何以千百万人一起犯罪、杀人、打仗，等等？②

政治舞台上的演员情不自禁地要"做戏"，他们戴上政治意识形态的面具，隐藏起自己政治行动的真实面目。个人离一场特定的权力斗争愈远，就愈有可能识破它的真实本质。所以并非偶然的是，外国人常常能比本国人更好地理解一个特定国家的政治，学者比政治家具备更好的素质去认识政治究竟为何物。另一方面，政治家在涉及自己的所作所为时，有一种根深蒂固的自欺倾向，即不是从权力角度，而是从伦理和法律原则出发或以生物学上的必

---

② 第二编第七章结语。

要性来谈论自己的政策。换言之,虽然所有政治都必然是对权力的追求,但意识形态却把参与这种权力角逐解释成演员和观众在心理上和道德上都能接受的某种东西。

这些法律和伦理原则以及生物性需求在国际政治领域发挥着双重的功能。它们或者是政治行动的终极目标,这是我们先前曾经谈到过的——也就是通过追求政治权力以求实现的那些终极目标。③ 或者,它们是装点门面的虚妄之辞,用以隐藏所有政治都固有的权力因素。这些原则和必要性也许发挥着这种或那种功能,抑或同时发挥这两种功能。譬如说,一项法律和道德原则,如正义,或者一种生物性需要,如较高的生活水平,可能是一项外交政策的目标,也可能是一种意识形态,还可能二者兼而有之。由于我们在这里并不关心国际政治的最终目标,所以,我们只想在伦理和法律原则以及生物性需求所发挥的意识形态功能的范围内来讨论这些原则和需要。

这些意识形态并不是个别人伪善的偶然产物,不能说只要这些人由另一些比较诚实的人取而代之,外交事务的处理就会变得较为堂堂正正了。这种期待的结果总是令人失望的。反对党的成员们在揭露富兰克林·罗斯福或丘吉尔外交政策的欺骗性时振振有词,但一旦他们负责外交事务之后,他们所使用的意识形态伪装又使其追随者感到震惊。正是政治的本质,迫使政治舞台上的演员利用意识形态来掩饰其行动的直接目标。政治行动的直接目标是权力,而政治权力是支配人们思想和行动的力量。然而,被他人选定为其行使权力的对象的那些人,自己也渴望获得支配别人的权力。所以,政治舞台上的演员总是同时成为可能的主人和可能的臣民。他寻求支配别人的权力,而别人也寻求支配他的权力。

与人作为政治动物所具有的这种矛盾心理相对应的,是他对这种状况进行道德评价时的矛盾心理。他会认为自己的权力欲望

---

③ 见第30页及其后。

是正当的,而又谴责别人想要支配他的权力欲望是不正当的。自第二次世界大战结束以来,俄国人一直以他们自己的安全考虑来为他们的权力企图辩护,但他们却一直谴责美国的权力扩张是"帝国主义的"和为征服世界作准备的;而美国也给俄国的愿望扣上相似的帽子,同时却视它自己的国际目标为国家防御的需要。正如约翰·亚当斯所说:

> 权力总是认为它具有伟大的灵魂和超出弱者理解力的广阔视野。当它违背上帝的一切法则时,却自认为正在为上帝效劳。我们的激情、野心、贪婪、爱好、憎恶等,具有如此形而上的玄妙和气势如虹的雄辩,以致潜入悟性和良知,并把悟性和良知转变为它们的同党。

所有国家对权力问题所持的态度,都带有这种评价的矛盾性,而这种矛盾性依然是国际政治本质中所固有的。如果一国舍弃意识形态,直言说它想要权力,并因此而反对别国的类似愿望的话,它就会立即发现自己在权力斗争中的处境极其不利,且这种不利可能是决定性的。一方面,这种坦率的承认将使其他国家联合起来,激烈地抵制一项如此明确地说明了其目标的外交政策,从而迫使推行这一政策的国家不得不使用比本来需要的权力更多的权力。另一方面,这种坦白无异于公开嘲弄国际社会中普遍接受的道德准则,从而可能使该国陷于一种难以全心全意、心安理得地推行其外交政策的境地。为了团结人民并调动全国的能量和资源支持政府的外交政策,国家的代言人必须诉诸国家生存之类的生物性需要和正义之类的道德原则,而不是权力欲望。这是国家能够获得献身热情和意愿的唯一途径;如果没有这种献身的热情和意愿,外交政策就经不起对实力的最后考验。

正是这样一种心理力量不可避免地造就了国际政治中的意识形态,并使之成为国际舞台上权力斗争的武器。如果一个政府的外交政策对它的人民的知识信念和道德价值观念有吸引力,而其对手却没能成功地选定具有这种吸引力的目标,或者没能成功地使其选择的目标显得具有这种吸引力,那么,这个政府便会取得一种超越其对手的无法估量的优势。像所有思想观念一样,意识形态是一种武器,它可以提高国民的士气,并随之增加国家的权力,而且正是在这样做的行动中,它会瓦解对手的士气。伍德罗·威尔逊的"十四点",由于增强了协约国的士气,削弱了轴心国的士气,因而为协约国在第一次世界大战中的胜利做出了巨大贡献。这是说明道德因素之于国际政治的重要性的一个典型例子。④

外交政策中典型的意识形态

从国际政治的本质来看,帝国主义政策在实践中总是借助于意识形态伪装,而现状政策则常常可以表里如一。从这一本质还可以推导出,某些类型的意识形态是与某些类型的国际政策相配合的。

现状政策的意识形态

现状政策常常能够显露其真实本质并免除意识形态伪装,因为现状由于其本身的存在已经取得了某种道德上的正当性。凡存在之物必然具备有利于其存在的某些因素,否则它就不会存在。正如狄摩西尼所说:

> 因为没有人会为扩张而像为保护他自己的财产那样毅然决然地开战;虽然所有人都会拼命为保卫他们有丧失之虞的东西而战,但扩张却并非如此;人们确实把它作为自己的目标,但如果受阻,他们也不会感到他们受屈于对手。⑤

由于一个奉行现状政策的国家所寻求的是维护既得的权力,

---

④ 关于一般的国民士气问题,见第149页及其后。
⑤ Demosthenes, *For the Liberty of the Rhodians*, Sections 10—11.

所以,它就无须去消除别国的怨恨和本身的自责。当维护领土现状在道义或法律上无懈可击时,以及当国家权力传统上专用于维护领土现状时,情况尤其如此。像瑞士、丹麦、挪威和瑞典这样的国家都可以毫不踌躇地用维护现状的原则来解释它们的外交政策,因为这种现状一般是被承认为合法的。另外一些国家,如英国、法国、南斯拉夫、捷克斯洛伐克和罗马尼亚,虽然在两次世界大战之间基本上奉行的是现状政策,但却不能简单地宣称,它们的外交政策是以保卫它们已有的领土为目标的。由于1919年的现状本身的合法性遭遇了来自这些国家内外的挑战,这些国家必须援引道义原则才能对付这一挑战。和平和国际法正好满足了这一目的。

和平和国际法有充分的资格充当现状政策的意识形态。由于帝国主义政策常因破坏现状而导致战争,而且必须时时顾及战争的可能性,所以,一项宣称以和平主义作为指导原则的外交政策,基于同样的理由便是反帝国主义的和支持现状的维护的。一个政治家由于根据和平主义原则表达了现状政策的目标,因而便把战争贩子的帽子扣到了他的帝国主义对手头上,并消除了他和他的同胞良心上的道德疑虑,而且还可望赢得所有赞成维持现状的国家的支持。⑥

国际法对现状政策发挥了相似的意识形态功能。任何法律秩序基本上都倾向于成为一种静态的社会力量。它规定某种权力分配,提出在具体情况下确定和维持这种权力分配的准则和程序。国内法通过一套高度发达的立法、司法裁决和执法体系,允许在总体权力分配格局内对权力分配进行调整,有时甚至是相当大的改动。而国际法由于缺乏这样一套允许在法律上变动的体系,所以,就其本质而言,它不仅主要是而且根本上是一种静态的力量。因

---

⑥ 关于和平意识形态的最近的转变,见第112页;又见第231页及其后。

此,援引国际法、"法律下的秩序"和"正常法律程序"来支持一项特定外交政策,总是表现为对一项现状政策的意识形态伪装。更具体地说,当诸如国际联盟这样的国际组织以维持一种特定现状为目的建立起来时,支持这个组织也就等同于支持那种特定的现状了。

第一次世界大战结束以来,利用这种法律上的意识形态为一项现状政策辩护已经变得相当普遍了。先前历史时期的联盟虽未消失,但却倾向于变为在一个全球性法律组织内的"区域性安排"。"维持现状"让位于"维持国际和平与安全"。一批在维持现状上具有共同利益的国家,为了保护它们的共同利益,使之免受来自某个特定来源的威胁,很可能不再凭借某种"神圣同盟",而是依靠某种"集体安全体系"或某种"相互援助条约"了。由于现状的改变常常以牺牲小国为代价,所以捍卫小国的权利,例如1914年比利时的权利和1939年芬兰和波兰的权利,在适当条件下就变成了现状政策的另一种意识形态。

帝国主义的意识形态

帝国主义政策永远需要意识形态,因为与现状政策相比,帝国主义永远有需要证明的负担。它必须证明,它寻求推翻的现状是应当被推翻的,在许多人心目中现存事物所具有的道义正当性,应当让位于一种要求新的权力分配的更高的道德原则。因此,用吉本的话来说:"在征服者的法理学中,很容易为每一场战争找到某个动机:安全或复仇、荣誉或热忱、权利或便利。"⑦

就典型的帝国主义意识形态可资利用的法律概念而言,这些意识形态不大容易援引国际实在法,也就是现存的国际法。我们已经指出,国际法的静态特性使国际法成为现状在意识形态上的

---

⑦ *The Decline and Fall of the Roman Empire* (Modern Library Edition), Vol. II, p. 1235.

天然盟友,而帝国主义由于其动态特性则需要动态的意识形态。在法律领域里,是自然法的信条——即本应如此的法则——满足了帝国主义的意识形态需要。为反对象征现状的现行国际法的不公正,帝国主义国家会引用一项与公正要求相适应的更高的法律。所以,国社党的德国便把它修改凡尔赛现状的要求……主要建立在平等原则之上,它指称《凡尔赛条约》违反了这一原则。例如,《凡尔赛条约》彻底剥夺了德国的殖民地,并规定了德国单方面裁军的条款,所以,根据平等原则,德国要求重获殖民地并修改单方面裁军条款。

当帝国主义政策并不是针对由一场失败的战争所造成的特定现状,而是产生于一个诱发征服欲的权力真空时,帝国主义国家就不再诉诸公正的自然法来反对不公正的实在法了,而是代之以道义上的意识形态,宣称征服是不可推脱的义务。于是,征服弱小民族似乎成了"白种人的责任""民族使命""天命所定""神圣的托管""基督教义务"。殖民帝国主义尤其经常使用这类意识形态口号加以伪装,如宣称征服者的使命是把"西方文明的赐福"带给地球上的有色人种。日本的东亚"共荣圈"意识形态也包含有类似的人道主义使命的内涵。每当人们因宗教信仰的狂热而赞成一种政治哲学,而这种政治哲学恰巧又符合一项帝国主义政策时,这种政治哲学便会成为意识形态伪装的现成工具。阿拉伯扩张时期的阿拉伯帝国主义用履行宗教义务为自己辩护;拿破仑帝国主义打着"自由、平等、博爱"的旗号横扫欧洲;俄罗斯帝国主义,特别是就其对君士坦丁堡和达达尼尔海峡的野心而言,相继或同时使用过东正教信仰、泛斯拉夫主义、世界革命和抵御资本主义包围这样一些口号。

在现代,特别是在达尔文和斯宾塞的社会哲学影响下,帝国主义的意识形态偏爱生物学的观点。移用到国际政治中的适者生存哲学,认为强国相对弱国的军事优势是一种自然现象,它使后者注定成为前者的权力对象。根据这种哲学,如果强者不支配弱者,弱者却试图与强者平起平坐,那就是反自然的。强国有权取得"阳光下的地盘",它是"世上的中坚"就像著名德国社会学家维尔纳·松巴特在第一次世界大战中发现的那样,日耳曼"英雄"必然会战胜不列颠"店主"。劣等种族应侍奉优秀种族是一条只有混蛋和傻瓜才会反对的自然法则;奴役和灭绝(劣等种族)是优秀种族理应享用的餐后甜点。

  法西斯主义、纳粹主义和日本帝国主义赋予这些生物学意识形态以革命性的内涵。奉上天差遣为地球主宰的民族,被天赋低劣的民族用诡计和暴力置于卑下的地位。生气勃勃但却贫困的"穷国",被富裕但却堕落的"富国"切断了地球上的财源。为理想所鼓舞的无产阶级国家必须与保护自己钱袋的资本主义国家进行战斗。第二次世界大战以前,德国、意大利和日本尤其偏爱关于人口过剩的意识形态。德国人是一个"没有空间的民族",如果不能取得"生存空间",他们势必"憋死",如果不能获得原料来源,他们势必"饿死"。这一意识形态在20世纪30年代也被意大利和日本以不同的形式用来为它们的扩张主义政策辩护,并用以掩饰它们的帝国主义目标。⑧

---

⑧ 德国、意大利和日本在两次世界大战之间提出的殖民地要求是以人口压力和经济困难为根据的,其纯粹的意识形态特征可由有关的人口和经济统计情况清楚地显示出来。德国的四个非洲殖民地幅员93万平方英里,在1914年有近1 200万人口,其中只有2万白人。而当时据说住在巴黎城内的德国人比住在德国全部殖民地的德国人的总数还多。在厄立特里亚成为意大利的殖民地五十年后,最适宜定居的2 000平方英里土地住着大约400名意大利居民。日本的朝鲜和台湾殖民地在四十年中所吸收的日本人,还不到日本人口一年的增长数。

至于殖民地对其宗主国经济上的重要性,有关德国和意大利的数字是有说服力的。1913年德国对其殖民地的进出口占德国全部进出口的0.5%。1933年意大利从其殖民地的进口占意大利全部进口的1.6%,对其殖民地的出口占意大利全部出口的7.2%,其中出口中的相当大部分肯定是战争物资。只是对日本来说,其殖民地具有首要的经济上的重要性。它在1934年与殖民地的贸易达到其外贸总额的近25%(进口总额的23.1%和出口总额的22%)。见 Royal Institute of International Affairs, *The Colonial Problem* (London, New York, Toronto: Oxford University Press, 1937), especially p. 287。

然而，帝国主义最广泛使用的伪装和辩解，一直是反帝国主义的意识形态。⑨ 它之所以被广泛应用，是因为它是所有帝国主义意识形态中最为有效的一种。按照休伊·朗的说法，就像法西斯主义将伪装成反法西斯主义来到美国一样，帝国主义已经以反帝国主义的面目在很多国家出现了。1919年和1939年，交战双方都是为了保护自己、反对对方的帝国主义才走向战争的。德国1941年进攻苏联是为了预防苏联实现其帝国主义计划。自第二次世界大战结束以来，美国和英国以及俄国和中国的外交政策，都以其他国家的帝国主义目标来为自己辩护。这样，通过把自己的外交政策说成是反帝国主义的——即防御性的和保护现状的——而不管其实际性质如何，一国便使自己的人民对其自身事业的正义性问心无愧并充满信心，若非如此，人民就不可能全心全意地支持国家的外交政策，并为之成功而奋斗。同时，这样还会迷惑意识形态上准备不足的敌人，使之不再能确定正义究竟在哪一边。

"第三世界"国家所提出的经济要求包含着强烈的意识形态因素。许多这类国家的经济贫困理应归咎于自然条件差、经济政策不合理、腐败无能等种种不同的原因，但却每每归咎于发达富有的工业国家。南北对抗这一概念之所以貌似有理，在于这样一个赤裸裸的、令人不安的事实：工业国家和第三世界国家在生活水平上存在着巨大差距。随这种假定的因果责任而来的是一种道义责任：为先前所造成的罪恶进行补救并为未来世界财富的更平等分配做出贡献。最突出恰当的例子是粮食的不平等分配，它造成了工业国家中的过剩和暴食以及许多第三世界国家中的长期营养不良甚至饥荒。然而，在工业世界的富足与第三世界的贫困之间，无论是因果联系还是道义联系都经不起严肃的推敲。

---

⑨ 反帝国主义意识形态的一个变种是反权力政治的意识形态。根据这种意识形态，别国都是以权力欲为动机来推行它们的政策的，而自己国家却摆脱了这种基本的动机，追求纯洁的理想目标。

纵观历史，人类一直被生活水平上的巨大差距所分割。目前状况的独特之处，是人类社会中条件有利和不利的成员由于现代通信技术了解到了这些差距。这种了解正好产生在平等——机会和条件均平等——的原则在全世界得到确立的时代。由此激起了条件不利的成员缩小贫富差距的渴望，并造成了富国面对这些渴望时在道义上的窘困。

毋庸置疑，这些渴望和伴随而来的道义窘困——在世界范围内或无法满足或无法摆脱——被广泛地用来为特定的政治目标进行意识形态的辩护和文饰，从而服务于具体的国家利益。这些政治目标自然指向了改变现状、劫富济贫。富国则由于既了解极端不平等的现实，也接受谴责这种不平等的道义原则，因而在确定和促进它们自身利益时处境明显不利；事实上，它们这样做时一定怀着愧疚之心，不再完全相信自己的立场是正当的。面对经济平等的主张，它们在道义上处于一种寡助的地位。这种情况类似于西方民主国家在1938年面对德国时的处境，当时德国以民族自决这一道义原则的名义，主张得到捷克斯洛伐克的一部分领土。

赞成全世界生活水平平均化这种道德论点，似乎是支持对贫困国家进行人道主义援助这个一般论点的具体应用。美国在理论和实践上都已接受了这种义务。然而，合乎道义理由的人道主义援助，其情势根本不同于要求全世界生活水平平均化的情势。人道主义援助是以意想不到的自然灾害为根据的，因为这种灾害的结果使受灾国家难以单凭自己的资源医治创伤。而世界范围生活水平的差距却是由错综复杂的自然、文化、经济和政治因素造成的。外部的干预在特殊情况下也许能缩小这些差距，但不能指望在全世界消灭这些差距。即使怀有最善良的愿望，在提供资源方面承担最广泛的义务，要实现人们假定的道义上所要求的目标也是不可能的；而正是这种不可能性，就免除了道义责任。罗马法中的"力所不及即无义务"的原则也适用于假定的道义责任。

这种设想中的工业化富国要承担提高全世界非工业化穷国生

活水平的道义责任,其根据在于一种因果关系,这种因果关系被认为存在于前者的政策和较高生活水平与后者的较低生活水平之间。然而,这种简单因果关系的假设是一个神话。殖民主义者、帝国主义者和资本家在这个神话里扮演了魔鬼的角色,不发达的罪恶可以追溯到他们身上。其实,这些罪恶有多方面的原因,殖民主义、帝国主义和资本主义至多也只是原因之一。

由此看来,消除粮食供应上的不平等就不仅是——甚至主要不是——农业技术和集体慷慨援助的问题,而且是政治利益和意志的问题。在许多社会里,以粮食短缺为突出表现的长期贫困,不是一桩单靠技术改革就能补救的不幸意外事件,而是社会、经济和政治上主观选择的结果。如果有人想要使世界摆脱饥饿,那他就必须使这些社会摆脱造成饥饿的那些人为因素。而这很可能意味着激进的变革——如果不是革命的话。第三世界国家的政治精英们是否愿意将他们的漂亮话付诸实践,还是一个有争议的问题。

因此,世界上富国与穷国之间发生所谓南北冲突的说法,在很大程度上掩盖了、同时也合理化了传统强国与新兴政治弱国之间的冲突,而新兴政治国家真正的主要目标恰恰是新的权力分配。

模棱两可的意识形态

反帝国主义意识形态的效力来自它的模糊性。它使观察者陷入困惑,往往不能确定他面对的究竟是帝国主义的意识形态还是现状政策的真实表述。无论何时,只要一件意识形态的外衣看起来不是专门为一种特定类型的政策定做的,而是既可以由帝国主义的推动者也可以由现状的捍卫者穿用,那这种使人困惑的效果就会存在。传统上,特别是 18、19 世纪,权力均衡就曾被现状捍卫者和帝国主义推动者同样用做意识形态武器。在我们的时代,民族自决的意识形态和联合国的意识形态也曾起了类似的作用。而自冷战开始以来,有关和平、和缓紧张局势及缓和的意识形态也越来越广泛地加入了这个行列。

民族自决原则,就伍德罗·威尔逊的构想而言,为中欧和东欧民族摆脱外来控制提供了正当的依据。在理论上,这一原则不仅反对帝国的现状,而且反对任何形式的帝国主义,无论它是由德国、奥地利、俄国这样的老牌帝国所代表的,还是由获得解放的小国所追求的。然而,旧的帝国秩序一旦被摧毁,立刻就会唤起仍以民族自决名义出现的种种新帝国主义。波兰、捷克斯洛伐克、罗马尼亚和南斯拉夫的帝国主义既不可避免,又异常突出;因为旧有帝国秩序瓦解后所遗留的政治真空必须有人填补,而新获解放的国家正好近水楼台先得月。这些国家一旦确立起自己的权力,便立即援引完全相同的民族自决原则来捍卫新的现状。从第一次世界大战结束到第二次世界大战结束为止,这一原则是它们最有力的意识形态武器。

凭着过人的宣传天赋,希特勒一下子抓到了民族自决原则来为他的领土扩张政策掩饰和辩护。于是,捷克斯洛伐克和波兰的日耳曼少数民族便打起民族自决的口号,扮演了削弱捷克斯洛伐克和波兰国家生存基础的角色,就如同捷克民族、斯洛伐克民族和波兰民族打着同样的意识形态旗号,在破坏奥匈帝国国家生存基础时曾经扮演过的角色一样。当他们自己的意识形态武器反转过来对准了他们自己时,凡尔赛现状的保护者们除了法律和秩序之外就没有任何其他意识形态可以用来捍卫现状了。于是,奥地利和捷克斯洛伐克被放弃了,波兰则被置于致命的危险境地。在《慕尼黑协定》答应了德国对捷克斯洛伐克的要求后,伦敦《泰晤士报》借用德国的意识形态宣称:"《凡尔赛条约》所宣示的民族自决原则被海尔·希特勒援引用以反对条约的文本,而他的呼吁得到了认可。"[⑩]在现代史上,罕有如此突出的事例,能够说明意识形态在国际政治中的重要性,以及巧妙利用一种模棱两可的意识形态所造成的迷惑性。

---

⑩ *London Times*, September 28, 1938.

民族自决的意识形态在以色列与阿拉伯国家之间的冲突中也发挥了关键的作用。为公平起见,必须把阿拉伯人的民族自决要求放在它赖以产生和被期待发挥作用政治环境中来讨论。大多数阿拉伯人不仅一直反对以色列国的存在而且反对巴勒斯坦土地上犹太人定居点的存在;阿拉伯人所要求的巴勒斯坦自决必须置于这一背景中来认识。换言之,承认以色列是一个国家是不符合巴勒斯坦阿拉伯人的民族自决要求的。因为,他们的权利要求不仅包括约旦河西岸,而且——像巴勒斯坦解放组织无数次声明所要求的那样——还包括以色列国赖以建立的全部领土。由此看来,代表巴勒斯坦阿拉伯人利益的民族自决原则,便暴露出它不过是阿拉伯人的一个不变愿望的意识形态伪装,这个不变愿望就是摧毁以色列国,建立一个阿拉伯国家取而代之。当法兰西的弗朗西斯一世被问到为什么他总是要与哈布斯堡的查理五世交战时,他回答说:"因为我们两人都想要同一件东西——意大利。"如果把意大利换成巴勒斯坦,那么,以色列和巴解组织的领导人亦可做出同样的回答。

联合国在其创立之初,是被打算用做中国、法国、英国、苏联、美国以及它们的盟国的一个工具,来维持基于这些国家在第二次世界大战中的胜利所建立起来的现状的。但在第二次世界大战结束后的头几年里,这种现状就被证明只是暂时的,而且受制于不同国家相互矛盾的解释和主张。因此,联合国意识形态便被这些不同的国家用来为它们特定的解释辩护,为它们特定的主张掩饰。所有国家好像都是联合国的拥护者,引用《宪章》来支持它们正在奉行的特定政策。由于这些政策相互矛盾,所以援引联合国及其《宪章》就变成了一种意识形态策略,依据普遍接受的原则为自己的政策辩护,同时隐藏起自己政策的真正特性。这种意识形态的模糊性使它成了一种迷惑敌人、团结朋友的武器。

自第二次世界大战结束以来,关于和平、和缓紧张局势和缓和的意识形态在愈来愈大的程度上发挥着一种类似的功能。鉴于人们对第三次世界大战会以大规模毁灭性的现代武器来进行的普遍恐惧,如果一个政府不能使本国和别国人民相信它的和平意图的话,那它就绝不可能指望获得本国人民和别国人民对其外交政策的支持。于是,"和平大会""和平攻势""和平进军"便成了冷战中标准的宣传武器。这些几乎无所不在的和平意愿的宣示,在涉及实际所追求的外交政策时就毫无意义了。因为,鉴于现代战争无法估量的毁灭性,所有国家都宁愿用和平手段而不是通过战争来追求它们的目标,这是理所当然的。然而,基于同样的理由,这些和平意愿的宣示发挥了两个重要的政治功能:它们有助于把实际追求的政策隐藏到所表白的和平目标的面纱背后;它们还有助于吸引各地善意的人们支持这些政策,不管这些政策实际上是什么,只要它们是以维护和平为目标提出的就行,因为这个目标是世界各地善意的人们衷心渴望的。

类似的考虑也适用于对裁军尤其是"全面彻底"裁军所做出的近乎全球性的承诺。基于人道主义的、政治的和经济的理由,停止军备竞赛被认为是普遍的愿望。但显然,过去二十年的经验表明,世界的政治条件使裁军成为不可能。⑪ 鉴于各类裁军的一切努力都完全失败,当一国政府宣称它的政策是"全面彻底"裁军时,这个政府实际上是在向世界上渴望和平和免除军备竞赛负担的国家做出意识形态姿态。这一姿态服务于这样一种目的:使实际所追求的外交政策更易为别国所接受。

辨认问题

由此看来,看穿这些意识形态伪装并理解这些伪装背后的实际政治力量和现象,是国际政治学者最重要和最困难的任务之一。这个任务之所以重要,是因为假如不完成这项任务就不能正确地确定人们正好应对的那种外交政策的性质。认清帝国主义倾向及

---

⑪ 见第十八章关于裁军失败原因的详细讨论。

其特性有赖于明确区分帝国主义的意识形态托词和实际所追求的政策目标,因为帝国主义的意识形态一般总要根本否认其帝国主义愿望。正确地做出这种区分是困难的,因为要想发现任何人类行为的真实意向,使之有别于行为者所相信的或所伪造的意向,一般都是困难的。这个一般性的难题由于另外两个困难而扩大了,这两个困难至少就其普遍性来说是国际政治特有的。一个困难是,如何把旨在维护威望的政策所特有的自我炫耀或虚张声势,同真正帝国主义的意识形态伪装相区别;另一个困难是,如何在现状政策的意识形态和区域性帝国主义的意识形态的背后,发现实际奉行的政策的真实意图。

我们已有机会谈及威廉二世的外交政策,他的政策通过语言和种种姿态给人以公开的帝国主义的印象,但实际上却是帝国主义野心与神经质的自我炫耀的奇怪混合物。相反,希特勒和墨索里尼外交政策的真正帝国主义本质,却直到20世纪30年代末还未被普遍认清,一直被淡化为服务于国内目的的虚张声势和夸夸其谈。当号称维持现状的意识形态被用做一种伪装时,要断定一项外交政策隐藏在其有意无意的意识形态伪装后面的真实性质就变得特别困难了。美国和苏联在第二次世界大战后的外交政策是说明这种困难的突出例子。

美苏两国都以几乎完全一样的关于现状的意识形态说辞来表达各自的外交政策目标。两国都声称它们没有领土野心,不会超越由德黑兰、雅尔塔和波茨坦协定所确立、并由军事指挥官们在战争结束时达成谅解的军事分界线;它们愿意看到自由民主政府在各地的建立;它们是以安全和国防的考虑为指导思想的;迫使它们违背自己的意愿而采取自卫行动的,是对方的资本帝国主义或共产帝国主义。

大多数美国人和大多数俄国人显然相信,这些声明是自己国家外交政策真实性质的忠实表白。然而它们不可能都是对的,这一方或那一方或双方也许都错了。因为情况可能是苏联误解了美国的外交政策,或美国误解了苏联的外交政策,或双方彼此都误解了对方的外交政策。世界的命运很可能取决于对这个谜语的解答,而谜底不应单从意识形态的特征中去寻找,而应从决定一国外交政策的诸因素的总和中去寻找。对此,我们将在后面进一步加以讨论。⑫

---

⑫ 见第十编。

# 第三编 国家权力

第八章　国家权力的实质

经典名句

◆ 国家是对许多具有某种共同特征的个人的抽象，并且正是这些特征使得他们成为同一国家的成员。

◆ 社会的稳定性及其成员的安全感越大，集体感情通过侵略性的民族主义寻求发泄的可能性越小；反之亦然。

◆ 全体人民实质上都以无条件的献身和强烈的感情支持国家的权力欲望，而在以前的历史中，只有宗教问题才能赢得这种献身和感情。

托马斯·杰斐逊

什么是国家权力

我们已经讲过,我们所指的权力是人控制他人的思想和行动的权力,只要人们相互间存在着社会联系,我们就能发现这种现象。我们曾经谈到"一国的权力"或"国家权力",好像这个概念是不言自明的,好像我们关于"权力"一词所做的一般性讨论就能充分解释"国家权力"。然而,尽管我们容易理解个人对权力的追求,但我们如何去理解被称作国家的集体对权力的渴求呢?什么是国家?当我们把渴望和行动赋予国家时,我们所指的又是什么呢?

这样的国家显然不是一个经验的事物。这样的国家是看不见的。经验可见的是那些属于国家的个人。因此,国家是对许多具有某种共同特征的个人的抽象,并且正是这些特征使得他们成为同一国家的成员。除了作为国家的一员并以这种身份思考、感觉和行动之外,个人还可以属于一个教会、一个社会的或经济的阶级、一个政党、一个家庭,并以这些身份思考、感觉和行动。除了作为所有这些社会集团的成员之外,他也是一个单纯的人,并以这种身份思想、感觉和行动。因此,当我们从经验的方面谈到某一特定国家的权力或外交政策的时候,我们所指的只能是属于同一国家的那些特定的个人的权力或外交政策。正如马塞尔·普鲁斯特所说:"国家的生活在很大程度上几乎重复其构成单位的生活,那种连决定着个人活动的奥秘、反应和规律都不能理解的人,决不要指望对国家间的斗争提出任何有益的建言。"

然而,这造成了另一困难。美国的权力或外交政策,显然不是属于被称为美利坚合众国的那个国家的所有个人的。美国在第二次世界大战后作为一个最强大的国家出现在地球上，这一事实并没有影响到众多美国人个体的权力。然而，这影响了所有那些掌管着美国外交事务的人的权力，特别是影响了在国际舞台上代表美国说话的那些人的权力。因为国家作为一个法律组织去推行外交政策，它的代理人在国际事务中就成为该国的代表。他们代表国家发言，以它的名义缔约谈判，确定它的目标，选择实现目标的手段，并努力维护、增强和显示它的权力。当他们在国际舞台上作为他们国家的代表而出现的时候，他们就是那些使用权力和实施他们国家政策的个人。当我们从经验方面谈到国家的权力和外交政策的时候，我们指的正是他们这些人。

那么，当个人的权力未受到国家权力盛衰的影响时，怎么会发生一个国家的大量个人成员使自己认同于本国的权力和外交政策，把这一权力和这些政策当作自己的来体验，并且往往是带着超过对他们个人权力的欲望的强烈感情来体验呢？提出这一问题，也就是提出了现代民族主义的问题。在先前的各个历史阶段，集体都是由血缘关系、宗教关系或共同地忠于一个封建领主或君主的关系所决定的。个人将自己与这种集体的权力和对权力的渴望认同起来。在我们的时代，与国家权力和政策的认同在很大程度上取代了那些旧的认同，至少也是使之相形见绌。我们如何去解释这种现代民族主义的现象呢？

从对外交政策的意识形态的讨论中我们知道，在个人的头脑中，他人的权力欲望总是不道德的和耻辱的。导致这种态度的一个根源是自己的自由有可能受到他人权力的威胁，因此希望保护自己的自由不受这种威胁。另一个根源来自作为一个整体的社会，它企图压制和约束个人对权力的欲望。为了控制个人的权力冲动，社会建立起一套行为规则和机构设置。这些规则和设置或是将个人的权力冲动分散到使这些冲动无法危害社会的渠道中去，或是将它们削弱或彻底消灭。法律、伦理和习俗，无数的社会制度和安排，如竞争考试、竞选、体育运动、社交俱乐部和互助组织——所有这些都服务于这一目的。

结果,大多数人无法在国内社会中满足他们的权力欲望。在这个社会中,只有一个比较小的集团在长久地对大多数人行使着权力而不受他人的广泛限制。绝大多数人在很大程度上是权力的对象,而不是权力的行使者。由于未能在国家的界限内得到权力欲望的彻底满足,人民便将这些未得到满足的欲望发泄到国际舞台上。在那里,他们通过与国家权力欲望认同起来而得到替代性的满足。当罗马人使自己认同于罗马及其权力,据此与外国人相比,并说"我是一个罗马公民"的时候,他是洋洋得意的。当美国公民想到自己国家的权力时,他感受到同样的惬意。我国的工业能力和物质财富是无与伦比的,当我们意识到自己是一个非常强大的国家的成员的时候,我们就会自我吹嘘并感到极为自豪,好像我们所有人作为同一国家的成员,集体地拥有和控制了如此巨大的权力。我们的代表在国际舞台上行使的权力成为我们自己的权力,我们在国内社会中所体验的挫折,由于替代性地享受到国家的权力而得到补偿。

在国家的每个成员心中都起作用的这些心理因素,得到社会本身的行为规则和机制的支持。社会遏制个人在国家范围内的权力欲望,并给某些意在扩张个人权力的冲动打上耻辱的烙印。但是它鼓励和颂扬其个人权力冲动受到挫折的大部分人将个人权力冲动认同于国家在国际舞台上的权力斗争的倾向。为了个人的目的而追求权力被认为是罪恶的,它只是在一定的界限内和以一定的形式表现才是可以容忍的。披上意识形态伪装的、以国家的名义和为了国家的利益而追求的权力则是一种善举,所有公民必须为之奋斗。国家的象征,特别是当它们涉及武装力量和与他国的关系时,就成为个人认同国家权力的工具。社会伦理和习俗常常通过提供奖赏和惩罚的威胁,使这一认同具有吸引力。

因此,人口中的某些集团不是在国际领域追求国家权力欲望的最激进的支持者,就是拒绝与这种欲望发生任何关系,这不是偶然的。这些集团主要是他人行使权力的对象,他们被最彻底地剥夺了发泄自己权力冲动的渠道,或者他们在国家社会内所可能享有的任何权力都最没有保障。中产阶级的下层,如白领工人,还有劳动群众的主体①,尤其将他们自己彻底地与国家对权力的渴望认同起来。或者,他们完全拒绝认同国家的渴望——这里,最主要的例子是马克思主义全盛时期的革命无产阶级,尤其是在欧洲。后一种集团至今很少受到美国外交政策的关心,而前一种集团则取得越来越大的重要性。

因此,人们正是应当从这里探寻现代民族主义的根源,并寻求解释现代越来越激进地推行外交政策的现象。在西方社会中,特别是处于较低阶层的个人的不断增长的不安全感,以及西方社会普遍分裂为小单位的倾向,极大地加剧了个人权力冲动的挫折感。反过来,这又引起人们更强的要求认同于集体的国家权力欲望以作为补偿的愿望。这种更强的愿望既有量上的增加,也有质上的增强。

现代民族主义的根源

在拿破仑战争以前的时代,人口中只有很小的部分将自己认同于本国的外交政策。外交政策事实上不是国家的而是王朝的政策,这种认同是对君主个人的权力和政策的认同,而不是对一个集体(譬如国家)的权力和政策的认同。正如歌德在其自传的一个重要段落中所说:"我们都同情腓特烈[大帝],但是普鲁士与我们有什么相干?"

托马斯·杰斐逊在1809年2月19日写给约翰·霍林斯的信中写道:"这些[科学]学会总是和睦相处,不管它们的国家是否正进行战争。像文坛的共和国一样,它们形成了一个遍及整个地球

---

① 就权力而言,除了军方以外,劳动群众比人口中的任何其他团体从民族主义的外交政策中都损失的更少,获得的更多。

的伟大的互助会,并且它们的通信从不受任何文明国家的干扰。"

拿破仑战争开始了国家外交政策和战争的时代;也就是说,国家众多的公民对国家权力和国家政策的认同取代了对王朝利益的认同。塔列朗在1808年对沙皇亚历山大说:"莱茵河谷、阿尔卑斯山脉和比利牛斯山脉是法国的征服地,其余地区是皇帝的,它们对法国没有任何意义。"他在这样说时,就指出了这种变化。第一次世界大战前,我们搞不清欧洲社会主义政党的成员认同他们各自国家的权力和外交政策的程度。然而所有交战国的大多数工人全力参战,这表明基本上全部人口都认同了他们各自国家的权力和政策。

从民族主义后退:表面的和实际的

但是,我们在第一次世界大战中所见到的那种极度认同,在第二次世界大战期间出现了某种退化。这种退化发生在社会金字塔的顶层和基层。一方面,英国和法国的知识界、政界和军方的领导人中间的虽小但有势力的亲法西斯主义的集团,或者是拒绝将自己认同于他们的国家,或者是宁愿认同自己国家的敌人。带有这种感情的领导人在他们的权力地位上是不安全的,尤其是考虑到他们的国家一开始在政治上和军事上的衰弱。似乎只有敌国才能保证他们在社会金字塔的顶层上的位置。另一方面,既效忠于法国也效忠于苏联的法国共产党人只是在德国于1941年进攻苏联,从而使他们能够同时效忠两国时,才彻底地将他们自己认同于他们的国家。德国只进攻法国还不足以引起他们对侵略者的积极反抗。但德国对苏联的进攻使法国和苏联在共同事业中结成盟国,也使得法国共产党人在反对德国对法国的侵略时反对法国和苏联的共同敌人。法国共产党人对法国国家政策的认同基于这些政策与俄国的利益和政策的一致。共产党人超越本国利益和政策而对外国利益和政策的这种忠诚是一种普遍的现象,这种现象威胁着民族国家的团结,威胁着国家的生存。②

　　这种民族团结的瓦解很难说是从民族主义的后退,因为它将对本国的忠诚转为对外国的忠诚。法国共产党人好像将自己变为支持苏联政策的俄国民族主义者。这种民族主义的新颖之处在于它的前后矛盾,它否认其他国家有权利要求其公民效忠,但它却要求人们对一个国家(外国)效忠。

　　即使是这种转变,即从效忠于本国转变为效忠于一个作为世界性政治运动的源泉的外国,也已被证明只不过是一个短暂的插曲,这一事实证明了民族团结的力量。因为我们正在目睹民族团结在共产党政府和共产主义运动中的复兴,它们在不同程度上已经开始将各自的民族利益置于苏联的利益之上。苏联指引的并为苏联服务的坚如磐石的世界共产主义运动已为"多中心主义"所取代,在这种多中心主义中,民族忠诚和利益压倒了政治哲学上的亲近关系。随着1989年的革命,这一潮流得到了实现。

　　然而,第一次世界大战的后果带来了民族主义的真正退化,其形式是西欧的统一运动。这一运动到目前为止在建设超国家组织方面——包括欧洲煤钢联营、共同市场(欧洲经济共同体)和一个欧洲共同体的发展——已取得了一些具体的成就。有两个经验造成了欧洲统一运动的产生:第二次世界大战的破坏性和其后欧洲政治、军事和经济的衰落。这一运动的支持者从这些经验中不能不得出结论说,至少在西欧,民族国家已是过时的政治组织原则,此原则远远不能保证其成员的安全和权力,反而使它们软弱无能并最终不是相互灭绝就是被较为强大的邻国灭绝。只有未来能够证明,个人和他们所属的民族社会的强烈的不安全感,是将导致以欧洲的政治、军事和经济统一为形式的政治创新,还是导致以退向"中立主义"(即完全放弃积极的外交政策)为形式的政治无能,抑或导致以对各个单独国家的更为强烈的认同为形式的政治

---

② 另见第二十三章。

绝望。

民族主义的复兴遭到了这样一种力量的抵制：政治家、知识分子和技术专家日益认识到，由交通、通信和战争等现代技术所造成的某些基本问题超越了任何一个单独国家的利益和解决能力，无论其如何强大。核能的控制、自然环境的保护和恢复，以及食品和原材料的供应都属于这类问题。一个与他国竞争国家优势的单个国家解决不了这些问题。所有国家或相当多的国家，在这些问题的解决上具有共同利益，这种利益应当在超越单个国家的利益的共同政策中反映出来。尽管某些小的精英集团逐渐地认识到世界政治中的这一新因素并试图理智地适应它，但是，国家外交政策的实际运转却很少受它的影响。相反，诸如联合国及其分支机构这类为了实现世界各国的共同利益而创立的组织，已经被相互对抗的民族主义所操纵，被用来为相互对抗的国家利益服务。这证明了民族主义的长盛不衰。

个人的不安全和社会的瓦解

定性来看，个人对他的国家的认同感的强度与反映在社会成员的安全感上的社会稳定成反比。社会的稳定性及其成员的安全感越大，集体感情通过侵略性的民族主义寻求发泄的可能性越小；反之亦然。③ 18世纪最后十年法国的革命战争和1812—1815年反拿破仑的解放战争是近代大众不安全的首批例证，它是由国内社会的不稳定引起的，并导致了以大众对侵略性的外交政策和战争的强烈认同为形式的感情爆发。社会不稳定在19世纪的西方文明中十分严重。在20世纪，个人主要是以宗教的形式，以生活和工作的不断合理化的形式，以周期性的经济危机的形式，从传统的束缚中解放出来，这使得社会不稳定成为持久的现象。受到这

---

③ 当然，这些集体的感情也在国家内部以侵略性的方式（即以阶级斗争、革命和内战的方式）寻求发泄。

些因素影响的集团的不安全感,在固定的、倾注了感情的民族主义认同中,找到了发泄感情的途径。随着西方社会愈来愈不稳定,不安全感加深了,对国家作为个人的象征性替代物在感情上的依附也愈为强烈。20世纪,在世界大战和革命的影响下,在经济、政治和军事的权力集中以及经济危机的影响下,这种对国家的依附达到了世俗宗教的狂热程度。权力之争戴上了善恶之争的意识形态面罩。外交政策摇身一变成为神圣的使命。战争都以圣战的名义进行,目的是将正确的政治宗教传播到世界各地。

社会的分裂、个人的不安全感和现代民族主义的强烈的权力冲动之间的这种关系,在研究德国法西斯主义时可以看得特别清楚。在德国,这三个因素比在其他任何地方都得到了更充分的发展。现时代社会分裂的一般趋势在德国被推向极端,这是因为德国民族性中的某些因素倾向于走极端,而不喜欢调和和妥协的立场,还因为有三个事件削弱了德国的社会组织,以至于德国轻易地变成了国家社会主义毁灭之火的牺牲品。

第一个事件是德国在第一次世界大战中的战败,恰巧此时又发生了革命。革命不仅被认为是传统的政治价值和制度毁灭的原因,而且被认为是战争失败的原因。革命当然使那些原来在王朝的社会等级制里处于顶层或接近顶层的人丧失了权力并动摇了社会地位。就连人民中一大部分群众,也受到一种思想的类似影响,这种思想认为,战败和革命都是国内外敌人企图毁灭德国的奸诈阴谋的结果。因此,人们普遍认为德国不仅被国外敌人所"包围",而且它的政治肌体已被看不见的有害的微生物所渗透,这些微生物吮吸着它的力量,一心要置它于死地。

第二个事件是20世纪20年代初期的通货膨胀,它使中产阶级的很大一部分人在经济上无产化,并且削弱了(如果没有消灭掉的话)一般人民的诚实和公平交易的传统道义原则。中产阶级在抗议他们的经济无产化时,就拥护民族主义的和最反无产阶级的意识形态。特别是中产阶级中的较低阶层,他们总是从优于无产阶级的地位中得到至少是有限的满足。当他们纵观整个社会金字塔时,仰视所看见的总是大大超过俯视所看见的。虽然他们实际上还没有处于社会金字塔的底层,但是他们很不自在地接近于底层。随之而来的是他们的挫折感、不安全感和他们认同于民族主义的倾向。这时通货膨胀将他们推向了底层,他们拼命挣扎,以求逃脱在社会上和政治上同无产阶级乌合之众合为一体的命运,于是便在国家社会主义的理论和实践中发现了救命稻草,因为国家社会主义为他们提供了他们可以歧视的地位更低的种族,以及可以让他们感到优越并可以去征服的国外敌人。

最后,1929年的经济危机以不同方式使德国的所有不同的社会集团面临着实际的和潜在的丧失社会地位的危险,以及思想、道德和经济的不安全。工人们面临着实际的或潜在的永久失业。从通货膨胀的经济劫掠中复苏过来的那些中产阶级的集团,正在失去他们重新获得的财富。工业家们不得不承担更多的社会责任,并因害怕革命而心神不安。国家社会主义将所有这些恐惧、不安和挫折统统归罪于两个外国敌人:《凡尔赛条约》和布尔什维主义,以及所谓它们在国内的支持者。它将所有这些受到挫折的感情引导到一个民族主义狂热的强劲洪流中。因此,国家社会主义能够以纯粹极权主义的形式将德国人的个人欲望与德意志民族的权力目标统一起来。现代历史中没有比这种统一更彻底的了。个人追求权力欲的余地比任何其他地方都小。那种认同于国家的感情冲动的力量转化为国际舞台上的侵略性,这种力量在现代文明中也是举世无双的。

尽管个人挫折转变为与国家的集体认同在国家社会主义的德国比在现代历史上的任何国家都更为全面和深入,然而,现代民族主义在德国的变种也只是在程度上而不是在实质上区别于其他大国的民族主义,如苏联或美国的民族主义。在苏联,人民大众在国内社会中没有机会满足自己的权力冲动。俄国普通工人和农民没有歧视的对象,同时警察国家的所作所为和生活水平的低下加剧了他们的不安全感。在这里也一样,极权主义的政权将这些挫折、不安和恐惧投射到国际舞台上,使俄国人通过把自己的国家看成是"世界上最进步的国家""社会主义祖国"而找到了对他们的权力欲望的替代性满足。资本主义国家时刻威胁着他们所认同的国家,这一似乎得到了历史经验证明的信念,被用来将人们的恐惧和不安上升到集体的高度。他的个人恐惧就被转变成为对国家的担忧。于是,对国家的认同就起到了双重的作用:既满足了个人权力冲动,又减轻了个人的恐惧,而手法就是把二者都转移到国际舞台上去。

在美国,国家权力被个人挪用并被作为自己的权力来体验的过程,总的来说是与19世纪在西方文明中发展出来的典型模式相类似的。也就是说,个人对国家权力和外交政策的认同在很大程度上产生于中产阶级的典型的挫折和不安。然而与西方文明的其他社会相比,美国社会在更大程度上是一个中产阶级的社会。更重要的是,无论存在着什么样的阶级差别,这种差别在美国社会中也都因为中产阶级具有共同的价值和愿望而趋于缓和,如果不是趋于消除的话。因此,在美国社会中个人从中产阶级的挫折和愿望出发对国家的认同,与苏联的无产阶级的认同同样典型和显著。另一方面,美国社会相对较大的流动性,给人口中的广大群众带来改善社会地位和经济收入的机会。在过去,至少是在正常条件下,这些机会常常将美国人认同国家的感情强度保持在相当低的水平上。这个低水平是与苏联和国家社会主义的德国的相应形势比较而言的。④

然而,新的因素在近期出现了,即社会日益的原子化、以国际共产主义为标志的世界革命的威胁、地理屏障的相对消失和核战争的危险。所以,在20世纪最后的二十五年里,更为强烈的个人

---

④ 美国以往的强烈的民族主义认同主要是与这一对立相联系的,即中产阶级中最缺乏安全感的那部分人与某些种族集团如黑人或最近涌入的无产者移民之间的对立。

挫折和忧虑唤起了个人对国家权力和外交政策的更为强烈的认同。因此,如果目前不断增长的国内挫折和国际动荡的趋势不能逆转的话,美国可能日益卷入现代文化中的那些趋势,那些趋势在苏维埃俄国和国家社会主义的德国得到了最极端的体现,并总是使得个人更彻底更强烈地认同于国家。在这种彻底和强烈的认同之中,我们发现了现代外交政策野蛮与残忍的根源之一。各国的权力欲望在这里彼此冲突。全体人民实质上都以无条件的献身和强烈的感情支持国家的权力欲望,而在以前的历史中,只有宗教问题才能赢得这种献身和感情。123

第九章 国家权力的要素

经典名句

- 国家和文明的命运往往取决于战争技术上的差距,技术落后的一方无法以其他方法弥补这种差距。
- 如果没有良好的政府,精心构想和巧妙执行的外交政策即使有丰富的物质和人力资源,也势必徒劳无功。
- 政治家必须放眼未来,缓慢和迂回地行进,以微小的损失换取巨大的利益;他必须能够顺应时势,做出妥协和等待时机。

列夫·托尔斯泰

什么因素构成一国相对于他国的权力？我们所称的国家权力组成部分是什么？如果我们想要确定一国的权力，我们要考虑哪些因素呢？我们必须区分两类要素：相对稳定的要素和不断变化的要素。

地理

一国权力所依赖的最稳定的因素显然是地理。例如，向东达三千英里宽的水域和向西达六千英里宽的水域将美国与其他大陆隔开，这一长久不变的因素确定了美国在世界上的位置。不错，这一因素的重要意义在今天已不同于乔治·华盛顿或麦金利总统的时代。但常有人做出荒谬不经的断言，声称交通、通信和战争技术的发展已经完全消除了大洋的隔离作用。这一因素今天当然不如五十年或一百年前那样重要，但是，美国被广阔的水域与欧洲和亚洲大陆相隔，而不是直接与比如说法国、中国或俄国这样的国家接壤，这对美国权力地位的影响非同小可。换言之，美国的地理位置仍是具有长久的重要意义的基本因素。无论它今天对政治决策的影响多么不同于历史上的其他时期，所有国家的外交政策都必须考虑这一因素。

同样，英吉利海峡这一狭窄水域将英国与欧洲大陆隔开。朱利乌斯·恺撒不敢忽视这一因素，征服者威廉一世、菲利普二世、拿破仑或希特勒也不敢忽视。无论其他因素在历史的过程中如何改变了它的重要性，两千年前重要的东西今天仍然重要，并且所有关心外交活动的人都必须考虑到这个因素。

意大利的地理位置具有与英国的岛屿位置相同的意义。阿尔卑斯高耸的山岳将意大利半岛同欧洲的其余部分分离开,并且阿尔卑斯山谷向南缓缓下沿到意大利北部平原,向北则陡然下降。这种地理形势是意大利和其他与意大利有关的国家进行政治和军事谋划中的一个重要因素。因为在我们所知的所有战争环境中,这种地理情况使意大利进攻中欧极为困难,而从北部入侵意大利的困难就小得多。结果是意大利遭受入侵的次数比它对外侵略的次数要多得多。从布匿战争的汉尼拔到第二次世界大战的克拉克将军,这一永久的地理因素决定了政治和军事战略。

比利牛斯山脉对于西班牙的国际地位起了某种不同的、但同样持久的作用。人们常说欧洲止于比利牛斯山脉。比利牛斯山使西班牙难于接触外部世界,它事实上起的是阻碍作用,它将西班牙拒之于改造了欧洲其余地区的思想、社会、经济和政治发展的主流之外。西班牙也逃避了欧洲大陆上大部分政治和军事的巨大灾难。这种处于大陆政治的边缘的地位,至少部分是比利牛斯山层峦叠嶂所造成的地理上的隔绝状态的结果。

最后让我们考察一下苏联的地理情况。苏联的广阔地域占了地球陆地面积的七分之一以上,是美国领土的两倍半。从白令海峡到柯尼斯堡(东普鲁士的首府,现称加里宁格勒)的航空距离约有五千英里。从濒临巴伦支海的摩尔曼斯克到位于伊朗北部边界的阿什哈巴德约有两千五百英里。领土广阔是巨大力量的永久源泉,迄今为止,它挫败了外界进行军事征服的所有努力。辽阔的地域使外国侵略者侵占的领土与仍未被侵占的领土比起来相形见绌。

一国丧失了相当部分的领土而没有希望尽快收复的话,被征服的人民进行抵抗的意志通常会崩溃。正如我们已看到的那样,这是军事征服的政治目的。相似的征服对于俄国的抵抗却有刺激作用,特别是当征服不是为了有限的目的,而是企图扼杀作为国家而生存的俄国的时候,如在拿破仑或希特勒指挥下的征服。因为不仅俄国被征服的部分与仍掌握在俄国手中的土地比起来微不足道,而且侵略者每前进一步都会遇到更多的困难。他不得不维持一个越来越大的部队,并通过在敌国纵深处不断伸长的交通线供给部队。因此,只要征服俄国的目标制定有误并倾向于毫无限度,那么,对俄国领土的征服就会成为征服者的包袱而不是资产。不是征服者在吞并领土并从中获取力量,而是领土在吞噬着征服者,削弱他的力量。

核战争的可能性增强了作为国家权力的一个来源的领土面积的重要性。若使核威胁可信,一个国家需要有足以分散其工业和人口中心以及核装置的领土。核破坏面积之大和英法之类传统国家的领土相对之小,给这类国家进行可信的核威胁的能力带来极为不利的影响。所以,只有领土具有准大陆面积的国家,如美国、苏联和中国,才能充当核大国的角色。

然而,另一地理因素对于苏联的国际地位既有利也有弊。我们指的是这一事实,即苏联与其西部邻国之间既没有高山也没有大河将它们隔开,波兰和东德平原自然延伸到俄罗斯平原。这样,俄国的西部边界不存在抵御侵略的自然屏障,无论是在苏联境内还是在苏联的西部邻国境内。因此,从14世纪到现在,白俄罗斯和俄国本土最西部地区不断呈现攻击与反击的景象,并且是俄国和其西部邻国的战场。缺乏自然边界——即像意大利或西班牙那样的由地理因素先天决定的边界——是俄国和西方冲突的永久根源。同样,尽管原因相反,法国和德国之间用莱茵河作为边界的可能性是这两个国家自罗马时代以来冲突的长期根源。法国一直期望这样的边界,但又无力争得。至于俄国,布尔什维克的外交部部长维辛斯基在反驳对他在达达尼尔海峡问题上奉行沙皇政策的谴责时说:"如果一艘军舰要从地中海驶入黑海,无论在莫斯科的政府是沙皇的还是共产党的,它都必须穿过达达尼尔海峡。"[1]这是对地理的绝对重要性的总结。

---

[1] 引自 Denis Healey, *Neutrality* (London: Ampersand, 1955), p.36。

自然资源

另一个对一国相对于他国的权力具有重要影响的相对稳定的因素是自然资源。

粮食

我们先从这些资源中最基本的资源——粮食说起:一个在粮食上自给自足或基本上自给自足的国家,相对于一个不能自给自足,而必须进口它所缺乏的粮食,否则就会饿死的国家来说,具有很大的优势。正因为如此,英国的权力和它在战时的生存就总是要依赖于它维持一条运入生命攸关的粮食的海上供应线的能力。英国在第二次世界大战前只能生产英伦三岛所需粮食的百分之三十。一旦它进口粮食的能力受到挑战,像在两次世界大战中遭到潜艇战和空袭的威胁那样,英国的国家生存就陷于危难之中。

基于同样的原因,尽管德国比英国缺粮的程度轻得多,但是为了赢得战争,它必须同时或分别追求三个基本目标:第一,在其粮食储备耗尽之前,通过迅速获胜避免旷日持久的战争;第二,占领东欧广大的产粮地区;第三,摧毁割断德国海外粮源的英国海上力量。在两次世界大战中,德国都没能实现第一个和第三个目标。在第一次世界大战中,第二个目标又实现得过晚,未能发挥决定性的作用。因此协约国的封锁是协约国获胜的根本原因之一,它使德国人陷于贫困,从而消磨了他们抵抗的意志。在第二次世界大战中,德国实际上在粮食方面自给自足了,这主要不是通过征服,而是由于德国对被征服的成百万人民的蓄意断粮和露骨的屠戮。

自产粮食的匮乏是英国和德国虚弱的永久根源。它们必须设法解决这一问题,否则就会面临着丧失大国地位的危险。一个自给自足的国家,如美国,不需要从其基本目标上分散精力和在外交政策上分心,以确保它的人口不会在战争中挨饿。由于这种国家可以适当地从那方面的忧虑中抽出身来,它们就能够实行更为强有力的和专一的政策,不然就没有可能实行这样的政策。因此,粮食的自给自足永远是巨大力量的源泉。

相反,粮食的长期匮乏是在国际政治中永远软弱的根源。印度的例子可以作为这一论点的主要论据。只是到了所谓的绿色革命之后,印度的粮食供应才激增起来。印度粮食匮乏是由两个因素造成的:人口的增长超过粮食的供应;出口不足以弥补由于进口粮食所带来的赤字。这种双重的不平衡使得大众时刻面临着的饥饿威胁成为政府主要关心的事情之一,它给印度可能希望实行的任何积极的外交政策带来无法克服的困难。无论印度享有构成国家权力的别的什么财富,粮食的匮乏迫使它从软弱地位而不是从实力地位出发去实行外交政策。同一论点特别有力地适用于第三世界国家。这些国家生活在饥饿和营养不良的威胁之下,缺乏任何可以用来充实国家权力的许多其他资产。这些国家就是所谓的"残疾国家",它们只得寄希望于国际援助来帮助它们度过下一次饥荒。

在构成国家权力的因素中,粮食的自给自足或匮乏是一个相对稳定的因素,但是正像当代印度的例子所显示的那样,它有时也会发生决定性的变化,有关营养的观念发生变化,可能引起食品消费发生变化。农业技术发生的变化,也可能增加或减少农产品的产量。我们可以在作为权力中心的近东和北非的消亡中,在西班牙由世界大国降为三流国家的事实中,找到农业产量的变化对国家权力的影响的典型例证。

近东和北非的农业系统都是建立在灌溉的基础上的。虽然很难证明巴比伦、埃及和阿拉伯国家权力的衰落是由于它们的灌溉系统的解体,但是有一点是可以肯定的,即它们的农业系统的衰败使得国家权力的衰落无可挽救。因为没有人去管理灌溉,这些地区可耕地中较好的那部分土地都变成了沙漠。只是在埃及,尼罗河的自然灌溉在人工灌溉消失之后保住了一部分肥沃的土地。

至于西班牙,虽然有人将其权力的衰落从1588年英国击溃西班牙的无敌舰队之日算起,但是,只是到了17世纪和18世纪的弊政导致大规模砍伐森林、从而毁坏了相当大部分的可耕地以后,它的政治没落才成为确定无疑的。结果,西班牙中部和北部的广大地区实际上变成了沙漠。

原料

适用于粮食的论断,同样也适用于那些对工业生产,特别是对进行战争具有重要意义的其他自然资源。以原材料为形式的自然资源对于国家权力的绝对的和相对的重要性,必然取决于某一特定历史时期的战争技术。在大规模的机械化战争出现之前,当肉搏战是主要的军事技术的时候,其他因素,例如战士个人的身体素质,就比用以制造武器的原材料的有无更为重要。自有史以来直至19世纪的历史时期中,自然资源在决定一国的权力时,只起到次要的作用。工业革命以史无前例的步伐迅猛前进,自此以后,随着战争的不断机械化,国家权力无论是在和平时期还是在战争时期都越来越依赖于对原料的控制。当今两个最强大的国家美国和苏联,在现代工业生产所必需的原料方面最接近于自给自足,并且至少控制着取得它们自己不能生产的原料的途径。事实之所以如此并不是偶然的。

正像控制原料对于国家权力的绝对重要性随着战争的机械化成比例增长一样,某些原料也比另一些原料更为重要。只要技术发生了根本变化,并要求应用新材料或要求应用更多的旧材料,这种情况就会发生。1936年,一位统计学家把一些用于军事目的的工业生产所需的基本矿产的使用比例予以排列,并给它们配以如下的数值:煤,40;石油,20;铁,15;铜、铝、磁、硫黄,各4;锌、铝、镍,各2。② 半个世纪前,煤所占的比例自然要大得多,因为作为一种

---

② Ferdinand Friedensburg, *Die mineralischen Bodenschätze als weltpolitische und militärische Machtfaktoren* (Stuttgart: F. Enke, 1936), p. 175.

能源，它在那时只遇到来自水和木材的很小的竞争，并且根本没有石油的竞争。如果不是遇到轻金属和像塑料这样的替代物的竞争，铁同样会获得像煤以前那样的地位。英国在19世纪煤和铁能够自给自足，它是当时的一个世界大国。

在我们的时代，铀最明显地显示了控制原料对国家权力所能施加的影响和它所能带来的权力分配的变化。只不过几年以前，控制铀矿与否对于国家权力还是无关紧要的。我们上面提到的作者在1936年写书时，在对矿物的相对军事重要性的评估中，根本没有提及这种矿物。③ 从铀原子中释放出原子能并将这种能量用于战争的事实，立刻修改了各国之间实际和潜在的按照相对权力的排列顺序。掌握了铀资源的国家，如加拿大、捷克斯洛伐克、苏联、南非联邦和美国，在计算权力时地位上升了。其他不享有或无法得到这种矿藏的国家，其权力地位就相对降低了。

石油的威力

自第一次世界大战以来，石油作为一种能源对于工业和战争来说已经越来越重要了。大多数机械化武器和车辆都是用石油驱动的；结果，拥有油矿的国家对国际事务产生的影响力如果不是完全也是主要地归功于它。克里孟梭在第一次世界大战期间说："一滴油的价值相当于我们战士的一滴鲜血。"石油作为一种不可取代的原料的出现，引起了主要政治大国的相对权力的变化。苏联变得更为强大，因为它在这方面可以自给自足，而日本则变得相当虚弱，因为它根本没有石油资源。

近东在战略上的重要性，除了因为它处于三大洲的陆地桥梁的位置以外，还因为阿拉伯半岛藏有油矿。对近东的控制一向是权力分配中的一个重要因素，因为谁要是能够将它加到自己原有的原材料的资源上，谁就大大增加了自己的资源，并以相应比例剥

---

③ Ibid.

夺了对手的资源。正是因为这一原因,英国、美国、一度还有法国在近东展开争夺,这被贴切地称为"石油外交",这种外交就是要建立势力范围,独占某些地区的石油资源。

然而,石油不再是衡量一国权力的许多原料之一。它现在是这样一种物质因素:仅仅拥有石油,就可以动摇有几个世纪历史的国际政治的模式。1973—1974年冬石油生产国的禁运以及油价的暴涨,立刻澄清了世界政治的某些基本方面,对此我们可能在理论上已有了解,但是,只是在新的石油政治引起了权力关系的急剧变化之后,我们才深切地认识到这些方面。

在政治、军事和经济权力之间,传统上一直存在着一种函数关系。也就是说,有史以来军事权力和经济权力总是可以增强政治权力,经济权力在当代尤其具有这种功能。我们以欧洲向非洲和亚洲的扩张为例,欧洲曾把亚洲和非洲变成西半球的殖民地。那种扩张之所以可能主要是因为殖民大国与殖民地之间存在着技术差距。换言之,在人力和国家权力的其他许多方面都处于劣势的英国之所以能够征服印度,主要是由于英国掌握了较高的技术,当这种技术被转化为军事力量的时候,印度各邦就抵抗不住了。

以技术和经济权力为一方与以政治和军事权力为另一方之间的这些函数的关系,已经由于运用石油作为政治武器而被打乱了,甚至可以说被摧毁了。许多石油生产国之所以被称为国家,只是出于语言上的礼貌。从自然资源的角度来衡量,它们除了拥有沙子和石油以外,什么也没有。但是正是石油,使地图上的这些小块块似乎在一夜之间变为我们所称的重要国家,甚至成为世界政治中强有力的因素。换言之,没有任何东西可当作权力的国家,缺乏传统上构成国家权力的所有要素的国家,因为拥有了一种重要的财富——石油,突然成为世界政治中强有力的因素。这一事实确实对世界政治具有革命性的重要意义。

在我们这一历史时期,有两个基本因素使得政治权力从军事力量和工业—技术力量中分离出来成为可能。(1)私人生产者和某些原材料的消费者之间的自由贸易,以及消费国政府通过殖民或半殖民而进行垄断控制的贸易,已经被一致行动的生产国政府的垄断的或准垄断的控制所取代。以前,消费者能够通过殖民性措施和对消费的控制将价格维持在低水平;现在,生产者能够通过控制生产将价格维持在高水平。(2)以前,互补的利益使原材料的生产者和消费者结合起来,这种平衡对消费者有利。与潜在的生产者的数目和可取得的原材料的数量相比,消费者的需要是有限的。所以消费者有从几个生产者中购买的选择权,也有权决定从选定的几个生产者中购买的数量。今天,曾一度是买方市场的地方已经成为卖方市场。原材料的消费量也大幅度上升。原材料的消费,不仅在绝对数字上急剧增长——从1760年到1930年英国的粮食和原材料进口增长了70倍,而且与可开采的资源相比,也已急剧增长了。因此,石油成为工业发达国家的命脉。许多国家完全(例如日本)或相当程度地(例如西欧国家)依赖于从其他国家的进口。

石油所提供的威力首先是现代工业国家技术发展的结果。20年或50年前石油没有赋予生产国这种威力,因为作为现代工业的命脉,石油的运用是有限的。当具有大量油矿的国家能够合作和协调政策的时候,如石油输出国在1973年秋所做的那样,它们就能够对消费国施加压力;它们能够将政治条件强加于消费国,消费国如果拒绝满足这些条件,就要冒巨大的政治、经济和社会混乱的危险。

一个在其他任何方面没有权力的国家,从传统的权力角度看不是强权,却能对除了缺乏一种资源——石油以外具有所有权力工具的国家行使巨大的(在某些条件下甚至是决定性的)权力。日本是世界上第一流的工业国之一,并且是一个潜在的大国,但它要依赖于国外的石油供应。如果石油生产国因为某种原因对日本实行彻底禁运,它们就能够摧毁它的政治、经济和社会结构,并且如果它们带着政治条件威胁实行禁运,它们就能够将它们的意志强加于日本。它们能够将日本降到卫星国的地位，使它依附于产油国。这些国家已经在某种程度上尝试了这种权力。在1973年10月中东战争期间，它们迫使日本和西欧国家（西欧国家的部分石油依赖于进口）采取了某些政治步骤。这些国家按其本意是不愿采取的，但它们感到在这种情况下必须采取，否则它们会面临政治、社会和经济的崩溃。

这种不正常状态的原因不仅在于一致行动的产油国对石油供应的准垄断。尤其是产油国对石油价格的（实际的或潜在的）控制，已成为世界经济不稳定的主要因素之一和通货膨胀的主要原因之一，这一点在长远来看更为重要。在世界上的工业国家中已经产生作用的通货膨胀的趋势，由于1973年油价上升四倍和1978年出井油价又进一步翻倍而大大地恶化了。

重要的是认识到这种局面具有潜在的永久性。只要产油国合作起来对抗消费国，只要产油国之间不存在为了市场或为了经济或政治优势进行的竞争，它们实际上就能够像它们在1973年战争之后所做的那样，将任何条件强加于石油消费国。像日本这样的国家，拒绝这种条件就意味着自杀。像美国这样的部分能源可以在国内获得的其他国家，这样做意味着将遇到在1973年已经经历过的那种严重困难。如果石油资源主要依靠进口的西欧国家，例如西德，胆敢蔑视那些它们赖以取得石油的国家，它们就会面临灾难。

虽然除战争外没有方法摆脱这种束缚，但是我们可以找到减轻其后果的方法。这就是通过加强石油消费国的地位来削弱石油生产国的垄断或准垄断地位。前者可划分为两类国家：以日本为代表的国家，它们完全依靠进口石油，因此，对它们来说取得外国石油是生命攸关的事；以美国为代表的国家，它们可能会遇到麻烦并遭受损害，但由于国内有能源，它们不会受到政治操纵石油的致命打击。后一类国家可以通过限制石油进口、节约国内的用油量、建立储备库和以发现核裂变的曼哈顿项目为榜样实施一项发展替代性能源的应急计划,来保护自己免受这种操纵的严重后果的影响。实行这四方面的政策会对各有关国家产生有益影响。这将提高石油消费国的士气,使生产国有所收敛。

这种政策也为在具有相当多国内能源的消费国和缺乏能源的消费国之间实行一项分担资源的政策奠定了心理和物质的基础。因为石油生产国之所以能够打击像美国这样的消费国,不仅是因为它们能够直接中断其石油供应,而且因为它们能够运用使美国的主要盟国如联邦德国和日本屈服的方法间接打击美国。因此,美国易于受到政治操纵石油的加倍的损害,并且,要对付这种双重的威胁,它必须使自己尽快地和尽可能地独立于外国的石油供应,并要使国内的能源能够略有节余,以供应其受到严重威胁的盟国。

最后,如果人们从全面的观点来看政治操纵石油所带来的这一局面,人们就会认识到,这一局面是我们前面确定的当代世界政治的主要特性的特定后果。这一特性就是,我们在国际舞台上进行活动所要经过的组织结构和政治过程与人类生活于其中的客观环境是脱节的。因此,把足以毁灭人类的核力量交给主权国家控制,其不合理性令人震惊。同样,把石油的控制权赋予只是在很有限的意义上享有主权的所谓民族国家也是不合理的,因为它能够以不同的方式(不太剧烈但几乎同样彻底地)摧毁高度发达的工业国家的文明。属于"核俱乐部"的国家不再能发挥政府本来应发挥的作用,产油国又一直未能发挥这种作用,即保护和促进其公民的生活水平、自由和幸福。它们的权力实质上是破坏性的。

工业能力

可是,铀的例子显示出构成国家权力的另一因素的重要性,那就是工业能力的重要性。刚果有着丰富的优质铀矿,然而,尽管这一事实提高了该国作为战争的争夺目标的价值,并因此在军事战略方面提高了它的重要性,但这并没有影响刚果相对于其他国家的权力。因为刚果没有可以将铀矿用于工业和军事用途的工业设备。另一方面,对英国、加拿大和美国来说,拥有铀则标志着权力的巨大增长,对捷克斯洛伐克和苏联来说也是如此。这些国家拥有工业设施或能够建造工业设施,或者它们可以方便地利用邻国的工业设施,在那里把铀转变为能量,用于和平或战争。

煤和铁可以说明同样的问题。美国和苏联之所以能够从拥有这两种丰富的原料中汲取很大一部分国家实力,还在于它们拥有能够把这两种原料转变为工业产品的工厂。苏联不惜人力和物力的巨大牺牲建造了它的工厂,并且它现在仍在不断地建造。它之所以愿意做出这种牺牲是因为它知道,没有这些工厂它就不能建立和保持一个与其外交政策相适应的军事力量。没有这些工厂,苏联就无法在国际上发挥它想要发挥的重要作用。

印度的煤和铁的储藏量仅次于美国和苏联。仅在比哈尔和奥里萨两邦,它的铁矿石的储量估计就有27亿吨。而且,印度拥有生产钢材所必不可少的锰矿。印度的锰产量早在1939年就达到100万吨,只有苏联的产量超乎其上。没有这些丰富的资源,任何国家都不能在现时代达到一流水平。但是尽管印度的这些原材料十分丰富,只要与美国和苏联稍加比较,我们就可看出,印度不能被列为今天的一流强国。产生权力的潜在性和现实性之间这一差距的原因(其他原因以后将提及)是缺乏与丰富的原材料相适应的工业基础。虽然印度可以夸耀它拥有的几个钢铁厂,例如,塔塔铁厂是现存的最现代化的工厂之一,但是,甚至是与一个二流工业国相比较,它也无人均生产能力可言,特别是对于制成品来说。1980年,不到600万的印度人在工厂中工作,该数字不到其总人口的1%。所以我们看到,由于印度拥有几种丰富的关键原料,它就占有了形成国家权力的一个因素,并在一定程度上可以被认为是一个潜在的大国。然而,实际上,只要它还缺少其他因素,它就不会成为强国。没有那些因素任何国家都不能在当代取得强国的地位。在这些因素中,工业能力是最重要的因素之一。

现代战争的交通和通信技术已使得重工业的全面发展成为国

家权力的不可或缺的因素。由于现代战争的胜利依赖于公路、铁路、车辆、船只、飞机、坦克和从蚊帐、自动步枪到氧气面罩、制导导弹的各种武器和装备的数量和质量,所以,国家间的权力竞争在很大程度上转变为制造更大、更好和更多的战争用品的竞争。工厂的质量和生产能力、工人的技术知识、工程师的技巧、科学家的发明天才、组织管理——所有这些都是一国的工业能力所依赖的因素,并因此也是国家权力所依赖的因素。

因此,处于领先地位的工业国家实质上就是大国,并且工业化等级上的变化,无论是向上变化还是向下变化,都必然伴随着或导致权力等级上的相应变化,这是不可避免的。只要英国还是一个无与伦比的工业国,它就是地球上最强大的国家,并是唯一当之无愧的世界大国。与德国相比,法国作为一个大国的衰落显然始于1870年,尽管它的衰落在第一次世界大战后的十年里似乎暂时得到了控制。法国的衰落部分地是它的落后的工业在政治上和军事上的反映,也是德国工业在欧洲大陆占据主导地位的反映。

尽管苏联一直是一个潜在的大国,但是,只是它在20世纪30年代进入最强大的工业国的行列之后才事实上成为一个大国,并且,只是在50年代取得了进行核战争的工业能力之后,它才成为能够与美国抗争的另一超级大国。同样,如果中国具有了相似的工业能力,它作为大国的潜在性才能变为现实性。当美国在40年代处于其权力高峰时,伦敦的《经济学家》将这一权力与美国的经济力量联系起来,评论道:

> 与各大国的潜在资源相比较,美国甚至在希特勒战争之前就已在物质力量、工业化的水平、资源、生活水平以及产量和消费的每一指标上都远远超过了世界上的任何其他国家。而战争使美国的国民收入几乎提高了一倍,却使其他任何一个大国不是遭到毁灭就是遭到了严重的削弱。战争大大地扩大了这种差距,在此基础上美国现在高居于其伙伴之上。其他国家就像关在大象笼子

里的老鼠一样担心地注视这个庞然大物的行动。只要大象决定要坐下,它们就会受到一定的威胁。如果它仗势欺人,它们还有什么机会呢?④

工业能力对于国家权力的重要性的急剧上升也加大了大国和小国之间的传统的区别。"超级大国"一词指出权力史无前例地集聚于几个国家手中,它把这些国家不仅同小国区分开来,而且同传统的大国区分开来。将超级大国与所有其他国家区分开来的,除了是它们进行总体核战争和承受小规模的总体核打击的能力之外,也是它们的工业真正自给自足和它们保持与其他国家并进的技术能力。同样道理,三流和四流国家对我们可以称为超级大国的一流国家的依赖也急剧加大了。前者的军事力量有时是在决定性的程度上取决于后者是否愿意提供给它们现代化武器和现代化交通和通信装置。没有这种供应,它们中的许多国家在与得到这种供应的敌国对抗时,就会一筹莫展。

战备

战备使得地理、自然资源和工业能力等因素赋予一国权力实际的重要意义。国家权力对战备的依赖十分明显,不需要我们作很多论述。战备需要一个有能力支持国家推行外交政策的军事机构。这种能力来源于几个因素。从我们讨论的角度来看,其中最有影响的因素是技术创新、领导才能以及武装力量的数量和质量。

技术

国家和文明的命运往往取决于战争技术上的差距,技术落后的一方无法以其他方法弥补这种差距。欧洲在从 15 世纪直到 19 世纪的扩张时期,将它的权力建立在比西半球、非洲、近东和远东的战争技术更为高级的技术之上。14 世纪、15 世纪步兵、火器和

---

④ *Economist*, May 24, 1947, p.785.

大炮的出现引起了权力分布的重大变化。这种变化有利于先于对手使用那些武器的国家。在此之前,骑兵和城堡基本上可以抵御直接的进攻。现在,面对这些新武器,继续依赖骑兵和城堡的封建领主和独立城市蓦然发现他们已经丧失了优势地位。

两个事件戏剧性地显示了这种权力转移。这种转移在政治上和军事上标志着中世纪的结束和近代历史时期的开始。一个事件是,在1315年的摩加敦战役和1339年的劳彭战役中,由瑞士步兵组成的军队给封建骑兵以毁灭性打击,这表明,从普通群众中招募的步兵优于贵族的奢侈的骑兵军队。另一个事件是法国的查理八世在1494年对意大利的侵略。查理八世借助于步兵和炮兵打破了傲慢的意大利城邦的势力,而在此之前意大利人在他们的城堡里一直十分安全。这些战争新技术表面上不可阻挡的破坏力给当时的人留下了难以磨灭的印象,马基雅弗利的著作和当时其他佛罗伦萨作家的著作对此都有记录。⑤

迄今为止,20世纪业已经历了战争技术的四次革新。这些革新至少给予某一方以暂时的优势,只要这一方先于敌方或在敌方能够保卫自己之前使用它们。第一,潜艇在第一次世界大战中被德国主要用来攻击英国的船只,并且在大不列颠发现护航可以对付这一威胁之前,潜艇似乎决定了德国在战争中的优势。第二,坦克在第一次世界大战的尾声得到了英国而不是德国的大量应用,它是协约国胜利的保证之一。第三,空军与陆地和海上力量的战略与战术协调是德国和日本在第二次世界大战初期占有优势的重大原因。珍珠港事件,以及英国人和荷兰人于1941年和1942年在陆地和海上在日本人手中遭到的灾难性失败,是对他们的技术落后于一个更为先进的敌国的惩罚。如果读了丘吉尔于1942年4月

---

⑤ 见 Felix Gilbert, "Machiavelli: The Renaissance of the Art of War", in *Makers of Modern Strategy*, edited by Edward Mead Earle (Princeton: Princeton University Press, 1944), pp. 8, 9。

23日在议会的秘密会议上对英国战败所做的冷静回顾⑥,你就会被这一事实震惊,即在陆海空的所有这些失败都有一个共同的特点:忽视或错误地理解了空中力量所引起的战争技术的变化。最后,拥有核武器和运载核武器工具的国家对于它们的竞争者具有巨大的技术优势。

然而,就核武器对国家权力的影响来说,拥有核武器也带来了上文提到的两个极端矛盾的现象。这两个矛盾都来源于核武器的巨大破坏力。正是因为这种破坏力,与常规武器不同的是,核武器数量上的增长并不必然表明国家权力的相应增长。一旦一个国家拥有了全部必需的核武器,足以摧毁它选中的所有敌方目标,并考虑了所有可能发生的偶然情况,如敌人的首先攻击,那么额外的核武器就不会增加那个国家的权力。⑦

另一矛盾存在于核武器的破坏程度和理性地使用核武器之间的反比关系中。大当量的核武器是一种不加区别地进行大规模破坏的工具,因此它不能被用于理性的军事目的。威胁使用核武器来彻底毁灭敌国,可以阻遏战争;但是若用它们进行理性的战争则是不可能的。除了大当量的核武器之外什么也没有的国家只能从其军事姿态中获得很小的政治权力;因为除了进行彻底破坏的威胁之外,它没有其他的军事手段可以把自己的意志强加于另一国家。

如果被威胁的国家拥有第二次打击的核能力,它也会反过来进行彻底破坏的威胁,从而两者的威胁不是相互抵消,就是导致交战国的相互毁灭。如果被威胁国缺乏核报复手段,它就将遭到彻底毁灭,或者像日本在1945年广岛和长崎遭到原子弹的毁灭之后那样无条件投降。换言之,进行威胁的国家无论是逐城逐地还是毕其功于一役,都能够将无核国家从地球上抹去,但是它却无法巧

---

⑥ *Winston Churchill's Secret Session Speeches* (New York: Simon and Schuster, 1946), pp. 53 ff.

⑦ 以下参照第280页及其后。

妙地使要使用的军事压力的强度恰好等于它要克服的敌国的心理抵抗力的强度。常规武器则对这种巧妙的应用十分敏感。缺乏常规武器和只依赖大当量核武器的国家就不如既拥有用于威慑目的的大当量核武器又拥有适用于一般战争目的的常规武器的国家强大。因此就产生了这个悖论：为了使核武器有用，就必须减少它们的当量，使它们接近常规武器的威力。

领导才能

除技术创新成果的及时应用之外，军事领导的质量一直对国家权力具有决定性的影响。18世纪普鲁士的权力基本上是腓特烈大帝军事天才的反映，也是由他倡导的战略战术创新的反映。从1786年腓特烈大帝去世到1806年拿破仑在耶拿战役中击败仍如二十年前一样精良和强大的普鲁士军队，战争的艺术发生了变化。但是，更重要的是，那些完全照搬腓特烈大帝的战略战术的领导们缺乏军事天才。而在另一方，军事天才处于领导地位，他在战略战术上运用新的思想。这一因素决定了法国的胜利。

在两次世界大战之间的时期中，法国参谋部的马其诺防线心理已经成为错误的战略思想的代名词。虽然现代技术的趋势，尤其是交通运输机械化的趋势显示出未来的战争可能是运动战，可是法国参谋部仍继续以第一次世界大战的堑壕战的方式进行思考。另一方面，德国参谋部则对机械化战争的战略潜在性十分敏感，他们从空前的机动性角度出发制订战役计划。这两种概念的冲突使德国的力量不仅在对法国而且在对波兰和苏联的"闪电战"中取得了优势，这一优势几乎使德国取得最终的胜利。希特勒的装甲车和俯冲式轰炸机在1939年对波兰骑兵和1940年对法国非机动部队的猛攻造成了军事上和政治上了破坏，也引起了思想上的震动，它把军事历史引入一个崭新的时期。这一时期很像查理八世在1494年入侵意大利所开创的时期。但是，意大利城邦当时投靠无门，无法恢复自己的力量。而在第二次世界大战中，美国的技术优势和苏联的人力优势却把希特勒的创新变成了他的毁灭。

武装力量的数量和质量

一国国家权力的军事方面还有赖于人员和武器的数量,以及它们在军事编制的不同部门中的分配。一国也许很好地掌握了战争中的技术创新,它的军事领导人也许在运用适合于新的战争技术的战略战术上十分出色。然而,如果这样一个国家的军事机器在总体力量和各组成部分的力量方面不能恰好适应其可能需要完成的任务,那么它会在军事上因而也会在政治上软弱无力。一个国家为了保持强大必须拥有一支庞大的军队吗?或者,在和平时期拥有一支小型的、由受过严格训练和拥有大量装备的专业化单位组成的地面部队,该国的实力不会受到削弱吗?处于战备状态的现役部队是否比受过训练的后备役部队更为重要?庞大的海面部队是否过时了,或者航空母舰是否还能达到实用的目的?考虑到一国的资源和责任,它能够负担多大的军事编制?对国家权力的重视是否要求在和平时期大规模生产飞机和其他机械化武器,或者,考虑到技术的迅猛发展,一个国家是否应当将其资源用于研究和生产数量有限的改进型的武器?

一个国家对这种定量性问题的回答正确与否,显然对于国家权力有着直接的影响。一种新武器能够决定战争的胜负吗?15世纪初,人们认为火炮能决定战争的胜负。第一次世界大战中,德国人迷信潜艇。两次世界大战之间的时期内,人们普遍相信飞机能起决定作用。今天许多人认为洲际导弹具有决定意义。英国和法国在两次大战之间的时期对于这些问题中的一些问题做出了错误的回答。从传统军事概念来看,它们貌似保持了权力。但是,在第二次世界大战的过程中,这些错误将它们带到失败的边缘,因为二战的军事技术要求对这些问题做出不同的回答。未来美国相对于其他国家的权力,将取决于我们今天回答这些问题和类似问题的水平。

人口

当我们从物质因素和人与物相混杂的因素转向决定一国权力的单纯的人的因素的时候,我们必须区分其中的数量部分和质量部分。关于后者,我们将谈到民族性格、国民士气和政府与外交的质量,前者需要讨论的是人口规模。

分布

一国人口越多则该国权力越大的说法当然是不正确的。因为,如果人口和国家权力的这种经不住推敲的关联确实存在的话,那么,人口估计已逾 10 亿的中国就会是世界上最强大的国家⑧,其次是拥有 7.3 亿人口的印度,拥有 2.7 亿人口的苏联和拥有 2.3 亿人口的美国将分别排在第三和第四位。人们固然不应当认为一国因人口比大多数其他国家多就非常强大,然而,一个国家在世界上不属人口众多的国家之列,它就不能维持一流大国的地位或成为一个一流大国。没有众多的人口,就不可能建立和运转赢得现代战争胜利所必需的工厂;就不可能在陆海空投入大量的作战部队;最后,也不可能充实部队的后勤。而后勤人员要比作战人员多得多,他们必须向后者提供食物、交通和通信工具、弹药和武器。正是因为这一原因,帝国主义国家就像纳粹德国和法西斯意大利所做的那样千方百计地刺激人口的增长,然后又利用人口的增长作为帝国主义扩张的意识形态借口。

把美国人口与澳大利亚和加拿大人口作一对比,我们就能弄清国家权力与人口规模的关系。目前,澳大利亚在略小于 300 万平方英里的土地上有大约 1 500 万人口。加拿大在接近 350 万平方英里的土地上有 2 450 万人口。另一方面,其面积介于澳大利亚

---

⑧ 除注明外,所有人口数字都来源于美国人口普查局 1983 年 6 月中旬的报告,见 *New York Times*, September 4, 1983, p. A9。

和加拿大之间的美国却有 2.34 亿人口,比澳大利亚人口多 15 倍,比加拿大人口几乎多 10 倍。若只有澳大利亚或加拿大那么多的人口,美国永远也不能成为世界上最强大的国家,19 世纪和 20 世纪前 20 年大规模的移民浪潮,给美国带来了国家权力的这一要素。假如 1924 年实行的、将进入美国的移民每年限制在 15 万人的移民法早实行 100 年或甚至 50 年,相应地就会有 3 600 万或者 2 700 万人被阻止到美国定居,美国就会失去他们和他们的子孙。

1824 年,美国人口接近 1 100 万;到 1874 年,人口增加到 4 400 万;1924 年达 1.14 亿。在这一个世纪中,移民在美国新增加的人口中所占的比例平均接近 30%;在 1880 年到 1910 年这段时期,接近 40%。换言之,美国人口最可观的增长恰与绝对和相对的移民高潮相吻合。从 1824 年特别是从 1874 年到 1924 年的自由移民是造成美国人力资源丰富的主要原因,这对美国在战时和和平时期的国家权力具有重大意义。没有那次移民,美国人口就不可能超过它目前实际人口的半数。其结果将是美国的国家权力比 2.34 亿人民今天所拥有的权力要小。

鉴于人口数量是国家权力所依赖的因素之一,又鉴于一国权力总是相对于其他国家的权力而言的,因此,竞争权力的各个国家的相对人口数字,特别是它们的相对增长率就值得认真注意。一个人口少于它的竞争者的国家将会警惕地注视着增长率的下降,如果它的竞争者的人口趋于较快速地增加的话。法国在 1870—1940 年间对于德国就是处于这种情况之中。在此期间,法国人口增长了 400 万,而德国则激增了 2 700 万。在 1800 年,每 7 个欧洲人中就有一个是法国人,到 1930 年每 13 个中才会有一个法国人。在 1940 年,德国大约有 1 500 万人随时可以服军役,而法国只有 500 万人。

另一方面,自 1870 年统一以来,德国时而警惕地并总是羡慕地注视着俄国的人口数字,其增长率比德国的更高。仅从人口增长趋势的观点来看第一次世界大战爆发时的局势,德国会感到时间站在俄国一边,法国会感到时间站在德国一边,而奥地利和俄国,鉴于已经指出的其他原因⑨,也会认为拖延冲突对敌国有利。因此,除英国以外的所有战争参加国,都因为它们各自的原因宁愿在1914年进行战争,而不愿和平解决争端。它们认为和平解决是不确定的,它只不过是不可避免的清算总账之前的喘息时间而已。

正如欧洲近代历史上权力分布的转变大体上与人口趋势的变化相对应一样,美国取代西欧和中欧的地位从而作为西方的权力中心的崛起,同样能够在各个国家的人口数字上得到反映。在1870年,法国和德国的人口都多于美国。然而,到1940年,美国的人口增加了1亿,而在同一时期法国和德国两国人口总和才增加了3 100万。

因此,一个国家如果没有充足的人口来创造和运用国家权力的物质工具,它显然不能成为一流国家。另一方面,众多的人口对于国家权力也会产生不利的影响,这只是在最近的时代才变得明显。像印度和埃及这样的所谓不发达国家就出现了这种情况。它们的人口增长过快而死亡率下降,同时它们的粮食供应又跟不上人口的增长。这些国家不断地面临着饥荒的威胁,总是要照顾大批的营养不良的人和病人。它们不得不从国家权力的发展中分散本来已经很稀缺的资源以养活和照顾它们的人口。它们众多的人口远远不是国家权力的资本,而是它发展的障碍。这类国家有必要将它们的人口数量与它们的资源协调起来,如果资源不能增加,人口控制就成为国家权力的前提条件。⑩

趋势

至此,从我们以上论述中不难看出,预测人口变化趋势对于估计未来的权力分布起着重要的作用。在所有其他因素大致相同的

---

⑨ 见第80—81页。
⑩ 以上参照第127页。

条件下,与其竞争者相比,一国人力的急剧减少标志着国家权力的下降,并且,在相似的条件下,人口的大量增加意味着国家权力的增长。19世纪末期,当大英帝国是唯一的世界大国时,它的人口大约有4亿,约为世界总人口的四分之一。1946年其人口接近5.5亿。鉴于当时印度人口估计有4亿,因此,仅从人口的多少来看,这一数字表明,英国由于失去印度而在其国家权力方面所蒙受的损失是如何巨大。

从人口的观点来看,美国的地位与西欧相比将继续显示出相对的实力,因为后者的人口预计只有少量增长。但是,与拉丁美洲的人口趋势相比,美国的地位则正在走向衰败。拉美的增长率比世界任何主要地区的增长率都要高。1900年拉美估有6 300万居民,而美国有7 500万。自1914年至1965年间,仅阿根廷一国的人口就增长了一倍多,目前它几乎有2 800万人。在同一时期,美国人口从9 900万只增长到2.34亿。

然而,只知道不同国家的人口总数还不足以正确评估人的因素对国家权力的影响。特定人口中的年龄结构是权力计算中的一个重要因素。在所有其他条件相同的情况下,一个国家如果拥有较多对于军事和生产目的有潜在用处的人口(大体上是在20—40岁之间),那么,它对于老年人占多数的国家就拥有了权力优势。

但是,必须指出,即使没有战争或自然灾害的干扰,预测人口变化趋势也是冒险的事情。20世纪40年代所做的人口变化趋势估算为美国相对于苏联的人口增长描绘了十分悲观的前景。然而,美国现今的人口远超过颇负声望的人口专家所预计的它在1975年应达到的数字。即使是在一个科学精确性显得比较高的领域,预测国家权力也会受到不确定因素的干扰。但是这些不确定因素不影响人口变化趋势对于国家权力的发展的重要性。它们也不会减弱政治家对本国人口变化趋势的强烈关心。

作为英国首相的温斯顿·丘吉尔爵士在这一点上与罗马帝国皇帝奥古斯都及其皇位继承者心有共鸣,他在1943年3月22日的

广播讲话中表达了这种关注:

> 最令人焦虑的事情之一是出生率的持续下降,这一问题困扰着那些关心未来三十年、四十年或五十年局势的人;只有在这一领域里人们可以很清晰地看到未来。除非目前的这种趋势发生变化,否则三十年后,较少的工作和作战人口将不得不养活和保卫几乎比它多一倍的老年人,五十年后青年人的处境将更糟糕。如果这个国家想要保住它在世界上的领导地位,并想要作为一个能顶住外来压力的大国生存下来,那么,我们必须千方百计地鼓励我们的人民去拥有较大的家庭。

民族性格

它的存在

在影响国家权力的具有定性性质的三项人的因素中,民族性格和国民士气比较突出,因为它们不仅特别难以进行理性的预测,而且它们对于一个国家在国际政治的天平上的重量有着持久的并且经常是决定性的影响。这里,我们不考虑是哪些因素影响了民族性格的形成这个问题。我们只对这一事实感兴趣,即,某一国家比另一国家更经常地显示出某种文化的和性格的素质,并得到较高的评价。这是一个有争议的事实,但(在我们看来)它是无可辩驳的,从人类学的"文化模式"概念来看尤其是这样。引用科尔里奇的话来说:

> 但是,有一种看不见的精神渗透于整个民族之中,所有的人都程度不同地具有这种精神;它使得他们的善行和恶行带上了色彩和特征,因此,我用同一个词来表达的同一种行为,在西班牙人做来和在法国人做来实际上是不相同的。我认为,这是不容否认的真理,不承认这一点,整个历史就会成为一个谜。我同样认为,各国的区

143

别,它们相对的伟大和卑贱,总之,它们之所以是它们所是的那个民族的所有特性——当然不是它们在某一特殊时期处于一个伟大人物的偶然影响(如迦太基人处于伟大的克桑蒂普统治的时期及之后在他们自己的汉尼拔统治的时期)的情况下的特性,而是所有那些经过各代人的传承而被作为一个民族维持下来的特性——都是来自这种精神……⑪

这些素质将一国与其他国家区别开,并且表现出很强的抗变性。随便举几个例子便可以说明这一点。

正如约翰·杜威⑫和其他许多人所指出的那样,康德和黑格尔是德国哲学传统的象征,笛卡尔和伏尔泰是法国思想的代表,洛克和伯克是英国政治思想的象征,威廉·詹姆斯和约翰·杜威是美国式理性问题研究方法的典型。这难道不是无可争辩的事实吗?这些哲学上的差别在抽象化和系统化的最高层次上是知识和道德的基本特性的表达,这些特性在思想和行为的所有层次上都得到反映并赋予每个民族无法混淆的独特性,难道能够否认这一点吗?笛卡尔哲学的机械理性以及系统的完美既重新出现在高乃依和拉辛的悲剧作品中,也出现在雅各宾改革的理性化怒潮中。它们还再现于以学术上无创见的形式主义为特征的法国当代的大部分学术生活之中,再现于逻辑上完美但华而不实的许多和平计划之中,在这些计划中,法国人显示了在两次大战之间的时期中他们的高超的治国艺术。另一方面,朱利乌斯·恺撒在高卢人身上发现的渴望求知的特性经历了许多岁月后,仍是法国人思想的一个显著特征。

---

⑪ Samuel Taylor Coleridge, *Essays on His Own Times* (London: William Pickering, 1850), Vol. II, pp. 668—669.

⑫ *German Philosophy and Politics* (New York: G. P. Putnam's Sons, 1942), passim.

洛克哲学是英国个人主义的反映,同样也是《大宪章》、法律的正当程序或新教宗派主义的反映。在埃德蒙·伯克那里,道义原则和政治需要被灵活地结合起来,他的理论正像19世纪的《改革法案》和红衣主教沃尔西和坎宁的均势政策一样,显露出英国人的政治天才。塔西陀所说的日耳曼部落破坏性的政治和军事倾向,同样适用于腓特烈·巴尔巴罗萨的军队,也适用于威廉二世和希特勒的军队。它也符合德国传统外交中的粗鲁无礼和弄巧成拙。德国哲学中的权威主义、集体主义和国家崇拜在专制政府的传统中有其对应物,它们还存在于对任何权威的屈卑的接受中,只要这种权威似乎有意志和力量维持下去;并且,随之而来的是缺乏公民勇气,漠视个人权利和缺乏政治自由的传统。托克维尔在《论美国的民主》中对美国的民族性格的描写并不因为时隔一个多世纪而过时。美国实用主义动摇于理想主义的固有信条和对以成功为真理标准的依赖之间,反映在外交上是,美国在以"四大自由"和《大西洋宪章》为一端和以"金元外交"为另一端之间来回摇摆。

俄国人的民族性

至于俄国,我们可以列举两个例子,在时间上它们相隔几乎一个世纪,可是它们却明显地证明某些思想和道德品质的持久性。

俾斯麦在他的回忆录中写道:

> 1859年,我第一次在圣彼得堡逗留时,发现了一个表现出俄国人另一特性的例证。当时有一个习俗,与宫廷有关的每一个人都在早春时节到位于保罗宫和涅瓦河之间的夏季公园去散步。有一次,皇帝在那里看到一个哨兵站在草坪的中央;当问及他为什么站在那里,这个士兵只能回答说:"这是命令。"于是皇帝派他的一名随从到警卫室去询问;但是除了寒来暑往哨兵都必须站在那里的回答之外,没有得到任何解释。这一命令的起源已查找不出了。这件事被在宫廷上提起,并传到了仆人们的

耳朵里。其中一个老仆人站出来说明,有一次他与父亲从夏季花园中的哨兵那里走过,父亲告诉他:"他还站在那护卫着花呢。就是在那儿,凯瑟琳女皇曾经发现一朵雪莲花开得异乎寻常地早,并命令不许摘花。"该命令被执行,那块地方布了哨兵。自那以后,就有人年复一年地站在那里。这类故事令人感到好笑并招致非议,但是,它们显示出俄国人的基本力量和坚韧性,也就是俄罗斯性格赖以对付欧洲其他国家的力量。这使我们想起了1825年圣彼得堡发大水时的哨兵和1877年希普卡关口的哨兵:由于未接到撤离的命令,前者被淹死,后者被冻死在岗位上。⑬

1947年4月21日的《时代》周刊登载了以下报道:

  在波茨坦冰雪渐融的柏林大街上,十二个憔悴的人步履蹒跚地走着……他们的脸色苍白,脸上布满皱纹,如同犯人。在他们后面,一个矮胖宽脸的俄国士兵拖着沉重的脚步,右臂上挂着冲锋枪,蓝色的眼睛让人想起辽阔的乌克兰大平原。

  走近施塔特巴恩车站时,这队人遇上下班赶着回家的人流。

  一个瘦骨嶙峋的中年妇女突然看到了这十二个人。她随即站住,瞪大眼睛注视着他们,看了足足一分钟。然后她扔掉破旧的菜篮,痉挛地叫了一声,跑向第三个犯人。犯人们和过路人停下来无言地看着这两个罗丹塑像一样的形象互相抚摸着穿着破烂棉衣的后背并歇斯底里地说:"哪里去?""……不知道。""为什么?""……不

---

⑬ *Bismarck, the Man and Statesman, Being the Reflections and Reminiscences of Otto, Prince von Bismarck*, translated under the supervision of A. J. Butler (New York and London: Harper and Brothers, 1899), Vol. I, p. 250.

知道。"

俄国人慢腾腾地绕过被押送的人,凑近这两个人。慢慢地,他脸上出现了笑容。他拍了一下那妇女的背。她吓得发抖。围观的人脸上也都现出严肃的表情,但是俄国人瓮声安慰道:"别害怕,别害怕。"然后他用机关枪指着那个犯人(犯人本能地后退一步),问道:"是你的丈夫吗?"

女人脸上淌着泪水回答道:"是。"

"好,"俄国人皱了一下鼻子,咕哝道,"好,一块走吧。"并把迷惑不解的犯人轻轻地推向人行道上。

当这对夫妇手拉手极兴奋地跑开时,围观的人都轻松地长叹了一口气。十一个犯人低声议论着沿街继续行进。一群人仍在那里咕哝着:"无法捉摸的俄国人……简直无法相信……我搞不懂……我不理解俄国人。"

俄国人冷漠地走着,他在口袋里寻着火柴,用黄牙咬着一根长长的香烟。突然他板起脸来。他把机关枪在臂下夹高一点,从宽大破烂的大衣袖子里掏出一片脏纸,瞪着眼看了看。走了几步之后他又把纸小心地塞起来,瞪着眼看了一会犯人弯着的背,然后搜索着正在离开车站的一群新乘客的紧张的脸。

俄国人不慌不忙地向一个年轻人走去。那人臂下夹着公事皮包,肮脏的棕色毡帽盖住了耳朵。俄国人命令道:"喂,你!过来!"那个德国人愣住了,恐惧地向背后的人流看了一眼,而那些男人和女人则尽量不看也不听。俄国人挥动着他的机关枪,歪了歪嘴。"过来!"他粗暴地把那个吓呆了的新捉的人推到街沟里。

犯人又是十二个了。俄国人的脸放松了。他噼啪地擦着了第三根火柴,点上他的香烟,把烟向着穿过越来越

第九章 国家权力的要素

重的暮色赶路回家的紧张的德国人吐去。⑭

在这两件小事之间爆发了一次伟大的革命,它实际上打破了国家生活在各个层次上的历史连续性。然而,俄国民族性格的特点在那场革命的大劫难中未遭到任何破坏。在社会和经济结构、政治领导和制度、生活方式和思想上的如此彻底的变动,也未能影响俾斯麦在他的经历中所发现的和在波茨坦的士兵身上所反映出来的俄国性格的"基本力量和坚韧性"。

为了说明民族性格的这种连续性,让我们来看一下驻俄国的美国外交官发往国务院的外交电文中的若干节选:

> 过去的一年里,俄国对外国人和他们进入帝国的限制显然已经越来越严格。
>
> 我听说去年夏天有几个美国人未能获得签证。……这主要是由于政治考虑和害怕外国人影响人民的思想。此外,俄国国内有一个很强硬的反外国的党,它的政策排斥所有的外国人,除了那些仅是为了进行短期的贸易而来的人。……
>
> 公使的职位在这里并不舒服。一般认为,通过邮局的信件(至少是对于民众的通信而言)是不安全的,信件被拆开和检查成了正常的事情。……人们也认为,公使总是处于间谍网的包围之中,甚至他们的仆人也要报告公使的家务,他们的会话、交往,等等。……
>
> 一切事情都是秘密和神秘的。任何值得知道的事情从不公开。
>
> 俄国人普遍地具有一种奇怪的迷信,以为他们注定要征服世界。基于这种命定的思想和给士兵的光荣的奖

---

⑭ *Time*, April 21, 1947, p. 32. (Used by permission of Time. Copyright Time, Inc., 1947.)

赏而对士兵的鼓动很少不奏效。正是这种感情使俄国士兵在极端困苦的条件下具有惊人的坚韧和耐性。

……对于刚到这里的美国人来说,没有比警察的横暴更令人吃惊的了。

这些印象,正像有人可能预计到的那样,不是由近年来的凯南、波伦或汤普森等大使写的,而是由美国驻俄国公使尼尔·S.布朗在1851—1852年写的。

民族性格和国家权力

民族性格不会不影响国家权力,因为,那些在和平和战争时期为了国家而行动的人,制定、执行和支持它的政策的人,选举人和被选举人,塑造公共舆论的人,生产者和消费者——所有这些人都在或大或小的程度上带有那些构成民族性格的思想和道德品质的烙印。俄国人的"基本力量和坚韧性",美国人的个人主动性和创造性,英国人的不拘于教条的常识观念,德国人的纪律性和彻底性,是这些品质中的一部分,它们无论是起好作用还是起坏作用,都要在国家成员可能参加的所有个人的或集体的行动中表现出来。例如,由于民族性格的区别,德国和俄国能够实行的外交政策,美国和英国政府就不能实行,反之亦然。反军国主义即反对常备军和义务兵役制是美国和英国民族性格的永久特征。然而,同样的军国主义制度和活动几个世纪以来一直在普鲁士的价值等级中占有很高的地位,从那里,它们的威望传遍了全德国。在俄国,服从政府权威的传统以及对外国人传统的恐惧,使人民接受了庞大的永久的军事体系。

因此,这种民族性给德国和俄国带来了权力斗争中的初期优势,因为它们能够在和平时期将它们国家资源的较大部分转变为战争工具。另一方面,除非它们的国家明显地处于危急时刻,美国人和英国人不愿意考虑这种转变,特别是大规模的人力方面的转变。这给美国和英国的外交政策带来了严重的缺陷。军国主义国家的政府能够在它们选择的时机计划、准备和进行战争。它们尤其能够在对自己最有利的任何时机发动一场先发制人的战争。和平主义国家的政府(第二次世界大战结束之前的美国是一个突出的例子)在这方面处境就困难得多,行动自由也小得多。它们受到国内人民反军国主义的限制,因而必须在外交事务中奉行较谨慎的路线。它们实际掌握的军事力量往往与国家利益所要求它们承担的政治义务不相适应。换言之,它们没有足以支持其政策的武装力量。当它们参战时,它们很可能是因为敌人已发动了战争才不得不参战。过去,它们不得不依赖国民性格的其他特点和其他补偿因素,如地理位置和工业能力,以度过初期的脆弱和处于劣势的阶段并取得最终的胜利。无论好坏,国民性格的作用就是如此。

无论正确地评估难以捉摸和模糊的民族性格会有多大困难,试图评估不同国家的相对力量的国际舞台上的观察者都必须考虑到这一因素。做不到这一点将导致类似忽视第一次世界大战后德国的复原能力和低估1941—1942年俄国的支撑能力那样的判断上和政策上的失误。《凡尔赛条约》能够限制德国国家权力的其他各种要素,如领土、原料资源、工业能力和军事体制。但是,它剥夺不了德国人的那些思想和性格上的素质。正是这些素质使德国能够在二十年内重建它所失去的东西,并成为世界上唯一最强大的军事大国。1942年,几乎所有军事专家都一致认为俄国最多只能抵抗几个月。如果从军事战略、灵活性、工业资源等诸如此类的纯军事观点来看,他们的看法是可能是正确的。然而这些专家的观点显然错了,它低估了"基本力量和坚韧性"的因素,而较高明的判断则把这一因素看作是俄国人对付欧洲的巨大力量的源泉。在1940年否认英国还有生存机会的悲观主义同样是由于忽视或低估了英国人民的民族性格。

我们在另一处已经提到过在第二次世界大战前德国领导人对

美国力量的轻视。⑮ 有趣的是,在第一次世界大战期间,德国领导人由于同样的原因犯过完全相同的错误。所以,在1916年10月德国海军大臣把美国加入协约国的意义估计为"零"。这个时期的另一位德国大臣在美国已经加入协约国一方参战之后,在议院的一次讲话中宣称:"美国人既不能游泳也不会飞,美国人永远过不来。"在这两个例子中,德国领导人都只是注意在特定时期的军事力量的质量、美国人性格中的反军国主义和地理上的距离等因素,因而低估了美国的实力。他们完全没有注意到美国人诸如个人主动性、创造的天才和技术能力等性格品质。这些因素与其他物质因素结合起来,在适宜的条件下就可能远远抵消地理上的遥远和军事力量不健全方面的不利因素。

另一方面,至少是在1943年斯大林格勒战役之前,许多专家之所以认为德国是不可战胜的,是因为德国的力量既来源于物质因素,也来源于看来有助于它取得全面胜利的德国民族性格的某些方面。这些专家忽略了德国人民族性格的其他一些方面,尤其是他们的缺乏节制。从中世纪的皇帝和进行三十年战争的君主们到威廉二世和希特勒,这种缺乏节制的特点已被证明是德国民族性格的一个致命弱点。德国人不能将自己的目标和行动限制在可能的界限内,因此,他们一再浪费并最终毁灭了建立在其他物质的和人的因素基础之上的德意志国力。

国民士气

我们所说的国民士气与影响国家权力的其他因素相比更难以捉摸和不稳定,然而它同样是重要的。国民士气是一个民族在和平或战争时期决意支持其政府的外交政策的程度。它渗透到国家的所有活动之中,如农业和工业生产以及军事建设和外交事务。国民士气以公共舆论的形式提供了一个无形的因素,没有它的支

---

⑮ 见第99页。

持,任何政府,无论它是民主的还是独裁的,即使能够实行其政策,也无法充分有效地实行。它的存在与否以及它的质量在国家的危急时期尤其容易反映出来,这种危急时期是指国家的生存面临危险的时候,或者是它必须做出国家赖以生存的具有根本重要意义的决定的时候。

国民士气的不稳定性

尽管民族性格的某些特点可能在一民族于某一历史时期的国民士气中很容易地表现出来,如英国人的常识、法国人的个人主义和俄国人的顽强,然而,我们却不能从民族性格中得出在某种偶然情况下会有什么样的国民士气的结论。在20世纪的条件下,美国人的民族性格似乎使他们具备了扮演一流大国的角色的特殊条件。可是,谁也不能有任何把握地预见,当美国人处在欧洲和亚洲的各参战国在第二次世界大战和战后的某些阶段所遇到的艰难和分裂的情况下,其国民士气又会如何。人们也无法预测,英国人如果重新经历第二次世界大战会做出怎样的反应。他们曾经顶住了"闪电战"和V式飞弹。他们能再次顶住它们吗?并且,在核武器下又将如何呢?关于所有国家,都可以提出类似的问题,但我们难以得到理性的答案。

近年来,美国的国民士气尤其成为国内外推测的目标;因为美国的外交政策和通过外交政策表现出来的美国在国际事务中的权力分量以罕见的程度依赖于美国的公共舆论,这种公共舆论可以在国会投票、选举结果和民意测验等类似的活动中表现出来。尽管失望,美国是否仍会参加联合国并容忍它呢?国会会支持援助欧洲的经济和军事计划吗?国会投票支持对世界各地进行成亿美元的外援的做法会继续多久呢?在支持韩国的路上美国人愿意走多远,并且在什么条件下他们愿意这样做呢?他们愿意永远面对苏联造成的困难、危险和挫折,而不放松他们的努力或试图采取激烈的行动以结束这一切吗?要回答这些问题,过去和现在都取决于在关键时刻国民士气的状况这一主要因素。

任何民族的国民士气显然都将在某一点上崩溃。在不同的环境中对于不同的民族,崩溃点是不同的。战争中徒劳无益的损失会把某些民族带到崩溃的边缘,如1917年在香槟省涅瓦河攻势之后的法国人。一次大溃败将足以瓦解其他国家的国民士气,例如意大利人1917年在卡波里托的战败使他们有三十万人被俘,同样数目的人做了逃兵。其他国家的士气,如俄国人在1917年的士气,在人员和领土的巨大战争损失和独裁政府不当管理的综合作用下将会崩溃。也有一些国家的士气只会逐渐衰落,宛如刀刃逐渐蚀损,也就是说,甚至是在政府的不善管理、遭受破坏、被侵略和战争无望等因素少见的综合作用之下,它也不会一下子突然崩溃。德国人在第二次世界大战后期的情况就是这样,当时一些军方领导人和前高级官员放弃了必败无疑的事业,而人民大众直到希特勒自杀的时候才停止战斗。1945年德国士气在最不利的条件下的持续性,戏剧性地说明了这种集体反应的不可预测性。而在1918年11月不那么严酷的局势下德国的国民士气却崩溃了,这一先例本来应该预示同盟国侵入法国后德国士气在1944年夏季的某些时候的类似崩溃。托尔斯泰在《战争与和平》中对士气对于军事胜利独具的重要性有生动的分析:

> 军事学以为一支军队的力量是和它的人数相一致的。军事学认为,部队越多,力量越大。强大的军队总是有理的。
>
> 这样说,就如同在力学上说力彼此相等或不相等,只是因为运动体的质量相等或不相等。
>
> 力(运动量)是质量和加速度的乘积。
>
> 在战争中,军队的力量是它的质量和一种未知数x的乘积。
>
> 历史上,军队的大小与其力量并不相符的事例以及以少胜多的事例比比皆是。有鉴于此,军事学含糊地承

认这一未知数的存在,并且时而从军队的几何学的部署上,时而从武器优势上试图去发现它,而最常见的是,从指挥者的天才上去发现。但是所有这些因素无一得出符合历史事实的结果。

要发现这一未知数 x,人们就要放弃那种为历史英雄在战争中的作用贴金的错误观点。

x 就是军队的士气,即组成一支军队的全体人员所具有的作战和冒险的或大或小的决心,这与他们是否是由天才的指挥者来指挥无关,也与是用棍棒还是用每分钟 30 发的步枪来作战无关。求战心更切的人们总是使自己置身于最有利的战斗条件下。军队士气是那个与质量相乘从而产生合力的因子。界定和表述士气这一未知因素的意义,是一个科学问题。

要解决这个问题,我们必须停止武断地用那些显示武力的条件,例如将军的命令、所用的装备等,来代替那个未知数 x 自身,我们也必须把这个未知数完全看成或大或小的求战和冒险的愿望。只有通过用方程式把已知的历史事实表达出来,我们才有希望从对这一未知因素相对价值的比较中接近它的定义。10 个人、10 个大队或 10 个师,战胜了 15 个人、15 个大队或 15 个师,就是说,把对方全体都杀掉了或俘虏了,而他们自己损失了 4 个,所以一方损失了 4 个,另一方损失了 15 个。因而一方的 4 相当于另一方的 15,所以,$4x = 15y$。因而,$x/y = 15/4$。这个方程式并未告诉我们未知因子的值,却告诉了我们两个值之间的比率。把各种各样的历史单位(战斗、战役、战争阶段)简化成那种方程式,就可得到一串的数字,在那些数字里边,应当有一定的历史法则,而且这些法则是可以被发现的。⑯

作为决定性因素的社会和政府的素质

尽管国民士气要在战争中接受最终的检验,但每当国家权力被用来影响国际问题时,士气就是重要的。它之所以重要,部分原因在于国民士气必然会对军事力量产生预期影响,另一部分原因在于国民士气会影响政府推行其外交政策的决心。一国人口中的任何一部分人,如果觉得自己的权利被永久地剥夺了,并且不能充分地参与国家生活,他们的士气与那些没有这种感觉的人们的士气相比,将倾向于低落和相对来说不怎么"爱国"。那些其根本的愿望与大多数人或政府追求的长久政策不相吻合的人也可能有这种倾向。只要人民因意见严重分歧而分裂,那么,能够争取到的对外交政策的公众支持就总是靠不住的,并且,如果外交政策的成功或失败对国内斗争的问题有直接影响的话,公众支持实际上将是很小的。

在制定政策的过程中不考虑人民意愿的独裁政府不能够指望人民会对它们的外交政策给予很大的支持。在像沙皇俄国和奥地利君主国这样的国家中,情况就是如此。奥地利的例子尤其富有教益。该国的许多外交政策,尤其是对斯拉夫国家的外交政策,旨在削弱后者,以有效控制生活在奥地利统治下的各斯拉夫民族。结果这些斯拉夫民族,最好时对他们自己政府的外交政策漠不关心,最坏时则积极支持那些与本国政府相对立的其他斯拉夫政府的政策。因此,第一次世界大战中奥匈帝国军队中的斯拉夫族部队全部投向俄国人一边就不足为奇了。政府只敢用斯拉夫人对付非斯拉夫族的敌人,如意大利人。由于类似的原因,德国军队在第一次世界大战中用阿尔萨斯籍的部队对付俄国人,用波兰籍的部队对付法国人。

---

⑯ Leo Tolstoy, *War and Peace*, Part XIV, Chapter II.

第二次世界大战中,当主要是由乌克兰人和鞑靼人组成的大部队叛逃到德国的时候,苏联经历了类似的士气低落。英国也有同样的经历,因为印度虽然用本国力量支持了英国,但是很不情愿,并且对其外国主子的外交政策有保留——如果他们没有像第二次世界大战中的博斯及其追随者那样转而支持其外国主子的敌人的话。拿破仑和希特勒不得不沮丧地认识到,在对外征战的战利品中,不一定包括大众对征服者政策的支持。例如,希特勒在欧洲被征服民族中所得到的支持的程度和力度,与特定民族的士气的高低成反比。

任何存在着深刻的和不可调和的阶级分裂的国家都将发现它的国民士气处于危险状态。自20世纪30年代以来,法国权力一直为这一弱点所累。自希特勒掌权之日起,相继频繁更迭的各届法国政府,用现状的意识形态来掩盖其软弱,而对于现状,它们既不愿维护也无力维护,其外交政策的摇摆已经削弱了全体法国人民的士气。1938—1939年的危机、不断出现的新的战争威胁和为了应付战争而进行的总动员,以及其后希特勒的胜利、复员和日益靠不住的和平,都大大加剧了法国国民士气的普遍衰退。尽管哪里都有衰退,但实际的崩溃只发生在法国社会的两个重要的集团中。一方面,法国上层阶级中的众多集团面临着限制了他们权势的社会立法,群起叫喊:"宁要希特勒[敌方独裁者]不要布卢姆[法国社会主义者]!"尽管希特勒威胁着法国在欧洲的地位和它作为一个国家的生存,这些集团也不能全心全意地支持法国反希特勒的外交政策。法国沦陷后,他们宁愿希特勒统治法国也不愿从外国独裁者中解放出来。另一方面,共产党人由于不同的原因,在希特勒仅对西方的资本主义开战期间,也在瓦解法国的国民士气。只是到希特勒进攻苏联之后,他们才战斗在抗击侵略者的前线,从而为法国的国民士气贡献了新的力量。

无论国民士气的高低多么难以预测,尤其是在大危机的时刻,然而,国民士气毕竟有明显高昂的时候,而在某些不同的条件下一些因素将造成国民士气处于低落状态。人们一般可以说,人民与他们的政府的行动和目标——当然,特别是在外交事务上——认同得越紧密,国民士气高涨的可能性就越大,反之亦然。因此,纳粹德国的国民士气几乎到最后都是很高的。这只能使那些用对18世纪和19世纪的专制制度的看法来错误地观察现代极权国家的人们感到惊讶。德国的士气不像1918年11月那样突然崩溃,而是缓慢地下降。大多数的俄国人尽管面临着战争或和平时期的艰难,仍然不断表现出高昂的国民士气。

现代极权国家能够通过运用民主的象征、对公共舆论的集中控制以及实际上或表面上有利于人民的政策来填补政府与人民之间的鸿沟,即典型地存在于18世纪和19世纪君主国家中的那种鸿沟。实际上所有的国民精力都流入了政府选择的渠道,并且,被我们认为是现代政治的特点之一的个人对国家的认同[17],在极权主义的刺激下达到了宗教狂热的程度。因此,只要极权政府是成功的或似乎是成功的,或者至少能够使人相信它有成功的希望,它们就能够指望它们的人民坚定地支持它们所实行的外交政策。

极权主义通过暴力、欺骗和神化国家就能取得的东西,民主国家必须通过大众力量的自由互动才可能取得,英明和负责任的政府所能做的是对大众力量加以引导。在民主政府不能防止这种互动堕落为阶级的、种族的或宗教的冲突,从而可能把国家分裂为混战集团的地方,国民士气可能是低落的,即使不是在全体人民中至少也是在成为冲突牺牲品的集团中。法国在第二次世界大战前及大战期间的政策说明了这一点。在封建贵族和专制统治者控制着政府和压迫着人民的国家里,其战争与和平时期的外交政策的脆弱也说明了这一点。这种国家的政府永远不能下决心选择和追求它们的外交目标,即使是面临战争的危险,因为它们永远不能肯定它们能否得到人民的支持。它们唯恐国内的反对力量利用国家在

---

[17] 见第118页及其后。

国际上的困难和失败来达到推翻政权的目的。然而,在政府作为人民意志的喉舌而发声和作为它的执行者而行动的地方,国民士气可能反映着人民意向与政府行动的真正统一。丹麦在被德国从1940年到第二次世界大战结束的占领时期的国民士气与德国在斯大林格勒战败之前的国民士气都显著地说明了这一点。

归根结底,从国民士气的角度来看,国家的权力寓于政府的素质之中。真正代表民意的政府最有可能引导国民支持其国际目标和政策。所谓代表性不仅是指在议会多数的意义上讲的,而且主要是指将人民心中的意愿和志向转变为国际目标和政策的能力。自由人比奴隶善战的格言能够被放大为这样的论点:治理良好的国家可能比治理不善的国家具有更高的国民士气。就影响国家权力的大多数因素来说,政府的素质显然是这些因素强大或软弱之源,特别是当我们考虑到政府对自然资源、工业能力和战备的影响的时候。政府的素质对于国民士气的高低具有特别重要的意义。虽然它作为若干个或多或少受到人的行动控制的影响中的一个而作用于国家权力的其他因素,但它却是决定国民士气高低的各种无形因素中的唯一有形因素。没有国民士气,国家权力要么只是纯粹的物质力量,要么就是徒然等待着实现的潜在力量。然而,能动地提高国民士气的唯一手段在于提高政府的素质。所有其他的方法都要靠机遇。

外交的素质[18]

在构成国家权力的所有因素中,外交的素质是最重要的因素,尽管它是一个极不稳定的因素。决定国家权力的所有其他因素都好像是制造国家权力的原料。一个国家外交的素质将这些不同因素结合为一个有机的整体,给予它们方向和力量,并通过给予它们

---

[18] 在后面的讨论中,我们用"外交"一词指各个层次的外交政策的制订及执行,包括最高层次及其所属的各层次。关于这里讨论的主题,另见第十编。

一些实际权力而使它们沉睡的潜力苏醒。外交官为国家的外交事务所进行的活动是为了和平时期的国家权力,这正像军事领导人制定的军事战略和战术是为了战争时期的国家权力一样。外交是一种艺术。它运用国家权力的不同要素以最大的作用影响那些在国际局势中最直接地涉及国家利益的问题。

人们可以说,外交是国家权力的头脑,国民士气是它的精髓。如果外交的视线被弄模糊了、判断不准确、决心不足,那么,在地理位置、充足的食物、原材料和工业生产、军事备战、人口的数量和质量等方面的优势从长远来看都将不能有益于国家。能够夸耀这些优势但没有与它们相称的外交的国家,单靠它的自然资产的力量,可能获得暂时的成功。从长远来看,为了国家的国际目标而过度地、犹豫不决地和不充分地动用自然资产,就会把这些资产挥霍殆尽。

长此以往,这种国家必将输给那些使自己的外交充分利用起它所掌握的所有其他权力要素的国家,后者可以用自己出色的外交弥补其他方面的缺陷。通过最有效地运用国家权力的潜能,精干的外交能够出人意料地增强国家的权力。没有头脑和灵魂的巨人歌利亚被二者兼备的大卫所击败和杀死,这种事在历史上屡见不鲜。高质量的外交能够把外交政策的手段和目的与现有的国家权力的资源和谐地配合起来。它能够挖掘国家力量的潜在资源,并将它们完全地和安全地转化为政治现实。通过指明国家奋斗的方向,它反转来又能够增强某些因素,如工业潜力、军备、民族性格和士气的单独分量。正是因为这一原因,国家权力就有可能达到发挥出它的所有潜力的高度,这在战争时期当政策的目的和手段被鲜明地展示出来时尤其如此。

处于两次世界大战之间那段时期的美国,提供了一个潜在的强国在国际事务中只起了很小作用的突出的例子,因为它的外交政策拒绝运用它的全部潜在力量去影响国际问题。就美国在国际舞台上的权力来说,地理、自然资源、工业潜力和人口的数量和质量等方面的优势好像根本不存在,因为美国的外交未考虑这些优势的存在。

第二次世界大战结束后,美国外交政策发生的转变似乎已经明确回答了美国外交是否以及在何种程度上愿意和能够将国家权力的潜能转化为政治现实的问题。然而,在这一时期开始时,伦敦《经济学家》在一篇意味深长的题为"是帝国主义还是漠不关心"的文章中,仍然怀疑美国的回答。在列举了几个可能使美国成为世界上最强大的国家的明显因素之后,《经济学家》继续写道:

> 但是,尽管这些东西是基本的要素,它们仍不是造就一个大国的一切。还必须有运用经济资源支持国家政策的意愿和能力。苏维埃俄国的统治者……至少对于未来的一代人来说,是不可能掌握着像美国人手中那样的好牌的。但是,他们的集权制度和严格审查制度的性质,使他们能够打出强有力的牌。美国人的手里都是王牌;但是这些王牌中的任何一张会亮出来吗?又为什么目的而打呢?⑲

一个国家尽管在其他方面没有赶超的希望,却主要凭借其卓越的外交重登权力高峰的典型例子,是1890—1914年间的法国。在1870年败于德国之手后,法国沦为二流国家,并且,俾斯麦运用政治手腕孤立法国,使它一直处于这种地位。1890年俾斯麦被免职后,德国外交政策疏远了俄国,而又不愿意减轻英国的疑虑。法国外交充分利用了德国外交政策的这些失误。1894年,法国在与俄国于1891年达成的政治谅解的基础上又进一步建立了军事联盟;1904年和1912年,它与英国达成非正式协议。1914年,法国得到了强大盟国的支持,而德国遭到一个国家(意大利)的背弃,又受许多弱国(奥匈帝国、保加利亚和土耳其)所累。这种格局的形成

---

⑲ *Economist*, May 24, 1947, p.785.

主要是一大批法国杰出的外交家的功劳:驻意大利大使卡米耶·巴雷尔、驻德国大使朱尔·康邦、驻英国大使保罗·坎邦和驻俄国大使莫里斯·帕莱奥洛格。

在两次世界大战之间的时期,罗马尼亚在世界事务中所起的作用远远超过它的实际资源所允许的作用。这主要归功于它的外交部部长蒂图列斯库的个人才干。同样,地理位置不安全的小国比利时之所以能在19世纪施展很大的权力,主要也是由于有两位精明和活跃的国王利奥波德一世和利奥波德二世。17世纪的西班牙外交和19世纪的土耳其外交一度能够补偿国家权力在其他方面的衰落。英国权力的沉浮与英国外交素质的变化有紧密的联系。沃尔西红衣主教、卡斯尔雷和坎宁象征着英国外交和英国权力的高峰,而诺思勋爵和内维尔·张伯伦则象征着两者的衰落。如果没有黎塞留、马萨林和塔列朗的治国之道,法国的权力会是什么样的呢?没有俾斯麦,德国权力是什么样的呢?没有加富尔的意大利呢?难道年轻的美利坚合众国的权力不也是靠着富兰克林、杰斐逊、麦迪逊、杰伊、亚当斯父子,以及它的各位大使和国务卿吗?

国家必须依赖于其外交的素质,使之为构成国家权力的各种不同因素发挥催化剂的作用。换言之,当这些不同的因素被外交用来影响国际问题的时候,它们就是我们所说的国家权力。因此,持续不断地保持外交部门的高素质具有极为重要的意义。持续的高素质的最佳保证是对传统和体制的依赖,而不是对暂时出现的杰出人物的依赖。从亨利八世到第一次世界大战,英国优势权力的相对连续性要归功于传统。无论英国国王和大臣可能有什么怪念头和缺点,它的统治阶级的传统和近代职业外交部门的传统,除了几次明显的例外之外,都能够将英国天赋的国家权力要素铸成巨大的实际权力。当英国的权力由于斯坦利·鲍德温和内维尔·张伯伦的外交而达到几个世纪以来的最低点时,外交部的职业外交官们对于英国外交政策的处理也无能为力。从家庭背景看,对此负有主要责任的这两个人是商人,他们刚刚进入几个世纪以来统治着英国的贵族圈子。因此,发生上述情况并非偶然。在统治家族的后裔温斯顿·丘吉尔那里,贵族传统又重新被用来影响英国的国家权力。今天,英国外交部门体制的卓越表现在其外交技巧中;运用这种技巧,英国将它在世界各地的使命与业已减少了的国家权力资源调和了起来。

另一方面,德国的权力归功于俾斯麦和希特勒这两个人的恶魔般的天才。由于俾斯麦的个人才干和政策使得传统和制度不可能建立起一套保证德国外交政策永远得到明智实施的机制,因此,他在1890年从政治舞台上的消失就成为德国外交素质大幅持久下降的标志。德国国际地位随后跌落,到第一次世界大战时跌落到最低点,这时德国已陷入军事困境。到希特勒时期,德国外交的强弱取决于元首一人的头脑。德国外交从1933年到1940年的胜利是一个人头脑的胜利,这个头脑的退化是纳粹政权在最后岁月中蒙受灾难的直接原因。在第二次世界大战最后几个月中,当军事抵抗成为以成千上万的生命和城市的毁灭为代价的徒劳之举时,德国国家的自杀和希特勒在战争最后阶段的自杀——换言之,也是德国国家权力和它的领导人生命的自我毁灭——都是一人所为。那个人没有受到传统和制度保障的约束。健康的政治体系依赖于这些传统和制度来努力保持外交素质的连续性,由此虽然阻碍天才获取辉煌的成功,却能防止狂人带来灾难性的错误。

就处理外交事务的质量之连续性而言,美国介于英国外交连续的高素质和德国外交政策传统的低素质之间,虽然德国外交也偶尔有短暂的精彩之举。由于占有物质和人力资源上的不可动摇的优势,美国在西半球的外交不管其外交政策的质量如何总能够获得一定程度的成功。在较小的程度上,美国在与世界其余地方的关系上也能获得成功。以美国的物质优势为形式的"大棒"用它自己的语言说话,而不管美国的外交是柔声细语还是大声咆哮,是清晰明了还是含混模糊,是有的放矢还是无的放矢。美国外交最初几十年是辉煌的,其后,便是很长一段平庸的——如果不是无能的——时期。这一时期只被打断过三次,那就是在几次大危机的作用下,在伍德罗·威尔逊、富兰克林·罗斯福和亨利·杜鲁门领导下取得了伟大成就的三个短暂时期。因此,尽管美国外交缺乏英国外交的那种制度上的优越性,但它却受惠于即使是无能的治国才干也很难浪费掉的物质资源。再者,它能够依赖在华盛顿的《告别演说》中形成的并特别在门罗主义中阐述的国家传统。在这一传统的指导下,拙劣的外交可以避免灾难性的错误,平庸的外交会显得比实际上高明。未回答的问题是,这种传统是否能把美国外交从十字军式的意识形态中拯救出来。

政府的素质

如果没有良好的政府,精心构想和巧妙执行的外交政策即使有丰富的物质和人力资源,也势必徒劳无功。良好的政府作为国家权力的一个独立条件[20],意味着三个内容:以构成国家权力的物质和人力资源为一方和以所推行的外交政策为另一方之间的平衡;那些资源之间的平衡;以及公众对于所要推行的外交政策的支持。

资源与政策之间的平衡问题

良好的政府必须从两项不同的智力工作着手。第一,它必须从可使其外交政策获得最大成功机会的现有的权力着眼,去选择外交政策的目标和方法。一个国家如果眼光过于短浅,把外交政策完全局限于其权力所能达到的范围内,就会丧失它在民族之林中的适当地位;美国在两次大战之间的时期就犯了这种错误。一个国家也可能眼光过高,以现有的权力去推行无法成功地执行的外交政策;美国在1919年的和平谈判期间就犯了这种错误。正像

---

[20] 作为国家士气的要求,我们已经提到政府的质量;见第152页及其后。

劳合·乔治指出的那样:"美国人似乎承担了独自捍卫'十诫'和'登山布道'的责任;然而,当他们遇到援助和责任的实际问题时,他们却坚决拒绝接受。"国家可能试图在条件不具备的情况下扮演大国的角色并招致灾难,正像波兰在两次大战之间所做的那样。或者,作为一个大国,它可能追求一项无限征服的政策,从而耗尽它的力量;从亚历山大到希特勒,失败了的世界征服者说明了这一点。

因此,现有的国家权力决定了外交政策的限度。这一法则只有一个例外,那就是当国家的生存受到威胁的时候。那时,国家生存的政策就会压倒对国家权力的理性思考,并且,紧急状态使那种政策和权力考虑之间的正常关系颠倒过来,将前者放在优先位置上。国家这时就要将所有其他利益置于生存的利益之下,并做出本不可能合理地期望它做出的全国努力。大不列颠在1940—1941年的秋季和冬季就是这样做的。

资源之间的平衡问题

一旦政府平衡了外交政策和可用来实现政策的权力,它就必须寻求国家权力的不同要素之间的平衡。一个国家并不因为它拥有丰富的自然资源和众多的人口,或者建立了巨大的工业和军事力量就必然获得极大的国家权力。只有当它掌握了这些权力资源充分的数量和质量并把它们调配适当的时候,它才能获得极大的权力,才能以最大的成功机会追求既定的外交政策。当英国处于权力高峰时,它缺乏国家权力的许多要素,如自然资源、人口和地面部队。然而,它把海军这一国家权力要素发展到无可匹敌的最高地位。海军成为英国海外扩张政策的完美工具,并同时保证了那些英国赖以生存的原材料和粮食源源不断地从国外输入本国。考虑到这种政策、可获得的自然资源和地理位置,众多的人口和常备军对于英国来说不仅不会是资产,反而会是包袱。另一方面,假使英国像它在中世纪大部分时间所做的那样实施大陆扩张政策,它就会十分需要这两个因素。

如果一个国家不能以现有资源养活它的人口,那么,正像印度的例子告诉我们的那样[21],众多的人口不仅不是力量的源泉反而是虚弱的根源。通过极权方法建立起来的巨大的工业和军事力量创造了国家权力的某些因素,但是也正是这一过程摧毁了其他因素,如国民士气和人口的自然恢复力。苏联的东欧卫星国的发展就是一个很能说明问题的例子。计划建立一支过于庞大的军事力量,以致现有的工业能力无法支撑它,并且因此只能以激增的通货膨胀率、经济危机和士气的低落为代价来建立和维持它,便埋下了国家虚弱而不是国家强大的种子。当国家的生存受到威胁、国家处于危急状态的时刻,像美国这样的政府能够并且必须提供给人民枪炮,而不是黄油;如果它不能证明这种危急状态的存在,它就必须拨出相当部分的经济产品用于民间消费,努力达成军事需要与民用需要之间的平衡。另一类政府,可能不需要考虑公民的福利。换言之,政府在构筑国家权力时不能无视它所统治的国家的特性。一个国家会因为困苦起而反抗,另一国家则会忍耐同样的困苦,对此视若平常。并且,有的时候,一个国家为了保卫它的利益和它的生存乐于做出的牺牲,不仅使世界震惊,也会使它自己吃惊。

公众支持的问题

当代政府,特别是受民主控制的政府,当建立起我们上面讨论过的两种平衡时,它只完成了一部分任务。另一项任务,也许是最困难的任务,仍有待完成。它必须使它自己的人民赞成它的外交政策,并赞成为了动员国家权力要素以支持外交政策而制定的国内政策。这一任务之所以困难,是因为取得大众对外交政策的支持的条件与成功地实行外交政策的条件不是必然相同的。正如托克维尔特别针对美国所说的那样:

---

[21] 见第 127—128 页。

对外政治很少需要民主制所特有的那些素质;相反,它要求妥善地运用几乎所有那些它所不具备的素质。民主制有利于一国内部资源的增加;它广施财富和舒适,增进公共精神和增强社会各阶级对法律的尊重:所有这些优点对一个民族与另一民族的关系只有间接的影响。但是民主制要费很大的力气才能拟定出重大行动的细节,坚持一项既定的计划,并排除严重障碍坚持实施它。它不能隐匿所采取的措施,亦不能耐心地等待结果。……

从美国对法国革命爆发的态度上,可以清楚地看到诱使民主制服从冲动而不是谨慎的倾向,以及放弃成熟的方案而去满足一时的激情的倾向。只要有起码能力的人无论在那时还是现今都能够清楚地看到,美国人的利益不允许他们参加将把欧洲淹没在血泊中却不会伤害他们自己国家的冲突。但是人民狂热地表达了他们对法国的同情,以致除了华盛顿的坚定性格和他所享有的巨大声誉之外,没有任何东西能够阻止美国人对英国宣战。就是在那时,具有清醒头脑的这位伟大人物试图抑制同胞的慷慨的但却冒失的激情。这种努力使他几乎丧失了他一直要求的唯一报答——国人对他的爱。大多数人谴责他的政策,但是它后来为整个国家所接受。㉒

成功地执行外交政策所需要的思考可能是与那种能打动群众及其代表的那种言行完全相反的。政治家思想中的特质并非总是可能在公众的思想中引起共鸣。政治家思考问题的角度必须是相对于其他国家而言的本国的国家利益。大众的思想不理会政治家思想的细微之处,而更多的是从绝对善恶的简单的道义或法律角度进行推理的。政治家必须放眼未来,缓慢和迂回地行进,以微小

㉒ Alexis de Tocqueville, *Democracy in America* (New York: Alfred A. Knopf, 1945), Vol. I, pp. 234—235.

的损失换取巨大的利益;他必须能够顺应时势,做出妥协和等待时机。民众则希望快出结果;这将牺牲明天的真正利益以换取今天的表面好处。

如果我们接受托克维尔的观点,那么,成功地执行外交政策所需要的那种思考将时常与感动人民的思考相矛盾。得到公共舆论热烈地绝对支持的外交政策不能只因为这一原因就被认为是好的外交政策。相反,外交政策与公共舆论的和谐可能正是以牺牲好的外交政策原则而迎合公共舆论的无理偏好为代价的。

在美国,这些内在的困难更因为这一事实而加剧:美国几乎总是在不断地从上次选举中恢复过来或是在准备下一次选举。特别是在后一种情况下,对于行政当局来说,通过牺牲外交政策迎合公共舆论的偏好,从而寻求赢得选举优势的诱惑是难以抗拒的。因此,政治家艺术的一个必要条件就是在尊重正确的外交政策的长期原则和尊重易变的公共舆论之间走一条中间路线。

这些讨论对于我们理解关于吉米·卡特总统的明显的自相矛盾有启发意义。他在 1980 年民主党的初选中胜出,对选民的吸引力无人能及。然而,在他的领导下,美国在与其他国家的关系上遭受了一系列耻辱的失败。最惨重的失败是五十二名人质长期被扣押在伊朗。由于卡特从一开始就事先立誓不以暴力形式对付这种暴行,他就丧失了对付伊朗的任何杠杆。他所能威胁给予伊朗的报复,主要是经济制裁,注定是无效的。他所能提供的好处(如经济和军事援助),在伊朗人看来抵不上美国的援助将带来的危险和不利。因此,美国处于无可奈何的局势中,若是在美国历史上的其他大部分时间里,美国人就会冒牺牲一些美国人的生命的危险,迅速采取行动解决这一问题。

但是,总统由于强调运用和平手段拯救美国人的生命而打动了美国公共舆论同情的心弦。卡特做了据说是威尔逊以前做过的事情:"他使我们避免了战争。"他这样做没有放弃美国人最明显的和感情的目标:拯救五十二个美国人的性命。显然,公共舆论和总统都没有想到,对美国的外交政策负责的领导人不仅有责任拯救生命,而且有责任维护国家的长远利益。

同样一种口头上承诺和政治上无为的结合保证了公众对对苏政策的支持,同时也就注定了政策的无效。不管人们对于苏联军事侵占阿富汗的意义作何理解,总统针对这一侵占的咄咄逼人的口头反应是与实际措施不成比例的。

然而,尽管好战言辞可能使俄国人吃惊,缺乏与这种言辞相称的行动却没有造成政策上的任何变化。俄国人能走多远就走多远,而不会引起与美国的核对抗。能说明问题的正面例子是古巴导弹危机和历次柏林危机;对这一论点的反面证明是苏联继续军事占领阿富汗。

可是,总统的好战姿态似乎在国内政治中获得了巨大的成功。总统用约翰·福斯特·杜勒斯的语言对苏联讲话。而他曾表明要把保护和促进人权作为外交政策的基石。民意测验表明了占压倒多数的群众的拥护,不会带来实效的外交政策再一次得到国内胜利的补偿。但是,除了外交政策与国内政治的矛盾之外,卡特在这里还遇到了另一个难题,它是由核对抗在理性上的不可接受性演化而来的。

大国最终诉诸暴力来保护和促进它们的利益的需要,在美国和苏联那里意味着使用核武器作为暴力工具的可能性。然而,把核武器作为正规的战争工具加以运用,而不是像在广岛和长崎那样作为单一的、孤立的示威来运用,将意味着毁灭所有的交战国,使它们不复成为有活力的社会。被如此运用的核武器——与常规武器形成对照——不是实现外交政策理性目标的理性手段,而是意味着自杀和种族灭绝的孤注一掷的工具。这是卡特面临的第二个根本困境。

国际体系的无政府性质迫使他遵循历史上的惯例,考虑诉诸物质暴力作为解决国际争端的最终因素。然而,全面使用这种暴力的非理性使他甚至不敢使用常规力量,因为这有可能上升为核战争。因此在今天的国际危机中，总统如果还有所行动的话那也是极为谨慎的行动，并且，他以好战的空谈来补偿有效行动的缺乏。这种倾向并非卡特总统所独有。

公众支持是总统处理外交政策的前提条件。甚至以牺牲外交政策的某些要素为代价来制造支持他的公共舆论，是总统必须做的一项工作。如果他要规避这项工作，他就要冒下台的风险，从而要冒完全丧失实施外交政策的能力的风险。卡特的行为所带来的问题不在于是否应当在正确的外交政策的需要和公共舆论的要求之间寻求妥协，而在于在哪一点上达成妥协。除了指责他无知和无能外，批评他的人认为他将太多正确的外交政策的原则屈从于公共舆论的要求。问题不在于总统是否应当不顾核战争的可能性而去追求国家利益，而在于在何处划清对国家利益的关心和对核战争的担心的界限。问题是卡特是否在急于尽可能远地躲避核战争的时候不必要地牺牲了重要的国家利益。

面对着好的外交政策和公共舆论所要求的坏的外交政策之间的矛盾，政府必须躲避两个陷阱。它必须抵挡住为了神圣的民意的需要而牺牲它所认为的好政策的诱惑，坚持领导，不以国家的长久利益换取短暂的政治好处。它也必须防止扩大好的外交政策的要求与公共舆论的偏好之间不可避免的差距。如果它拒不与公共舆论的偏好作可容忍的妥协，在它认为是正确的外交政策的每一细节上坚持己见，并为了顽固地实行这一政策而牺牲公众的支持，那么它就会扩大这种差距。

相反，为了成功地实现其内外政策，政府必须满足三个基本条件。第一，它必须承认好的外交政策的要求和公共舆论的偏好之间的冲突是事物的本质，因此也是不可避免的，并且，它也许能够通过对国内反对派的让步而减少冲突，但是它永远不能消除冲突。第二，政府必须认识到，它是领导者而不是公共舆论的奴隶；公共舆论不是静态的东西，民意测验不能像植物学家对植物那样发现它并对它分类，它是动态的、随时变化的东西，由明达和负责任的领导不断地加以创造和再创造;政府的历史使命是要担负这一领导权,不使之为煽动者所篡夺。㉓ 第三,它必须区分外交政策中什么是想要得到的东西和什么是必须得到的东西,并且,在它可能愿意在非本质的问题上对公共舆论妥协的同时,它必须为它认为是好的外交政策的最低标准而奋斗,即使是以它自己的命运为代价。

政府可能对于外交政策的需要和支持它们的国内政治的需要有着正确的理解,但是,如果它不能引导公共舆论支持这些政策,它的努力将是无效的,并且国家能够夸耀的其他国家权力资源都将不能得到最充分的运用。对于这一真理,当代民主政府的政策,包括美国的政策,提供了丰富的证据。㉔

内政和外交政策

然而,对于政府来说,只引导本国的公共舆论支持其外交政策是不够的。它还必须赢得其他国家的公共舆论对其内外政策的支持。这一要求反映了近年来外交政策性质的变化。在我们的时代里,我们不仅用外交和军事力量的传统手段去推行外交政策,而且还运用宣传这一新武器。因为,现今国际舞台上的权力之争不仅是对军事优势和政治统治的争夺,而且在特定的意义上是对人心的争夺。这样,国家的权力不仅依赖于外交的技巧和武装力量的

㉓ 诺威奇勋爵(Lord Norwich)像达夫·库珀(Duff Cooper)先生一样在两次世界大战之间的时期在内阁和其他政府部门中占据重要职位。当他在他的回忆录(*Old Men Forget*[London: Hart-Davis, 1953])中谈到内维尔·张伯伦时,指出了对公共舆论和政府与它的关系的普遍的误解:"我认为首相的主要错误似乎有两个。他以为公共舆论就是'时代'告诉他的东西——并且他以为首席党鞭说的话就是保守党的意见。"不幸的是,这种被动地接受所谓公共舆论的做法已经成为——并且不仅是英国在两次大战之间的时期——制定良好外交政策的主要障碍。

㉔ 摩根索曾详细论述过这一主题。见 Hans J. Morgenthau, "The Conduct of Foreign Policy", in *Aspects of American Government*, edited by Sydney Bailey (London: The Hansard Society, 1950), pp. 99 ff; and *In Defense of the National Interest* (New York: Alfred A. Knopf, 1951; Washington, DC: University Press of America, 1982), pp. 221 ff。

强大,而且依赖于它的政治哲学、政治体制和政治政策对其他国家的吸引力。对于美国和苏联来说尤其是这样。它们不仅作为两个政治和军事超级大国相互进行竞争,而且作为两种不同政治哲学、政府体制和生活方式的最突出的代表而展开竞争。

因此,这两个超级大国无论在它们的对内和对外政策上做或不做什么,获得或未获得什么,都会对它们所代表的地位因而也对它们的权力产生直接的影响;对于其他国家来说,在较小的程度上也是这样。例如,实行严格的种族歧视政策的国家势必在争取世界上有色民族人心的斗争中败北。一个能够显著提高人民的健康、文化和生活水平的不发达国家,可能因此在世界上的其他不发达地区赢得其权力相当大的增长。

在这一点上,以及在后文将要提到的其他方面[25],对于外交政策和国内政策的传统区分趋于崩溃。人们几乎可以说,纯粹的国内事务已经不复存在,因为一个国家无论做什么或不做什么,都会被认为是作为它的政治哲学、政府体制和生活方式的反映。一国的国内成就如果被其他国家从它们各自愿望的角度所了解,就必然使其国力增大;而国内的失败如果同样被其他国家所了解,也必然使其权力下降。

---

[25] 参见第271—273页。

第十章　国家权力的评估

经典名句

- 鉴于外交政策依赖于这种权力估算,外交政策的成功或失败就取决于那些对特定国家的特定外交政策负责的人以及其他国家负责处理外交事务的人所产生的正确或错误直觉和预感的相对重要性。
- 在历史的特定时期处于权力顶峰的国家,特别容易忘记所有权力都只是相对的。
- 在现代唯一能够持续保持优势地位的国家,是把潜在的优势力量、优势的声誉和不常动用这种力量罕见地结合起来的国家。

1837年维多利亚女王登基

评估的任务

那些对国家的外交政策负责的人,那些左右有关国际事务公共舆论的人,都有一项任务,就是要正确地评估这些因素对于他们本国权力和其他国家权力的影响。为了现在也为了未来,他们必须完成这项任务。各军种的联合对美国军事力量的质量有什么影响?使用核能将对美国和其他国家的工业能力产生什么作用?邓小平去世以后,中国的工业能力、军事力量和国民士气将如何发展?巴基斯坦对印度的敌视对印度的国民士气有何影响?德国军队的复兴对于德国的国家权力有什么意义?再教育是否改变了德国和日本的民族性格?阿根廷人的民族性格对于不断更迭的军人和文官政权的政治哲学、手段和目的起何作用?俄国人的势力范围向易北河的扩张对俄国的地理位置有什么影响?国务院人事上这样或那样的改组或变化将提高还是降低美国外交的素质?如果一个国家的外交政策希望获得成功,诸如此类的问题就必须得到正确回答。

然而,这些仅涉及某个特定因素变化的问题,并不是最难回答的。还有其他一些涉及一个因素的变化对其他因素的影响的问题,则不仅回答的难度增加了,陷阱也成倍地增加了。例如,现代战争技术对美国的地理位置意味着什么?换言之,制导导弹和超音速飞机对于美国与其他大陆隔绝的地理位置有何影响?在何种程度上美国将失去、又在何种程度上它将保住传统上不受海外进攻的地利?同样的技术发展对于俄国领土的地理状况意味着什么?这些因素在何种程度上降低了广袤的俄国平原的防护功能?

在这种情况下,自英国有史以来一直保卫着英国的英吉利海峡的作用又将如何呢?巴西、中国和印度的工业化对于这些国家的军事力量意味着什么?在战争技术变化的情况下,美国的陆军、海军、空军的相对重要性如何?美国人口在二十年内预计的增长率以及拉丁美洲、印度和中国人口的更快的增长对于上述各国的工业能力和军事力量预示着什么?工业生产的波动将如何影响美国、苏联、德国、英国和法国的国民士气?在英国的工业能力、经济组织、军事力量和地理隔绝状态正在发生的根本变化的影响下,英国的民族特性能否保持它传统的素质?东欧国家的独立是否增强了其国民士气?

然而,分析家关于国家权力的研究工作并不到此为止。他必须努力回答另一组难度更大的问题。这些问题要求把一个国家中的某个权力因素与另一国家中的同一或另一权力因素作比较。换言之,这些问题涉及不同国家的单一权力因素的变化对于这些不同国家的全面的权力关系的相对重要性。譬如,如果我们考虑美国和苏联在某个特定时间(比如1985年)的相对权力,就会碰到这些问题:双方不同的权力因素是如何累积起来的,并且它们会使哪一方在哪些方面获得权力优势?在何种程度上美国在数量上和质量上占有优势的工业能力可以弥补它的地面部队可能的劣势?高度集中的美国工业和人口中心极易遭受空袭,但通信极为发达;分散的俄国中心在布局和性质上是半秘密的,但面临着交通上的巨大困难。这两种情况各自的长处和短处是什么呢?西欧暴露在来自东方的意识形态和军事渗透之下,苏联会从中获得什么权力呢?由于苏联暴露在来自太平洋的海空进攻之下,它会蒙受什么损失呢?美国的多元运行体制包含着追随苏联外交政策的集团,而苏联公共舆论是强制统一的,这就两国各自的权力地位而言具有什么意义?与苏联的极权政治和经济组织相比,美国政府的民主形式和非极权的经济制度对于它的国家权力有什么影响?

就在国际舞台上扮演积极角色的所有国家而言,我们都必须提出并回答这些问题和类似的问题。我们还必须判定各种因素对于在国际政治领域中相互竞争的所有国家的国家权力的相对影响。因此人们应当知道,法国是否比意大利强大,以及在哪些方面强大。人们应当弄清,从不同的权力因素来看,印度或中国对苏联,日本对美国,阿根廷对智利,如此等等,具有哪些优势和劣势。

权力评估的工作仍未完成。为了获得至少大致真实的几个国家之间权力分布的图像,它们之间在历史的某一特定时刻似乎存在的权力关系,必须被投射到未来。为了完成这一任务,只问这一问题是不够的:美国和苏联现时的权力关系是什么样的,两年以后它们的权力关系又可能是什么样的?基于并涉及美国和苏联之间权力关系的有关国际事务的决定,不能等待对权力两年一次的估计。必须每天都作这种估计。增强国家权力的诸因素的日常变化无论起初多么微小,多么不易察觉,都会带来权力的此消彼长。

国家权力的金字塔从相对稳定的地理条件的基础上上升,通过不稳定因素的各个不同层次,在易变的国民士气那里上升到顶层。除地理条件之外,我们所提到的所有因素都处于不停的变动之中。它们相互影响,又反过来受大自然和人的干预的影响。它们一起汇成了国家权力之河,河水慢慢上涨,然后在高水平上流淌几个世纪,像英国的情况那样;或者骤然上涨然后从顶峰陡然跌落,像德国的情况那样;或者像美国和苏联的情形那样,骤然上升并面临着前途未卜的未来。描绘河流和构成其各个支流的进程,并预示其在方向和速度上的变化,是国际政治观察者的理想任务。

这是理想的任务,因而也是不能完成的。即使国家外交政策的负责人具有超人的智慧和可靠的判断力,并能够依赖最完整最可信的情报来源,仍然存在着打乱他们计划的多种未知因素。他们无法预见像饥荒和流行疾病这样的自然灾害,像战争和革命这样的人为灾害,以及发明和发现,知识界、军界和政界领袖的出现和消失,这些领袖的思想和行动,更不用说无法估计的国民士气了。总之,即使是最聪明和最了解情况的人也面临着历史和自然的多种偶然因素。而实际上,这种假设的完美的智力和情报是永远得不到的。为外交事务的决策者提供情报的人不是全都消息灵通,并且决策者也并非全都英明。因此,评估国家现在和将来的相对权力的工作,不得不转化为一系列直觉和预感。有些直觉和预感可被后来的事件证明是正确的,也有一些被证明是错误的。鉴于外交政策依赖于这种权力估算,外交政策的成功或失败就取决于那些对特定国家的特定外交政策负责的人以及其他国家负责处理外交事务的人所产生的正确或错误直觉和预感的相对重要性。有的时候,一国在评估权力关系时所犯的错误为另一国的错误所抵消。因此,一国外交政策的成功可能主要不是因为自己的筹划更准确,而是因为对方犯了更大的错误。

典型的评估错误

国家在评估自己的权力和他国的权力的时候可能犯许多错误,其中有三类错误值得我们进一步讨论,因为它们经常出现,并能很好地说明这种评估所固有的智力陷阱和实践上的风险。第一类错误是无视权力的相对性,把某一特定国家的权力树为绝对的权力。第二类是想当然地认为,曾在过去起过决定性作用的某种因素具有永久性,因而忽视了大多数权力因素都带有的动态变化的性质。第三类是赋予一个单一因素以决定性的重要意义,而忽视所有其他因素。换言之,第一个错误在于没有把一国的权力与其他国家的权力联系起来,第二个错误在于没有把某一时期的实际权力与未来某一时期的可能权力联系起来,第三个错误在于没有把同一国家的一个权力因素与其他因素联系起来。

权力的绝对性

当我们谈到国家权力,说此国十分强大而彼国虚弱的时候,我们总是暗含着比较。换言之,权力概念总是一个相对的概念。当我

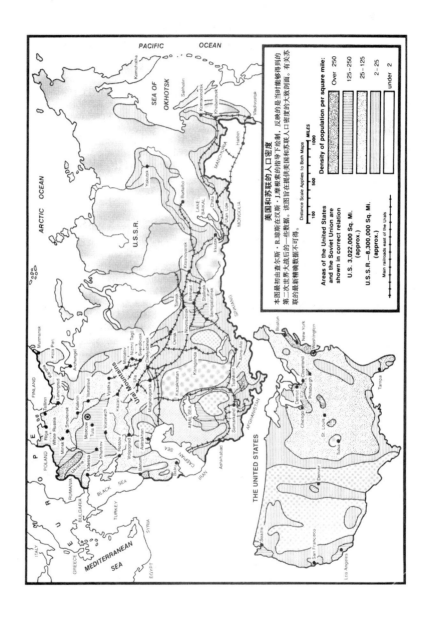

第十章 国家权力的评估 | 229

们说美国是目前世界上最强大的两个国家之一的时候,我们实际说的是,如果我们将美国的权力同所有其他国家目前的权力状况相比较,我们发现除一个国家外,美国比所有其他国家都强大。

国际政治中最基本和最常犯的错误之一是忽视权力的这种相对性,而把国家权力作为绝对的东西来对待。对于法国在两次世界大战之间的权力的评估是一个很能说明问题的例子。从军事观点来看,法国在第一次世界大战结束时是地球上最强大的国家。在1940年法国实际的军事弱点在惨败中明显地暴露出来之前,人们一直这样看待法国。从1939年9月第二次世界大战爆发到法国在1940年夏的战败,报纸的头条新闻最有力地说明了对法国的军事力量的这一错误判断。在那段所谓"奇怪的战争"时期,人们以为德国军队不敢进攻法国,因为后者的实力更雄厚,并且,不时地传来关于法国人攻破德军防线的报道。这一错误判断的根源是错误地认为法国的军事力量不是相对于其他国家的军事力量的,而是某种绝对的东西。法国的军事力量就其本身而论在1939年至少与在1919年时一样强大;因此,人们就相信1939年的法国像1919年的法国一样强大。

这一评估的致命错误在于不清楚这一事实:在1919年法国只是在与其他国家的比较中成为最强大的军事国家的,它的最接近的竞争对手德国被打败并被解除了武装。换言之,法国作为军事大国的优势地位不是基于法国的内在品质;不能以考察法国人的民族特点、地理位置和自然资源的方法来确认其军事实力。相反,其优势地位是特殊的权力格局的结果;也就是作为军事大国的法国与其他国家相比具有的相对优势的结果。法国军队的这种素质在1919年到1939年间的确没有下降。以步兵、炮兵、飞机和参谋工作的数量和质量来衡量,法国的军事力量没有衰落。因此,甚至像温斯顿·丘吉尔爵士这样目光敏锐的国际事务专家,在比较30年代末和1919年的法国军队时,也于1937年宣称法国军队是国际和平的唯一保障。

他和与他同时代的大多数人把1937年的法国军队与1919年的法国军队作了比较,1919年法国军队的声誉则来自与同年德国军队的比较,但是他们没有比较1937年的法国军队和同年的德国军队。假使作了这种比较,我们就可以看到1919年的权力格局在30年代末倒转了过来。尽管法国军事力量实质上仍像它在1919年那样好,德国武装力量现在却远远优于法国的。仅仅关注法国武装力量,把它看成似乎是绝对的,这种方法所不能揭示的事实,本来可以由对法国和德国相对军事力量的对比揭示出来,从而可能避免政治和军事判断的致命错误。

在历史的特定时期处于权力顶峰的国家,特别容易忘记所有权力都只是相对的。它也许会认为,它取得的优势具有绝对的性质,只要不愚蠢和不失职就不会丧失它。基于这种假设的外交政策承担着严重的风险,因为它忽视了这一事实:该国优势权力只有一部分取决于它自己的素质,而另一部分取决于与本国相比较的其他国家的素质。

英国从拿破仑战争结束到第二次世界大战爆发所居的统治地位主要是由于它享有免遭攻击的岛国位置和它对世界重要航线的近乎垄断的控制。换言之,英国在那段历史时期里与其他国家相比具备其他国家不具备的两个优越条件。大不列颠的岛国位置没有改变,并且它的海军依然是世界上最强大的海军之一。但是其他国家拥有了诸如核弹和制导导弹这样的武器。这些武器使作为英国权力基础的两个优越条件在相当大的程度上作废了。英国权力地位的这种变化清楚地显示了张伯伦在第二次世界大战前的岁月里所面临的悲剧性的两难处境。张伯伦知道英国权力的相对性。他知道甚至战争的胜利也不能制止住它的衰落。张伯伦具有讽刺意味的命运是,他企图以任何代价避免战争的努力反而使战争不可避免,并且他被迫宣战,又担心这将是一场摧毁英国权力的战争。但是,自第二次世界大战结束以来,英国外交政策总的来说意识到了英国权力相对于其他国家权力的下降,这证明了英国治国方略的高明。英国政治家已经认识到这一事实:尽管英国海军本身可能仍像十年前一样强大,并且英吉利海峡依然宽阔而难以制服,但是,其他国家已使它们的权力增长到如此程度,以至于使英国的这两个资本丧失了很大的效用。

权力的永久性

影响评估国家权力的第二类典型错误与第一类有关,但出自不同的思想活动。它也许十分清楚权力的相对性,但它挑选出一个特别的权力因素或权力关系,把评估建立在这个因素或关系不会变化的假设之上。

我们已经谈到过把1940年前的法国看成是地球上第一军事强国的错误估算。持这种观点的那些人忘记了,法国权力在20世纪20年代的显赫地位是比较的结果,为了确定它在40年代的素质必须用比较来检验,因而他们把他们在第一次世界大战结束时感受到的法国权力设想为具有似乎不受历史变化影响的永久性质。反之,当法国的实际虚弱在军事失败中反映出来时,又出现了一种预期那种虚弱会持续下去的倾向。人们以忽视和轻蔑的方式对待法国,好像它注定要永远地虚弱下去。

对俄国力量的评估以相反的历史顺序重复了相似的模式。从1917年直到1943年的斯大林格勒战役,人们以为无论其他方面可能发生什么变化,苏联在20世纪20年代的虚弱必然持续下去。当英国预料到与德国的战争日益迫近时,它于1939年夏派了一个军事代表团到莫斯科,想与苏联结成军事同盟。但是,代表团带着十年或二十年前也许是正确的关于俄国权力的观点去进行它的工作。这种错误的评估是代表团空手而归的重要原因。另一方面,在斯大林格勒战役刚刚胜利之后,在苏联咄咄逼人的外交政策的影响下,人们普遍相信苏联是永远无敌的,它将在欧洲占有永久的统治地位,而且这种认识成了教条。

在我们对拉丁美洲国家的态度中似乎存在着根除不掉的倾

向。我们总是以为,自西半球赢得独立以来北方巨人所享有的不可动摇的优势,简直是自然规律。人口趋势、工业化、政治和军事的发展,可能会修改这一规律,但不能根本改变它。同样,由于几个世纪以来少数白人种族主宰着世界政治历史,而有色人种主要是这一历史的客体,因此对于所有种族来说都难以想象会出现白人种族的优越政治地位不复存在的情况;更难以想象会出现种族间的关系颠倒过来的情况。特别是那种貌似不可抗拒的军事力量的表现,对于那些匆忙预言而不细心分析的人具有奇特的迷惑力。它使他们相信,历史到这里仿佛是停滞不前了,而且今天不可动摇的权力的持有者,明天和后天仍能享受这一权力。因此,当1940年和1941年德国的权力达到顶峰时,人们普遍认为德国对欧洲的统治永远地建立起来了。当苏联的潜在力量在1941年震惊世界的时候,人们又敬畏地以为斯大林是欧洲和亚洲未来的主人。在战后的数年中,美国对原子弹的垄断造成"美国世纪"的观念的出现,这一观念指的是建立在不可动摇的美国权力之上的世界统治。①

相信权力的绝对性,或理所当然地认为特定权力格局具有永久性,所有这些倾向的根源在于,国家间权力关系能动的、不断变化的性质,同人类智力追求的以明确答案为形式的确定感和安全感之间存在着差距。面对着国际局势中的偶然、模糊、不确定的因素,我们试图获得对我们的外交政策所依赖的权力因素的确定理解。我们都发现自己处于维多利亚女王的位置:在维多利亚女王因帕默斯顿在国际舞台上捉摸不定的活动而被激怒因而将其解职之后,她要求新首相约翰·拉塞尔拟订"一项囊括与列强的这些不同关系的有规律的计划"。我们得到的回答并不总是像约翰·拉塞尔给维多利亚女王的回答那么明智。他答道:"确立任何原则而

---

① 詹姆斯·伯纳姆(James Burnham)是权力永久性的谬论在当代的最大牺牲者。见 George Orwell, "Second Thoughts on James Burnham", *Polemic*, No. 3 (May 1946), pp. 13 ff; "James Burnham Rides Again", *Antioch Review*, Vol. 7, No. 2 (Summer 1947), pp. 315 ff。

不经常背离它是十分困难的。"②然而,受到误导的公共舆论总是倾向于责难政治家如此背离原则,以为按原则办事而罔顾权力分配是好事而不是坏事。

为了在估算权力时尽量减少不可避免的错误,国际政治的观察者需要具有创造性的想象力。这种想象力应该不受一时的优势权力容易带来的迷惑力的影响,能够摆脱对历史发展必然趋势的迷信,接受动态的历史所赋予的变化的可能性。这种创造性的想象力将能够取得最高的思想成就,那就是在现存权力关系的外表下发现未来的萌芽,把关于实际是什么的知识与关于可能是什么的预感结合起来,并把所有这些事实、征兆和未知因素精炼为一幅关于未来的可能趋势的航图,而这一航图不致与行将发生的事情有过大的偏差。

单一因素的谬误

在评估不同国家的权力时所犯的第三类典型错误是赋予某个单一因素以压倒一切的重要性,而贬抑所有其他因素。这种错误在现代经常以三种表现形式出现:地缘政治学、民族主义和军国主义。我们能够通过这三种理论很好地说明这类错误。

地缘政治学

地缘政治学是一种伪科学。它把地理因素抬高到绝对地位,认为地理决定国家的权力,因而也决定着国家的命运。它的基本概念是空间。然而,空间是静态的,生活在地球空间内的人则是动态的。在地缘政治学看来,历史的规律是,各民族必须通过"征服空间"来扩张,否则就会灭亡,而且国家的相对权力取决于被征服的空间的相互关系。地缘政治学的这一基本概念,首次出现在哈尔福德·麦金德爵士于1904年在伦敦皇家地理学会上宣读的《历

---

② Robert W. Seton Watson, *Britain in Europe*, *1789—1914* (New York: Macmillan, 1937), p.53.

史的地理枢纽》一文里。"当我们思考对历史宏流的这一简略回顾时,地理关系的某种持久性难道不是昭然若揭吗?船只无法进入、但在古代任凭马背上的游牧民族驰骋、今天将被铁路网覆盖的广袤的欧亚大地,难道不是世界政治的枢纽吗?"这就是世界的"心脏地带",它从伏尔加河延展到长江,从喜马拉雅山伸展到北冰洋。"在枢纽地区之外,在广大的内新月形地带里的是德国、奥地利、土耳其、印度和中国。在外新月形地带里的是英国、南非、澳大利亚、美国、加拿大和日本。""世界岛"由欧洲、亚洲和非洲大陆组成,围绕着它的是世界上一些较小的陆地。从这种世界地理结构中,地缘政治学得出结论:"谁统治着东欧,谁就掌握了心脏地带;谁统治着心脏地带,谁就掌握了世界岛;谁统治着世界岛,谁就掌握了世界。"③

在这种分析的基础上,麦金德预言,俄国,或无论哪个控制了上述领土的国家,将会作为统治世界的强国而出现。豪斯霍费尔将军曾对纳粹政权的权力谋算和外交政策起过重要影响,在他的领导下,德国地缘政治学者讲得更具体。他们主张与苏联结盟或由德国征服东欧,以便使德国成为地球上的主导大国。显然,这种主张不能从地缘政治学的前提中直接推导出来。地缘政治学只告诉我们哪一块空间由于它相对于其他空间的位置而注定孕育着世界的主宰。它并没有告诉我们那个主宰将诞生在哪个特定的国家。因此,地缘政治学的德国学派,由于热衷于显示德意志民族负有征服"心脏地带"这一统治世界的地理宝座的使命,就把地缘政治学的原理与人口压力的论点结合了起来。德意志民族是"缺乏空间的民族",并且他们为了生存必须占有的"生存空间",就是吸引着他们去征服的空旷的东欧平原。

麦金德和费尔格里夫在其著作中所提出的地缘政治学,为国家权力现实的一个方面描绘了一幅有根据的图画。这幅图画是从

---

③ Sir Halford J. Mackinder, *Democratic Ideals and Reality* (New York: Henry Holt, 1919), p. 150.

唯一的因此也是歪曲的地理角度来描绘的。在豪斯霍费尔和他的门徒手中,地缘政治学被转变为一种政治形而上学,用来当作为德国的国家欲望服务的意识形态工具。④

民族主义

地缘政治学企图单单从地理的角度去理解国家权力问题,并在这一过程中蜕化为披着伪科学外衣的政治形而上学。民族主义试图单单从民族性格的角度,或至少是主要从民族性格的角度去解释国家权力,并在这一过程中蜕化为种族主义的政治形而上学。正像地理位置对于地缘政治学来说是国家权力的决定因素一样,某一民族的属性在民族主义看来是类似的决定因素。民族的成员资格可以由语言、文化、共同的起源、种族或个人做出归属该民族的决定来定义。但是无论如何定义,成员资格的实质总是使成员带有被称为民族性格的某些品质。某一特定民族的成员共同具有这些品质,并且因这些品质而区别于其他民族的成员。保持国民性格,尤其是发展它的创造能力,是民族的最大任务。为了完成这一任务,民族需要能够保卫它免遭其他民族侵害的权力和激励它自身发展的权力。换言之,民族需要国家。因此,"一个民族,一个国家"是民族主义的政治主张;民族国家是它的理想。

但是,虽然民族因保持和发展的缘故而需要国家的权力,国家为了维持和增长它的权力也需要民族共同体。特别是在德国民族主义的哲学中——例如在费希特和黑格尔的著作中——民族性或民族精神作为民族共同体的灵魂而出现,国家的政治组织作为躯体而出现,而民族共同体为了完成它在其他各民族共同体中的使命则两者都需要。亲近感、对共同文化和传统的参与、对共同命运

---

④ 孤立主义和西半球团结的意识形态含义与地缘政治学有血缘关系,因为它们从歪曲的和虚幻的地理因素中推演外交政策的概念。书中指出了孤立主义的偏颇;至于西半球在地缘意义上团结的虚幻性,参阅 Eugene Staley, "The Myth of the Continents", in *Compass of the World*, edited by Hans W. Weigert and Vilhjalmur Stefansson (New York: Macmillan, 1944), pp. 89—108。

的认识,这些是民族感情和爱国主义的实质性的东西,它们被民族主义转化为政治神秘主义。民族共同体和国家在这种政治神秘主义中成为超人的实体,它们脱离并高居于个人成员之上,有权要求绝对的忠诚,并且像古老的偶像一样,接受人和物的牺牲。

这种神秘主义在对民族性的种族主义崇拜中达到了极点。在这里,民族被等同于一个生物实体,即种族。只要种族依然是纯粹的,它就能造就出强有力的和杰出的民族性。通过与异族分子的结合而引起的种族不纯会腐蚀民族性,并因此削弱国家权力。民族的同质性和种族的纯洁性因此作为国家权力的实质而出现,并且为了国家权力,少数民族必须被同化或被驱逐。最后,本民族的民族性终于被认为是所有这些品质——勇气、忠诚、纪律、勤劳、忍耐力、智慧和领导能力——的贮藏所。具有这些品质证明了对其他民族行使最高权力的合理性,并同时使得这种权力的行使成为可能。对本民族品质的过高估计是所有民族主义的特点,这导致了以优越种族的概念为表现的对民族性的盲目崇拜。优秀种族依靠其民族性的优越品质,注定要统治世界。由于有这些品质,它就具有了行使世界范围的统治权的潜在力量,治国和军事征服的任务就是要将那些沉睡的潜力转变为世界帝国的现实。

与地缘政治学的过激相比,民族主义及其变种种族主义在思想上和政治上的过激使不信仰民族主义的人感到更为震惊和厌恶。地缘政治学主要局限于德国,且其语言晦涩难懂。而民族主义的过激行为是世俗宗教的逻辑产物,虽然,它以灭绝、奴役和征服世界的圣战狂热只吞没了某几个国家,但在世界各地的许多国家留下了它的烙印。鉴于民族主义把民族性作为它的政治哲学、纲领和行动的唯一轴心,批评它的观察家经常倾向于走向另一极端,即一概否认民族性的存在。由于他们意欲显示民族主义的神话的和主观的实质,他们急于说明,所谓民族主义的经验基础即民族性只不过是一种神话。

人们可以欣然同意对民族主义和种族主义的这种批判:所谓"血统"——即一群体的成员共同具有的生物特征——不可避免地

决定民族性的说法,是没有任何事实根据的政治杜撰。人们也可以同意,民族性的绝对永恒来源于一个纯粹种族的品质不变性的说法属于政治神话学的范畴。美国作为一个民族的存在和它的同化能力提供了驳斥这两个论断的有力证据。另一方面,一概否认民族性的存在和它对国家权力的影响也是与经验事实相违背的。我们前面已经举过几个关于这种事实的例子。⑤ 这种否认同样是错误的。它对于正确评估一国相对于其他国家的权力的危害并不亚于民族主义神化民族性所带来的危害。

军国主义

军国主义在战备问题上所犯的错误,与地缘政治学和民族主义在地理和民族性问题上所犯的错误是同一类型的。军国主义的观念认为,国家的权力如果不是唯一地也是主要地存在于军事力量中。他们特别看重以数量衡量的军事力量。世界上最大的陆军、最大的海军和最大最快速的空军、核武器数量上的优势,就成为国家权力的最重要的——如果不是唯一的——象征。

有些国家的军事力量依赖于海军而不依赖于庞大的常规陆军。这些国家经常憎恶地指出,德国、法国和苏联是军国主义国家,而没有认识到它们自己也发展了特别品牌的军国主义。由于受到了像马汉这样的作者的影响,它们都过分强调海军数量和质量对于国家权力的重要性。在美国,一种影响广泛的倾向是过分强调战备的技术方面,如飞机的速度和航程以及核武器的独特性。大队正步走的德国士兵使普通的德国人忘乎所以。五一节时,在宽阔的红场上的人海中,普通苏联人体验到苏联源于空间和人口的权力优势。典型的英国人在看到庞大的无畏舰队时往往丧失了做出公允判断的能力。许多美国人抵抗不住原子弹的"神秘"释放出来的迷惑力。所有这些对于战备的态度都犯了同样的错误,即错误地相信,构成国家权力的全部东西或至少是主要的东西就是从

---

⑤ 见第143页及其后。

人员和武器的数量和质量方面考虑的军事因素。⑥

军国主义的错误不可避免地导致将国家权力与物质力量等同起来。手持大棒高声说话——套用西奥多·罗斯福的一句名言——确实是军国主义外交喜爱使用的方法。这种方法的鼓吹者不懂得有时候手持大棒轻声说话是高明的；有时候把大棒留在家里，待需要时再拿出来使用，是更高明的。由于只关心军事力量，军国主义轻视无形的权力。没有这种无形的权力，强国可能吓倒其他国家，使它们屈从于自己，或用占压倒优势的武力征服它们，但是它统治不了被征服的国家，因为它无法使之自愿接受其统治。最后，军国主义国家必然逊色于以自我约束而修炼的国家。这种自我约束的国家不经常使用军事力量，而追求国家权力的有效性。斯巴达、德国和日本军国主义的失败同罗马和英国建立帝国的政策的成功形成对比，显示了我们称为军国主义的那种思想错误的灾难性实际后果。

这样，军国主义的错误使国家权力的结构和轮廓变得更为鲜明。军国主义不能理解这一悖论：物质力量的顶峰并不一定意味着总体国家权力的顶峰。不理解这一点是军国主义错误的实质。将自己所能拼凑起来的所有物质力量投入国际政治舞台的国家，将发现自己面对着所有竞争者为了赶上或超过它的权力所做的极

---

⑥ 关于军国主义的这个方面，R. H. 托尼（R. H. Tawney）在 *The Acquisitive Society* (New York: Harcourt, Brace, 1920)一书第44页有过令人难忘的描述："军国主义是社会的特征而不是军队的特征。它的实质不是战备的特定质量和规模，而是一种思想状态，它致力于社会生活中的某一特定因素，最终将它抬升为所有其他因素的决定因素。军事力量存在的目的被忘记了。它被认为有权利独立存在并不需要任何证明。它不仅没有被认为是在一个不完美的社会中的必需的工具，反而被当作迷信崇拜的对象，好像没有它世界就会变为枯燥可怜的所在。因此政治机构、社会安排、知识、道义和宗教都被塞入一个适应一种活动的模子，这种活动在正常的社会里是一个从属的活动，它与治安、维持监狱或清扫阴沟等活动是一样的，但是在军国主义国家中，它成为社会本身的某种神秘象征。"

"军国主义……是偶像崇拜。人的灵魂拜倒在偶像之下，并且，人牺牲自己的躯体取悦于偶像。"

大努力。它将发现它没有朋友，而只有附庸和敌人。自从15世纪现代国家体系兴起以来，没有哪一个国家仅凭物质力量能成功地把它的意志长期地强加于世界其余地方。没有哪一个使用军国主义方法的国家强大到足以抵挡其他国家的联合反抗，而这种反抗产生于这些国家对它的物质力量优势的恐惧。

在现代唯一能够持续保持优势地位的国家，是把潜在的优势力量、优势的声誉和不常动用这种力量罕见地结合起来的国家。所以，一方面由于英国的自我约束赢得了强大的盟国并因而获得实际优势，它能够战胜对其优势的所有挑战。另一方面，由于它的优势没有威胁到其他国家的生存，它能够将向它挑战的动机减至最小。当大不列颠迈向它的权力顶峰之时，它听取了本国最伟大的政治思想家的警告——这一警告在今天像在1793年它第一次发出时一样适用：

> 在针对野心的预防措施中，采取一项针对我们自己的预防措施是不会错的。我必须坦率地说，我害怕我们自己的权力和我们自己的野心；我害怕我们太让人害怕了。说我们不是凡人，还说我们如果是凡人也绝不会期望以这种或那种方式自我扩张，是荒谬的。甚至就在这一时刻，我们能够说我们没有惹人怨恨地扩张吗？我们已经几乎垄断了所有世界贸易。我们在印度的帝国是个可怕的东西。如果我们已经处于不仅保持了贸易上的支配地位，而且处在能够绝对不受任何控制地使所有其他国家的贸易取决于我们的意愿的地位，那么，我们可以说，我们不会滥用这一惊人的和前所未闻的权力。但是，其他所有国家都将认为我们会滥用这种权力。虽然这是不可能的，但是类似现象或迟或早必然造成反对我们的联盟的出现，这种联盟可能最终会将我们置于死地。⑦

---

⑦ Edmund Burke, "Remarks on the Policy of the Allies with Respect to France", *Works*, Vol. IV (Boston: Little, Brown, 1899), p. 457.

第四编 国家权力的阻制:权力均衡

第十一章 权力均衡

经典名句

◆ 若干国家追逐权力,各自试图维护现状或推翻现状,势必导致所谓权力均衡的态势和旨在维护这种态势的政策。

◆ 国际权力均衡不过是一项社会普遍原理的特定表现,在任何一个由若干独立单位构成的社会中,各组成单位之所以能够保持自主,都归因于这一原理;权力均衡和旨在维护权力均衡的政策,不仅是无法避免的,而且也是使由主权国家构成的社会得以稳定的基本因素;国际权力均衡的不稳定,并非因为该原理出了问题,而是因为该原理在一个主权国家构成的社会中运行时,无法摆脱特定的环境。

◆ 各个有关国家的独立,只能是建立在自己的权力之上以防止其他国家的权力侵害自己的独立,而不能建立在其他任何基础之上。

《联邦党人文集》作者之一汉密尔顿

若干国家追逐权力,各自试图维护现状或推翻现状,势必导致所谓权力均衡①的态势和旨在维护这种态势的政策。这里,使用"势必"一词并非姑妄言之。因为在此我们又遇到了妨碍我们理解国际政治、使我们陷入幻觉的错误观念。这一错误观念是,人们须对以下两种情形做出选择:其一是权力政治及其必然的派生物——权力均衡;其二是与前者不同的、更好类型的国际关系。这种观念坚持认为,基于权力均衡的外交政策只是几项可选择的外交政策中的一种,只有蠢材或恶人才会选择前者、舍弃后者。

我们将在下文中说明,国际权力均衡不过是一项社会普遍原理的特定表现,在任何一个由若干独立单位构成的社会中,各组成单位之所以能够保持自主,都归因于这一原理;权力均衡和旨在维护权力均衡的政策,不仅是无法避免的,而且也是使由主权国家构成的社会得以稳定的基本因素;国际权力均衡的不稳定,并非因为该原理出了问题,而是因为该原理在一个主权国家构成的社会中运行时,无法摆脱特定的环境。

社会平衡

权力均衡的普遍性

作为"均衡"(balance)的同义词,"平衡"(equilibrium)一词被广泛应用于各种学科,如物理学、生物学、经济学、社会学和政治学

---

① 本书在以下四种意义上使用"权力均衡"一词:(1)旨在寻求某种态势的政策;(2)实际存在着的态势;(3)近乎平等的权力分配;(4)任何类型的权力分配。当本书中不加限定地使用该词时,系指国际社会中若干国家权力分配近乎均等的状况。

等。平衡系指若干独立存在力量构成的体系内部的稳定。每当由于外力的侵扰或由于构成该体系的一个或多个要素的改变而打破平衡时,该体系都显露出重建平衡的趋向,无论是恢复原有的平衡还是形成新的平衡。人的躯体内存在着这种平衡。当人体在生长发育的过程中发生变化时,只要体内各器官的变化不干扰身体的稳定,人体的平衡就会得以持续。在各器官发生成比例的质和量的变化时,人体的平衡尤为典型。但是,当人体由于外界侵扰而受伤或失去某一器官、罹患癌症或其他病变时,平衡便受到了干扰,这时身体便试图重建平衡以消除干扰。新的平衡程度可能与受干扰前的平衡程度相同,也可能不同。②

平衡这一概念同样也应用于社会科学,如经济学领域中。经济学中的平衡反映经济体系中不同因素之间的关系,如储蓄与投资、出口与进口、供应与需求、成本与价格各对概念之间的关系。

---

② 参见学者对于人体平衡与社会平衡二者所做的耐人寻味的类比,如沃尔特·坎农(Walter B. Cannon)在 *The Wisdom of the Body* (New York: W. W. Norton, 1932)一书的第 293 和 294 页指出:"值得注意的是,国家这一政治躯体最初也显露出自身具有粗疏的自动稳定功能的征象。在前一章中我曾提出一个基本论点:如果一个复杂体系具有某种程度的不变性,这便说明该体系中的各部门正在或随时准备做出反应来保持不变性;并且,某一体系之所以能够持续保持稳定,是因为任何趋于变更的倾向,都会遭到某一个因素或几个因素越来越强烈和有效的抵抗而受到抑制。人们熟知的许多事实都在某种程度上印证了这一论点,甚至就目前不稳定的社会状态而言,这一论点也是正确的。保守主义甚嚣尘上,会引起激烈的反对;随后,社会又转而返回保守主义。政府的松懈无力把改革者推上权位,然而改革者上台不久,严厉的限制又造成动荡不安、激起要求自由放任的呼声。战时高尚的热忱和献身精神过后,是精神冷漠和自我纵欲的放肆。任何强劲的趋势都难以使一个国家发展到崩溃的地步;在此之前,矫正它的力量就产生了,从而阻止了这一趋势的继续发展;同样,矫枉力量自身也会发展到过正的程度,最终会导致反作用力的产生。对于这种社会周期性波动、交替变化性质的研究,可能会有助于人们认识社会的震荡并寻求将这种震荡的幅度限制在较窄范围的方法。然而,关于这一点我们注意到,目前人们只能粗疏地限制社会震荡,这种限制可能暗示着目前我们正处于社会自动平衡的早期阶段。"

当代资本主义本身已被描述为"权力相抵"的体系。③ 平衡这一概念也适用于社会整体。于是我们便寻求一种不同地区间适度的平衡，如东部与西部、南部与北部的平衡；不同类型活动之间的平衡，如农业与工业、重工业与轻工业、大型商业与小本经营、生产与消费、经理与工人的平衡；不同职能集团之间的平衡，如城市与乡村、中老年与青年、经济领域与政治领域、中产阶级与上层和下层阶级的平衡等。

所有这些平衡均基于以下两项假设：第一，相互平衡的各因素对于社会来说是不可或缺的，或者是有权生存的；第二，各因素之间若不存在平衡状态，其中一个因素就会居于主宰地位，侵害其他因素的利益和权利，并且最终可能毁灭后者。因而所有这些平衡，目的都在于在维持体系稳定的同时，不容许破坏构成体系的诸因素的多样性。如果目标仅仅是稳定，那么，一个因素去摧毁和压倒其他所有因素并取而代之，就可以达到目的。既然目标是在稳定之外还有体系内所有因素的共存，平衡就必须防止任何一个因素取得足以压倒其他因素的主宰地位。用以维系平衡的方法是，允许诸要素保持彼此在一定程度内相反的趋向，使一种趋势不至于强大到压倒其他趋势，但必须足以防止别的趋势压倒自己。用罗伯特·布里奇的话来说便是：

> 我们需要的稳定就是平衡，
> 智谋在于巧妙地处理未知的事情。

对于社会平衡的机制最为精彩而简洁的描述，莫过于《联邦党人文集》中的有关论文了。关于美国政府的制衡体系，《联邦党人文集》第五十一篇论文指出：

> 用相反和对立的利益弥补良好动机的欠缺，这种政策可以从人类各种公私事务的整个体系来探究。我们看

---

③ John K. Galbraith, *American Capitalism, the Concept of Countervailing Power* (Boston: Houghton Mifflin, 1952).

到,这一政策尤其突出地体现在下属权力的分配中,所有下属权力的分配,其永久的目标都不外按这种方式来划分和安排某些公职,以便使各个部门间彼此有所牵制,从而使每个人各自的利益都可以成为公共权利的卫士。这些审慎举措的发明,在国家最高权力的分配中同样是不可或缺的。

借用约翰·伦道夫的一句话则是:"你可以在羊皮纸上遍写限制的文字,然而只有权力才能制约权力。"④

国内政治中的权力均衡

在国际领域之外,平衡或均衡这种概念最重要的应用,是在国内政府和国内政治的领域之中。⑤议会机构内部经常形成权力均衡。

---

④ 转引自 William Cabell Bruce, *John Randolph of Roanoke* (New York and London: G. P. Putnam's Sons, 1922), Vol. II, p. 211。

⑤ 毋庸赘言,尽管权力均衡是一种普遍的社会现象,然而它在国内政治中的功能与效果和它在国际政治中的功能与效果是不同的。在国内政治中,社会是统一的整体,强烈的共同意识和中央政府平时不容挑战的权力使之结为一体,权力均衡在这样一个相对稳定的框架内运行。在国际领域里,共同意识是脆弱的,中央权力机构并不存在,社会的稳定和各成员的生存,反而更多地要依赖于权力均衡的作用。

也可比较艾伦·史密斯(Allen Smith)在 *The Growth and Decadence of Constitutional Government* (New York: Henry Holt, 1930)第241、242页的论述:"由于不存在任何共同的、公正的机构来解释国际法和管理国际关系,每一个国家均追求增加自身的权力,同时有可能的话,阻止敌对国家权力的增加。自保的本能在一个由独立国家组成的世界中发挥作用,它驱使每一个国家为保障自身安全、消除外来侵略的危险而追求权力。没有一个国家足以强大到能够反对任何可能的国家联合,这构成了国家间缔约联盟和反联盟的必要性。每一个国家都试图通过结盟,确保自身安全遭遇外来威胁时得到必需的援助。这种情况通常被人们称作维持权力均衡的斗争,它不过是把国内制衡的理论移用于国际政治而已。有这样一种正确的假定:任何一国占据国际事务中的主宰地位,就会确定无疑地对世界其他各国的利益和福祉构成威胁。尽管在一国获得权力时,它或许只是一种保护性的工具,但一旦该国察觉到它强于任何可能的敌手时,手中的权力就会立即成为国际和平的威胁。在国际政治中,维持权力均衡之必要,并不亚于在一国范围内,须阻止任何特殊利益获得压倒其他利益的优势。但是,由于这种权力多党制尤其有助于这种权力均衡的发展。在这里,分别代表立法机构内少数派的两个集团常常处于对抗状态,多数派的形成有赖于第三集团的投票。第三派则倾向于加入潜在的或事实上的较弱一方,于是形成了对较强一方的制约。即使是美国国会的两党制也呈现出这种典型的制衡程序的外观。在罗斯福政府后期和杜鲁门政府的大部分时间内,南部的民主党人组成第三党,在许多问题上投票表决时,与共和党少数派持相同的观点。这样,他们不仅制约着国会中的民主党多数派,也牵制着民主党控制的行政部门。⑥

美国政府是一个突出的现代例证,它体现了政府体系的稳定是由其组成部分的平衡来维系的。对此,布赖斯勋爵指出:

> 毋庸讳言,美国宪法是作为一种制约和均衡的手段而缔造的。政府每一部门都要制约其他部门,以保持整个政府的平衡。立法机关是用来制约行政机关的。司法机关则用来制约这两个部门。国会两院互相制约。中央政府及其所有分支机构,是用来制约州政府的。由于这种平衡已被置于一个文件——除人民自身外任何人不得更改的文件——的保证之下,中央政府的任何一个部门

均衡的观念以担心受到别人的攻击为前提,并认为每一个国家都应准备打仗,因此,它在任何意义上都不是国际和平的保障。"亦可参见 *The Cambridge Modern History* (New York: Macmillan, 1908), Vol. V, p. 276。

⑥ 参见约翰·斯图尔特·密尔(John Stuart Mill)就这一普遍性问题作的阐述:"在这样构成的社会状态下,如果代议制度能达到尽善尽美,又能够在这种社会状态中延续下去,它的组织就必须是这样:这两个阶级——体力劳动者及其盟友为一方,雇主及其盟友为另一方——在代表体制的配置上保持平衡,每一方左右着议会内大致相同的票数。如果说各个阶级的多数之间彼此观点的不同主要是因为各自的阶级利益不同,那么,在每一阶级中就会有一个少数派,他们的考虑服从于理性、正义和全体的福利;而任一阶级的这种少数派和另一阶级的全体结合在一起,就会使平衡的变化有利于自己一方,从而能够反对本阶级中多数的那些不应当得逞的要求。"John Stuart Mill, *Considerations on Representative Government* (New York: Henry Holt, 1882), p. 142. 亦可参见第153页;关于联邦制国家的权力均衡,可参见第9、200页。

都不得并吞或无视其他部门,……每一部门均保持自己的独立并且可以在特定的程度上抗衡其他部门。

但是,在所有政治机构和职位(即先后掌握同一职权的不同官员)中,必然经常发生冲突,这近似于达尔文先生指出的动植物的生存竞争。如同动植物世界一样,在政治领域内,这种斗争刺激着每一个机构和职位去竭尽全力维护其存在,并且倘若可能,沿任何方向去发展自己;政府的每一部门都努力扩大自己的圈子和权力;每一部门都已在某一方面取得进展,但在其他方面的发展却受到其他部门相同或较强的压力的限制。⑦

对于查尔斯·比尔德所称的这种"动态平衡"或"变动着的力的平行四边形"的权力结构⑧,《联邦党人文集》第五十一篇进行过透辟的分析:"这种欠缺必须用下述方法来弥补;把政府的内部结构设计成若干个组成部分,使之彼此作用,各得其所。……但是,防止多项权力逐渐集中到同一部门的最可靠方法,就是授予每一部门的主管人以必要的法律手段和个人动力,来抵制其他部门的染指。……这里的防范措施必须像其他场合一样,与受攻击的危险相称。野心必须用野心来对抗。主管人的利益必须与其职位的法定权力相联系。……"这些法律措施目的在于"保卫社会的一部分人抗御另一部分人的不公正行为。不同阶级的公民必然有着不同的利益。假如多数人基于共同利益重新联合起来,少数人的权利就没有保障了"。

该文作者麦迪逊期望"社会容纳众多独立的公民类型,以使在社会总体中形成多数人不公正组合的可能性降至最低,如果不能完全杜绝的话",从而保障少数人的权利。"社会自身将被分割成

---

⑦ *The American Commonwealth* (New York: Macmillan, 1891), Vol. I, pp. 390—391.

⑧ *The Republic* (New York: Viking Press, 1944), pp. 190—191.

众多的部分、众多的利益和众多的公民阶层,这样,个人或少数人的权利就不易受到利益一致的多数人的侵害",其安全程度则"取决于利益数目的多寡"。查尔斯·比尔德这样概括美国政府的哲学:"宪法制定者认识到政府的运作意味着权力,他们试图使政府三个部门中不同人的野心、利益和力量相互对抗,以防止任何机构攫夺所有的权力,防止它们变得异常危险地强大。"⑨

我们仅需用国际政治的术语去替代《联邦党人文集》、布赖斯勋爵和查尔斯·比尔德分析美国政府结构和动力时使用的概念,美国宪法的制衡体系与国际权力均衡体系的共通之处就显现出来了。换言之,是同一种动力驱动着美国的制衡体系和国际权力均衡体系。两个体系都寻求为它们各组成要素自身的稳定和独立履行同一种功能,无论它们在使用的手段上和所实现目标的程度上有多么大的不同。二者都受制于从变化、失衡到在不同的水平上重建新的平衡这样一种动态的过程。

国际权力均衡的主要模式是什么?它赖以产生和运转的典型条件是什么?它履行怎样的功能?在当代历史上,它经历着怎样的变化?

权力均衡的两种主要模式

两项因素构成国际社会的基础:一是多样性,二是其要素即各个国家之间的对抗性。各国的权力欲望可能以两种不同的方式酿成冲突,并且,一些国家,如果不是大多数国家的话,在历史上某些特定的时间里确曾经历过这种情形。换言之,在国际舞台上争夺权力的斗争可能以两种典型的模式进行。

---

⑨ Ibid. 亦可参阅 John C. Calhoun, "A Disquisition on Government", in *The Works of John C. Calhoun* (Columbia: A. S. Johnston, 1851), Vol. I, pp. 35—36,38—39。

直接对抗的模式

A 国可能对 B 国推行一种帝国主义政策,对此,B 国可能回应以现状政策或自己的帝国主义政策。1812 年法国及其盟国反对俄国,1941 年起同盟国对抗轴心国,都符合这种模式。这种模式是直接对抗的类型之一,对抗发生在一个企图建立凌驾于他国之上的权力的国家与不甘臣服的另一个国家之间。

A 国也可能对 C 国推行一种帝国主义政策,C 国或者对抗或者默认这一政策,而这时 B 国随之对 C 国采取帝国主义政策或现状政策。在这种情况下,控制 C 国便是 A 国的政策目标。另一方面,B 国反对 A 国的政策,因为它企图保持 C 国现状或者企图自己控制 C 国。这里,A 国和 B 国之间权力斗争的模式就不是直接对抗的类型而是竞争的类型了,竞争的目标是对 C 的控制,只有通过对这一中介物的争夺,A、B 两国之间才发生权力竞争。从英国与俄国之间为控制伊朗进行的竞争中可以看到这一模式,就伊朗问题两国间的权力斗争在过去的一百年间频繁出现。标志着第二次世界大战后法国、英国、苏联和美国之间关系的对于德国施加支配性影响的竞争,也清楚地反映了这一模式。

正是在这些情况下,权力均衡才得以运转并履行其典型功能。在直接对抗的模式中,权力均衡直接起源于其中任何一个国家期望看到它的政策压倒对方政策的欲望。A 国试图增加对于 B 国的权力,直到它能够控制 B 国的决策、使自己的帝国主义政策取得成功。另一方面,B 国则试图把自己的权力增大到使它能够抗拒 A 国压力的水平,从而挫败 A 国的政策,或者也伺机成功地推行自己的帝国主义政策。在后一种情况中,A 国必须相应地增加自己的权力以便能够对抗 B 国的帝国主义政策并伺机成功地推行自己的帝国主义政策。这种对抗力量的平衡会持续下去,一国权力的增加将会引起另一国权力至少同等程度的增加,直到有关国家改变其帝国主义政策的目标,如果不是完全放弃这一政策目标的话;或者直到一国已经赢得或者自信已赢得对另一国的决定性优势。接下来,不是弱者屈服于强者,便是由战争解决问题。

在这种情况下,只要权力均衡成功地运转,它就会履行两种功能。它使有关国家之间形成一种脆弱的稳定状态,一直有遭受破坏之虞,因而需要不断地修复。然而,这是在这种权力模式的假设情况下最有可能得到的一种稳定状态。因为在此我们面临着权力均衡不可避免的内在矛盾。权力均衡假定的两个功能之一是实现国家间的权力关系的稳定;然而,如同我们已认识到的,这些关系的性质决定了它们是容易不断发生变化的。它们本质上是不稳定的。决定天平相对位置的砝码时而变重时而变轻,分量的增减使权力均衡可能取得的任何稳定都是脆弱的,须依多端的变化进行调整。在这种条件下,成功的权力均衡履行的另一功能是确保一国的自由,使其免受另一个国家的支配。

均衡并非在偶然情况下或是仅仅在一段时间内才是不稳定的、动态的,从本质上看和从长远讲也是如此。由于均衡本质上的不稳定和动态的特性,有关国家的独立本质上也是脆弱的和危机四伏的。然而,这里必须再次指出,在这种特定的权力模式的情况下,各个有关国家的独立,只能是建立在自己的权力之上以防止其他国家的权力侵害自己的独立,而不能建立在其他任何基础之上。以下示意图说明了这一态势:

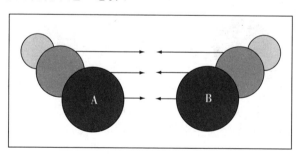

竞争的模式

在另一种模式即竞争的模式中,权力均衡的机制与已讨论过的机制是相同的。A国控制C国所必需的权力由于受B国的反对而被抵消了,如果不是被超过的话;反之,B国企图控制C国所需的权力也被A国的权力抵消了,如果不是被超过了的话。不过,均衡在这里除了使A国与B国之间形成一种不可靠的稳定和安全关系外,还附带地履行了另一种功能,即维护了C国的独立,使其免于A国或B国的侵害。C国的独立仅仅取决于A国与B国之间的权力关系的状况。

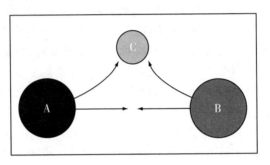

如果这种关系发生了有利于帝国主义国家即A国的决定性转变,C国的独立将立即处于危险之中:

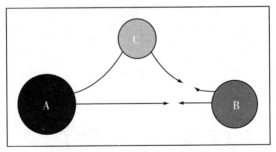

如果现状国家即B国获得决定性的压倒优势,C国的自由将由于这种优势变得较为安全了:

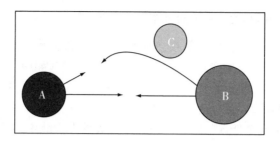

最后,如果帝国主义国家 A 国完全放弃其帝国主义政策或者将帝国主义政策的对象由 C 国永久地转向另一个国家即 D 国,C 国的自由将永久地得到保障:

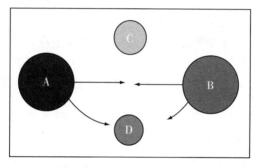

关于权力均衡维护弱小国家独立的功能,没有任何人比埃德蒙·伯克认识得更为清楚了。1791 年,他在《法兰西事务的思考》一文中说:

> 只要这两位君主[普鲁士国王和德意志皇帝]彼此不睦,德意志的自由就是有保障的。但是,如果有朝一日他们豁然领悟,居然认为彼此成比例地扩张较之相互削弱所得到的利益更为直接和明确;也就是说,一旦他们认识到分赃得到的富足较之继续推行阻止对方损害其他各邦的旧的政策而得到的安全具有更大的吸引力,那么从这

一刻起,德意志的自由就不复存在了。⑩

小国的独立总是依靠权力均衡(如第二次世界大战前的比利时和巴尔干国家),或者依靠某一保护国的优势(如中美洲和南美洲的小国以及葡萄牙),或者由于对于帝国主义的贪欲缺乏吸引力(如瑞士和西班牙)。这些小国维护其中立地位的能力始终来源于这个、那个或全部这些因素,比如,第一次世界大战中的荷兰、丹麦和挪威(相比之下,在第二次世界大战中却未能如此),两次世界大战中的瑞士和瑞典便是如此。

对于那些所谓缓冲国,即地理位置靠近强国并服务于后者的军事安全的弱小国家来说,其生存也有赖于同样的因素。最突出的例子是比利时,从1831年成为独立国家起直到第二次世界大战,它作为一个缓冲国依靠权力均衡而得以生存。那些位于苏联的西部和西南部边界沿线、从芬兰到保加利亚的所谓俄国安全地带的国家,服务于其强邻的军事和经济利益,它们的生存得到了强邻的许可。

朝鲜和权力均衡

所有这些不同的因素相继影响了朝鲜的命运。由于它的地理位置毗邻中国,在历史上大部分时间里,它依靠强邻的控制和介入,作为一个自治国家而生存。每当中国的权力不足以维护朝鲜的自治地位时,另一个国家,主要是日本,就会试图在朝鲜半岛取得立足点。自公元1世纪以来,朝鲜的国际地位大体上一直由中国至高无上的地位或者中日之间的竞争所决定。

7世纪朝鲜的统一是中国介入的结果。从13世纪起到19世纪中国权力的衰落为止,朝鲜听命于中国,与中国的关系是与宗主国的关系,在政治和文化上接受中国的领导。在日本入侵朝鲜未能取得持续的成功之后,自16世纪末,日本便反对中国的要求,企

---

⑩ *Works* (Boston: Little, Brown, 1889), Vol. IV, p. 331.

图由它自己来控制朝鲜。由于在1894—1895年的中日战争中获胜,日本的要求得以实现。此后在控制朝鲜问题上,日本受到俄国的挑战,并且,从1896年起,俄国的影响占主导地位。日本与俄国就控制朝鲜进行的争夺由于1904—1905年日俄战争中俄国的战败而结束。日本于是确立了对朝鲜的控制,这种控制由于日本在第二次世界大战中的战败而告终。此后,美国取代日本来抗衡俄国对朝鲜的野心。中国通过参加朝鲜战争恢复了它在朝鲜问题上的传统影响。因此,两千多年来,朝鲜的命运一直取决于一个国家控制朝鲜的优势,或者取决于两个竞相控制朝鲜的国家之间的权力均衡。

193

第十二章　权力均衡的不同方式

经典名句

◆ 均衡过程可以通过两种方式完成：一是减轻天平较重一侧的分量，二是增加较轻一侧的分量。

◆ 人们虽然常常假定盟约永久有效，签订时规定的有效期是"永久"或十年、二十年，但其实它们的有效时间不可能超过它们所要取得的共同利益的结合所持续的时间，这种结合通常都是很不稳定的、稍纵即逝的。联盟是短命的，这是一条规律。

◆ 平衡的掌控者在权力均衡体系中占据关键地位，因为它的立场将决定权力斗争的结局。因此，它被称作权力均衡体系的"公断人"，最终裁定谁是胜者、谁是输家。它使任何一个国家或国家间的联盟不可能获得凌驾于其他国家和联盟之上的优势，从而保持了自己和所有其他国家的独立，因此，它是国际政治中权势最大的因素。

亨利八世

均衡过程可以通过两种方式完成：一是减轻天平较重一侧的分量，二是增加较轻一侧的分量。

分而治之

除了在和约中向战败国强加严苛的条件、煽动叛乱和鼓动革命以外，第一种方式典型地体现在"分而治之"这一格言中。那些分化竞争对手或使之保持分裂从而使之受到削弱或持续受到削弱的国家，都是在使用"分而治之"这一策略。现代史上最为一贯和最突出地推行"分而治之"政策的例子，莫过于法国对德国的政策以及苏联对欧洲其他国家的政策了。从17世纪起到第二次世界大战结束，法国外交政策一项不变的原则，就是主张把德意志帝国分割成许多独立的小国，或者阻止这样的小国形成统一国家。从黎塞留支持德意志各小邦的新教君主、拿破仑一世扶植莱茵联邦、拿破仑三世支持德意志南部各小邦的君主、第一次世界大战之后法国对流产的德国境内分裂运动给予支持，到第二次世界大战之后法国反对德国统一，所有法国这些外交活动，皆出自对欧洲权力均衡的考虑。法国认为一个强大的德国是对欧洲权力均衡的威胁。与之相似的是，苏联从20世纪20年代起至今，一直反对所有的欧洲统一计划，它所做的假定是，如果欧洲国家分散的力量聚集起来，形成一个"西方集团"，就会使苏联的敌人拥有强大的权力，从而威胁苏联的安全。

平衡几个国家的权力的另一方式是增加较弱国家的实力，这种方式又包括两种手段。一是B国自身可以增加权力，使之足以抵消——如果不能超越——A国的权力；对于A国也是如此。二是B国联合政策目标相同的其他国家的力量对抗A国,在这种情况下,A国同样也可以联合其他国家与B国对抗。前一手段我们可以具体举出补偿政策、军备竞赛或裁军政策;后一手段则有联盟政策。

补偿政策

领土补偿在18世纪、19世纪是一种常用的方式。它的目的在于当权力均衡由于一国获得领土而受到扰乱或即将被扰乱时,继续维持权力均衡。1713年结束西班牙王位继承战争的《乌德勒支和约》第一次确认了使用土地补偿的手段以维持权力均衡的原则。它规定由哈布斯堡王朝和波旁王朝对西班牙在欧洲的领土和海外殖民地予以瓜分,"以保持欧洲的平衡",就像条约所载明的那样。

1772年、1793年和1795年对波兰的三次瓜分,从某种意义上讲,标志着典型的权力均衡时期的结束。然而,若根据下文我们将讨论到的理由,这一过程其实是再次肯定了在补偿原则指导下的权力均衡的实质。这是因为如果奥地利、普鲁士和俄国这三个与波兰有利害关系的国家中的任何一个排斥其余两国而获得波兰领土的话,便将打破权力均衡。因此,三国同意瓜分波兰,从而使瓜分后与瓜分前它们之间的权力分配状况大致相同。1772年奥地利与俄国订立的条约中甚至明文规定:"领土的获得……将完全是相等的,一国所获得的部分不得超过另一国所获得的部分。"

土地的肥力、居民的人数和素质,均被用来作为确定各国通过取得土地而增加的权力幅度的客观标准。18世纪这一标准的应用是相当粗糙的,后来在1815年,维也纳会议设置了一个统计委员会,负责依据居民的人数、素质和类型等标准作领土的评估,这样就使补偿政策精确化了。

19世纪后半叶和20世纪初,在对殖民地的分配、殖民地或半殖民地的势力范围的划分问题上,补偿原则再次被有意地应用。特别是非洲大陆,在这一时期的许多条约中成为各主要殖民大国划分势力范围的对象。法国、英国和意大利为控制埃塞俄比亚进行的竞争,由于1906年条约的签订暂时得到了解决。该条约按照瓜分波兰的模式把埃塞俄比亚分为三部分势力范围,以求在该地区建立有关大国之间的权力均衡。与此相似,英国与俄国关于伊朗的对抗导致了1907年英俄条约的订立,这一条约划分了缔约国各自的势力范围,并建立了一个由伊朗单独实施统治的中立区。这种补偿并非全部领土主权的割让,而是特定大国为了排他的利益在保留的特定领土上进行商业开发和政治军事渗透,最终取得该地的主权。换言之,某一国家虽然暂时不拥有在有关领土上的全部权利,却有在这一势力范围内从事各种活动而不受另一国的竞争和对抗的权利。反过来,另一国家也有权要求前一个国家在其势力范围内限制自己的活动。

在其他场合,尽管补偿原则并未像在上述条约中那样得到严格应用,但在某一权力均衡体系内进行领土或其他方面的政治安排时,也可体现出这一原则。因为在特定的权力均衡体系内,没有一个国家愿意割让自己的政治利益,除非它预期通过割让政治利益可能会换来相应的利益,无论这种预期是否有充分的根据。外交谈判中为达成政治妥协而进行的讨价还价,其实正是补偿原则最一般的表现形式。可以说,它与权力均衡有着有机的联系。

军备

一个国家试图运用自己拥有的权力来维持或重建权力均衡时,使用的主要手段是加强军备。在军备竞赛中,A国试图赶上并超过B国的军备水平,反之,B国亦是如此。这种军备竞赛是一种不稳定的、动态的权力均衡的典型表现形式。军备竞赛必然导致军事负担的不断增加。军备费用将越来越多地吞噬国家预算,并带来越来越深的恐惧、猜疑和不安全感。第一次世界大战前夕德国与英国之间的海军军备竞赛及法国与德国之间的陆军军备竞赛都说明了这一点。

正是基于对这一问题的认识,自拿破仑战争结束后国际社会曾多次作出努力,试图通过各对手间按比例的裁军来建立一种稳定的权力均衡,如果无法建立持久和平的话。从技术上讲,利用按比例裁军来稳定权力均衡与领土补偿类似,两者均需要对新的安排可能给各国权力分别带来的影响做出定量的分析。要作这种定量分析困难颇多,比如,如何才能将1932年法国陆军的实力与当时德国工业潜力所相当的军事实力进行比较?正是这些困难使得指望通过裁军以创造一种稳定的权力均衡的大部分尝试归于失败。唯一成效卓著的裁军努力是1922年《华盛顿海军条约》的签订。在该条约中,英国、法国、美国、意大利和日本同意对各自的海军军备依一定比例进行削减和限制。但必须指出,该条约只是在英国和美国霸权的基础上,谋求太平洋地区政治和领土问题全面的解决,以稳定太平洋地区各大国间的权力关系方案中的一个组成部分。①

联盟

不过,历史上权力均衡最重要的表现,并不是两个单个国家之间的平衡,而是一个国家或一个联盟与另一个联盟之间的关系。

联盟的一般性质

在多国体系内,联盟必然具有平衡权力的功能。互相竞争的A国和B国为确保或增进它们相对的权力地位,可做出三种选择。其一,它们可以增加自己的权力。其二,它们可以把其他国家的权力添加在自己的权力上。其三,它们可以阻止其他国家的权力添加到对手的权力上。当它们做出第一种选择时,它们进行军备竞赛。当它们做出第二和第三种选择时,便执行联盟政策。

因此,一国是否采取联盟政策并不是一个原则问题,而是一个

---

① 第十八章将更为详细地讨论裁军问题。

权谋问题。假如一国相信自己的力量强大到不需要外援就足以自保时,它会避免结盟;当在联盟内承担义务而带来的负担超过预期的利益时,它也不会采取联盟政策。正是由于这两种原因或是其中一个原因,英国和美国在它们历史上的大部分时间里都避免与其他国家订立和平时期的联盟。

英国和美国同时还都避免彼此结成联盟,虽然从1823年宣布门罗主义到1941年袭击珍珠港事件的时期里,两国至少在对欧洲其他国家的关系问题上采取的行动是一致的,与盟国无异。两国在这一时期的关系提供了另一个例证——在某种情况下,国家之间无须建立联盟。当它们的利益明显地要求它们必须采取协调一致的政策和行动时,它们之间通过盟约的方式对这种共同的利益、政策和行动做出说明便成为多余。

关于欧洲大陆,英国与美国的利益相通之处在于维持欧洲的权力均衡。由于这种一致的利益,它们总是从实际需要出发处于同一阵营中,反对企图破坏权力均衡的任何国家。1914年和1939年,英国为保护欧洲权力均衡而卷入世界大战时,美国均在一开始便以不合乎中立国身份的明显偏袒方式支持英国,而后又同英国并肩作战。假如1914年和1939年美英之间有正式的同盟条约,美国或许会更早地宣战。但即使如此,美国所采取的总体政策和具体行动也不会与它实际上采取的政策与行动相去太远。

利益的一致要求采取共同的政策和行动,然而这并不意味着在任何情况下都需要明确地订立作为法律形式的盟约。另一方面,联盟却一定以利益的一致为基础。② 那么在什么情况下现存的利益共同体需要订立公开的联盟呢?联盟对于业已存在的利益共同体又能添加些什么呢?

联盟条约的缔结,特别是条约中的限定,使既存的利益的一致

---

② 有关修昔底德和索尔兹伯里爵士的引言,见第10、11页。

以及服务于利益的一致的总政策和具体措施更为明确化了。③ 各国之间的共同利益一般来说并不像英国和美国在维护欧洲权力均衡的共同利益那样,对地理范围、目标以及适当对策有明确限定,也并非无法准确判断谁是心目中的共同敌人。一个典型的联盟一定是针对某一特定国家或特定国家集团的。英美两国共同利益的敌人实际上是无法事先确定的,谁威胁欧洲权力均衡,谁就是敌人。杰斐逊根据谁看来威胁着当时的权力均衡来不断在拿破仑和英国之间选择他的同情对象。与此相似,拿破仑战争后的百年间,英国和美国需要依据多变的国际环境确定当时谁是权力均衡的最大威胁。敌人不是一个特定国家,而是依其所起的作用而定,这种不确定性使人想起集体安全的类似特点——集体安全针对的是抽象设定的侵略者,任何一国都可能是侵略者。

在两国联合对抗第三国的情况下,在确定谁是敌人的问题上,两国的特有的利益更为明确;在寻求怎样的目标、执行怎样的政策的问题上则不那么明确。在 19 世纪最后几十年间,法国与德国对抗,俄国与奥地利对抗,奥地利则与德国结盟对抗法国和俄国。在这种情况下法国和俄国如何找到利益共同点,来决定它们的政策、指导它们的行动呢?换言之,履行盟约的场合应如何界说才能使敌友双方都能明了? 当发生了影响各自利益的特定情况时,缔约国会做出怎样的反应? 1894 年法俄同盟条约正是为了能够起到这样的作用而签订的。假如 1894 年法俄同盟的目标和政策像英美在欧洲问题上的合作的目标和政策那样清晰的话,任何同盟条约将是多余的。假如敌人难以确定的话,任何同盟条约都将是行不通的。

因此,在两国或多国的合作中,利益一致并非都一定要求用盟约的法律性条款将合作的内容予以详细规定。只有当共同的利益在政策和行动上体现得不成熟时,才需要借助联盟条约使之明确

---

③ 17 世纪、18 世纪的联盟条约,对包括同盟国应提供的军队、装备、后勤供给、食物、款项在内的种种义务都做了巨细无遗的规定,读之令人惊讶。

和有效。这些共同的利益、表现共同利益的联盟,以及为共同利益服务的政策,可以根据五种不同的标准予以区分:它们内在的性质和关系;利益和权力的分配状况;它们在有关国家的利益总和中的比重;它们持续时间的长短;它们对在形成共同政策和行动时的有效程度。我们进而可以把联盟划分为三类:利益和政策完全一致的联盟;利益和政策互补的联盟;利益和政策属于意识形态性质的联盟。我们还可以进一步把联盟区分为相互的和单方面的,全面的和有限的,暂时的和永久的,以及有效的和无效的。

英国和美国在对欧关系上形成的联盟,为缔约国利益完全一致的联盟提供了一个典型例子。联盟中一个成员的目标即保持欧洲的权力均衡,也正是另一成员的目标。美国与巴基斯坦的联盟,则是当代诸多为缔约国互补的利益服务的联盟之一。对美国而言,它为扩大其遏制政策范围的主要目的服务;对巴基斯坦而言,它为增强政治、军事和经济潜力以抗衡其邻国的主要目的服务。

关于纯属意识形态性质的盟约则可列举出1815年的《神圣同盟条约》和1914年的《大西洋宪章》。这两个文件都订立了缔约国保证遵守的总的道义原则以及它们保证将努力实现的总目标。1945年的《阿拉伯联盟条约》则是当代意识形态盟约的例子,自1948年对以色列的战争以来,它主要显示了在意识形态上的团结一致。

更为典型的是,在同一盟约中既规定物质义务,又规定意识形态义务。④ 例如1873年的《三皇同盟条约》规定,当奥地利、德国和俄国中的任何一国受到攻击时,其他两国将给予军事援助,同时条约也强调三个君主国将团结一致共同对付共和运动的颠覆。当代载入某些联盟条约的反对共产主义威胁的意识形态义务起到了类似的作用。一个基于物质利益的联盟,如果在正式解释中宣称意识形态上的团结一致超越了物质利益的范围,那么这一联盟便带

---

④ 应当指出,《神圣同盟条约》和《大西洋宪章》时常对其他独立的法律文件中已含有的物质义务予以补充。

有意识形态色彩。在这方面,英美联盟是一个典型例子。1956年英国入侵埃及之前,人们普遍认为这一联盟是包罗万象的,世界范围的,是一个基于共同文化、共同政治制度和共同思想观念的联盟。

必须区分意识形态因素在政治上可能影响联盟的三种情况。与物质利益无关的纯意识形态联盟必然难以持久,它不能确定政策和指导行动,并且造成实际上并不存在的政治团结的假象。意识形态因素若能与成员国的实际利益吻合,便能聚集道义观念和感情偏好的力量给联盟以支持,从而使联盟的力量得到增强。意识形态也可能削弱联盟,因为它可能使联盟本应厘清的共同利益的性质和范围含混不清;还因为它可能使人们对政策和行动协调的程度期望过高,从而必将导致失望。关于后两种可能性,英美联盟的例子用来依然贴切。

联盟中利益分配的理想状况应该是各成员互惠,联盟成员相互所做的贡献应相当于各自得到的利益。如果联盟成员国权力平等,而且联盟所服务的各成员的利益一致,那么,这一理想状况将最接近于实现。在这种情况下,各成员国等量的资源与相等的动力是相称的,都为同一个利益服务。另外一种利益分配的极端情况是利益的片面分配,一方得到最大的份额,另一方却承受大部分负担。假如这种联盟旨在保护受益国的领土完整和政治统一,那么它与保证条约便无区别。互相补充的利益最容易导致这种利益分配的不成比例,因为互补利益本来就是有实质区别的利益,各自利益的估量和互相比较很容易受到主观解释的歪曲。一方明显的权力优势必然会增大这种主观解释的偏差。

这样,联盟中利益的分配很可能就是权力分配的反映,政策的确定也是权力分配的反映。一个强国往往会迫使弱小的盟国在利益和政策上按自己的意愿行事。正是基于这一原因,马基雅弗利警告弱小国家除非迫不得已不要与强国订立联盟。⑤ 美国与韩国

---

⑤ *The Prince*, Chapter 21.

的关系就反映了这种情况。

然而,利益和政策与权力间的相互关系并非必定如此。一个弱国可能拥有一笔可观的财富,对其强大的盟国有不可替代的价值。在这种联盟关系中,前者由于可以决定这种独特利益的让予与否,便会在联盟中占据一种与物质权力分配的实际状况完全不成比例的地位。这令人想到近期历史上在基地问题上美国与西班牙的关系,以及在石油问题上美国与沙特阿拉伯的关系。

前述对英美联盟的误解,也表明人们混淆了有限联盟和全面联盟的界限。在总体战时代,战时同盟大多是全面联盟,因为这种联盟关系在进行战争及和平的问题上,都包容了联盟成员的全部利益。另一方面,和平时期的联盟多仅限于各成员国的部分利益和部分目标。一个国家也可能与不同的国家订立许多联盟,这些联盟在具体问题上可能部分重合,甚至彼此矛盾。

典型的联盟试图把各缔约国全部利益中的一小部分转化成共同的政策和措施。在这些利益中,某些利益与联盟的目标无关,有些有助于实现联盟的目标,有些与联盟的目标有所不同,还有些则与联盟的目标相左。因此,典型的联盟总是建立在时常变动的、歧见纷呈的利益和目标的基础之上。联盟是否有效,能在多长时间内有效,要看支撑联盟的缔约国的利益与缔约国的其他利益相比孰大孰小。一个联盟无论在范围上多么有限,它的价值和可能性都必须放在联盟可望从中发挥作用的总政策的背景下加以考察。

全面的联盟一般来说历时较短,在战争中最为常见,因为这时压倒一切的共同利益是赢得战争,并且通过战后的处理取得战争为之奋斗的利益。一旦赢得战争、签订和约,这种利益必然会让位于各个国家间传统上各不相同的、经常彼此冲突的利益。另一方面,联盟的永久性和它要取得的利益的有限性是相互关联的。因为只有具体的、有限的利益才可能长期存在,为联盟的持久存在提供基础。⑥ 1703年英国和葡萄牙的联盟延续几个世纪之久,是因为葡萄牙指望其港口得到英国舰队的保护,而英国则希望控制经过葡萄牙的大西洋通道,两国的这种利益是长期存在的。然而,历史表明了这样一条普遍性的结论:人们虽然常常假定盟约永久有效,签订时规定的有效期是"永久"或十年、二十年,但其实它们的有效时间不可能超过它们所要取得的共同利益的结合所持续的时间,这种结合通常都是很不稳定的、稍纵即逝的。联盟是短命的,这是一条规律。

联盟能否维系取决于基本利益是否一致,这也说明了有效联盟与无效联盟的区别所在。因为如果联盟能发挥作用,即能够协调各成员间的总政策和具体措施,所有成员不仅要同意一个共同目标,也应同意采取共同的政策和措施。许多盟约之所以成为一纸空文,是因为联盟成员未达成这样的一致;之所以未达成这种一致,则是因为利益的一致仅限于表现在总目标上,却无法表现在具体政策和措施上。无效联盟最典型的例子要算美法联盟了。在法国和欧洲君主国之间的第一次反法联盟战争爆发后,1793年的华盛顿《中立宣言》便使之归于无效。汉密尔顿以盟约的一般适用性观点为该宣言进行辩解,他说:"美国参战可能招致的伤害和危险,与法国依据旨在确保法国安全的盟约而获得的利益并不相称,与美国在盟约权限内成为当事一方所应得之利益亦不相称。"1935年和1944年的法俄同盟及1942年的英俄同盟也都是很恰当的例子。由于盟约的法定有效期及援用盟约时的宣传,很容易迷惑旁观者,高估其实际功效。要正确地估计联盟的实际价值,必须对缔约各方履行盟约的具体政策和措施进行考察。

---

⑥ 不过,这种关系是不可逆的。尤其是在17世纪、18世纪,有限联盟常常是为某一特定的目的而订立,如对进攻进行反击、发动一次攻击,或进行一次特定的远征。随着联盟订立时特定情况的消逝,联盟失去了自己的目标,本身即告完结。

对于核国家 A 与无核国家 B 结成联盟直接反对另一核国家 C 的情况来说,这样的考察显得尤其恰切。A 国是否会为了遵守与 B 国的盟约而甘冒受到 C 国核摧毁的风险呢？此中极度的危险引起人们对这种联盟实际作用的怀疑。戴高乐最早挑明的这种疑虑,削弱了美国与其若干主要盟国的联盟关系。

联盟对抗世界霸权

权力均衡是权力斗争自然的、不可避免的结果,它的历史与政治斗争本身的历史一样久远。对权力均衡进行系统的理论思考始于 16 世纪,至 18 世纪和 19 世纪达到高峰。人们普遍认为,权力均衡是一个国家联盟的保护性手段,其成员渴望维持自己的独立,反对另一个国家建立世界性统治——以前称为普世君主制——的企图。直接受到 A 国威胁的 B 国与受 A 国潜在威胁的 C、D、E 等国联合起来挫败 A 国的计划。波里比阿在分析罗马人、迦太基人与叙拉古国王耶罗之间的关系时,就已指出了这种结构的本质：

> 四面被围的迦太基人,不得已向其盟国发出求救呼吁。在目前战争的整个过程中,海埃罗对迦太基人的请求所做的反应是再迅速不过了。他现在变得比以往任何时候都殷勤。他相信就自己的利益而言,为了获得迦太基在西西里的属地并确保他与罗马人的友谊,应使迦太基得到保护;他认为较强的一国不应不费力气就完全实现它的最终目标。在这一问题上他的推理是敏锐和明智的,因为这些道理永远不应被人忽视。我们永远不应该帮助一个力量占如此优势的国家得利,使任何国家连为了它们公认的权利都不敢与之抗争。⑦

---

⑦ Polybius I, 83.

第十二章 权力均衡的不同方式

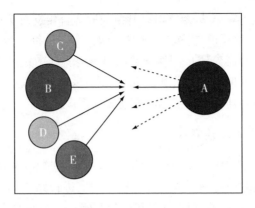

在近代,弗朗西斯·培根继佛罗伦萨政治家、史学家鲁印拉伊和圭恰迪尼之后,第一个认识到通过联盟的途径完成权力均衡的精髓。他在《论帝国》一文中指出:

> 首先,就邻国来说,并无普遍的原则可言(因为情况极易变化),只有一条永远可靠的定理——为人君者应保持适当的警戒,勿使任何邻国(以领土侵吞,以商业扩张,或以外交手腕,如此种种)强大到比以往更能干扰自己的程度。……在以往英王亨利八世、法王弗朗西斯二世和皇帝查理五世三位君主争霸的时代,三人互相提防,任何一方都无法多得一寸土地;否则另外两位君主将立即与之抗衡,或结成邦联,或必要时不惜一战,而决不贪一时之利与之言和。那不勒斯国王斐迪南与佛罗伦萨君主罗梭佐·美第奇、米兰君主卢道维喀斯·斯福尔察之间的联盟(即圭恰迪尼所称"意大利安全之保障"),同样如此行事。

弗朗西斯一世与亨利八世以及与土耳其人缔结的联盟,就是为了阻止哈布斯堡王朝的查理五世巩固和扩张其帝国的地盘。此举是近代历史上在一个联盟与一个企图建立世界帝国的国家之间建立大规模的权力均衡的第一个例子。17世纪后半期,法国的路易十四取代哈布斯堡王朝的角色,又招致欧洲国家的类似反应。为了保护欧洲免于受法国支配并在法国和其他欧洲国家之间建立新的权力均衡,欧洲各国建立了以英国和荷兰为中心的联盟。

1789年反对法国的战争以及随后反对拿破仑的战争,也显示出同样的态势,即一个企图取得世界霸权的强国,遭到由许多国家组成的、旨在维护各国独立的联盟的抵抗。1792年第一次反法联盟发动战争时的宣言声称:"关心维持欧洲权力均衡的国家中没有一个能对法兰西王国熟视无睹。它一度是这一巨大天平上十分重要的砝码,现已陷入国内动荡和无秩序、无政府的恐怖中,甚至可以说它的政治存在已因此被摧毁。"当战争行将结束时,各同盟国寻求的目标,用1814年4月23日《巴黎公约》的说法,仍然是"结束欧洲的苦难并把它的和平置于欧洲各国力量公平的再分配基础上",即置于一个新的权力均衡基础上。第二次世界大战期间抵抗德国和日本的统一阵线的建立,是由于所有的成员国都对德日帝国主义有相同的恐惧,它们试图在一种新的权力均衡中寻求保障其独立的共同目标。与此相似的是,20世纪40年代后期以来西方国家的各种双边联盟和多边联盟,也都是为了通过建立一种新的世界权力均衡,来达到阻止苏联帝国主义扩张的目的。

联盟对抗反联盟

一个旨在保护其成员独立的国家联盟为反对一个潜在的征服者而斗争,是由权力均衡而形成的各种格局中最为突出的。而两个联盟彼此对峙,其中一方或双方同时追求帝国主义目标,并保护各成员的独立,以反对另一方的帝国主义野心,则是权力均衡体系中最常见的类型。

仅举几个较为重要的例子。参加三十年战争的两个联盟中,一个由法国和瑞典领导,一个由奥地利领导,它们的目的都是为了使自己的帝国主义野心得逞,瑞典、奥地利尤是如此,同时又是为了遏止对方的野心。三十年战争结束后决定欧洲事务的数项条约试图建立的权力均衡服务于后一个目的。从1713年《乌德勒支和约》签订到1772年波兰第一次被瓜分期间的多次联盟战争,目的都是试图维系《乌德勒支和约》建立起来的平衡,这种平衡由于瑞典权力的衰落以及普鲁士、俄国和英国力量的崛起而受到威胁。联盟关系的不时改变,甚至当战争正在进行时也会改变的现象令历史学家吃惊,并使18世纪尤其显得缺乏原则和道德考虑。华盛顿曾在《告别演说》中警告美国人民以这种类型的外交政策为戒。

然而,这种外交政策最流行的时期恰恰是权力均衡的理论和实践的全盛时代。关于权力均衡的大部分著作都是在这一时期问世的,同时,欧洲的君主们也把权力均衡视作指导外交的最高原则。腓特烈大帝写道:

> 显而易见,欧洲政治躯体正处于失常状态,可以这样说,它业已失去平衡,情势危殆,若阖不过险关就难以维持很久。它犹如人的躯体一样,只有酸与碱等量的配比,生命才能维持;当这两种物质中的一种过量时,身体便呈现过敏反应,健康便受到严重的影响。若这种物质有增无减,最终可能导致肌体的完全毁灭。同样,如果欧洲君主审时度势制定政策时,忘却了在各欧洲主要大国间维持一种公正的平衡,那么整个政治躯体的构成也会出现过敏反应——一方滥施强暴,另一方软弱可欺;一方企图侵夺一切,另一方无可奈何;最强悍者出言成法,最软弱者逆来顺受;最终所有这一切叠加在一起,加剧了扰攘动乱,最强悍者像暴虐的山洪一样漫过堤防,裹挟一切,使这不幸的躯体遭受革命带来的灭顶之灾。[⑧]

各国君主之所以甘愿奉行权力均衡原则,是为了增进自己的

[⑧] Frederick the Great, "Considerations on the Present State of the Political Body of Europe", *Oeuvres de Frédéric le Grand*, (Berlin: Rudolph Decker, 1848), Vol. VIII, p. 24.

利益，这是千真万确的。这样，当他们认为权力均衡被扰乱、为重建权力均衡需要新的力量组合时，他们将不可避免地变换阵营，背弃原来的联盟、建立新的联盟。在这一时期，外交政策的确成了国王们的游戏，国王们并不把外交看得比娱乐或赌博更严肃。参加这种游戏是为了一笔数目被严格限定的筹码，没有任何类型的崇高原则可言。当时国际政治的本质就是如此，过后看来是背信弃义和道德低下的行为，在当时不过是上乘的计策、果敢的谋略或精心设计的战术变化。运用这些手段都有竞赛规则可循，所有参加游戏的人都承认这些规则的约束力。这一时期的权力均衡与其说是不道德的，不如说是不属道德范畴的。政治艺术的技术性规则是它的唯一准绳。它的灵活性从技术观点看正是它特有的优点。不受道德考虑如诚信、忠实等的影响，才产生了灵活性。这种在道德上的欠缺，在我们看来似乎是应该受到谴责的。

从15世纪末现代国家体系形成开始到1815年拿破仑战争结束为止，欧洲各国是权力均衡中的活跃因素，仅土耳其是一明显的例外。各种联盟和反联盟不断组合以维持或恢复均衡。从1815年到第一次世界大战爆发这一个世纪里，欧洲权力均衡逐渐扩展为世界范围的体系。或许人们会说，这一时代的开端应从1823年门罗总统向国会致国情咨文、发表所谓"门罗主义"宣言算起。由于宣布了欧洲和西半球政治上的各自独立，世界从而被分割成两大政治体系，门罗总统为此后欧洲的权力均衡体系向世界范围的体系转变奠定了基础。

英国外交大臣乔治·坎宁于1826年12月12日在下院的讲演中首次清晰地预见和阐明了这一转变。由于法国入侵西班牙破坏了欧洲权力均衡，人们指责坎宁没有对法国宣战以恢复权力均衡。为了反驳这种诘难，坎宁阐述了一套新的权力均衡理论。由于当时英国已承认拉丁美洲各共和国的独立，坎宁便把新兴的拉丁美洲国家归入权力均衡体系的活跃因素之列。他是这样推论的：

但是，恢复权力均衡难道除战争外别无他途吗？难道权力均衡是一条恒定不变的准则吗？难道它不是一条随着文明的推进、新国家的兴起并跻身已有的政治实体之列而不断更新的准则吗？一百五十年前，权力均衡的调整仅限于法国与西班牙、荷兰、奥地利、英国之间。若干年之后，俄国在欧洲政治中占据重要地位。又过了若干年，普鲁士不仅成为一个货真价实的君主国，而且举足轻重。因此，原则仍然是原来的权力均衡原则，调整均衡的方法却改变了、扩大了。那些值得重视的国家的数目越多，调整均衡的方法就越多。或许可以说，那些可从天平一端移到另一端的砝码数目越多，调整均衡的方法就越多。……难道除了直接向法国发动进攻或在西班牙国土上打一场战争外就没有别的抵抗方式了吗？假如我们的对手虽然手中控制着西班牙，对自己却毫无价值，而对我们则不足为害，情况又将怎样？为取得对蔑视我们的补偿，……难道不应采取更合乎时宜的手段吗？假如法国占领了西班牙，我们有必要封锁加的斯来避免占领带来的后果吗？无此必要。我注意到了另一个方向——在另一个半球我找到了补偿的东西。像当年我们的祖先了解西班牙那样，对西班牙作了缜密的研究之后，我敢断言，假如法国占有西班牙，它也绝不会是"**拥有西印度群岛**"的西班牙。我呼唤新大陆的诞生，以使旧大陆的权力均衡得以改观。⑨

这种利用联盟和反联盟建立的世界性权力均衡在第一次世界大战期间最终完成了。战争期间，事实上世界上所有国家都积极地参加了联盟的某一方。把这次战争叫作"世界"大战的称谓本身就标志着这种转变的完成。

---

⑨ *Speeches of the Right Honourable George Canning* (London, 1836), Vol. Ⅵ, pp. 109—111.

不过,与第二次世界大战形成对照的是,第一次世界大战完全起源于对欧洲权力均衡遭到破坏的恐惧。当时欧洲权力均衡在两个地区即比利时和巴尔干半岛受到威胁。比利时毗邻法国的东北疆域,扼守进入英吉利海峡要道的东侧,它身不由己地成为大国竞争的焦点,但自身的力量并不足以积极参与大国间的角逐。欧洲权力均衡需要比利时的独立,这是天经地义的。任何欧洲大国若吞并了比利时,必定会因此变得强大,从而威胁其他国家的安全。当比利时最初在英国、奥地利、俄国、普鲁士和法国的积极支持下取得独立时,这一点已为各国所承认。1831年2月19日,这些欧洲大国在伦敦聚会时宣布:"它们拥有权利而事态的发展也赋予它们义务来保证比利时各省在取得独立后不得损害普遍安全和欧洲的权力均衡。"⑩

为了促进这一目标的实现,这五个大国在1839年订立了一项条约,宣布比利时为"独立和永久中立国",其独立和中立地位受到五个缔约国的共同保证。这一宣言试图使比利时永远不参加欧洲权力均衡的任何一方。1914年德国破坏了比利时的中立地位,彻底暴露了德国对欧洲权力均衡的威胁,也使英国有充分的理由加入法国、俄国及其盟国一边作战。

奥地利、英国和俄国对维持巴尔干半岛权力均衡问题的关心,是与土耳其在这一地区权力的衰落联系在一起的。1854—1856年的克里米亚战争中,法国、英国和土耳其为了维持巴尔干半岛的权力均衡,结成联盟对抗俄国。1854年3月13日的联盟条约宣称:"奥斯曼帝国在目前疆域内的生存,对欧洲国家权力均衡的维持具有根本性的意义。"随后的种种对抗和战争,特别是促成1876年柏林会议和导致1912—1913年巴尔干战争的一系列事件都笼罩着恐慌气氛,人们担心在巴尔干有重大利益的某一国家拥有越来越

---

⑩ *Protocols of Conferences in London Relative to the Affairs of Belgium (1830—1831)*, p.60.

大的权力,使其他有关国家相形见绌。

第一次世界大战爆发前的几年时间里,维护巴尔干半岛权力均衡的重要性增大了。因为奥地利、德国、意大利三国同盟与法国、俄国、英国三国协约势均力敌,假如这两个权力集团中的一个在巴尔干半岛取得决定性优势,就将轻易地在整个欧洲权力均衡中取得决定性优势。正是对于这种情形的惧怕驱使奥地利于1914年7月决定同塞尔维亚彻底清算旧账,迫使德国决定无条件支持奥地利;也正是这种惧怕促成俄国支持塞尔维亚、法国支持俄国。俄国沙皇在1914年8月2日致英王乔治五世的电文中对当时的事态概括得颇为准确,他说,倘若奥地利控制了塞尔维亚,"将会打乱巴尔干地区的权力均衡,而这种均衡对于我的帝国和希冀维护欧洲权力均衡的国家都是生死攸关的。……我深信贵国不会不支持法国和俄国为维护欧洲的权力均衡而战"。[11]

第一次世界大战之后,法国同波兰、捷克斯洛伐克、南斯拉夫和罗马尼亚保持永久性的同盟关系。法国还在1935年与苏联订立了同盟,不过并未履约。法国的政策可以理解为预防性的权力均衡政策,它预料到德国的复兴,一旦德国卷土重来,它希望能够依旧维持凡尔赛现状。另一方面,德国、意大利和日本于1936年订立的称作轴心国的联盟,目的则在于与法国和东欧国家的联盟抗衡,同时也抵消苏联的力量。

因此,两次世界大战之间的这一段时期,事实上是联盟和反联盟形式下的权力均衡时期,尽管理论上假定这一时期权力均衡原则由国际联盟的集体安全原则取代了。事实上,集体安全并未能取消权力均衡,对此下文将作详细讨论。[12] 集体安全实际上以全球性联盟对抗任何一个潜在的侵略者的形式确认了权力均衡。集体

---

[11] *British Documents on the Origins of the War*, *1898—1914* (London: His Majesty's Stationery Office, 1926), Vol. XI, p. 276.

[12] 见第十九章。

安全所做的假定是，一个全球性的联盟的力量将永远强于侵略者。然而，集体安全与权力均衡在组成联盟所依据的联合原则方面是不相同的。权力均衡类型的联盟是由某些单个的国家基于它们认定的单个国家的利益所构成，以对抗其他特定的国家或国家联盟。集体安全类型联盟的组成原则是尊重这样的道义和法律义务：无论任何国家对联盟的任何成员发动进攻，应视作对联盟所有成员的进攻。因此，人们指望集体安全自动地发挥作用，也就是说，侵略行为将立即引起联盟的反应，所以集体安全将发挥最大限度的效力来维护和平与安全。而权力均衡体系中的联盟在实际运作中常常是不确定的，因为这种联盟的作用有赖于个别国家的政治考虑。1915年意大利对三国同盟的背弃，1935年至1939年间法国联盟体系的解体，都说明了权力均衡的这一弱点。

权力均衡的"掌控者"

整个西方世界的历史中，权力均衡大体都是通过联盟实现的。每当这种联盟形式出现时，都必须区别两种可能的变化。均衡体系可比作天平，它有两个秤盘，每个秤盘上是推行现状政策或帝国主义政策的一个或数个国家。欧洲大陆的国家通常都是这样操纵权力均衡的。

不过，这个体系还可能出现另一种情况：在两个秤盘上又加诸第三种力量——平衡的"掌控者"或"平衡者"。平衡者不会同任何一同或国家集团的政策永久保持一致。它在这一体系中的唯一目的就是维持平衡，而不论这一平衡将为哪些具体政策服务。结果，平衡的掌控者有时把自己的重量加在这一端，有时加在那一端，它的唯一考虑是两个秤盘位置的相对高低。因此，它将永远把它自己的分量加在由于较轻因而较高的一端。在一段相对短的历史时期内，如果所有主要大国都一个接一个地接近于取得对其他各国的优势，从而威胁平衡，又反过来受到快要取得优势的其他国家的威胁，那么平衡者可能接连成为所有大国的朋友和敌人。帕默斯顿有一句话这里不妨这样套用:均衡的掌控者没有永久的朋友,也没有永久的敌人;它只有维护权力均衡本身这一永久的利益。

平衡者处于"光荣孤立"的地位。它的孤立是自己选择的结果。因为平衡的双方必须相互竞争以得到高于对手的、成功所必需的重量,而平衡者自己必须拒绝与任何一方永久地结合在一起。平衡的掌控者位居天平中间,等待时机,审慎而超然地注视着天平的动向。它的孤立是"光荣"的,因为既然它是否给予支持在权力斗争中起决定性作用,那么它如果高超地发挥外交政策水平,就能够从所支持的一方索得最高的报偿。但是,无论支付的报酬有多高,这种支持仍然总是不确定的,仍将随着平衡的变化,从一端移向另外一端,因此这种政策为人所憎恨,它经常受到人们基于道义原则的谴责。于是,当人们说到近代历史上最出色的平衡者英国时,就说它使别人为它而战,使欧洲继续处于分裂状态以便控制欧洲大陆,并且由于政策如此反复多变,其他国家无法与之结盟。于是,对那些虽经苦苦努力仍未得到英国的支持或付出了高昂代价却失去了英国的支持的人来说,"背信弃义的英格兰"便成为他们口中英国的绰号。

平衡的掌控者在权力均衡体系中占据关键地位,因为它的立场将决定权力斗争的结局。因此,它被称作权力均衡体系的"公断人",最终裁定谁是胜者、谁是输家。它使任何一个国家或国家间的联盟不可能获得凌驾于其他国家和联盟之上的优势,从而保持了自己和所有其他国家的独立,因此,它是国际政治中权势最大的因素。

平衡的掌控者可以通过三种不同的方式运用这种权力:它可以利用某些有利于维持或恢复平衡的条件,与某一个国家或同盟联合;它可以利用类似的条件支持某项和平解决方案;它也可以在前两种情况下,确保自己除维持权力均衡以外的国家政策目标在平衡其他国家权力的过程中得以实现。

路易十四统治下的法国和第一次世界大战前十年的意大利都试图充当这种欧洲权力均衡公断人的角色。然而,法国在欧洲大陆的权力斗争中陷入过深,本身已与欧洲权力均衡难解难分,同时它也缺乏居高临下的气势,不可能成功地扮演这样的角色。另一个国家意大利则不具备足够的分量使自己居于权力均衡的关键位置而施展身手。它获得的只是英国类似政策所带来的道义上的谴责而不是敬畏。只有16世纪的威尼斯和亨利八世王朝以后的英国能够将掌控各国间的均衡作为外交政策的基石之一,它们单独或者同时使用了前述三种方法。

有关威尼斯人的想法最早出现在1553年匈牙利女王玛丽写给匈牙利驻英国大使的一封信中。她指出意大利人有充分的理由反对法国,然而她又指出:"你知道他们对于这两个君主[查理五世和弗朗西斯一世]中任何一个的权力是多么疑惧,他们是多么关心两者间权力的平衡。"[13]以后几年,当威尼斯拒绝法国的联盟建议时,法国政治家也用相似的措辞描绘威尼斯的外交政策,特别提到威尼斯的孤立和超然事外,不肯与任何一方结盟。比如,1554年有一位威尼斯大使报告说,法国亨利二世这样解释威尼斯拒绝与法国结盟的原因:威尼斯惧怕查理五世死后西班牙的权力会在法国之下;而威尼斯的用意在于"维持事态的平衡"。另一位威尼斯大使在1558年报告说,法国认为威尼斯的外交政策系基于对于法国和西班牙增加权力的疑惧。威尼斯企图防止"天平的任何一端倾斜"。这位大使又补充说:"这一政策一直博得智者的称道甚至羡慕;在这个动乱的年代,唯一能保护弱者的是威尼斯共和国。于是,意大利人特别期望威尼斯保持独立,并欢迎它加强军备。"[14]

然而,权力均衡掌控者最典型的例子是英国。"我支持谁,谁就取胜"这句名言出自亨利八世之口。据说亨利八世让一画家为他绘制了这样一幅画:他右手执一个绝对不偏不倚的天平,天平的一端是法国,另一端是奥地利;左手拿一砝码,准备随时投放到天平的任何一端。人们还曾这样评说伊丽莎白一世统治下的英国:

---

[13] *Papiers d'état du Cardinal de Granvelle* (Paris, 1843), Vol. IV, p. 121.

[14] Eugeno Albéri, *Le Relazioni degli Ambiasciatori Veneti al Senato*, Series I (Firenze, 1862), Vol. II, pp. 287, 464.

"西班牙和法国宛如欧洲天平的两端,英国则是天平的指针或支架。"⑮1624年法国的一本小册子请求雅各布国王将伊丽莎白和亨利八世作为光辉楷模。"他非常高明地在皇帝查理五世和国王弗朗西斯中间扮演他的角色,让双方都既惧怕他又恭维他,并在双方之间维持平衡。"

随着作为一个全球性帝国新的追求者的路易十四的崛起,在英国及其他各国越来越普遍的看法是,英国的使命就是扮演"欧洲仲裁人"的角色,保持哈布斯堡王朝和法国之间的平衡。这一标准也曾被恰到好处地应用于查理二世和詹姆斯二世的外交政策中,他们同英国权力最大的竞争者路易十四合作以对抗荷兰;这一标准还用来作为威廉三世反法政策的出发点。西班牙王位继承战争之后,这一标准被奉作金科玉律,特别是在英国。尽管国际权力不断分化改组,这一标准事实上在英国一直没有遇到任何挑战。这种情形一直延续到19世纪中叶曼彻斯特的自由主义者鼓吹永远和彻底地从欧洲大陆的事务中解脱出来,即鼓吹用孤立主义作为英国外交政策的原则。只是在近年间,作为英国外交的传统与实践的这种权力均衡,才随着英国权力的衰落以及美国和苏联权力的增长而看来已经消失。当英国外交的这种传统和实践行将消失之际,温斯顿·丘吉尔于1936年3月在保守党议员外交委员会所做的讲演中,对此作了极为雄辩的概括:

> 四百年来英国的外交政策一直是反对欧洲大陆上最强大、最富于侵略性和最霸道的强权,特别是防止低地国家沦入这种强权之手。从历史上看,四个世纪里人间沧桑、世态炎凉,而这一目标却始终如一,这应被列为任何种族、民族、国家或人民可资载入史册的最辉煌的篇章之一。而且,英国在各种情况下无不知难而进。无论是抗衡西班牙菲利普二世、在威廉三世和马尔巴勒公爵领导

---

⑮ William Camden, *Annales of the History of the Most Renowned and Victorious Princess Elizabeth, Late Queen of England* (London, 1635), p.196.

下反对路易十四,还是抗击拿破仑、对付德国的威廉二世,如果英国加入较强大的一方,分享其征服的果实,那是既轻而易举,又极具诱惑的。然而,我们总是知难而进,加入较弱的一方,联合起来,挫败大陆上的军事霸主,不管他是谁,不管他所统治的是哪一个国家。这样,我们就保住了欧洲的自由,保护了欧洲生气勃勃、丰富多彩的社会的成长。经过这四次惊心动魄的抗争之后,我们赢得了越来越高的声望,成为越来越广阔的帝国,而低地国家的独立也得到有效的保障。这是英国外交政策不自觉的、奇迹般的传统。今天我们的一切思想都是以这种传统为基础的。我不知道有过什么事情曾改变或减弱过我们祖先所遵循的正义、智慧、勇气和审慎。我不知道人性曾发生怎样的变化使他们结论的可靠性有丝毫减损。我不知道有什么政治、军事、经济和科学上的事实会使我们感到我们的能力降低了。我不知道有什么事情使我感到我们不会或不能够在这同一条道路上行进。我之所以向你们冒昧提出这个具有普遍意义的问题,是因为我认为倘使它被大家接受,其他一切问题就会变得简单得多了。

请注意,英国的政策并不考虑企图称霸欧洲的究竟是哪一个国家。问题不在于它是西班牙、法兰西王国、法兰西帝国、德意志帝国还是希特勒政权。英国的政策与这个国家是什么国家、与谁当统治者都毫无关系;与之相关的仅仅在于谁最强大或谁是企图主宰世界的暴君。因此,我们不应惧怕别人指责我们亲法或反德。一旦情况改变,我们同样可以亲德反法。这是我们正在遵循的公开政策的法则;它不是可以由偶然的情况、主观上的好恶或某种别的感情来决定的权宜之计。⑯

---

⑯ Winston S. Churchill, *The Second World War*, *Vol. I*, *The Gathering Storm* (Boston: Houghton Mifflin, 1948), pp. 207—208.

第十三章　权力均衡的结构

经典名句

- 居支配地位的系统通常在天平的秤盘上分量较重,而居从属地位的系统则可以说是依附于前者。从这个意义上讲,不同系统之间的关系通常是一种主从关系。
- 如今欧洲的权力均衡已不是世界政治的中心了,各种区域性的权力均衡系统,无论与它有密不可分的关系,还是或多或少地独立于它,都不再环绕它而组合了。

腓特烈大帝

支配系统和从属系统

在此之前我们讨论的权力均衡,似乎是一个包容了所有积极参与国际政治的国家的单一系统。如果更细心地考察一下将会发现,这样一种系统通常包含若干个子系统。这些子系统互相关联,同时在它们各自内部还维持着一种权力均衡。居支配地位的系统通常在天平的秤盘上分量较重,而居从属地位的系统则可以说是依附于前者。从这个意义上讲,不同系统之间的关系通常是一种主从关系。

16世纪,权力均衡的支配系统是在法国与哈布斯堡王朝之间形成的,与此同时还存在着另一个独立系统维持着意大利各邦的平衡。17世纪后半叶,瑞典因国力崛起与波罗的海沿岸诸国形成对抗,从这一挑战中,一个独立的权力均衡系统在北欧发展起来。18世纪的普鲁士跻身世界一流强国地位,由此在德意志境内产生了一种独特的权力均衡系统,这一均衡天平另一端的主要砝码是奥地利。1866年,随着普奥战争的结束,奥地利被逐出德意志邦联,这一独立的系统——"大欧洲中的小欧洲"才告解体。由于俄国地位的上升,东欧在18世纪也形成了一种权力均衡。在补偿原则下,俄国、普鲁士和奥地利三国瓜分波兰,是这一新系统首次蔚为大观的展示。

从整个19世纪一直到今天,欧洲国家一直关注着巴尔干半岛的权力均衡。早在1790年,土耳其就与普鲁士签订了一项条约,后者允诺与奥地利、俄国作战,"因为敌国越过了多瑙河,已对合乎各国意愿的、必要的权力均衡造成损害"。19世纪后半叶,鉴于列强攫取殖民地所带来的平衡问题,人们开始谈论起非洲的权力均衡。随后,西半球的权力均衡、太平洋的权力均衡,以及远东和近东的权力均衡,均成为新的外交词汇。更有甚者,人们还提到"奥地利的平衡"。鉴于奥地利帝国包括了许多彼此敌对的民族,据说,它"被迫把长期处于对抗状态下的欧洲列强处理相互关系时使用的行为规则运用于本国"①。

那种独立程度较大、与支配系统的从属关系不明显的区域性权力均衡系统,是那些在地理上距离权力斗争中心较远、活动于支配系统的边缘地带、支配国家鞭长莫及的系统。这种现象不是偶然的。因此,当15世纪的欧洲大国注意力集中于其他地区时,一个意大利的权力均衡系统能在相对独立的情况下发展起来。在西方文明史的大部分时间里,亚洲、非洲和美洲各自的权力均衡系统完全独立于欧洲格局之外,甚至连它们的情况在欧洲都鲜为人知。

第二次世界大战之前西半球的权力均衡和19世纪之前东欧的权力均衡,均得到较为独立的发展,这要归因于它们的地理位置——位于当时权力中心的边缘。为保持东欧的权力均衡,波兰的瓜分是由有直接利害关系的国家完成的,未受其他任何国家的干扰。对抗阿根廷的1851年巴西—乌拉圭联盟旨在维持南美洲的权力均衡,与欧洲权力均衡的关系相当遥远。此外,现在已有可能谈论一个独立的非洲权力均衡了,因为当地的非洲人已开始了相互之间的权力竞争,还同非洲以外的国家进行竞争,非洲已不再仅仅是其他中心地区权力角逐的对象了。

一个区域性权力均衡系统越是与支配系统联系在一起,独立活动的机会就越少,就越有可能仅仅成为支配性的权力均衡的一种局部表现。从腓特烈大帝到1866年战争这一时期,德意志邦联内的权力均衡提供了一种介于完全独立和完全从属之间的权力均

---

① Albert Sorel, *L'Europe et la révolution française* (Paris: E. Plon, 1885), Vol. I, p. 443.

衡类型。它既有一定程度的独立,又与支配系统合成一体,是二者的结合。正如我们所看到的那样②,普鲁士和奥地利间的平衡固然是保持德意志邦联各成员自由的先决条件,同时对于维持整个欧洲的权力均衡也是必不可少的。

因此,德意志的均势具有双重功能:其一是维系自身结构的平衡,其二是维系包括自己在内的总系统的平衡。反之,倘若普鲁士与奥地利合并或两国中一国受控于另一国,那就不仅将毁灭邦联内单个的德意志国家的独立,也会威胁其他欧洲国家的自由。正如埃德蒙·伯克所指出的:"假如欧洲不认为该帝国的独立和平衡是欧洲权力均衡系统的实质所在,……那么两个多世纪以来欧洲的所有政治活动都可能是悲惨的错误。"③因此,普鲁士和奥地利间均衡的永久维持,不仅符合德意志邦联内其他所有成员的利益,也符合所有欧洲国家的利益。

1866年战争的后果是,普鲁士和后来的德国赢得了相对于奥地利的永久优势,摧毁了两个国家间的权力均衡,德国于是在欧洲居于支配地位。这时,欧洲权力均衡的作用之一就是至少要保持奥地利的独立,以对抗其强邻的侵犯。正是基于这一永久性的欧洲利益,第一次世界大战之后,获胜的协约国寻求法律、经济和政治措施以阻止德奥合并。另一方面,依据这种形势下的同样的逻辑,希特勒认为兼并奥地利是推翻欧洲权力均衡道路上的铺路石。

19世纪后期以来的巴尔干权力均衡也有类似作用。在这里,巴尔干半岛各国间权力均衡的维持,也被视作保持欧洲权力均衡的先决条件。每当巴尔干半岛这一区域性权力均衡遭到威胁,欧洲各大国便会介入以恢复均衡,上文引用的第一次世界大战开始时俄国沙皇的话④,清楚地说明了这种关系。

---

② 见第191—192页。
③ *Works*, Vol. IV (Boston: Little, Brown, 1889), p. 330.
④ 见第208页。

权力均衡结构的变化[5]

近期以来,权力均衡的支配系统与区域性系统间关系的演变,呈现出一种对于区域性体系的独立地位越来越不利的趋向。产生这种趋向的根源在于,从第一次世界大战以来支配性的权力均衡系统在结构上发生了变化,在第二次世界大战期间,这种变化尤为明显。我们业已指出,权力均衡的支配系统经历了逐渐扩大的过程,先是从西欧、中欧扩大到整个大陆,然后由欧洲大陆扩及其他大洲,最后到第一次世界大战时,地球上的所有国家都积极地参与了一个世界范围的权力均衡。

与这一扩张的完成同时出现的情形是,权力均衡天平上的主要砝码已由欧洲移到了其他大洲。1914年第一次世界大战爆发时,天平上的主要砝码都在欧洲——英国、法国和俄国在一个秤盘上,德国和奥地利在另一个秤盘上。第二次世界大战结束时,每一秤盘上的主要砝码或者完全是欧洲以外的国家,如美国,或主要部分不在欧洲,如苏联。结果,世界权力均衡的整个结构大大改观了。第一次世界大战结束时,甚至第二次世界大战开始时,我们仍可以说,世界天平上的两个秤盘都在欧洲大陆;只有秤盘上的砝码来自世界其他地区。权力竞争的主要角色和争夺的主要赌注,基本上都在欧洲。借用前文已援引过的乔治·坎宁的话来说,召请欧洲以外的国家参与世界事务,完全是为了欧洲权力均衡系统的重组。不妨再引用丘吉尔1940年说的一段话:"新世界挺身而出,携其全部权力和威力拯救并解放旧世界。"

如今欧洲的权力均衡已不是世界政治的中心了,各种区域性的权力均衡系统,无论与它有密不可分的关系,还是或多或少地独立于它,都不再环绕它而组合了。今天欧洲的权力均衡系统只能在世界性权力均衡系统中起一定的作用,而世界政治天平两端的

---

[5] 关于权力均衡的其他结构性变化,可参阅第204页及其后。

主要砝码已换成了美国和苏联。欧洲的权力分配只是美苏权力角逐的具体问题之一。1989年苏联解体改变了这一点,但这种变化的确切性质无法预见。

从前的支配系统所发生的变化,也适用于所有传统的区域性系统。无论巴尔干半岛的权力均衡系统,还是近东和远东的权力均衡系统,都没有逃脱与欧洲权力均衡系统相同的命运。它们都仅仅能够在新的世界性权力均衡系统中起到某种作用,仅仅是两大主角从事权力角逐的"竞技场"而已。人们或许可以说,在目前所有的区域性权力均衡系统中,只有南美洲的系统仍旧保持着一定程度的独立,而这种独立处于美国权力优势的保护之下。

第五编 国家权力的阻制：国际道德和世界舆论

第十四章　道德、习俗和法律对权力的限制

经典名句

- 在一个权力统治至高无上、无与匹敌的世界上，权力统治所构成的威胁便会激起像权力欲本身一样普遍的对权力的反抗。
- 为了社会整体的利益，也为了社会各个成员的利益，权力须受限制。这些限制不是权力斗争的机制带来的，而是社会成员出于本身的意志以行为规范或法则的形式施加在这种斗争之上的。
- 西方文明业已取得的最佳成果——就我们所见这也是任何一种文明所能获取的最佳成果——是缓和了国内舞台上的权力斗争，改良了权力斗争的手段，并把权力斗争引向了新的目标。

海牙国际法庭

我们在前一章已经看出,权力是限制国际舞台上权力欲望的一种天然的、靠不住的方法。如果权力斗争背后的动机和权力斗争赖以运转的机制就是有关国际政治所要了解的全部内容,那国际舞台就确实与霍布斯所描绘的"人人相互为战"①的自然状态差不多了。国际政治就会无一例外地受那些政治权宜之计考虑的支配——对此马基雅弗利曾做过最尖锐和直率的阐述。在那样一个世界里,弱者任凭强者摆布,强权即公理。

但实际上,在一个权力统治至高无上、无与匹敌的世界上,权力统治所构成的威胁便会激起像权力欲本身一样普遍的对权力的反抗。为避免这种反抗,为平息一旦权力欲原形毕露所引起的愤懑和敌对,那些追求权力的人——如我们所看到的那样——便利用意识形态来掩盖他们的目的。于是,实际上的权力欲便仿佛是某种不同的东西,某种与理性、道德和正义的要求相和谐的东西。而意识形态不过是国际政治实质的反映,国际政治的实质潜藏在道德、习惯和法律的规范性秩序中。

从《圣经》一直到现代民主制度的道德标准和宪法安排,这些规范性体系的主要功能一直是使权力欲望保持在社会可以容忍的界限内。在西方文明中占主导地位的所有伦理、习俗和法律制度,都认识到了权力追逐的无所不在并予以谴责。相反,像马基雅弗利和霍布斯那样的政治哲学,把权力追逐的无所不在看作是社会生活的基本事实,宁愿予以接受而不加以谴责和限制,则遭到了主流意见的排斥。他们的哲学缺少像圣·奥古斯丁和洛克的那种政

---

① *Leviathan*, Chapter XIII.

治哲学对西方文明所产生的思想上和实践上的强有力影响。

另一方面,西方文明扶弱抑强的传统本身却一向遭到非难,被讥讽为女人气的、感情用事的和颓废堕落的。那些非难的人,如尼采、墨索里尼和希特勒,不仅承认权力意志和权力斗争是基本的社会事实,而且颂扬权力意志和权力斗争的毫无节制的表现,主张把这种权力的毫无节制作为社会的理想和个人的行为规范。然而从长远来看,以权力欲望和权力斗争为基石的哲学思想和政治制度,被证明是软弱无力和自我毁灭的。它们的弱点恰恰显示了西方传统的力量。西方的传统所寻求的即使不是消除至少也是管理和限制权力追逐;否则,这种权力追逐不是使社会四分五裂,就是使弱者的生活和幸福屈从于强者的专横意志。

正是在这两点上,道德、习俗和法律进行了干预,以保护社会免遭动乱,保护个人免遭奴役和杀戮。当一个社会或其某些成员无力以自身的力量保护自己、抵御他人的权力追逐时,换言之,当权力政治的机制或迟或早不可避免地失去效能时,这些规范性体系就会力图以它们自己的行为规则来补充权力政治。这些规范体系传达给强者和弱者的共同信息是:强权并不产生凭借这种权力去做在物质上能做的一切事情的道德或法律权利。为了社会整体的利益,也为了社会各个成员的利益,权力须受限制。这些限制不是权力斗争的机制带来的,而是社会成员出于本身的意志以行为规范或法则的形式施加在这种斗争之上的。

在所有较高级社会中发挥作用的行为规范或法则有三种类型:道德、习俗和法律。它们的不同特征在哲学和法学文献中有许多争论。从本书的目的出发仅需要指出,每一项行为规则都具有两个因素:命令和制裁。没有哪种特定的命令是某一类规范所特有的——"不可杀人"可以是道德命令,也可以是习俗的或法律的命令。使这三类行为规则相互区别的因素是制裁。

判断"不可杀人"究竟是道德的、习俗的还是法律的命令,根据的是在违犯这一命令的情况下所采取的惩罚违犯者和防止再犯的制裁措施是道德所特有的、习俗所特有的,还是法律所特有的。如果 A 杀死了 B 然后感到良心自责或懊悔,那我们所看到的就是道德所特有的制裁,因而也就是道德规范;如果 A 杀死了 B,而后一个无组织的社会自发地以诸如商业抵制、社会排挤等方式表达责难,那我们所遇到的就是习俗所特有的惩罚,因而也就是习俗性的规范;最后,如果 A 杀死了 B,而后一个有组织的社会以既定的警察行动、起诉、审讯、裁决和惩罚这一套理性程序的形式做出反应,那制裁就具有法律性质,因而规范也就属于法律范畴。

所有国内社会都是依靠一套错综复杂的行为规则来进行管理的,这些规则或相互支持或相互矛盾或各行其是。一个社会愈是认为它努力以行为规则来捍卫的那些利益和价值重要,它对违犯其规则施以的制裁就愈严厉。当社会同时运用它所支配的所有这些制裁措施加于其规则的违犯者时,它就施加了最大的压力,因而也就有了对其不顺从的成员强制实施其行为规则的最好机会。而当只有一类制裁措施被用来捍卫社会的利益和价值时,社会便是最虚弱的,因而制裁很可能是无效的。当某项行为规则所要求的行动是另一项行为规则所谴责的行动时,有关的利益或价值的命运就有赖于支持相互矛盾命令的不同制裁孰强孰弱了。

为对付叛乱或革命对社会自身生存的威胁,或者谋杀对社会成员生存的威胁,社会掌握着所有这三类制裁措施。于是,相互加强的道德、习俗和法律便给予社会的生命和组成社会的个人的生命以三重保护。一个可能的叛乱者或凶手总是面临着良心的折磨,社会以诸如孤立排斥这样的形式做出的自动反应,以及法律的惩罚。这在并非社会及其成员的生存而是其财产濒临危险的情况下也同样如此。财产也被道德、习俗和法律三重围墙所环绕。在可能的窃贼和骗子与他们所觊觎的财产之间,社会插进了它所有可资利用的制裁的楔子。

在重要性较低的利益和价值濒于危险的情况下,社会也许只诉诸一种制裁。像商业和政治中的某种竞争性做法,如撒谎,便只受到道义上的谴责。只有在极端的情况下,习俗才会起作用,譬如说,撒谎的次数和程度超出了社会认为可以容忍的地步。倘若是一般的撒谎,法律会保持沉默,如果单纯出于无法律禁止撒谎的原因的话。法律只在像作伪证和行骗这样的严格界定的撒谎的情况下才会干预,因为这类谎言威胁到了超出纯粹真相之外的利益和价值。此外,时尚的准则是单靠习俗来实施的,因为所涉及的问题并没有重要到非得由道德和法律来关注的程度。最后,处置交通肇事纯粹属于法律的权限,道德和习俗并不参与交通规则的实施,因为法律制裁一般来说足以在交通方面确立起某种井井有条的秩序。

221 当不同的行为规则彼此发生抵触时,不同禁令的效力相对强弱的问题就会变得尖锐起来。在法学文献中大量讨论的、有关同一法律体系中两条规则相互抵触的典型事例,是欧洲某些国家在刑法中禁止决斗而在军事法典中却要求军官以决斗来解决某些纠纷。一套伦理道德体系要求我们服膺上帝而不是服从人,同时又要求我们把属于恺撒的归恺撒;当国家的法律与上帝的戒律相互矛盾时,类似的冲突就会发生。这类冲突在政治领域屡见不鲜。势不两立的政府——革命政府与合法政府、流亡政府与傀儡政府——要求得到同一群人民的服从。一般认为政客会信奉的行为规则,常常有违社会全体成员应遵守的规范。一般来说,相对于社会的普遍伦理和习俗而言,政治伦理和习俗被认为为某些行为,如"竞选演说"和一般的承诺,留有更大的余地。

不同行为规则之间的冲突,其结果取决于相互抵牾的规则所能施加于个人意志之上的有关制裁的相对压力。如果一个人不能遵守针对他的所有规范,那他就必须选择其中一种来遵守而违背其他那些规范。那些压力的相对强弱体现了拥护一套价值和利益、反对另一套价值和利益的社会势力的相对强弱。旨在使社会成员的权力欲保持在社会容忍界限内的社会规范秩序本身,在某种程度上就是各社会势力运用它们对于立法或法庭判决的影响力等借以支配社会而相互竞争的结果。

社会通过其行为规则对社会成员施以压力,而对这种压力做出持续不断的、在很大程度上是自动的反应,就构成了社会生活的主要内容。行为规则无时无刻不在监视着个人,塑造个人的行动,使其符合社会标准。人们甚至可以说,社会作为一种能动力量只不过是把行为模式强加给其成员的社会行为规则的总和。我们所谓的文明在某种意义上无非就是社会成员对行为规则的自动反应。社会通过这些行为规则努力使其成员遵守某种客观标准,限制他们的权力欲望,并在社会生活的一切重要方面教化和驯服他们。我们这里理所当然地主要关心的文明——西方文明在这种努力中取得了相当大的成功。然而,西方文明并没有像19世纪和20世纪许多著作家所相信的那样,将权力斗争从国内舞台上一扫而光,代之以诸如合作、和谐、永久和平这类不同的和更好的东西,而且它现在也没有准备这样做。对权力欲望和权力斗争在政治中所发挥的作用的这种误解在本书第三章中已经讨论过。

西方文明业已取得的最佳成果——就我们所见这也是任何一种文明所能获取的最佳成果——是缓和了国内舞台上的权力斗争,改良了权力斗争的手段,并把权力斗争引向了新的目标;这些目标如果能实现的话,将会使社会成员的生命、自由和对幸福的追求与权力斗争的牵涉减少到最低程度。更具体来说,个人争斗的原始方式被社会、商业和职业竞争的文明途径取而代之。权力斗争不再依赖致命武器来进行,而是通过竞争性的考试、追逐社会名望、公私职位的定期选举,尤其是为拥有金钱和可用金钱衡量的事物而展开的竞争来进行。

在西方文明下的国内社会里,拥有金钱变成了拥有权力的突出象征。通过为获取金钱而展开的竞争,个人的权力欲找到了与社会规定的行为规则相协调的文明的发泄口。各种不同的反对谋杀和反对任何类型的个人和集体暴力的规范性禁令,都寻求创造一种规范性的前提条件,以使权力斗争导向文明之途。所有与不同的社会竞争机制相关的社会工具和社会制度都服务于这一目的:不是消灭权力斗争,而是为无节制、无规范的权力斗争的残酷和原始表现创造文明的替代物。

以上就是道德、习俗和法律如何在西方文明下的国内社会中限制权力斗争的概述。而国际社会的情况又怎样呢?什么样的道德、习俗和法律在国际舞台上行之有效呢?它们为国际社会发挥什么样的功能呢?有哪种类型的国际道德、国际习俗(表现为世界舆论)和国际法用国内规范体系影响国内社会成员之间权力斗争的同样方法,来限定、规范和改良国家之间的权力斗争呢?

第十五章　国际道德

经典名句

◆ 一项不允许把大屠杀作为达到其目的的手段的外交政策,并不是由于政治权宜的考虑才承受这种限制的。相反,权宜的考虑会促成全面和有效地进行这种屠杀。限制是出于绝对的道德原则,这种道德原则必须得到遵守而不应考虑国家本来可能得到的好处。

◆ 只有那些实际上能够并愿意积极参加战斗的人,才应该成为蓄意的军事行动的目标。

◆ 战争特别是现代战争不仅是为了权宜之计而应避免的恐怖行为,而且是基于道德理由应予避免的罪恶行径。

◆ 捍卫人权不可能始终如一地在外交政策中得以实践,因为它难免与在特定情况下可能更为重要的其他利益相冲突。捍卫人权必须织入美国外交政策之网的说法,只会徒然掩盖任何这类努力不可避免的矛盾性。

德黑兰会议上的三巨头

关于国际道德的讨论必须防止两个极端：一是过高估计伦理道德对国际政治的影响；一是过低估计它对国际政治的影响，否认政治家和外交官会受物质权力考虑之外任何其他考虑的驱使。

一方面，将人们实际遵守的道德规则与他们假装遵守的道德规则以及与著作家们声称他们应当遵守的道德规则混为一谈，是一个双重错误。约翰·奇普曼·格雷教授说："在关系到人类利益的各种学科中，除神学之外，著述之不严谨、推测之含混者莫过于国际法。"①必须承认，关于国际道德的情况同样如此。著作家们提出了政治家和外交官应当铭刻于心的道德告诫，诸如信守诺言、信任他人、公平交易、尊重国际法、保护少数、放弃战争作为国家政策的工具等等，以使各国关系更趋和平、更少纷乱。但是他们很少问自己，不管这些告诫本身多么称心如意，它们实际上是否决定着和在多大程度上决定着人们的行动。而且，由于政治家和外交官不管自己的实际动机是什么都习惯于以道德词句为他们的行动和目标辩护，所以，若以其表面价值判断他们的声明具有无私和和平的意愿、人道主义的目标以及国际的理想，那就同样是错误的。问题的实质在于，他们的声明是否仅仅是掩饰其行动真实动机的意识形态，或者，他们的声明是否表达了对使国际政策符合伦理标准的真正关心。

另一方面，有一种错误观念——这种错误观念通常与我们前面曾讨论过的对权力政治的普遍贬抑和道德谴责②相联系——认

---

① *Nature and Sources of the Law* (New York：Macmillan，1927)，p.127.
② 见第37页及其后。

为国际政治罪恶至极,因而为国际舞台上的权力欲望寻找道德限制是毫无用处的。然而,如果我们问自己,政治家和外交官在推进他们各自国家的权力目标方面能够做什么以及他们实际在做什么,我们就会认识到,他们所做的比他们能够做的要少,比他们在其他历史时期实际做的要少。他们或者根本拒绝或者在某些条件下拒绝考虑某些目的和使用某些手段,这不是因为从权宜的角度看他们显得缺乏经验或愚蠢,而是因为某些道德规则设置了绝对的障碍。道德规则完全禁止从权宜出发来考虑某些政策。某些事情没有做是基于道德伦理,即使做起来很方便。在我们的时代里,这种伦理道德戒条在不同的层次上产生了不同的效果。其限制性功能在确立和平时期人类生命的神圣性方面表现得最为明显、最为有效。

保护人类生命

和平时期保护人类生命

如我们已经指出的,国际政治可以被界定为维持和增加本国权力、限制或削弱别国权力的持续不断的努力。然而,又如我们已经指出的③,各国的相对权力依赖于人的数量和素质,而人的数量和素质则是以人口规模和素质、军事力量的规模和素质、政府的尤其是外交的素质为基础的。从一系列撇开道德考虑的技术性任务来看,国际政治必定会把大量减少或消灭敌国的人口、最杰出的军事和政治领袖以及最有才能的外交官作为它的合法目标之一。而且,当国际政治完全被看作是一种旨在维持和取得权力而不具有道德意义的技能时,这种方法就会不带道德顾忌地、理所当然地被使用。

根据威尼斯共和国的官方记录,从 1415 年到 1525 年间,威尼

---

③ 见第 135 页及其后。

斯共和国为实现其外交政策目标,策划或者尝试了大约两百起暗杀行动。在那些预谋要杀害的人中,有两个皇帝、两个法兰西国王和三个苏丹。文献记载表明,那些暗杀的提议实际上没有一桩为威尼斯政府所反对。从1456年到1472年,它接受了二十个关于刺杀当时威尼斯的主要对手苏丹穆罕默德二世的建议。1514年,拉古萨的约翰提出,只要威尼斯政府给他一千五百达卡的年薪,他就会毒死政府选定的任何一个人。威尼斯政府就像我们今天所说的"试用性地"雇用了这个人,要求他显示一下他会如何对付马克西米利安皇帝。在同一时期,红衣主教自带司膳官和酒水出席教皇加冕宴会,因为他们担心不这样做自己就可能被毒害。据说这一习惯在罗马是普遍的,主人对此不会见怪。

这些用来实现政治目的的方式今天不再普遍运用了,但利用这些方式的政治动机今天依然存在,就像这类做法实际盛行时的情形一样。对于卷入权力竞争的国家来说,作为它们竞争对手的国家是否可以利用其杰出的军事和政治领袖为其效劳,并不是一个无关紧要的问题。因此它们可能希望,一个杰出的领袖或统治集团会或者由于政治动乱或者由于疾病和死亡而被迫放弃权力统治。我们现在知道,第二次世界大战中有关希特勒和墨索里尼会活多久或至少在位多久的推测,在反法西斯同盟的权力估计中起着重要作用,而罗斯福总统去世的消息也曾使希特勒取胜的希望一度复活。在冷战时期,作为对苏政策中的一个因素,美国曾指望苏联政权可能由于其统治者没有能力保持权力而从内部解体。今天,用暴力手段策划权力变更所遇到的技术困难并不大于以往的历史时期,这种权力变更仍像一贯如此的那样是人们渴望的,也是可行的。已经发生变化的东西是文明的影响力,这种影响力使某些渴求的和可行的政策成为道德上应受谴责的,因而一般来说就成为不能实行的政策。

道德约束的存在及其效力,明显表现在对美国中央情报局所策划的暗杀阴谋的反应上。美国公众舆论的主流所反对的,不是这些企图没有成功,而是它们违反了道德限制。竟然有人尝试这种企图的事实本身，表明了道德约束在一小撮秘密行动的公共官员中的衰微。而此种违背道德之举遭遇强烈道德非议的事实，则证明了这种道德规范的持续效力。

在和平时期，同一类的道德限制不仅保护杰出人物的生命，而且保护大的群体以至整个民族的生命，尽管毁灭这些群体和民族在政治上既是可取也是可行的。在德国问题上，正如德国人和世界各国的人们所看到的那样，现代史提供了伦理道德影响国际政治的一个引人注目的实例。从德国的观点看，国际政治的基本事实从俾斯麦到希特勒一直是东西方列强对德国的"包围"。无论俾斯麦在国际政治格局上的具体举动多么残忍和不仁，他都很少背离18世纪基督教贵族社会中占主导地位的基本游戏规则。尽管那是玩弄诡计和背信弃义的游戏，但有几件事却是任何一个贵族社会的成员都不屑为之的。所以，在与俄国和法国为邻构成德国政治生存的条件这一事实面前，俾斯麦接受了这一事实的不可避免性，努力通过与俄国保持密切关系、孤立法国来使这一事实变得有利于德国。

另一方面，希特勒却不理会对国际政治施加限制的那种社会框架，从三十年战争结束实际上直到他上台为止，国际政治一直是在这种框架的限制下运作的。希特勒摆脱了俾斯麦被迫接受的那些道德顾忌，不再认为德国的外交政策必须建立在法国和俄国的存在这一不可逃脱的事实之上。他着手改变这一事实，企图从物质上摧毁德国的东西邻国。由于他把自己的做法看成是不具有道德意义的单纯政治技巧问题，因而他的解决方式比俾斯麦的方式更加彻底、政治上也更加便利。这是因为就德国的东部和西部邻国而言，希特勒的方式旨在一劳永逸地解决德国的国际地位问题。此外，希特勒解决方式本身还证明它在俾斯麦时代一样行得通。如果不是因为某些招致希特勒及其政策走向毁灭的政治和军事错误的话，希特勒的方式可能已经取得了成功。而那些错误或许是俾斯麦的政治天才可以巧妙避免的。

当德国问题出现在非德意志世界特别是出现在受到德国霸权威胁的国家面前时,法国政治家克里孟梭以粗暴的坦率概括了这一问题。他在第一次世界大战爆发之际宣称,德国有两千万人真是太多了。这一声明指出了一个自1870年德法战争以来就摆在欧洲和世界面前的不可回避的事实:德国凭借其人口的规模和素质变成了欧洲最强大的国家。将这一事实与欧洲其他国家和世界其他地区的安全相调和,是第一次世界大战后世界所面临的政治重建任务。第二次世界大战后,世界再次面临着这个任务。自克里孟梭以来,"过多的两千万德国人"的存在被认为是理所当然的情况,而德国问题一直是根据这一看法提出的。这显露出了我们在俾斯麦外交政策中所看到的而在希特勒外交政策中看不到的同一种道德限制,这是因为解决像德国问题这样的国际政治问题有两种方法。

一种是罗马人一劳永逸地解决迦太基问题的方法,这是一种以适当的手段解决一个技术性的政治问题的方法,与任何超然的道德考虑全然无关。由于从罗马权力欲望的观点来看迦太基人太多,所以加图每每愿意以这样一种声明来结束他的演讲:"至于其他,我认为迦太基必须予以毁灭。"随着迦太基的毁灭,迦太基问题如罗马所希望的那样永久地解决了。罗马的安全和野心再也不会受到来自迦太基的荒芜故地的威胁了。与此相似的是,如果德国的全部计划都取得了成功,如果他们的行刑队和灭绝营完成了它们的任务,那"联盟的噩梦"便会永远从德国政治家的心灵中消失了。

一项不允许把大屠杀作为达到其目的的手段的外交政策,并不是由于政治权宜的考虑才承受这种限制的。相反,权宜的考虑会促成全面和有效地进行这种屠杀。限制是出于绝对的道德原则,这种道德原则必须得到遵守而不应考虑国家本来可能得到的好处。因此,这种外交政策实际上牺牲了国家利益,而本来对国家利益的不断追求会使违背诸如和平时期禁止大屠杀这样的道德原则成为必要。这一点无论怎样强调都不过分。这是因为，人们常常提出这样的看法：这种对人的生命的尊重，产生于"一种义务，即不把**不必要**的死亡或痛苦加诸他人身上，也就是说，这种死亡或痛苦对于实现某个更高的目标并不是必要的，这个更高的目标或正确或错误地被认为违背普遍义务提供了根据"④。与此相反，事实上，国家承认在某些条件下避免施加死亡或痛苦的道德义务，而不管以诸如国家利益这样的更高目标为施加死亡或痛苦这种行为辩护的可能性。

这两种国际政治观念———一种主张在道德框架内行事，一种主张在道德框架外行事——之间的根本冲突，通过温斯顿·丘吉尔爵士在其回忆录中叙述的一段轶事得到生动的说明。在德黑兰会议上，斯大林提出了战后对德国人施以惩罚的问题。

> 他说，德国总参谋部必须整肃。希特勒武装部队的全部力量依赖于大约五万名军官和技师，如果战争结束时逮捕并枪毙这些人，德国的军事实力就会被完全消灭。对此，我认为应该这样说："英国议会和公众永远不会容忍大规模地执行死刑。即使他们出于战时的激愤听任这样做了，但当第一场大屠杀发生后，他们就会转而暴烈地反对那些负有责任的人。苏联人在这一点上一定不要有任何错觉。"
>
> 然而，斯大林也许故带恶意地继续这个话题。他说："五万人必须枪决。"我被深深地激怒了。我说："我宁愿自己立刻就被拉到这个花园里被处决，也决不愿因这种丑行而玷污我自己和我的国家的荣誉。"⑤

---

④ E. H. Carr, *The Twenty Years' Crisis*, *1919—1939* (London: Macmillan, 1939), p. 196.

⑤ Winston S. Churchill, *The Second World War*, Vol. V, Closing the Ring (Boston: Houghton Mifflin, 1951), pp. 373—374. (Reprinted by permission of the publisher.)

战争时期保护人类生命

在战争时期,国际政策也受到类似的道德限制,这些限制涉及平民和丧失作战能力或意志的战斗人员。有史以来直到中世纪的大部分时期为止,根据法律及道德,交战各方一直被认为可以任意地杀死全部敌人而不管他们是否是武装部队的成员,抑或以它们认为适当的任何方式对待敌人。男人、女人和孩子常常被胜利者杀死或贩卖为奴而不会引起任何不利的道德反应。雨果·格劳秀斯在其所著《论战争与和平法》第三卷第四章中,在"论公共战争中杀死敌人的权利和其他侵害人身的暴力"的标题下提供了一份令人印象深刻的一览表,列举了古代历史中对敌方人员不加区分地施以侵害的种种暴力行为。格劳秀斯本人在17世纪30年代的著述中,依旧把这些暴行中的大部分做法看成是合乎法律和伦理道德的,只要战争是为正义的目标而进行的。[6]

这种对战时杀戮行为缺乏道德限制的情况,产生于战争本身的性质。在那些时代,战争被看作交战国领土上所有居民之间的对抗。作为交战对象的敌人是效忠于某个领主或居住在某片土地上的个人的总和,而不是现代意义上作为法律抽象概念的所谓国家所拥有的武装部队。于是,敌国的每一个公民便都成了另一方每一个公民的敌人。

自从三十年战争结束以来,一种新的观念已被普遍接受:战争不是全体人民之间而只是交战国军队之间的对抗。结果是,战斗人员与非战斗人员之间的区别变成了约束交战国行动的根本法律和道德原则之一。战争被认为是交战国武装部队之间的对抗,而由于平民不积极参与武装对抗,他们就不会成为这种对抗的目标。因此,不故意攻击、伤害或杀死非战斗的平民被认为是道德和法律义务。在诸如轰炸城镇或发生在居民区的战斗这类军事行动中平

---

[6] 特别参见第3节。

民所遭受的偶然性伤亡,是令人痛惜的但往往是战争不可避免的伴随物。然而,尽一切可能避免这种伤亡也被认为是道德和法律义务。1899年和1907年《关于陆战法规和惯例的海牙公约》以及1949年的《日内瓦公约》,对这一原则作了明确的、实际上带有普遍意义的法律确认。

有关武装部队中丧失作战意志或能力的人员的问题,也取得了相应的进展。在古代和中世纪大部分时期流行的战争观念认为,要求杀死所有敌人的道德和法律权利不能因某些类别的丧失作战能力的战斗人员的情况而有所例外。所以格劳秀斯仍然能够宣称,他的时代占主导地位的道德和法律信念是:"施加伤害的权利甚至扩大到俘虏身上,且无时间的限制;……施加伤害的权利甚至扩大到那些愿意投降但不被接受的人身上。"⑦

然而,在战争是武装部队之间的对抗这种概念出现以后,其逻辑结果就是一个新观念的发展:只有那些实际上能够并愿意积极参加战斗的人,才应该成为蓄意的军事行动的目标。对那些由于伤病或由于已成为战俘或愿意成为战俘而不再参加实际战斗的人,则不应加以伤害。这种战争人道化的趋势始于16世纪,以19世纪和20世纪初期的重大多边条约为标志而达到顶峰。在实践中,所有文明国家都遵守这些条约。在1581—1864年间,达成了二百九十一项旨在保护伤病人员生命的国际协议。1864年的《日内瓦公约》以及随后取代它的1906年、1929年和1949年的那些公约,把当时有关伤病人员及其医护人员应受待遇方面的道德信念转变成了具体详细的法律义务。

至于战俘,他们的命运甚至在18世纪仍是悲惨的。尽管在一般情况下他们不再被杀,但他们却被当作罪犯来对待,并被当作盘剥的对象,只有在缴纳了赎金后才被释放。1785年美国与普鲁士缔结的《友好条约》的第二十四款第一次清楚地表明了在这一问题

---

⑦ 特别参见第10、11节。

上道德信念的变化。该条款禁止将战俘囚禁在罪犯监狱中并使用镣铐,还规定给予他们军人待遇。1899年和1907年的《海牙公约》以及1929年和1949年的《日内瓦公约》,规定了一套详尽的旨在确保战俘享受人道待遇的法律规章制度。

19世纪中叶以来为使战争人道化而缔结的所有国际条约,都起源于对处在战争毁灭威胁下的人的生命和伤痛的同一种人道主义关心。这些条约禁止使用某些武器,限制使用另一些武器,界定中立国的权利和义务。简言之,它们试图向战争注入一种尊严的精神和一种尊重战争中所有可能的牺牲者共同人性的精神,并把暴力行为限制在战争目标即摧毁敌人的抵抗意志所要求的最低限度上。1856年的《巴黎宣言》对海战作了限制,1868年的《圣彼得堡宣言》禁止使用装有爆炸性或易燃性物质的轻型子弹,1899年的《海牙宣言》禁止使用膨胀性(达姆—达姆)子弹。许多国际公约都禁止毒气战、化学战和细菌战。1899年和1907年的《海牙公约》实现了陆战和海战法规及中立国权利和义务的法典化。1936年的《伦敦议定书》对使用潜水艇攻击商船作了限制。当代正在进行限制核战争的努力。所有这些努力都证明,反对使用无限制的暴力作为外交政策工具的道义倾向,实际上已取得了普遍性的进展。

从法律上看,这些国际条约的有效性或实际效果也许不无争辩之处,这是因为存在着对条约禁款完全漠视或违反的情况。但这不能否认道德良心的存在;面对国际舞台上的暴力或至少某种暴力,道德良心深感不安。这种良知的存在有这样一类努力为证:通过国际协定使国家行为合乎道德原则。它的存在还表现在用道德词句来为被指控违反那些国际协定的行为辩护时的一般性辩解和借口上。大多数国家签署了这类法律协定,并力求至少在某种程度上遵守它们。因此,当国家被谴责违反协定时,它们总是无一例外地声言自己是清白无辜的或者在道德上是站得住脚的。这种辩白并不纯粹是意识形态之辞,而是对国家有时完全漠视和常常违反的某种道德限制的间接承认。最后,交战国内部的广大团体也会以其道德良知反抗不可否认的公然违背限制战争行为的道德和法律原则的行为。这些团体也许会举行反战示威并拒绝支持战争,这进一步证明了一种意识到道德限制的道德良知的存在。

对战争的道义谴责

最后,进入20世纪以来,对战争本身的态度反映了大多数政治家日益提高的觉悟:某些道德制约限制把战争用作外交政策的工具。政治家们公开谴责战争的蹂躏,有史以来,他们一直以自卫或宗教义务的理由来为自己的参战行为辩护。而避免战争本身——即避免任何战争——只是从20世纪开始才成为治国方略的一个目标。1899年和1907年两次海牙和平会议、1919年的国际联盟、1928年宣布侵略战争为非法的《白里安—凯洛格公约》以及我们时代的联合国,都把避免战争本身作为它们的最终目标。

本书第八编将详细论述以上这些条约及其他法律工具和组织,所有这些法律工具和组织的基础都建立在这样一个信念之上:战争特别是现代战争不仅是为了权宜之计而应避免的恐怖行为,而且是基于道德理由应予避免的罪恶行径。研究有关第一次世界大战起源各类外交档案的学者,对几乎所有负有责任的政治家——也许维也纳和圣彼得堡的政治家例外——在采取可能会不可挽回地导致战争的步骤时的踌躇感到惊讶。这种踌躇以及当战争最终被证明是不可避免时政治家所表现出的普遍沮丧,与迟至19世纪的情况形成了鲜明的对比;当时,政治家为了使战争不可避免并把发动战争的责任嫁祸于人,便处心积虑地谋划战争和制造事端。

第二次世界大战前的年代里,西方列强的政策受到不惜一切代价避免战争这种愿望的激励,而这在政治上和军事上对它们都是极其不利的。这种愿望压倒了国家政策的所有其他考虑。与此相似的是,在朝鲜战争中,所有大国无一例外地渴望把战争限制在朝鲜半岛内并防止其演变成第三次世界大战;而所有这些大国在第二次世界大战结束以来出现的许多国际危机中也都进行了自我克制。这些都是战争态度发生根本改变的突出例证。西方世界近年来对战争本身的道义谴责,还特别表现在拒绝认真考虑预防性战争的可能性上,不管这样做对国家利益是多么有利。战争一旦来临,就一定是像自然灾害或别国的罪恶行径而降临的,而不是自己外交政策预期和计划的结果。唯有如此,源自遭到践踏的战争根本不应存在这一道德规范的道义上的不安,才可能平息下来,如果它们确能被平息的话。

国际道德与全面战争

这样,与古代和中世纪大部分时期相形成对比的是,就对个体和群体生命可能带来的影响而言,近现代对外交行为施加了道德限制。然而,人类目前状况下的某些重要因素,却导致这种道德限制明显削弱。我们要记住,就毁灭生命的行为而言,道德限制的缺失,伴以战争的全面性;在全面战争中,全部人口相互为仇,视彼此为私敌。我们也要记住,对战争中杀戮行为的逐渐限制以及使杀戮行为服从于某些条件,是与有限战争的逐渐发展同步出现的;在有限战争中,只有军队才视彼此为实际的对手。随着战争近来在越来越大的程度上和在不同的方面呈现出了全面战争的性质,对杀戮的道德限制便在越来越小的程度上被遵守了。事实上,这些道德限制在政治和军事领袖以及普通民众良知中的存在已变得岌岌可危、濒于灭绝了。

战争在我们的时代里发展为全面战争,表现在四个不同的方面:(1)参与战争行为所必需的各种活动的人口比例;(2)受到战争行为影响的人口比例;(3)在信念上和情感上完全认同战争行为的人口比例;(4)战争的目标。

以平民人口中的大多数所从事的生产活动来支持的规模庞大的军队,已经取代了先前世纪里只消耗一小部分国民生产的规模较小的军队。平民人口在保持对武装部队的供给方面成功与否,可能像军事努力本身一样,对战争结局具有重要意义。因此,击败平民(摧毁其生产能力和意志)也许会像击败武装部队(摧毁其抵抗能力和意志)一样重要。现代战争从一架庞大的工业机器中获取武器,它的这一性质模糊了士兵与平民之间的界限。工人、工程师、科学家不是站在路边向武装部队欢呼的单纯的旁观者,他们像士兵、水兵和飞行员一样是军事组织内在的、不可分离的一部分。于是,一个处于战争中的现代国家一定会寻求干扰和破坏敌人的生产过程,而现代战争技术则为实现这一目的提供了手段。平民生产对现代战争的重要性以及损害敌人生产所带来的好处,在第一次世界大战中已经得到普遍承认。但在当时,直接影响平民生产过程的技术手段尚处于初级阶段,交战各方不得不借助于诸如封锁和潜艇战一类的间接手段。它们企图通过空袭和远程炮轰直接干扰平民生活,但这种做法是零星分散的,成效不大。

第二次世界大战使后一种直接干扰方式成为摧毁一国生产能力和抵抗能力的最有效途径。大规模毁灭平民生命和财产的意图,与实行这种毁灭的能力是一致的,而意图和能力的结合已强大到了现代世界的道德信念难以抵抗的程度。1938年6月11日,科德尔·赫尔国务卿就日本轰炸广州一事宣布,政府不批准向对平民实施轰炸的国家出售飞机和军用飞行装备;赫尔所表达的是20世纪早期的道德信念。1939年12月2日,罗斯福总统在一次演说中宣布,鉴于苏联对芬兰平民的军事行动,对苏联采取类似的道义制裁。仅仅在几年之后,所有交战国都卷入了轰炸平民这类行动,其规模之大使美国政治家基于道德立场所谴责的那些行径相形见绌。华沙和鹿特丹、伦敦和考文垂、科隆和纽伦堡、广岛和长崎,不仅成了现代战争技术发展的垫脚石,而且成了现代战争道德演变的垫脚石。为了所有实用的目的,印度支那战争也抹掉了战斗人员与平民百姓之间的界线。

由现代战争性质所决定的摧毁敌人生产能力和抵抗意志的国家利益,以及由现代战争技术所提供的满足这一国家利益的机会,产生了侵蚀败坏国际道德的作用。而现代战争中广大交战人口情感的卷入又加剧了国际道德的退化。正如16世纪和17世纪的宗教战争有17世纪和18世纪的王朝战争步其后尘,其后民族战争又在19世纪和20世纪初接踵而至一样,我们时代的战争由于性质上越来越意识形态化而趋于复归到宗教类型的战争了。一个现代交战国家的公民,与其18世纪和19世纪的祖先相比,既不是为国王的光荣而战,也不是为民族的统一和强大而战,相反,他是为"理想"、为一整套"原则"和"生活方式"而"进行圣战"。正因为如此,他才声称垄断了真理和美德。结果是,他要么誓死战斗,要么向所有遵从另一种虚假和邪恶"理想"和"生活方式"的人"无条件投降"。由于他作战的对象是这种"理想"和"生活方式"本身而不管它们体现在哪些人身上,所以,正在战斗的士兵和丧失能力的士兵之间的区别以及战斗人员与平民百姓之间的区别——假如这些区别尚未完全被消除的话——便从属于一种真正至关重要的区别:正确的与错误的哲学和生活方式代表之间的区别。宽恕负伤、生病、投降和没有武装的敌人,并把他们看作是仅仅由于被发现在对方营垒因而成为敌人的人类来尊重的道德义务,被惩罚和从地球表面上消灭邪恶的教唆者和实践者的道德义务取而代之了。

  这些破坏道德限制的倾向由于现代战争的非人格性质而得到了有力加强。直到第一次世界大战为止的整个历史中,士兵都是面对面交战的。这种致命的遭遇并不缺乏人性因素:人们相互对视,力求杀人,避免被杀。这种境遇为人们表现和感受人的情感、美德和罪恶留下了余地。根据荷马的记述,在阿喀琉斯将莱高斯打成了致命的重伤后,他俯身对这个就要咽气的对手说:"死去吧,朋友。"

  现代战争在很大程度上是按钮战争,交战的人不知姓名,从未看见敌人是生是死,也永远不会知道他们杀死的是什么人,牺牲者也永远看不见敌人的面孔。敌对双方之间的唯一联系是他们试图用以互相残杀的机器。这种战争技术上的非人性势必造成道德上的非人性。对机器的操作者来说,射击演习的经验很难区别于实战攻击的经验,对军事设施的攻击也很难区别于对平民目标的攻击。正如一个曾飞往越南执行过轰炸任务的飞行员所说:"那就像是受训去修理电视机似的,就像是当一个技术员。"由此看来,现代战争技术如果不是彻底摧毁也是极大地削弱了在事实层面做出这些区分的能力,而不做出这些区分就不可能鉴别战争行为是道德的还是不道德的。

在战争观念发生这一根本变化的影响下,不仅是我们上面论及的对战时杀戮的道德限制在第二次世界大战中被普遍违反了,而且,交战国家还倾向于从道德上为其拒绝接受俘虏、杀害俘虏和不加区别地杀戮军人和平民的行为辩解,以此来减轻它们在道义上的不安,如果它们尚未完全抛弃这种道德顾虑的话。这样一来,尽管和平时期对杀戮的道德限制依然有效,但战时对杀戮行为的道德限制却被证明在很大程度上失效了。总而言之,就本节讨论的目的而言,更为重要的是,在战争观念发生根本改变的影响下,这些道德限制作为行为规则已呈弱化和丧失殆尽之势。

在半个多世纪以前的普遍乐观主义时代,一位伟大的学者明确预见到了这一发展的可能性并分析了其中的各种因素。剑桥大学休厄尔国际法讲座教授约翰·韦斯特莱克在1894年写道:

> 不言而喻,战争的减缓必须取决于交战各方感觉他们同属一个较之他们各自的部落或国家更大的整体,一个包括敌人在内的整体,因而即使对敌人也应承担出自那种更高的公民身份所需承担的义务。有史以来,这种情感在欧洲从未完全缺失过,但这种寄托着更广泛感情的整体的性质和范围却千差万别。……在我们自己的时代里,有一种世界大同的情感,一种人类共同体的信念,类似于斯多葛学派的信念但比它更强烈,因为基督教和大国间的相互尊重已为这种信念准备好了土壤——大国在权力上的大体平等和文明上的相近使它们彼此之间不

能不有一种互相尊重的感情。……这种情感水平在一些时期式微低落了,其中一个时期属于我们的主题应予注意。继宗教改革之后出现的宗教战争属于最可怕的战争之列。在宗教战争中,人的兽性如脱缰的野马发泄无遗,而宗教战争却发生在一个比较开明的时代。对一项事业——无论这项事业多么有价值——的狂热,是调动人类激情的最强大最危险的刺激因素之一。新教徒与新教徒的联系、天主教徒与天主教徒的联系,穿透了国家间的联系而没有把这种联系包容在一个更广泛的联系之中并使之不被削弱。当激情最需要抑制时,新教徒之间的联系和天主教徒之间的联系却削弱了通常的抑制力。假如社会主义获得了一种好战信条的逻辑和力度,并且在战场上与目前的国家观念遭遇的话,那这种战争恶化的情形就可能再度发生。届时我们或许会看到战争时期的放纵无羁,一如和平时期无政府主义向人们显示的那样![8]

普遍道德对抗民族主义化的普世主义

国际道德就保护生命而言在近些年的沉沦,只不过是伦理道德体系全面的和就本章讨论目的而言具有更深远影响的解体的一个特殊实例。伦理道德体系过去曾对外交政策的日常运作施以约束,但现在再也做不到了。造成这一解体的因素有两个:外交事务中的民主责任取代了贵族责任;民族主义行为标准取代了普世主义行为标准。

---

[8] *Chapters on the Principles of International Law* (Cambridge: Cambridge University Press, 1894), pp. 267 ff.

贵族国际的个人伦理

17世纪和18世纪里,以及在逐渐减弱的程度上直到第一次世界大战为止,国际道德是个人主权者(某个君主及其继承人)和相对较小的、有内聚力的、成分相同的贵族统治集团关注的事情。一个特定国家的君主和贵族统治者与其他国家的君主和贵族统治者保持经常性的密切联系。他们被家庭纽带、共同的语言(法语)、共同的文化价值、共同的生活方式和共同的道德信念联系在一起,其中道德信念说明何为君子、何为与国内外君子交往的禁忌。争权夺利的君主们把他们自己视为一场游戏中的竞争者,其规则是所有其他竞争者都接受的。他们的外交和军事部门的成员把自己看作是效劳于雇主的雇员,这或者是由出身这种偶然因素决定的,或者是由于在俸禄、权势和荣耀方面的许诺使然。

1862年,身为普鲁士驻俄国大使的俾斯麦拒绝了一个提议——许多这类提议以前都是理所当然被拒绝的,也许在此之后也还有一些这类提议被拒绝——而在于他是"有礼貌地"婉拒的,在于即使是在这个插曲发生后的三十多年之后他所写的记述中也未流露出一丝道德义愤的痕迹。距今不过半个多世纪的时间,当向一个刚刚被任命为首相的大使建议,要他把忠诚从一国转向另一国时,这位大使竟能把这种建议看成是丝毫也不意味着违背道德标准的一种事务性的提议。

让我们想象一下,在我们的时代,假如俄国总理向美国大使或者美国总统向授权派往华盛顿的任何一位外交官提出了类似的建议,然后再想象一下有关人士的个人困窘和事发之后的公众义愤,我们便会感受到外交政策的伦理学在最近一段时期里发生了何等深刻的变化。今天,这种提议会被看成是引诱变节,也就是说,违背国际事务全部道德义务中的最根本义务——效忠本国。而在19世纪结束前不久,当这类建议被提出乃至被记述时,它还是一个基于它本身的利弊被接受或被拒绝的建议,与道义上是否正当全无关系。

国际贵族社会所遵守的道德行为标准必然具有超国家的特征。它们不是适用于全体普鲁士人或全体奥地利人或全体法兰西人的,而是适用于所有根据他们的出身和所受教育能够理解并按照这些标准行事的人们的。而正是在自然法的概念和规则中,这个世界性的社会找到了其道德戒律的本源。因此,这个社会的各个成员便有一种个人责任感来遵守这些道德行为规则,因为这些道德规则所针对的正是作为理性人、作为个人的这些社会成员。当有人向路易十五建言伪造英格兰银行钞票时,他拒绝了这个建议;对这个建议"在这里只能带着它应得的全部义愤和全部痛恨来看待"。1792 年,当有人为挽救路易十六提出涉及法国货币的类似建议时,奥地利皇帝弗朗西斯二世宣称:"这等无耻的计划是不会被接受的。"

这些负责外交政策的人对他们的外国同行表现出的这种高度的个人道德义务感,可以说明 17 世纪、18 世纪的著作家们为什么重视向君主提出这样的忠告:要把他的"荣誉"和"声望"作为他最珍贵的财产来维护。路易十五在国际舞台上所采取的任何行动,都是反映他个人道德义务感的个人的行动,因而也就关系到他个人的荣誉。由于他所负有的道德义务也为其他君主所承认和接受,所以如果他违背了这些义务,那就不仅会引起他自己良心的不安,而且会引起超国家贵族社会本能的反对,从而迫使他为违反这个社会的习俗而付出丧失威望也就是丧失权力的代价。

国际道德的毁灭

在 19 世纪的进程中,随着贵族统治被有关政府官员的民主遴选和责任制取而代之,国际社会结构连带国际道德结构一起经历了根本性的变化。事实上直到 19 世纪末,贵族统治者还在大多数国家里负责管理外交事务。在新的时代,他们的位置被那些不论阶级差别经选举或经任命的官员占据了。这些官员的公职行为在法律上和道德上都不对君主(即某个特定的个人)负责,而是对集体(即议会多数或全体人民)负责。公众舆论的重大变化可能很容易导致负责外交政策人员的人事变动,他们会被另一批人取而代之,这批人来自当时占主导地位的居民中的某个集团。

政府官员不再专门从贵族集团中遴选,而在事实上从全体居民中遴选,尽管"权势阶层"的成员在其中占有特权地位。这当然一直是美国的传统,但在像英国和苏联这样的国家里却是史无前例的。贝文先生,这位前运输和普通劳工联盟的总书记,1945年做了英国外交国务大臣。前职业革命家莫洛托夫先生,多年负责俄国的外交政策。

在诸如英国、法国或意大利这样的国家里,政府必须得到议会多数的支持才能继续执政,议会多数的任何变动都必然会引起政府的改组。即使是在美国这样的国家里,虽然政府的上台或下台不取决于国会而仅仅取决于大选,但国务院决策者的换马也是屡见不鲜的。从1945年7月到1947年1月的18个月中,有三个人先后出任美国国务卿,而1945年10月就职的国务院全部决策官员(副国务卿和助理国务卿)则没有一个人两年后仍然在位。在里根政府中,始于卡特政府时的趋势导致了在整个国务院直到副助理国务卿这一层级职位的政治任命。国际事务决策者的经常更迭以及他们对一个不定型的集合体负责这种情况,对国际道德秩序的效力甚至对这一道德秩序本身的存在,都具有深远的影响。

各国内部出现的这种重大变化,使作为道德制约体系的国际道德从现实变为一纸空文。当我们说英国乔治三世在与法国路易十六或俄国凯瑟琳一世打交道时服从某种道德制约的时候,我们所说的是某种确实之事,是某种可以与某些特定个人的良心和行动联系在一起的事情。而当我们说英联邦甚或英国自己对美国或法国负有道德义务时,我们则是在运用一个虚构。根据这个虚构,国际法对待国家就好像它们是单个的个人一样,但在道德义务领域,却没有任何东西与这种法律概念相对应。英王作为英联邦和英国宪法上的元首,不论其良知对英国和英联邦外交事务的要求是什么,都与这些事务的实际处理无关。这是因为英王不对这些事务负责,在这些事务上没有实际的影响力。英国及其自治领的首相们和外交国务大臣们的情况又怎样呢?他们不过是内阁的成员,而内阁作为一个集合体像任何其他政策一样,是由多数决定来做出外交决策的。内阁作为一个整体在政治上对多数党负责,而多数党的政治倾向是应当转变为政治行动的。内阁在法律上对议会负责,从宪法上说,它只是议会的一个委员会。但议会要对选民负责,它从选民中得到授权进行管治,而议员们也都希望在下次大选中再次得到选民的授权。

最后,单个的选民也许根本不具有据以决定他们在选举日和两次选举之间采取行动的带有超国家性质的道德信念,或者,即使他们有这样的信念,这些信念的内容也是千差万别的。换句话说,有些人将会根据"不管是对还是错,都是我的国家"这一道德信条行事,有些人则会把基督教的道德标准应用于他们自己以及政府有关国际事务的行动中,还有一些人则会采取联合国的或世界政府的或人道主义的道德标准。决策集团中或外交部常设官僚机构中经常更迭的成员们,可能反映也可能不反映这些以及相似的意见分歧。无论如何,论及道德行为规则,须考察这种规则赖以产生的个人良知;而我们所谓英国的或任何其他国家的国际道德,却没有任何个人良知作为其本源。

一个单个的政治家在处理外交政策时可能会受自己良心的支配。如果他这样做了,那他所遵守的道德信念,是来自于他个人而不是来自于他所隶属甚至他实际上所代言的国家的。当莫利和约翰·伯恩斯感到英国参加第一次世界大战有违他们的道德信念时,他们便退出了内阁。这是他们个人的行动,那些信念是他们个人的信念。同一时期,当德国总理以德国政府首脑的身份承认侵犯比利时中立的非法性和不道德性并仅以情势需要进行辩解时,他的话只代表他自己。他出自良知的心声不能代表实际上也不代表称作德国的这个集体的良知。第二次世界大战中,作为亲德的维希政权外长和总理的赖伐尔所遵循的道德原则,是他自己的原则而不是法国的原则,而且也没有人故意说那是法国的原则。

道德规则在个人的良知中发挥作用。因此,由可以清楚辨识的个人所掌管的政府,由于可以责成他们对其行为承担个人责任,便成为一个有效的国际伦理道德体系存在的前提条件。而在政府责任被广泛分配给大批对国际事务中的道德要求持有不同观念或根本没有道德观念的人们的情况下,国际道德就不可能成为限制国际政策的一个有效体系了。正因为这个缘故,迪安·罗斯科·庞德早在1923年便能够说:"或许可以不无道理地认为,国家间的道德……秩序在18世纪中叶比在今天更接近于实现。"⑨

国际社会的毁灭

当政府官员的民主遴选和责任制摧毁了作为一个有效制约体系的国际道德时,民族主义也摧毁了道德赖以发挥作用的空间——国际社会本身。1789年的法国革命标志着历史新纪元的开始,历史目睹了普世主义的贵族社会和这一社会对外交政策施以限制的道德影响力的逐渐衰败。G.P.古奇教授写道:

> 爱国主义像人类结交的本能一样古老,而民族主义作为一种明确表达的信条,则是从法国革命的火山烈焰中喷发出来的。战场形势的转折点出现在瓦尔密,那场小冲突发生后的当晚,歌德……在有人征询他的看法时,以历史性的词句回答说:"从今天起,一个新纪元开始了,你今后可以说,你亲身经历了这个新纪元的诞生。"⑩

---

⑨ "Philosophical Theory and International Law", Bibliotheca Visseriana, Vol. I (Leyden, 1923), p.74.

⑩ Studies in Diplomacy and Statecraft (London, New York, Toronto: Longmans, Green, 1942), pp.300,301.

民族主义战胜国际主义

当一种道德体系对人的良知和行动的控制受到另一种道德体系的挑战时，它的生命力便要经受决定性的考验。所以，《登山布道》所训诫的谦恭克己的伦理，相对于现代西方社会中谋求自身利益和权力的伦理而言，各自的相对强弱就取决于各自道德体系根据其戒律能够塑造人的行动或至少人的良知的程度。每一个人，只要他对道德召唤有所反应，就会不时面对这种良心上的冲突，从而检验相互冲突的道德指令孰强孰弱。拿外交政策行为来说，超国家伦理和民族主义伦理各自的力度，势必取决于类似的考验。对由基督教、普世主义和人道主义因素构成的超国家伦理，当代的外交语言示以敬重和颂扬，许多著作家个人也加以倡导。但在过去一个半世纪里，民族主义伦理已经在全球占据了优势。

其实，甚至于在民族主义伦理取得这种优势以前，民族性的伦理道德，例如以17世纪、18世纪国家理性哲学所阐述的那种道德，当与世界性的道德行为规则发生冲突时，在大多数情况下证明自己强于后者。看一看此类冲突的最基本也是最重要的表现，即世界性的道德戒律"不可杀人"与某个特定国家的道德指令"在某种情势下汝应杀死汝国之敌"之间的冲突，这种情况就再明显不过了。这两种道德行为规则所针对的个人面临着这样的冲突：他既要忠于人类整体，尊重人的生命本身而不管国籍或任何其他特征，又要效忠某个特定的国家，这个国家的利益要求他以牺牲别国成员的生命为代价去增进。正如帕斯卡尔所说：

> 你为何杀我？什么！你难道不是住在河的彼岸吗？假如你住在此岸，我的朋友，我当然就成了凶手，用这种方式杀死你就是非正义的了。但因为你住在彼岸，我便成了英雄，杀死你就是正义的。……三度纬线颠倒了全部法理；一条子午线决定了真理。……这以河为界的奇怪

的正义！真理在比利牛斯山的这一侧，谬误在那一侧。⑪

今天及整个现代历史时期，大多数人都采取了效忠国家的立场从而解决了超国家道德与国家道德之间的这种冲突。不过在这方面，有三个因素使当代区别于以前的时代。

首先，民族国家对其成员施加道德义务的能力大大提高了。这一能力的产生部分是由于国家在我们的时代享有近乎神圣的威望，部分是由于经济和技术的发展使国家掌握了控制塑造公众舆论的工具。

其次，对国家的忠诚达到了要求个人蔑视世界性道德行为规则的程度。现代战争技术为个人提供了进行前所未有的大规模毁灭的机会。今天，一个国家可能会要求某个个人发射一枚带有核弹头的导弹从而毁灭成千上万人的生命。个人对将会导致如此严重后果的要求的服从，与有限地违反前原子时代所适用的世界性道德行为标准的做法相比，更加令人印象深刻地显示了超国家道德的软弱无力。

最后，作为前两项因素的结果，当超国家的伦理道德与本国的伦理道德要求发生冲突时，今天的个人忠于前者的可能性微乎其微。当个人面对要他以国家的名义实施一项暴行的要求以及国家向他所施加的压倒一切的道德压力时，他需要有异乎寻常的道德力量才能抵制这种要求。为了国家而违反世界性伦理道德以及鼓励这种行为的道德义务，其势难当，影响了两种伦理道德体系之间的质的关系。它凸显出普遍性伦理在与国家道德发生冲突时几近绝境的孱弱，还在冲突实际发生之前，就决定了其有利于国家的结局。

民族主义的转化

正是在这里，普遍性伦理的衰弱变成了一个给超国家道德体

---

⑪ *Pensées*, translated by W. F. Trotter, Modern Library (New York: Random House, 1941), Section V. (Reprinted by permission of the publisher.)

系和国家道德体系关系带来重大和深远变化的重要因素,一个导致两者合二为一的因素。个人逐渐认识到,对普遍性道德标准的轻视,并非少数邪恶分子所为,而是国家赖以生存并在其中追求自己目标的环境的必然产物。个人在自己的良心上体验了普遍性道德标准的软弱无力和国家道德作为驱动人们在国际舞台上行动之动力的绝对优势,但他的良心并未因此归于安宁。

一方面,良心经久不安引起的持续不适,让他忍无可忍;另一方面,他又执迷于普遍性伦理的概念而无法自拔。要解决这一冲突,有两种可能性摆在他面前。他可以为了普遍性的伦理道德牺牲本国的道德要求。而当代这场冲突的尖锐对立的确驱使少数人以更高的普遍性道德的名义拒绝支持本国的某些外交政策从而做出了这种牺牲。然而,多数人为了克服这一冲突便把某一特定国家的道德等同于超国家的伦理要求。他们似乎是把一个特定国家道德的内容装进了目前几近全空的普遍性伦理的瓶子。于是每个国家又都逐渐重新熟悉了一种普遍性道德——即它自己国家的道德——并认为所有其他国家都应当把这种道德接受为它们自己的道德。所有国家都遵守的那种道德的普遍性,为声称有权得到并渴望得到普遍性承认的国家道德的特殊性所取代。于是,有多少具有政治能动性的国家,就潜存着多少声称普遍性的伦理道德规则。

从《威斯特伐利亚和约》到拿破仑战争,再从拿破仑战争的结束到第一次世界大战,国家间的争斗都是在一个由共同信念和共同价值构成的框架内进行的,这个共同框架对它们从事权力斗争的目的和手段施加了有效的限制。这种情况已不复存在了。现在,国家是作为伦理道德体系的旗手互相争斗的,其中每一种道德体系的源头都在国家,每一种道德体系都要求和渴望提供任何国家都应接受、各国外交政策都应在其中运行的超国家的道德标准的框架。一个国家带着救世主般的狂热以其道德规则的普遍性要求向另一个国家提出迎面的挑战,而另一个国家也以同样的方式予以回敬。妥协这一旧外交的美德，变成了新外交中的变节。这是因为，相互冲突的要求在一个共同的道德标准框架内彼此调解，是可能的或正当的；而当道德标准本身成为冲突的利害所在时，进行这种调解就意味着投降了。由此，国家间竞争的舞台已经搭起，各国的利害得失不再系于它们在一个为所有国家都接受的政治和道德体系内的相应地位，而取决于它们向其他竞争者施加一种新的、依照战胜国的政治和道德信念重新创立的普遍性政治和道德体系的能力。

从真正的普遍性体系向众多号称普遍性并为之展开竞争的特殊道德体系演变的最初迹象，可以在拿破仑与反对他的国家联盟之间的对抗中看到。对双方来说，对抗都是以声称具有普遍效力的特殊原则的名义进行的：一边是法国革命的原则，一边是正统性的原则。而随着拿破仑的失败，随着神圣同盟在与方兴未艾的民族主义运动的竞争中捍卫其原则的失败，那种将某一特殊伦理规范确立为普遍性规范的企图便破产了，因而不过留下了一段历史插曲而已。

在目前的历史时期，一般的和似乎是永久性的普遍道德行为规则，被声称具有普遍性的特殊道德行为规则取代了。这个历史时期肇端于威尔逊的"为民主创造一个安全的世界"的战争。那些赞同威尔逊哲学的人认为那场战争是维护民主的"圣战"，这种情况绝非偶然，而是具有深刻的意义。从威尔逊的观点来看，第一次世界大战在这一点上的确与中世纪的十字军征战具有共同之处——它是为使一个集团所信奉的道德体系普及世界各地而进行的战争。用罗伯特·宾克利的话来说：

> 世界大战不仅把本为哲学家的政治家推上了巅峰，而且把职业哲学家从他们的知识象牙塔中拉了出来。在每个国家，这些人都运用他们的卓越才智赋予有关战争的"问题"一种宇宙范畴的意义。他们证明，对手的不义和罪恶作为民族哲学和文化中蕴含的因素是始终存在

的,而他们自己一方的胜利在宇宙道德系统中则是必需的。战争爆发后不久,伯格森便发现战争是"生命"与"物质"之间的冲突;协约国站在生命一边,同盟国则捍卫物质。舍勒宣称,英国人的哲学和性格都是伪善的表现;桑塔亚纳提出了"德国哲学中的利己主义";温和的乔赛亚·罗伊斯虽然本人深受黑格尔的恩惠,但却得出这样一个结论:"德国是居心叵测的人类大敌;任何人怀有这种敌意都可能成为亲德分子。"哲学家们仅仅由于一场单纯的政治冲突便制造了一场巨大的分裂。然后,似乎是为了永久记录下对哲学艺术的这种践踏,战胜国政府向其军队中的每个士兵都颁发了一枚铜制勋章,上面刻着"捍卫文明的伟大战争"⑫。

在这场民主圣战爆发后几个月的 1917 年 10 月,在俄国,另一种道德和政治结构的基础奠定了。虽然这种结构只为人类中一小部分所接受,但那些人却声称这种结构提供了一个共同的屋顶,在这个屋顶下,全人类最终都将共同生活在正义与和平之中。在 20 世纪 20 年代,尽管这一主张由于缺乏充分的实力来支持而最多不过是一种理论上的假设,民主的普世主义却退出了活跃的政治舞台而让位于孤立主义。新马克思主义派的普世主义的教士们向民主世界提出了理论上的挑战,民主世界则以道德上、政治上和经济上的孤立排斥来应战,正是在这里,人们感觉到了当时这两种普世主义在国际政治领域中的冲突。

在 20 世纪 30 年代,从一个特定国家土壤中滋长起来的国家社会主义哲学,被宣称为一种新的道德规范,它将取代布尔什维主义的邪恶教义和民主主义的堕落道德,并将自己强加于人类。从我们目前讨论的角度来看,第二次世界大战以武装冲突的形式考验

---

⑫ *Selected Papers of Robert C. Binkley*, edited by Max H. Fish (Cambridge: Harvard University Press, 1948), p.328.

了这种普遍性主张的效力,而国家社会主义没有经得住这一考验。不过,在联合国家一边的许多人的心目中,《大西洋宪章》和《雅尔塔协定》的原则也使第二次世界大战成了一场争取普遍民主主义的竞赛,而民主主义也输掉了这一考验。自第二次世界大战结束以来,两种幸存下来的仍然自称具有普遍性效力的道德和政治体系——民主主义和共产主义——为控制世界而展开了一场积极的竞争,而这也就是我们今天所处的局面。

这种局面与从宗教战争结束到美国参加第一次世界大战为止的近代国家体系的情况相比,存在着深刻的差异,若忽略甚或轻视这种差异的深刻性,那将会成为最危险的错觉。人们只需随意挑出发生在前一时期的任何一场冲突(拿破仑战争除外),把它与过去三十年中导致世界分裂的那些冲突作比较,便可以看出这一差异的重要性了。

我们不妨把我们时代的国际问题,与引起法国和哈布斯堡王朝自16世纪起直到18世纪中叶几乎持续不断地发生冲突的那些问题,或者与促使英国和普鲁士在18世纪反对法国的那些问题作一下比较。当时的问题是领土扩张和王朝竞争,其利害得失在于是增加还是减少荣耀、财富和权力。无论是奥地利的、不列颠的、法兰西的还是普鲁士的"生活方式"(即信仰和道德信念体系),都不是真正的利害所在,而这恰恰是今天的利害所在。在17世纪、18世纪,没有一个国际舞台上的竞争者渴望把它自己特殊的伦理道德体系——假如它有的话——强加给其他竞争者。就连这种念头它们也从未动过,因为它们只知道一种所有国家都确信无疑地予以服从的普遍性的道德规范。

那种共同的"艺术、法律和礼仪体系"、"同一水准的礼貌和修养"以及"尊严和正义的意识",是吉本从"时代的普遍风尚"中发现的;对费奈隆、卢梭和伏尔泰来说,它们则是活生生的历史和现实;

而阿诺德·汤因比则注意到了它们的政治影响。⑬ 今天,它们已如依稀往事,虽然在学术论文、乌托邦小册子和外交文件中历久犹存,但再也不能驱使人们行动了。这种对国际政治施加限制性影响的超国家伦理道德体系只保存下来只鳞片爪,只是在我们已经说明的有关和平时期和预防性战争中杀戮这类个别例子里,才继续发挥着作用。至于超国家伦理道德体系对国际舞台上的角色们良心的影响力,则犹如落日余晖,在人们意识的范围内几乎不可见。自从第一次世界大战以来,国际舞台上的每一个竞争者都愈益强烈、愈加无保留地声称它的"生活方式"包含有全部的道德和政治真理,其他竞争者若加以拒绝只会自取其辱。所有竞争者都带着强烈的排他性,把它们本国的道德观念等同于全人类必须接受、终将接受和赖以生存的道德观念。就这一点而言,国际政治的伦理便回复到部落主义、十字军讨伐和宗教战争的政治和道德上去了。⑭

无论今天民族主义化的普世主义的伦理道德与原始部落的或三十年战争时的伦理道德相比在内容上和目标上有多么大的不同,它们为国际政治所发挥的功能和它们所创造的道德氛围并无

---

⑬ Arnold Toynbee, *A Study of History* (London: Oxford University Press, 1939).

⑭ 这种口头上宣扬一套普遍道德原则而行动上却违反所宣扬的道德原则的言行不一的情形,在帖木儿的例子中得到了清楚的证明。帖木儿是企图征服世界的蒙古皇帝,他在14世纪征服并毁灭了南亚和小亚细亚。光是1398年12月12日这一天,他就在德里城下屠杀了10万名印度俘虏。在他为了上帝和伊斯兰教的光荣而屠杀了数十万人之后,他对来自被征服的阿勒颇的一个代表说:"我不是一个嗜血成性的人;上帝可以作证,在我所进行的所有战争中,我从来都不是一个侵略者,我的敌人永远是他们自己灾祸的制造者。"

吉本在引述了这一声明后继续写道:"在进行这番和平淡话时,阿勒颇的街上血流成河,到处传来母亲和孩子的哭声,夹杂着遭强奸的少女的尖叫声。放任他的士兵抢劫财物或许刺激了他们的贪欲,而由于一道强制性命令他们变得愈加残酷无情了,这项命令要求每人必须凑足一定数量的人头。按照帖木儿的习惯,这些人头被奇妙地一行行排起来,堆成金字塔。" *The Decline and Fall of the Roman Empire* (Modern Library Edition), Vol. II, p. 1243.

二致。特定集团的道德非但不能限制国际舞台上的权力斗争,反而使这一斗争达到前所未有的野蛮和激烈的程度。这是因为,催生了一个特定集团道德规范的普遍性要求,与另一特定集团的同样要求是互不相容的,而世界只为其中之一准备了空间,另一方不屈服即毁灭。这样,我们时代的民族主义大众,便高举他们各自的偶像在国际竞技场上相遇了。每个集团都确信它在执行历史的授权,它为人类效力就像是为自己效力一样,它在履行上天——无论怎样定义——授予的神圣使命。它们知之甚少的是,它们是在众神已去的空荡荡的苍穹下相遇的。

人权与国际道德

我们已经看到,外交政策行为并非一种脱离道德意义的事业,它总是受到行为者、行为对象及纯粹的旁观者道德判断的左右。但如果因为道德因素在外交政策中无所不在就断言,一国负有将自己的道德原则推广到人类社会或其某些部分的使命,那就另当别论了。这是因为,在我们适用于自己和自己行动的道德判断与我们自己的行为标准对别人的普遍适用性之间,存在着一道巨大的鸿沟。例如,尊重人的生命和除非在极其特殊、可以免罪的情况下拒绝侵害人的生命,是一条基本的和显而易见的行为原则。显然,有一些文明甚至是西方文明中的一些集团,对人类生命的神圣性并没有很严格的观念,对在类似的情况下牺牲别国人的生命比牺牲本国人的生命更加漠视。

因此,道德原则与外交政策的关系必然具有某种相对性;如果一个人想要公平地看待国际政治中的道德原则,他就不能忽略这一点。这种相对性是双重的:它是时间上的相对性,某些原则适用于一个历史时期却不适用另一个历史时期;它也是文化上的相对性,在同一时期的文化中,某些原则为一些国家、一些政治文明所遵守,却不被另一些国家、另一些政治文明所遵守。

近年来,外交政策与国际道德的关系经常在人权的醒目标题下被论及。争论的核心问题是,当把自由民主原则应用于因种种原因对这些原则不以为然的国家时,做到什么程度既在道义上是公正的,又在理性上是站得住的。显然,把所谓的人权强加于别国或者由于别国不遵守人权原则而对它们施加惩罚的企图,是以假定人权具有普遍适用性为前提的;换言之,所有国家或生活在不同国家的所有人民若知道人权的存在就都应当对人权示以尊重,而且无论如何,人权与所有人的不可分离性,就像《独立宣言》所宣告的它们与美国人的不可分离性一样。

这里没有必要讨论人权的神学性质或严格的哲学性质。毋庸赘言,无论人们对人权的神学性质或哲学性质有着什么样的看法,个人所领悟的人权不可避免地受到历史和社会环境的过滤,而这在不同的时代和不同的境况下便会导致不同的结果。人们只需要看看美国政体的独特性和美国国内人权保护方面非常特殊、绝无仅有的特性就够了。毕竟,在许多国家甚或大多数国家中,几乎完全不尊重人权的情况比比皆是。以非洲为例,只有少数几个国家拥有多元政治制度,所有其他国家则都实行五花八门的独裁统治。这种反思可以帮助我们认识到,试图把我们自己对人权的尊重强加给世界其他国家,尤其是当其他国家没有对人权示以尊重时便对它们施加惩罚,是多么鲁莽——或者,如果你愿意承认的话,是多么无知,或无知加鲁莽。我们在这里所看到的,是一个恰巧为我们所珍视的抽象原则,这个原则又恰巧被我们在相当大的程度上付诸实践了,因而,我们把这个原则提供给人类的其他成员,不是建议他们模仿,而是命令他们接受。

以为这种做法是美国的悠久传统是相当错误的,它根本不是美国的传统。约翰·昆西·亚当斯认为,对美国来说,不应当把它自己的政府原则强加给人类的其他部分,而是应当通过美国的榜样吸引人类的其他部分。其实,这才是美国通常所遵循的原则。借用托马斯·佩因的话来说,美国革命"不是只为美国人的,而是为全人类的"。然而,美国的政策一贯是,美国已经付诸实践的那些普遍性原则不应当用火与剑输出，而应当以其成功的榜样昭示于世界各国。这是关于美国及其与外部世界关系的早期观念与或许可以称为威尔逊主义的观念之间的重大区别。

伍德罗·威尔逊想使世界变得对民主制度更加安全，他这是想以美国的意志来改造世界。而国父们所想的则是向世界各国提供一个以身作则的榜样，吁请世界各国依样效法。所以，鼓吹把人权作为普遍原则的当代言行与在这类问题上历久不衰的美国传统之间，存在着哲学上的和政治上的根本区别。

对威尔逊主义的观念还可以提出另外两点异议。一是人权的普遍应用无法实施。我们可以向苏联指出——而且应当不时地指出——它对待少数民族的做法不符合我们的人权观念。然而一旦我们这样说了，我们就会发现我们改变事物的能力是微不足道的。历史表明，苏联也许在某些情况下屈服于私下的压力。私下压力——譬如使苏联高级官员丢脸——产生明显效果的例子是存在的。但不能一般地设想，当公开采取这种压力时它会是有效的。尤其是，鉴于苏联政府的本质——它利用一切外部压力来为国内压迫寻找根据——美国鼓吹人权就绝无可能奏效了。由此看来，在我们关于人权的理论与实践中存在着相当大的混乱，特别是就与别国的关系而言。

威尔逊主义的方法还有第二个弱点。美国是一个在全世界有着多方面利益的大国，人权只是其中的一项利益，而且并不是最重要的利益。所以，美国不可能始终如一地遵循捍卫人权的路线，否则就会作茧自缚落得堂吉诃德的境地。这明显地反映在我们对待韩国、中国和苏联的不同态度上。美国敢于批评和冒犯苏联，因为两国关系即使在缓和时期也不是特别友好；美国推进与中国的关系正常化符合它自己的利益，为此它就力求避免伤害中国人的感情——在卡特政府时期或里根政府时期听不到多少有关中国人权记录的指责；韩国是美国的盟友，对美国的决策者来说具有相当大的军事重要性，因而美国的政策不会做任何损害它与该国的关系的事情。

换言之,捍卫人权不可能始终如一地在外交政策中得以实践,因为它难免与在特定情况下可能更为重要的其他利益相冲突。捍卫人权必须织入美国外交政策之网的说法,只会徒然掩盖任何这类努力不可避免的矛盾性。

因此,对一项完全致力于捍卫人权的外交政策来说,存在两个基本的障碍。一方面,捍卫人权是不可能始终一贯的,因为它不是一国在必须与别国交往时的主要职责。另一方面,追求人权而不考虑与别国关系的其他方面是行不通的,因为其他方面可能比与人权相联系的那些方面更为重要。

人权在外交政策中的作用的另一个方面,涉及别国践踏人权的责任这个概念。红色高棉于20世纪70年代末80年代初在柬埔寨的屠杀,特别尖锐地提出了这一问题。以毁灭柬埔寨社会而达到顶峰的一连串事件,开始于美国通过对柬埔寨领土进行大规模的轰炸而把越南战争扩大到柬埔寨。柬埔寨统治者西哈努克亲王的政策是,使柬埔寨置身于美国与北越的冲突之外。而美国的政策则是使柬埔寨卷入积极的军事行动从而为美国在越南战争中的胜利创造条件。美国对柬埔寨的政策与降临到该国的灾难之间存在着因果关系。换言之,假如美国没有把柬埔寨变成越南战争的积极参加者,柬埔寨就很可能躲过一劫。这并不是说,美国对柬埔寨所发生的事情负有直接的道义责任,而是说明政治家要为其行动的未能预见到的和不可预见的后果,承担连续的道义责任。而如果认为由于这种因果联系,美国负有道德上的义务来阻止在柬埔寨所发生的事情或减轻柬埔寨人民的苦难,那就完全是另外一回事了。更确切地说,正如我们已经指出的,道德的和法律的义务受到罗马法中一项原则的制约:任何人都不承担超出其能力的义务。所以说,尽管美国对柬埔寨所发生的事负有道义责任,那也不能责令它实施任何一项具体政策来履行其道德义务。即使美国决心采取行动,它也无法在不冒不适当风险和遭受不适当损失的情况下这样做。

"鹰"派认为，假如美国保持其"跑到终点"的决心，并赢得东南亚的这场战争，柬埔寨也就永远不会遭受那种痛苦和毁灭了。但是，除了不可能预见到越南战争失败的全部后果之外，假如以不惜任何代价赢得这场战争的做法来阻止失败可能造成的全部后果的话，那就会违背外交和军事政策的一项基本原则：在某一特定行动中所冒的风险和所受的损失，必须与在这一行动中取得成功的机会相称。

考虑到外交政策与道德之间的这种关系，我们所面临的并不是一种独特的、非常的情势，而是人类一般情况的特殊表现。我们大家之所以在某种程度上是道德生物，从根本上说是因为我们都属于人类。我们都或多或少地努力去实践我们所认同的道德原则。我们一而再、再而三地发现自己面临着矛盾和困难。也许我们所能做出的最佳努力，是根据林肯提出的作为政治道德基础的那些建议行事。

林肯告诫不要对我们自诩的德行夸夸其谈，并阐明人的行为应在合乎道德与把握成功之间保持适度。林肯的声明发表于内战期间，当长老会牧师代表团提出要他立即解放所有奴隶的请愿时，他答复说：

> 在重大对抗中，每一方都声称遵从上帝的意志行事。双方可能都错了，而一方肯定错了。上帝不可能同时赞成和反对同一件事。……
>
> 人们向我提出的意见和忠告完全相左，而且它们是由同样确信自己是天意代表的宗教人士提出的。我相信，在这个信念上，不是这批人错了，就是那批人错了，也许在某种程度上双方都错了。我希望我这样说并不是无的放矢的；如果上帝真有可能在与我的职责如此相关的问题上向他人宣示其意志，那不妨料想他会直接宣之于我；因为，除非我缺乏自知之明，否则，在这件事情上知晓

上天的意志正是我最渴求的愿望。而假如我能够洞悉上天的意志,我必会依此行事! 但是,目前并不是奇迹的时代,而且我觉得恐怕我也不能指望直接的启示。我必须研究这个问题上的明了确凿的事实,确定什么是可能的,弄清怎样做看来是明智和正确的。⑮

---

⑮ *The Collected Works of Abraham Lincoln*, edited by Roy P. Basler (New Brunswick, N. J.: Rutgers University Press), Vol. V, pp. 403 f., 419 f.

第六编 国家权力的限制：国际法

第十六章 国际法的主要问题

经典名句

◆ 现代国际法体系是一场政治剧变的结果,这场剧变标志着历史从中世纪转入了近代。概括地说,是从封建体系转变为领土国家。

◆ 国际法的存在及其运作,取决于两个分散性的因素:第一是各国利益的一致或互补,第二是国家间的权力分配。没有利益的协调与权力的平衡就没有国际法。

◆ 在国际领域,只有两种力量能创立法律——必要性和相互同意。

◆ 权力考虑而非法律考虑支配着国际法的遵守与执行。

威斯特伐利亚会议

国际法的一般性质

在开始对国际道德和世界舆论问题进行讨论时,我们曾指出,走极端是不可取的。对于国际法问题的讨论,这一告诫同样适用。越来越多的作者认为,国际法这种东西是不存在的。而越来越少的研究者则主张,如果把国际法法典化,并扩展为国家间政治关系的规范,那么,国际法将通过其内在的力量,即使不能取代国际舞台上的权力斗争,至少也能对这种权力斗争施加限制性影响。正如布赖尔利所指出的:

> 对国际法的特性和历史并未做任何严肃的思考,就泛泛地臆断国际法现在是而且一直是虚构的,这样做的人太多了。另外一些人则似乎认为,国际法具备一种有内在力量的效力,只要我们决意让法学家工作,使之编纂出一套全面的国际法典,人们便可以在和平环境中共同生存,世界上一切都会变得美好起来。很难评估无端挖苦与无知妄说谁者价值更低,但两者都犯了同样的错误。两者都设想国际法是一个可以凭直觉做出评价的学科,完全不必像评判其他学科那样,花气力调查有关的事实。[①]

现代国际法体系是一场政治剧变的结果,这场剧变标志着历史从中世纪转入了近代。概括地说,是从封建体系转变为领土国

---

① J. L. Brierly, *The Outlook for International Law* (Oxford: Clarendon Press, 1944), pp. 1,2. (Reprinted by permission of the publisher.)

家。后者区别于前者的主要特征是,在国家领土范围内,政府拥有最高权力。君主不再与封建领主分享对国家领土的权力,而在过去,君主在很大程度上是有名无实的元首。同样,君主也不再同教会分享权力,而在整个中世纪,教会都宣称在某些方面它在基督教世界中拥有最高权力。当这场政治剧变在16世纪业已完成时,政治世界由许多国家组成,从法律上讲,这些国家在各自的领土范围内,彼此是完全独立的,不承认有任何世俗权力能超越它们之上。一言以蔽之,它们是主权国家。

这些在各自领土内拥有最高权力而又彼此频繁交往的实体,如果为维系其相互关系的和平与秩序而需要一种特定方法的话,那么,用特定的法律规则来规约这种关系便不可避免了。这就是说,必须规定特定的行为规范,违者按规定将受到制裁。制裁的性质、实施制裁的条件和方法也须事先限定。比如说,国家必须知道自己领土的陆地边界和海上边界。国家必须清楚在什么样的条件下可以取得一块土地的合法所有权,无论是无主土地(如发现新土地的情况)抑或他国领土(如割让或兼并的情况)。它们必须知道它们对于居住在本国境内的外国人和居住在国外的本国公民,拥有怎样的权力。当悬挂A国国旗的一艘商船驶入B国港口时,B国对该船应拥有什么权利?假如该船是一艘军舰,情况又会怎样?派驻到某一外国政府的外交代表享有何种权利?一国元首在外国境内又享有何种权利?战时,一个国家在海上和陆地对于战斗员、平民、战俘以及中立国国民,可以做什么,必须做什么?在什么条件下双边或多边条约才是有约束力的,在哪些条件下将失去约束力?如果某国宣称一项条约或一项国际法规则遭到践踏,谁有权确认该项事实,谁有权采取强制措施,采取何种强制措施,在何种情况下才能执行这种强制措施?这些问题以及其他具有类似性质的问题,必然会从主权国家间的相互关系中提出。要使混乱和暴力不致肆行无忌,就必须由法律规则来规定国际关系中的相互权利和义务。

规定国与国之间相互权利和义务的一些核心的国际法原则，是在 15—16 世纪发展起来的。1628 年当《威斯特伐利亚和约》结束了宗教战争，并使领土国家成为近代国家体系的基础时，这些基本的国际法原则就已确立了。1628 年发表的雨果·格劳秀斯的著作《战争与和平法》是早期国际法体系编纂的经典之作。在它的基础上，在 18 世纪，特别是在 19 世纪和 20 世纪，建立起一座威严的国际法大厦，它包括数千项条约、数百条国际法院的判决，以及国内法院的无数判决。这些条约和判决，往往具体细微地规定了国与国之间关系的规范，这是因为近现代交通、货物和劳务的国际交流，以及大多数国家为增进共同利益在其中进行合作的众多的国际组织，使国际交往变得纷繁复杂、种类繁多。这些国际组织包括国际红十字会、国际法院，以及联合国的许多专门机构如国际劳工组织、世界卫生组织、联合国教科文组织、万国邮政联盟、国际货币基金组织和许多其他组织。

　　鉴于在这方面存在一种普遍的误解，指出这一点是有价值的：在国际法存在的四百年中，绝大多数情况下它都得到严格的遵守。然而当国际法的某一规定遭到践踏时，国际法并不一定总能得到实施；当国际社会果真采取行动实施国际法时，国际法又不一定有效。可是，如果因此全面否定国际法作为有约束力的法规体系的存在，则显然是与事实不符的。之所以存在这种对国际法的误解，至少部分原因在于公众舆论近来过多地注意了国际法的次要部分而忽略了它的主要内容。舆论一向关切的主要是那些引人注目的国际法文件，如《白里安—凯洛格公约》《国际联盟盟约》《联合国宪章》等。这些文件的效力确实是有疑问的（即它们常常遭到破坏），有时甚至它们是否有效都成问题（即它们遭破坏时，无法采取制裁行动）。然而，这些文件并非像关于领土管辖权范围、一国船舶在外国水域的权利以及外交代表的地位那样的国际法传统规则的典型性文件。

　　不过，承认国际法的存在，并不等于断言它是像国内法律制度一样有效的法律制度,特别是不能说它能够有效地控制和约束国际舞台上的权力斗争。国际法是一种原始类型的法律,类似某些未开化社会如澳大利亚土著居民或北加利福尼亚州尤洛克人中所流行的法律。之所以说国际法是一种原始类型的法律,主要是因为它几乎完全是一种分散性的法律。②

国际法体系的分散性,是国际社会结构分散性的必然结果。在国内,一支垄断的有组织的力量,即政府行政人员,可以强制实施国内法。国际社会是由主权国家组成的,而基于定义,主权国家就是在各自领土范围内至高无上的法律机构。因此,国际社会的一个重要特征,就是它没有一个制定法律和强制实施法律的中央权力机构。国际法的存在及其运作,取决于两个分散性的因素:第一是各国利益的一致或互补,第二是国家间的权力分配。没有利益的协调与权力的平衡就没有国际法。国内法的制定以及它的实施,可能有赖于国家权力机构的强迫意志,而国际法主要是各种客观的社会力量相互作用的结果。

权力均衡就是这样的一种社会力量。现代国际法大师之一奥本海认识到这一点,他把权力均衡称作"国际法得以生存的必不可少的条件"③。他指出:

> 从国际法发展的历史中可以总结出六条教训:
> (1)首要的教训是,只有国际社会的各成员间存在着一种平衡、一种权力均衡时,国际法才能存在。倘若各大国不能互相制衡,任何国际法的规则均将失去效力,因为一个最强有力的国家自然会试图为所欲为并违反法律。由于没有也绝不可能有一个能够超乎各主权国家之上的

---

② 参见 A. R. Radcliffe-Brown, "Primitive Law", *Encyclopedia of the Social Sciences*, Vol. IX, pp. 203—204。专题文献见第 262 页。

③ L. Oppenheim, *International Law*, 2nd ed. (London: Longmans, Green, 1912) Vol.1, p. 193. 有趣的是,编者在以后的版本中,删除了该处和下文这些有关权力均衡的内容。

中央政权机构来执行国际法,那么就需要由一种权力均衡来阻止国际社会中任何成员拥有无限的权力。④

作为一种分散性的力量,权力均衡在需要采取法律强制行动制止破坏国际法行为的特殊情况下,仅仅以制止违反国际法行为的一般性威慑力量的形式发挥作用。另一方面,利益的一致和互补作为一种分散性的力量却在持续发生效用,它们是国际法的命脉。在国际法领域它们发挥了分散性的影响力,从而影响了任何法律体系都须具备的三项基本功能:立法、司法和执法。

国际法的立法功能

立法功能的分散性

在我们当代的国内社会中,最重要的法律规则都是由立法机关和法院制定的,换言之,都是由集权的机关制定的;这些机关或者为国家集团的所有成员制定法律,或者为某些区域性的集团创立法律。美国国会和最高法院的职能属于前者,各州议会、市议会以及区域性法院或地方法院的职能属于后者。而在国际领域,只有两种力量能创立法律——必要性和相互同意。国际法中含有一些为数不多的规则,如国家主权的范围、国际法规则的解释等,无论各国同意与否,它们对所有各国均有约束力,否则,根本不可能有任何法律秩序,至少不可能有规范多国体系的法律秩序。除去这些可称作一般或必需的国际法规则外,大量的、主要的国际法规则的创立,是基于国际法的各个主体即各个国家的同意。每个国家只受它已经同意的国际法规则的约束。

国际条约是创立国际法的主要工具。然而,由一项国际条约创立的国际法,仅仅是针对该项条约的参加国的。美洲国家订立

---

④ L. Oppenheim, *International Law*, 2nd ed. (London: Longmans, Green, 1912) Vol.1, p. 80.

的条约,只能约束美洲国家,不能约束其他国家。苏联与伊朗签订的条约,一般来讲对任何第三国并无法律效力。这样,国际法领域中履行法律的情形,就近似于以下假设的国内状况。现在我们假设美国国内立法功能完全由每个公民以私人订立契约的方式来履行,而不由立法机关和法院在依循判例的原则下来履行。这样,国内某一城市关于污水处理及市区划分的工作,将不再由一项市政法规来管理,而将由不同街道的居民之间私自订立若干协定来管理,于是,该城市有多少条街道,就会有多少相应的规则。这样一种立法体系带来的必然结果是:一方面,只要所有有关方面不能就规则达成一致同意,就无法建立法律规则;另一方面,对于每一特定案件应使用什么法律是不确定的,同时,在相同的情况下,对不同的当事人有可能应用各种相互矛盾的不同法律规则。这种情形也就是国际法的实态,只是彼此之间订立条约、创立法律规则的主体数目要相对少一些——约为160个主权国家。

  国际法立法功能的分散性质,造成了两种后果。一方面,许多有关国际关系事务如移民问题和经济政策的问题,国际法中均未作规定。在这些问题上,由于各国利益迥然不同,因而无法形成能普遍接受的法律规则。另一方面,在其他一些问题上,虽有可能达成协议,但不安全感和混乱状态经常占据支配地位。如果我们想了解美国认为哪些国际法规则对美国有约束力,我们就必须翻阅美国参加的有关条约,判断条约是否有效。然后,我们需要查找国际法庭的案例中那些美国作为当事国的判例,以及美国法院依照国际法所做的判决。最后,我们还须研究有关的外交文件,弄清楚美国代表在国际谈判中曾确认哪些国际法规则可用于约束美国在国际事务中的行为。所有这些规则的总和,也就是查尔斯·海德所称的"主要由美国所解释并应用的国际法"[5]。

---

[5] *International Law Chiefly as Interpreted and Applied by the United State*, 2 vols. (Boston: Little, Brown and Company, 1946).

经过同样烦琐的程序,我们也可以整理出其他国家所承认的国际法规则。为了知悉特定历史时期世界上全部具有约束力的国际法规则,从理论上讲,就需要人们对世界各个国家遵行的国际法规则分别做出类似的编纂工作。如果人们真的从事这一工作的话,它将显示在国际法的一般原则和个别规则方面存在可观的歧见。在国际法的少数部门中进行的世界性的编纂工作已揭示出这一缺乏共识的情况。许多编纂者指出,大陆国际法不同于英美国际法,不同于美洲国家的国际法,也不同于俄国的国际法概念。[6]

以领海宽度的确定为例,领海宽度问题,也就是沿海国家的领土管辖权究竟应向外海延伸多远的问题。在这一问题上,不同国家所承认的国际法规则大相径庭。虽然许多国家坚持应以三海里为限的原则,芬兰和挪威却置之不顾,宣称领海宽度为四海里。意大利、西班牙、南斯拉夫、印度、墨西哥、冰岛、印度尼西亚、苏联、埃及、法国和波兰等国主张十二海里领海权。阿尔巴尼亚主张十五海里。厄瓜多尔主张二百海里。另外一些国家,如德国、比利时和英国,坚持仅有三海里;然而,英国又主张领海本身之外有所谓"毗连区"。其他一些国家虽然拒绝建立"毗连区"的要求,却也承认在某些情况下,一国的领海管辖权可以延伸到三海里限度之外,并且对外国商船可以进行某种程度的管辖。1982年的《海洋法公约》第二部分第二节第三条要求批准该条约的国家的领海不得超过十二海里,除非另有规定。但是,对管辖范围意见不一的各个国家是否应批准这一规定,以及批准这一规定的国家是否将在某个时候拒绝承认有关条款还是个问题。

这种缺乏严密性的状况来源于大量引起混乱的单边主张,国际法的每一部门都程度不同地存在这样的状况。追根溯源,问题

---

[6] 有关国际法的不同观念问题及有关著作,可参见 L. Oppenheim and H. Lauterpacht, *International Law*, 8th ed. (London: Longmans, Green, 1955), Vol. I, pp. 48 ff。

258　在于国际法立法功能的分散性。然而,各国政府总是急于摆脱国际法可能对其外交政策施加的限制,却又要利用国际法为自己谋取国家利益,并逃避可能有损于自己的法律义务。各国政府利用国际法不严密的特点,作为达到各自目的的现成工具。它们的做法是提出缺乏根据的法律要求,或曲解普遍承认的国际法规则。这样,国际法分散性所固有的不严密性滋生出更大程度的欠缺,国际法的先天不足便持续销蚀着它的效力。

国际法中只有一部分规则在一定程度上克服了国际法不严密的弱点。这些规则多属于技术性问题或人道性质的问题,并已用公约的形式法典化了。⑦ 法典化了的国际法规则,其法律效力等于一项真正的国际立法文件,因此,它对于国际法的所有主体或所有事实上的主体都具有约束力。国际法的立法程序,要求所有受某一立法约束的国家均同意该立法;相比之下,民主立法程序一般采用多数决定原则。这正是国际法的法典化与真正立法的不同之处。

解释和约束力

为了进行真正的国际立法,须取代这种国际法所有主体一致同意的原则,又产生了国际法所特有的另一类型的复杂问题。这就是如何才能确定国际条约各条款的含义,确定条约所赋予的权利、规定的义务的含义。在国内法领域,立法机关本身当然要解决这一问题,它们通常在制定法律时,尽可能使之明确化;法院要参与解决这一问题,它们须不断地把法律条文应用到具体的案例,因而在不断地从事解释法律的工作;行政机构也要参与解决这一问题,它们发布行政命令时也同样在履行解释法律的职能。国际法文献如《联合国宪章》等,以及许多纯技术性的法律文件,是含混

---

⑦ 在国际电讯交通领域中,已有许多国际法法典化的例子,如1874年的《万国邮政公约》、1944年的《国际民用航空公约》和许多其他公约。本书第228页及其后提到的寻求战争人道化的一般性国际公约也是类似的例子。

模糊的,这不是偶然的,也并不像美国宪法那样出于特殊、例外的理由,而是一贯如此和必须如此的。因为这种文件为了得到法律主体的一致赞同以具备法律效力,必须考虑可能受到拟订中的法律文件影响的所有国家的不同利益。为了寻求能协调所有不同的国家利益的共同基础,普遍性条约中所体现的国际法规则,势必通常是含混模糊的,以使所有签字国认为法律文件承认了自己的国家利益。假如国内法领域中也出现含混不清的情况,例如在关于美国宪法的问题上已经出现的那种相当混乱的情况,那么就必须通过某种权威的裁决来对含义不清和引起歧义的条款做出具体解释。这种权威在美国是最高法院,在英国是议会。

在国际领域中,法律的主体不仅为自己制定法律,同时也是解释它们自己制定的法律、指出法律具体意义的最高权威。所以,它们会理所当然地依据各自特定的、各不相同的国家利益观念,来解释和运用国际法的规定。它们自然要利用国际法规则来为它们特定的外交政策服务,从而会破坏这些国际法规则的任何普遍适用的约束力,尽管这些规则含混不清,本来仍可能具有某种约束力量。吉恩·雷先生论及《国际联盟盟约》时对这种情形作了深入的分析,他说:"但是,危险是显而易见的。如果联盟各成员国以个别成员的资格在解释事项上拥有最高权力,那么,这种同等的权威性可以使不同的解释同样有效并且共存;当两国发生冲突而援引一项模棱两可的约文时,势必陷入僵局。"⑧在国际联盟的历史上已多次出现这种情形;联合国的历史也为我们提供了大量类似性质的事例。⑨

---

⑧ *Commentaire du Pacte de la Sociéte des Nations* (Paris: Sirey, 1930), p. 44.
⑨ 为了避免这一情形,1947年11月14日联合国大会第二次会议通过决议,做出了一项意义重大的决定:《联合国宪章》的解释和各专门机构章程的解释,必须基于公认的国际法原则。该项决议明确要求联合国机构在工作过程中遇到法律问题时,应征求国际法院的咨询意见(*United Nations Documents*, A/459)。应联合国大会的要求,国际法院对于《宪章》及其他国际条约的解释提供了一些咨询意见。

最后,从立法的角度来看,还有一种困难也加深了国际法脆弱无力的程度。这一困难是:某一国际条约尽管已经正式签字并获批准,但实际上这一条约是否从整体上或部分地包含了有效的、可以约束各缔约国的国际法规则,却仍然难以确定。这样的疑难在美国国内的立法程序中是难以出现的。因为某一联邦法律要么依据宪法由国会通过并由总统签署,要么未获通过或未得到签署;要么被最高法院宣布无效,要么未被宣布无效。在美国最高法院做出权威性的表态之前,对于某一法律是否违宪以及对它的解释,可能还不明确。然而该法作为一项有效法律规定的存在是毋庸置疑的。但是,在国际法中,某些基本规则,尽管事实上已经国际社会所有成员签署和批准,它们是否存在却仍然难以确定。正是这种不确定性动摇了国际法的基础。

让我们来考察一下这类国际法中的一个最为引人注目的例子,即1929年的《白里安—凯洛格公约》。实际上所有国家无不同意该项条约中所称"在它们的相互关系中,禁止将战争作为推行国家政策的工具"。这一公约是在最初就成为约束所有缔约国的国际法原则呢,还是仅仅成为并不具法律效力的一项道德原则宣言呢?根据纽伦堡审判所形成的国际法,准备并进行侵略战争是一种国际罪行。这一国际法原则仅是应用了业已存在的《白里安—凯洛格公约》中的法律规则,还是创立了前所未有的新法律规则呢?[⑩] 无论是旧法的应用还是新法的创立,纽伦堡审判形成的国际法仅仅适用于纽伦堡的特定案例,还是也可以适用于将来可能发生的类似案件呢?不同的学派已对这些问题做出了不同回答,这里不是解决这一争论的地方。就我们讨论的背景来说,重要的是应注意到,这样一种法律体系竟如此脆弱无力,以致对于如此基本的问题——国际法是否禁止为某些特定目的而采取有组织的暴力

[⑩] 参见 Hans J. Morgenthau, Erich Hula, and Moorhouse F. X. Millar, in *America*, Vol. 76, No. 10 (December 7, 1946), pp. 266—268。

行为,都不能提供一个明确的答案。因此,直到今天还无法以任何形式的权威,宣布1929年以来是否有任何为了推行国家政策而进行战争的国家违反了国际法的规定,并应为其违反国际法的行为承担责任;也无法认定是否只有那些准备和发动了第二次世界大战的个人,才应为此受到惩罚,或者是否准备并发动未来侵略战争的所有国家和个人都负有罪责。

1899年和1907年的《陆战法规则惯例公约》的效力如何？该公约在第二次世界大战及未来战争中对其签字国具有怎样的约束力？交战国在第一次世界大战期间,遵守这一公约的记录尚好,违约行为时常受到谴责。然而,在第二次世界大战期间,如同我们已指出的,所有交战国都经常地、严重地践踏了这一公约。这些违约行为既未受到谴责也未受到惩罚。该公约的约束力因此终止了呢,还是该公约在第二次世界大战后作为法律工具仍然有效,将来战时人们仍然可以援引它、执行它,并作为行动的准则呢？关于海战法规则,也可以提出类似的问题,海战法规则在第二次世界大战期间也遭到了广泛的破坏,无人做出将其付诸实施的努力。轴心国不加区分、不事先警告就将敌方船只击沉,同盟国方面也是如此。双方均轰炸平民,并借口军事需要为违反战争法规的行为辩解。如果国际法规则经常遭到破坏,而国际法主体又把这种破坏视为理所当然而默许;如果应执行法律的人们,对于法律规则视而不见,那么就会产生这样的问题:这些法律规则是否还有约束力？

国际法院

没有对法律主体间的争端的强制管辖权,法律体系就不可能有效地限制它们的活动。既然如此,法律裁决的另外两个基本问题——司法机构组成和司法判决的效力——就只具有从属的意义。国际常设法院和其后的国际法院的设立,朝着国际法体系职能集中化方向迈出了重要的也许是首要的一步。直到1920年国际常设法院建立前,国际司法领域的组织完全是分散的。这就是说,每当两国同意就一特定争端诉诸法律解决时,它们也就同意由教皇、君主、有声望的国际法学家这样的特定个人或某一批人行使法庭职能来裁决此案。随着争端的解决,法庭的职能也就自行终止。若另一争端需要付诸法律手段解决,则需重新设立法庭。上文提到的1871年设立日内瓦法庭裁决"阿拉巴马"号索赔案,可以说明这种状况。

1899年和1907年的海牙《和平解决国际争端公约》设立了所谓常设仲裁法院,试图结束国际司法组织的分散状态。这个法院只不过是一个由不同缔约国选定的约一百二十名法官的名单而已。争端的当事国可以从名单中选择若干名法官组成仲裁法庭,审理它们之间的特定争端案件。因此准确地说,这一组织既非常设,也非法院。这个所谓法院并不作为一个实体而存在,它并不履行作为法院应履行的司法职能或任何其他职能。其实它只不过是一个其人选具有"公认的精通国际法问题的才识,享有最高道德声誉"⑪的成员名单而已。它只是提供了一种便利,即为处理某一特定争端案件,选择仲裁人以组成法庭的便利。这个所谓常设仲裁法院从未处理过一起案件,只是名单中作为法院成员的个别法官参与过国际争端的仲裁。它使国际领域的司法组织的形式分散化了,尽管冠之以承认国际司法权力集中化的必要性的虚名。

设立一个真正的永久性国际法院的主要障碍是法院的组成。正如当事国在决定某一特定争端是否提交司法解决时迫切希望保持选择自由一样,对于审理案件的法官的挑选,当事国也迫切希望保持自己的行动自由。争端当事国尤其不情愿由一个既无本国国民又无自己观点的代表的法院裁决争端。然而,从理论上讲,没有任何一个国际法院既能满足这一要求同时又管辖世界上众多的国家,因为受制于这个世界法院管辖的国家数目一定会大于法官的数目。小国尤其担心在这种情况下,它们中的大多数将永久地被

---

⑪ 见《国际法院规约》第四十四条。

剥夺在这样一个法院中的代表权,而大国却能轻易地将它作为自己的工具。

《国际常设法院规约》和其后的《国际法院规约》已经解决了这一问题。国际法院由十五位法官组成,但其中不得有两人为同一国家的国民(《规约》第三条)。另外,"选举人不仅应注意候选人必须具备的必要资格,并应注意务使法官全体确能代表世界各大文化及各主要法系"(《规约》第十九条*)。法院法官的提名和选举经由一系列精心设计的程序来进行,以确保符合《规约》第十九条**的要求,及高度的职业水准。法官的提名由常设仲裁法院的仲裁员组成的各国团体来进行,或是由各国政府指定的各国团体来进行(《规约》第四、五、六条),然后联合国大会和安理会各自举行独立选举,获得绝对多数票者方可当选为国际法院法官(《规约》第八至十二条)。另外,《规约》第三十一条有一特许,规定如果法院的法官中没有代表当事国的人选时,当事国可以选派代表本国的特别法官。

这样一个法院,作为一个真正集中的司法机构,为国际社会行使两项重要职能。一方面它是永久性的,其设立与任何有待裁决的具体争端无关,所以可永久适用于那些希望用法律途径解决纷争的当事国,尽管会有其他因素妨碍当事国之间争端的法律解决,至少《国际法院规约》为它们一劳永逸地解决了设立法庭、遴选法官以及规定程序法和实体法的问题。而这些问题在 1920 年以前,每遇一案必须从头解决,困难颇多。自从国际常设法院建立之后,司法解决程序便不会为这些问题所困扰了。

国际法院由于其法官任期九年,并可连选连任,从而保证了法院的法律事务不致中断。这一特点无疑是以前临时设立的法庭所欠缺的,后者仅为解决某一项特定争端而组成,一俟裁决完毕便自

---

* 原文如此。应为第九条。——译者
** 同上。

行解散。一个法院的组成若在多年内肯定能保持相对稳定(国际法院法官任期九年),那么,它便能有成效地发展自己的传统,并把它的传统留给后任法官,形成传统的延续,从而使以后的争端当事国有所依循。这种可靠性和稳定性因素注入了国际法院的运作,与第一次世界大战以前仲裁法院程序的偶然性形成鲜明的对比。

司法判决的效力

这种可靠性和稳定性是由于一个永久性组织的存在而产生的心理效果,并非国际法院司法活动的法律效力。实际上,在关于国际法院司法判决的法律效力问题上,《国际法院规约》赞许分散的原则。《规约》第五十九条规定:"法院之裁判除对于当事国及本案外无拘束力。"虽然同一批法官在一个组织中连续工作这一社会事实有助于法院法理发展的一贯性和传统性,但是,国际法院并不像英国和美国的法院那样负有法律义务,不必遵循依循判例的原则,援引先例作为依据。尽管如此,鉴于上文讨论过的要求法理一贯性的社会压力,在国际法院建立后的前三十年间,其法理与假设它受制于依循判例原则时的法理相比,并不会有什么差异。然而,国际法院无论过去和现在都不受以前判例的限制,如果它作此选择的话。一个受制于依循判例原则的法院,判决时可能为是否放弃判决先例而踌躇不决,然而国际法院则无此顾忌。

不过,国际法院的法理本身存在的这一不确定性,较之另一因素——《国际法院规约》第五十九条规定对国际法院的法理与其他形形色色的国际司法机构的法理之间的关系的影响——带来的不确定性要小得多。国内司法审判体系之所以能够成为有效地限制公民个人行动的工具,其力量在很大程度上来源于该体系组成上的等级制。无论公民个人采取什么行动,基层法院得随时准备宣布该项行动是否符合法律规范。判决公布之后,可向上级法院上诉,以决定肯定还是推翻下级法院的判决。最终有一个最高法院以最高权威对案件予以裁定。因为所有级别的法院都是在依循判例的原则下进行工作的,所以从逻辑上讲,它们的判决不仅在同一法院范围内相互一致,而且在整个司法体系内也是相互一致的。各级法院之间关系上的等级性,保证了整个司法体系内司法判决的一贯性。⑫因此,由于同时采用了结构等级制和依循判例原则,在整个司法体系中形成了法理的单一体系。这是一整套首尾一致的法律体系,它会应任何希望取得法律保护的人的请求而行使自身的职权。

国际领域里的情况同此毫无相像之处。国际法院是一个拥有潜在的世界性管辖权的法院。但是在它之外还并立着其他各式各样的法院,它们是由各种特定的国家以特定条约为特定类型的争端或特定的个别案件而设立的。这些形形色色的法院,彼此之间以及与国际法院之间均无任何法律关系。国际法院不是任何意义上的世界最高法院,不能以最高的权威对其他国际法庭判决的上诉做出裁决,它只是众多国际法院中的一个。它之所以突出,是由于其组织是永久性的,其潜在的管辖权很广,并且判决通常具有较高的法律水平。然而,这绝不是说它在等级上高于其他国际法庭。凭借杰出的专门知识,国际法院的判决有可能影响其他国际法庭的判决。但是,其他国际法庭并不受制于依循判例的原则,因而它们并无任何义务使自己的判决与国际法院的判决相一致,正如没有义务使自己的判决与其他国际法庭的判决相符一样。在此,国际法分散的特征又在其司法功能上得到了印证。

---

⑫ 只有在理想情况下才是如此,在国内司法体系的实际运行中仍有例外。比如,在联邦司法体系内,只有当最高法院以最高上诉法院的资格,拥有并实施其对某一类案件的管辖权时,才能确保各个联邦法院对同一类案件所作判决的逻辑上的一致性。如果由于法律规定或由于最高法院自己的决定,最高法院拒绝受理某一上诉,不同的联邦上诉法院所审理的相似案件就不可能诉诸高级法院,因而这些联邦上诉法院审理相似案件而援引的法律规则就可能彼此不同,事实上也时常不同。这种情况对联邦制国家司法体系来说可能是例外,对国际司法领域来说却是颇为正常的。

第十六章 国际法的主要问题

国际法的执行

执行功能的分散性

如果说国际法立法功能和司法功能的分散性要通过严密的论证才看得清楚的话,那么,国际法执行功能具有的彻头彻尾、毫无限制的分散性则是显而易见的。除了各国政府的执行机构和执行力量外,国际法自身并不具备执行法律应拥有的机构和力量。布赖尔利对此是这样描述的:

> 国际法体系并没有一个专门的中央机构能实施国际法律权利。现在看来,设立一个一般性的制裁机构,也是很遥远的事情。……缺少执行机关意味着每一个国家仍然可以自由地……采取它认为合适的行动,实施自己的权利。这并不是说国际法里没有制裁,如果制裁一词是按照它的本意来理解,即确保国际法得到遵守的方法的话;然而,国际法拥有的制裁手段又确实不是系统的和可集中调度的,因此在付诸实施时并不可靠。这种缺少执行体系的状况显然难以令人满意。对于那些不能像其他国家那样有效维护自己权利的国家来说更是如此。[13]

就像每个国家都是自己法律的制订者、自己法庭和法庭管辖权的设立者一样,各国也都是自己的法官和警察。在国内社会中,当某 A 侵害了某 B 的权利时,国家的法律执行部门将介入,保障 B 的权利,依法强迫 A 向 B 提供赔偿。在国际领域中,则不存在这样的执法部门。假如 A 国侵害了 B 国的权利的话,不会有任何国际法执行机构支持 B 国。B 国如果有力量,它就有权利自助,这就是说,如果与 A 国比较,B 国强大到足以对付其权利所受的损害,它能够自行采取强制行动。国内法仅在极为例外且严格限制的条件

---

[13] *The Law of Nations*, pp. 92,93.

下,才会允许侵权行为的受害者用自助和自卫的方式自行执行法律,采取强制行动以反抗侵害者。在国内法中严格限定的属于例外的情况,在国际法中却成了执行法律的原则。根据这项原则,违反国际法行为的受害者,也仅仅是受害者自己,有权利执行法律以抵抗侵害者;他人没有任何执法的义务。

没有任何执法系统比国际法更为原始和虚弱的了,因为它把法律的执行,完全系于侵权者和受害者之间权力分配的变化;它使强国违反法律容易,执行法律也容易,因而把弱国的权利置于危险的境地。一个大国可以侵害一个小国的权利而不必惧怕后者给予有效制裁。大国可以借口自己的权利受到侵犯而对小国采取强制措施,不管所指控的违反国际法的情况是否真正发生,也不管所采取措施的严厉程度与小国的罪责是否相称。

小国为了保护自己的权利,必须寻求强大盟友的援助;唯有如此,小国才可指望成功地抵御其他国家对自己权利的侵害。至于大国能否提供援助,这不是一个国际法问题,而是一个国家利益问题。各个国家将基于各自的国家利益,决定是否支援国际社会中的弱者。换言之,国际社会是否做出努力采取执行国际法的行动,以及这种努力能否奏效,主要并不是基于法律考虑,也不取决于法律执行机构的公正行动。这种努力及其效果取决于政治考虑,以及在特定条件下权力分配的实际情况。因此,在大国威胁下,小国能否维护自己的权利,取决于在特定的环境中权力均衡如何发挥效用。1914年,比利时之所以能够抵抗德国侵略、保障自己的权利,是因为强大邻国的国家利益恰好需要维护比利时的权利。与之相反的是,当美国支持导致巴拿马共和国建立的1903年革命时,哥伦比亚的权利受到了侵犯;当1939年苏联进攻芬兰时,芬兰的权利也遭到侵害。而美国并未受到惩罚,苏联进攻芬兰也未受到有效的制裁。当时不存在能够保护这两个国家的权力均衡状况。

不过必须指出,实际情形远没有上述分析所呈现的那样令人悲观。在没有真正实行强制的情况下,各国普遍都能够遵守国际法的绝大部分规则,这是因为履行国际法的义务一般是符合各有关国家的利益的。一个国家不会轻易侵犯驻在本国首都的外国外交官的权利,因为它与任何其他国家一样,在普遍遵守国际法规则上有着共同的利益,因为国际法不仅保护驻在本国首都的外国外交官,也保护驻在外国首都的本国外交代表。同样,一个国家也不会轻易推卸它在国际商务条约中承担的责任,因为它从其他缔约国履行条约中期待得到的好处,与其他国家期待的好处是相互补充的。假如一个国家不履行交易中应承担的责任,结果很可能是失大于得。从长远来看更是如此,因为一个国家如果有不履行商业承诺的名声的话,将难以与他国订立有益于自己的商务条约。

国际法的大部分规则用法律条文的形式表述了国家之间实际存在的共同的或互补的利益。从这个意义上讲,国际法规则的强制执行通常是由自身来完成的,并没有采取特别的强制措施的必要。在大多数情况下,如果实际发生了罔顾基本的共同利益而违反国际法规则的情况,那么受害者将得到补偿,这种补偿可能是侵权国的主动赔偿,也可能是国际司法判决的结果。值得一提的是,在过去的一百五十年间,这种司法判决有数千条之多,其中败诉一方拒绝自愿执行司法决定的情况少于十例。

因此,尽管国际法的执行制度较为软弱,但国际法中的大部分规则,总的来说并未因此受到影响,因为对国际法的自动遵从几乎完全阻止了执行问题的提出。不过,在那些重大的、总的来说较为特殊的事件中,执行问题变得突出起来,对我们的讨论而言尤其显得重要。因为在这些例子中,遵守和执行国际法将对有关国家的权力分配产生直接影响。在这些事例中,正如我们已经认识到的,权力考虑而非法律考虑支配着国际法的遵守与执行。

第七编 当代世界的国际政治

第十七章　新的道德力量：民族主义化的普世主义

经典名句

◆ 国际法大部分规则的存在都是以各国主权为基础的。以法律条款来维护主权是国际法规则的主要任务之一。这些规则远没有限制各国的权力欲望，反而着意使各国的权力地位不受它们在与别国关系中所承担的任何法律义务的不利影响。

◆ 民族主义所要求的是一个民族建立一个国家，除此之外别无他求；而我们时代的民族主义化的普世主义却主张一个民族和一个国家有权把自己的价值观和行为标准强加给其他所有国家。

欧洲联盟

新旧民族主义

我们曾经指出，从宗教战争结束到第一次世界大战为止，西方世界的理性和道德传统是一种借助于权力均衡来维系近代国家体系的力量。当时我们提出了这样的问题：这一遗产今天有多少被承袭了下来？在第二次世界大战以后的时期中，哪一种共识把世界各国联合在一起？现在就让我们来回答这些问题。

答案只能是，今天对国际舞台上权力斗争所施加的道德限制，比近代国家体系发展进程中的任何一个时期都脆弱。17世纪和18世纪统一的国际社会已为大量的国家社会所取代，这些国家社会为其成员提供了最高程度的社会一体化。结果，那种在过去几个世纪里为单个国家的权力欲望划定某种界限的国际道德，除了某些残缺不全的限制外，已让位于各国自己的道德。这种道德不仅不承认任何在它之上和在它之外的道德义务，甚至还要求得到全世界的普遍性承认。世界舆论不过是意识形态的影子，它甚至不具备在其他时代至少是国际贵族社会所具有的那种共同价值和共同反应的实质。国际法大部分规则的存在都是以各国主权为基础的。以法律条款来维护主权是国际法规则的主要任务之一。这些规则远没有限制各国的权力欲望，反而着意使各国的权力地位不受它们在与别国关系中所承担的任何法律义务的不利影响。道德在伦理范畴内所占有的地位，舆论在社会习俗领域所占有的地位，也就是主权在国际法中所占有的地位。主权在法律意义上把国家看作是个人最终世俗忠诚的接受者和最强大的社会力量，为作为个体的公民制定和实施法律的最高权威。

今天,超国家力量,诸如世界性宗教、人道主义、普世主义和所有其他将个人超越国界联结在一起的人际交流、制度和组织,大大弱于那些把人们统一在一个特定国家界线内使他们与人类其他部分相分离的力量。要想对各国的外交政策施加有效的限制,就必须保持超国家力量的强大。而这些力量的削弱不过是塑造了我们时代政治面貌的巨大能动力量——民族主义的消极副产品。与各国外交政策相一致的民族主义不可能限制这些政策,而它自己却需要受到限制。它不仅致命地削弱了——如果不是摧毁了的话——先前时代遗留给我们的那些限制,而且为各国的权力欲望提供了心安理得的感觉和救世主般的激情。它激发了各国控制世界的渴望和力量,这是 19 世纪的民族主义闻所未闻的。

20 世纪后期的民族主义,与传统通用这个名称的民族主义以及在 19 世纪民族运动中和民族国家里达到顶点的民族主义截然不同。传统意义上的民族主义寻求使民族摆脱外来统治,从而使它们得以建立自己的国家。这一目标被认为不仅是某个民族的正确目标,而且是所有民族的正确目标。一旦一个民族把自己的成员统一到了一国之内,民族的愿望也就得到了满足。有多少想要建立或维护它们自己国家的民族,就会有多少民族主义。

因此,19 世纪民族主义卷入的国际冲突基本上属于两类:一类是民族与外来统治者之间的冲突,如巴尔干各民族与土耳其之间的冲突、多瑙河盆地的斯拉夫民族与奥匈帝国之间的冲突,以及波兰人与俄国之间的冲突;另一类是不同民族之间为划分它们各自统治范围而发生的冲突,例如德国人为一方、波兰人和法国人为另一方所展开的斗争就属此类。19 世纪的国际冲突不是源于对民族原则的不同解释,就是源于根本拒绝接受这一原则。一直到第一次世界大战之后人们还怀有这样的希望:一旦所有民族建立自己民族国家的愿望都得到了满足,一个由各个心满意足的民族所组成的社会就会在民族自决的法律和道德原则中找到自我维护的手段。

若用同一个名称来称呼19世纪鼓舞被压迫的、相互竞争的民族争取和维护民族独立的理想和20世纪后期驱使超级大国进行殊死搏斗的欲望,就会模糊使我们的时代区别于先前时代的那种根本变化。今天的民族主义,实质上是民族主义化的普世主义,它与19世纪的民族主义只有一个共同点——民族是判断政治忠诚和政治行动的最终衡量标准;除此之外再无任何相似之处。对19世纪的民族主义来说,国家是政治行动的最终目标,是政治发展的终点,在此之外是带有类似的和同样合理目标的别国的民族主义。对20世纪后期民族主义化的普世主义来说,国家不过是世界性使命的起点,这一使命的终极目标及于整个政治世界。民族主义所要求的是一个民族建立一个国家,除此之外别无他求;而我们时代的民族主义化的普世主义却主张一个民族和一个国家有权把自己的价值观和行为标准强加给其他所有国家。

把若干国家合并成一个超国家联盟的做法,不一定会减轻这一弊病,反而有可能使之加剧。例如,西欧各国由于太弱因而不能使各自单独成为新的民族主义化普世主义的有力先锋。法国人或德国人梦想按照自己的形象改造世界的时代已经一去不复返了。然而,假如西欧各国能够统一成一个新的、具有相当潜力的政治军事单位,它们就有可能为西欧各国所共有的新十字军精神奠定一个权力基础,从而能够同其他国家的民族主义化的普世主义进行竞争。从当代世界的技术条件和军事条件来看,传统的民族国家已经陈旧落伍了,这是显而易见的。不过,当人们试图用一个与这些条件更适应的更大的单位来取代它时,人们却需要小心留意,不要让民族国家仅仅被一个服务于当代具有十字军精神的民族主义的更为有效的载体所取代。

尽管民族主义化的普世主义系于国家,但却并不系于任何一个特定的国家,这是它的特征之一,源自其普世主义的特征和愿望。苏联确已成为共产主义力图改造世界的载体。但谁又能说,在这方面中国或其他某个国家明天——至少在亚洲——不会取代苏联的地位呢？19世纪的民族主义其实是源于一个特定的国家的独特性质和愿望的，它不可能脱离那个特定国家而仍保持其含义和功能。我们时代的民族主义化的普世主义在这方面是不同的，它是一种世俗化的宗教，它对人的本性和命运的解释以及它拯救全人类的救世主式的誓言都是普遍适用的。一个特定的国家将在一个特定时期执掌普世主义的火炬，而原则上任何一个国家都有可能这样做。照此看来，在新十字军民族主义名义下统治全球的要求，可能会根据精神的和权力的条件，从一个国家转移到另一个国家。

第八编 和平问题：以阻制求和平

第十八章 裁　军

经典名句

- ◆ 裁军是为了结束军备竞赛而削减或消除某些或全部军备。人们相信，只要消除国际舞台上权力斗争的这一典型表现形式，人们就可以消灭权力斗争的典型后果：国际无秩序状态和战争。

- ◆ 美苏之间必须确实得到维护的战略核均衡依赖于相互完全摧毁的能力；反过来说，这种能力并不依赖于数量上和性能上的平等，而仅仅依赖于不管敌人可能拥有的核武器的质量和数量怎样都能将其摧毁的能力。

- ◆ 只要促成常规武器方面军事竞争的政治原动力继续存在，常规武器与核武器之间的根本区别仍未划清，裁军就不可能，武器管制至多也是脆弱的。

广岛原子弹爆炸

我们时代的和平问题

一代人的时间内发生两次世界大战的事实和核战争的潜在可能性,使建立国际秩序和维护国际和平成了西方文明头等关切之事。战争作为灾难的根源一向为人们所痛恨。当领土国家的兴起把神圣罗马帝国从一个基督教的实际政治组织蜕变成了一个空壳和法律上的虚构之后,著作家们和政治家们便愈来愈多地思考各种可以替代西方世界业已丧失的政治统一的形式。16世纪的伊拉斯谟、17世纪的苏利、埃默里克·克鲁塞、雨果·格劳秀斯和威廉·佩恩以及18世纪的阿贝·德·圣皮埃尔、卢梭、边沁和康德,都是试图解决国际和平与秩序问题的伟大的思想先驱者。到了19世纪和20世纪,人们开始尝试将他们的思想付诸实践。

在这些尝试中,神圣同盟、1899年和1907年的海牙和平会议、国际联盟和联合国是突出的例子。这些组织和会议连同其他不太突出的缔造和平世界的努力之所以可能,有赖于四个因素——精神的、道德的、理性的和政治的。这些因素在19世纪初开始汇聚在一起;到两次世界大战之间终于成为国际事务中盛行的理论和实践。

从斯多葛学派和早期基督教徒的时代起,西方文明中便一直活跃着一种人类道德统一的情感,这种情感寻求一个与之相适应的政治组织。罗马帝国便是这样一个普世性的政治组织。即使在它衰落以后,罗马帝国多少世纪以来仍然是西方世界统一的残留象征,是同样激励了查理曼和拿破仑并决定了直到宗教战争开始为止的神圣罗马帝国政策的最终目标和准则。绝非偶然的是,当神圣罗马帝国于1806年解体之时,便是拿破仑企图使它复活之日;而不出十年,以恢复国际秩序作为其主要目标之一的现代史时期便开始了。

这些建立一个稳定与和平的国际秩序的努力,其道德根源存在于西方世界过去数百年所经历的人际关系人道化和文明化的提高。启蒙时代的哲学和自由主义的政治理论均主张尊重人的生命,促进人类福利。19世纪和20世纪的伟大的政治和社会变革从这些主张中得到了启示。于是,把法律、和平和秩序的领域扩大到国际范围,便成为现代必须完成的伟大的人道主义任务。

促进这一发展的思想因素与商业阶级首先在社会上继而在政治上的崛起有关。随着这个阶级崛起的是商业和科学的精神,这种精神惧怕战争和国际无政府状态,把它们视为对可估算的市场运作的非理性破坏。法国哲学家狄德罗指出:"发生于各通商国家间的战争是一场不利于所有国家的大火。这个过程会危及大商人的财富并使其债务人变得虚弱。"①依据康德的看法,"商业精神不可能与战争并存"②。所以,18世纪临近结束时,许多人已经形成了这样的信念:战争已经过时了;或无论如何,它已变成了人类通过协调一致的理性努力将不难从地球上消除的一种落伍现象。

然而,拿破仑战争的灾难却表明,为解决国际秩序与和平问题而进行的理论探索,必须辅以实际的措施。在这方面,拿破仑战争的重要性是双重的。它摧毁了权力均衡,并一时间大有以一个世界性帝国取而代之之势。虽然这个因素随着拿破仑在1815年的最后失败而消失了,但另一个因素一百五十年来却一直威胁着现代国家体系的稳定,并且迄今为止尚有余力。这个因素便是民族主义。由法国革命所唤起并经由拿破仑的征服传遍欧洲的民族主

---

① "Fragments politiques," *Œuvres complètes*, Vol. IV (Paris: Garnier Frères, 1875), p. 42.

② *Perpetual Peace* (New York: The Macmillan Company, 1917), p. 157.

义思想,向王朝正统原则提出了挑战,而王朝正统原则是近代国家体系的组织原则,也是1815年和平解决方案的基础。

上述这四种经验在19世纪初汇合在一起,通过拿破仑战争的震荡,其活力在政治舞台上得以释放,从而提供了一种理性的和道德的能量,在过去一百五十年间一直支持着为寻求取代战争和国际无政府状态而进行的探索。这一探索就其已经脱离了单纯的观念、希望和劝诫的范畴并具体表现为国际性的实际的措施和制度而言(后者是我们在这里所唯一关心的问题),一直遵循着三条不同的途径进行:(1)限制国际政治中的破坏性倾向和无政府倾向;(2)通过彻底消除国际政治中的破坏性倾向和无政府倾向改造国际政治;(3)通过把国际政治中的破坏性倾向和无政府倾向排除出理性目标来调和利益分歧。

在以限制求和平的努力中,持续最久的便是裁军的努力。

裁军的历史

裁军是为了结束军备竞赛而削减或消除某些或全部军备。人们相信,只要消除国际舞台上权力斗争的这一典型表现形式,人们就可以消灭权力斗争的典型后果:国际无秩序状态和战争。

必须牢记不忘四项基本区别:裁军与武器管制的区别,普遍裁军与局部裁军的区别,数量裁军与质量裁军的区别,常规裁军与核裁军的区别。裁军是削减或消除军备,而武器管制所涉及的则是为了创造一定程度的军事稳定而管理军备竞赛。当我们讨论普遍裁军时,我们指的是所有有关国家都参加的那类裁军。例如,1922年在华盛顿签订的《限制海军军备条约》就是由所有海上大国签署的;又如1932年的世界裁军会议,差不多国际社会的所有成员都派代表出席了。我们在谈论局部裁军时,仅仅涉及数量有限的国家。1817年美国和加拿大之间的《拉什—巴戈特协定》便是这类裁军的例子。数量裁军旨在全面削减大多数类型或所有类型的军备,这也就是出席1932年世界裁军会议的大多数国家的目标。质量裁军所要解决的仅仅是某些特殊类型军备的削减或废除。例如,英国试图通过1932年世界裁军会议取缔进攻性武器;又如联合国原子能委员会曾经讨论过废除和管制核武器问题,而这也成为美苏《限制战略武器条约》和削减战略武器会谈的目标。核武器和常规武器的区别则与武器管制和裁军的政治和军事先决条件有关。

核时代的武器管制

武器管制是一种通过增加军事稳定来巩固国际和平的努力。为什么它在核领域得到了有限的成功而在常规武器方面完全失败了呢?就后一种情况而言,失败的原因与造成裁军失败的那些原因如出一辙。常规武器的数量和配置对军事权力的分配有直接的影响。由于有关各国都要竞争军事优势,所以一项管制常规武器的协议就将意味着竞争的结束。然而,军事竞争的终结依赖于对突出的政治问题的解决。

核武器的管制之所以至少在理论上是可能的,是因为主要核大国有能力达到确保摧毁的最适度,超越这个最适度是不理智的。这个最适度可以界定为为摧毁未来敌人的军事设施、工业和人口中心所需要的核弹头的可用数量和坚固的发射系统的可用数量。一个具有这种能力的国家在威慑和实际从事核战争的意义上便已达到了其最大的军事潜力。获得额外的弹头和发射装置是浪费,因为这样做一点也不会增加它的军事权力。结果,常规的军事优势和劣势的观念便在一定程度上失去了意义。一个在最坏的情况下也有能力对其未来的敌人施加十次以上毁灭性打击的国家,再增加它现已经很强的核能力,军事上也是一无所得。而其未来的敌人,如果有能力"仅仅"对对方施加六次以上的毁灭性打击,那在军事上也就不劣于对方了,再增加其核能力也不会获得更多的军事实力。一旦这两国达到了这一确保摧毁的最适度,那它们也就在可用的核能力方面平等了:在一定限度内,数量上的差距并不影响质量上的平衡。假如一国取得了巨大的优势因而能够在第一次打击中摧毁另一国的报复能力,那这些限度就会被超过。

美国和苏联都牢记着必须把差距保持在这些限度之内,因而它们在通过管制以稳定核武器竞赛上具有共同的利益。它们可以用三种不同的方式来管制核武器。第一,它们可以通过单方面的行动限制核武器和发射工具的生产,这种单方面行动是基于它们自己对根据威慑和实际核战争所需要的核武器的充足数量所做出的判断。美国这样做了,它削减或中止了对某些类型导弹和飞机的生产。可以认为苏联同样也这样做了。

第二,国家可以通过默契来管制它们的军备。一方的行动或不行动是以另一方的做法为条件的,反之亦然。在这个基础上,美国和苏联从1958年到1961年停止了在大气层试验核武器;1964年它们宣布减少裂变物质的生产。

第三,国家可以通过正式协定来管制它们的军备。1963年由英国、苏联和美国缔结的《部分禁止核试验条约》就是一个恰当的例子。该条约禁止在地面和水下试验核装置,但允许继续进行地下试验。因此,就核武器的发展依赖于大气或水下试验这一点来说,条约稳定了核武器的技术。《关于进攻性导弹的临时协定》(《第一阶段限制战略武器条约》)从核武器的独特的性质来看,对迄今为止的武器管制带来了最深远的影响。这个协定大体上稳定了核武器的数量,但却允许进行质量上的改进。具体来说,通过规定潜艇和潜基导弹数量的适度增加,该协定考虑到了从陆基导弹转向潜基导弹的技术变化,因为陆基导弹已变得易受数量上和质量上均已改进的进攻性导弹的攻击了。

武器管制也可以采取从某些地区或某些国家集团中排除某些类型或各种类型武器的形式。1961年的《南极条约》、1967年的《外层空间条约》、1967年的《拉丁美洲无核区条约》、1970年的《防止核扩散条约》、1971年的《海床条约》和1972年的《禁止发展、生产和贮存细菌(生物)和毒气武器公约》都属此类。但必须指出,这些条约中的大多数只不过通过法律规定认可了有关国家不愿做或无论如何也无力做的事情。随着诸如美国和苏联、伊拉克和伊朗这类国家之间关系的持续恶化,在某些领域中的进步似乎呈现逆转之虞。

关于核武器的辩论提出了许多表面上的重大问题,其中包括美苏之间目前和将来的军事权力均衡、某些武器系统的潜力,以及对苏联遵守武器条约情况进行核查的可能性这些问题。但这场辩论也使一个因素凸显出来,这个因素是各个集团共有的,而从长远来看,这个因素对美国的未来可能比迄今为止吸引我们注意力的所有预案、细节和技术性问题都更加重要:我们关于核武器的思想和行动方式已陈旧过时。爱因斯坦半个世纪前讲的一句话今天仍是正确的:"原子释放的能量已经改变了除我们思维方式之外的一切事物。"换言之,原子能的释放向我们提出了全新的问题,而这些问题的解决要求思想和行动方式的相应更新。然而,两大阵营中的许多国家基本上仍像过去一样思想和行动,就好像 1945 年的原子革命未曾发生过一样。

核武器的可用性从根本上改变了政治目标与物质暴力之间的传统关系。直到 1945 年,像美国这样的大国为了实现它对别国的目的,尚要在暴力和非暴力之间做出理性的选择。假如它非常渴望获得某种结果,而又不能以和平手段去获取这一结果,那它就很可能诉诸暴力——只要对风险和利益的盘算得出诉诸暴力有利的结论的话。这样一种盘算本身必然反对使用核武器,因为无论是从短期还是从长期来看,核武器的巨大破坏性都会消灭一切可能获得的利益。核武器即使最初是在有限的规模上使用也是一场十足的灾难;最终只能导致双方同归于尽。

所以,甚至我们在使用"武器"和"战争"这样的术语来分析核现象时对语言的常规用法,也表现出了某种落后于时代的不适当性。因为像"武器"和"战争"这类术语意指这些概念与人类的某些目标之间的一种理性关系。"武器"传统上服务于某种理性的目标,"战争"传统上也是为那种理性目标而进行的;而这两者在两个核大国间的核关系中是不存在的。所以,在涉及核武器和核战争时,使用常规语言便掩盖了新的现实,而适用于这种新现实的词汇尚未找到。

使用常用词汇说明新现象不仅容易掩盖新现象的真谛,而且还会误导人们在常用词汇的常用含义中找寻新现象的真谛。由于这些词汇在很长历史时期里已积累了一系列的相互关联的联想、假设和结论,所以,不加鉴别地把这些词汇适用于核现象,就会妨碍进行恰当的理解和采取成功的行动。因而,把核武器和核战争当做不过是常规武器和常规战争在数量上的延续来对待,对核武器管制和核裁军事业就是致命的错误了。其实,由于核武器和核战争是在时间上和空间上进行全面摧毁的工具,因此它们在类别上是不同的。所以它们也就不能执行历史教导我们由武器和战争所担负的那些职能。

超级大国承认核武器和核战争是非理性的,因而它们试图管制核武器竞赛。人们希望,这种管制最终将导致核裁军。在这个过程中,它们表现出的在实践中对常规武器管制和常规裁军与核武器管制和核裁军之间区别的健忘程度是令人惊异的。它们多年来一直在讨价还价、争论不休的问题,可能与常规武器有关而在大多数情况下与核领域毫无关系。举例来说,允许某些俄国导弹只携带特定数量的分向弹头意味着什么呢?假如它们或者依照双方的协议或者违反条约而携带了更多的弹头,那又会怎样呢?只要弹头的数量不影响相互确保摧毁原则,用以相互摧毁的手段的数量和质量就是无关紧要的。借用一个常用的比喻来说,只要我的敌人有一支用来杀我的枪,那他再在市镇上刻意搜集更多的枪支对我们相互间的关系来说也是无关紧要的。再强调一遍:美苏之间必须确实得到维护的战略核均衡依赖于相互完全摧毁的能力;反过来说,这种能力并不依赖于数量上和性能上的平等,而仅仅依赖于不管敌人可能拥有的核武器的质量和数量怎样都能将其摧毁的能力。

可比军事实力不过是传统所尊崇的许多概念之一,这些概念由于核革命而变得过时了。防御、有限战争、胜利、联盟、核查以及战斗人员与非战斗人员之间的区别是一些常见的概念,这些概念由于核武器的出现也同样失效了。令人忧虑的是,大多数和我们一道思考这些问题的人,不愿放弃把过时的思想和行为方式应用于新的时代条件的做法,这是一个不祥之兆。关于《第二阶段限制战略武器条约》的争论令当事者和局外人皆感困惑,而随后的谈判又是断断续续、徒劳无功的;这些都是文化滞后作用的最好例证,文化滞后导致我们企图用旧时代的思想和行为方式来解决核时代的问题。

这种文化滞后自1945年以来从根本上支配了核武器的理论和实践。核军事理论和实践的历史是为了将核武器与民族国家的传统目标相融合而进行一连串徒劳无功的努力的历史。三十多年来,从所谓"干净的"氢弹到打击军事力量战略,我们一直力图表明,核武器只不过是用常规方式操纵的大规模的常规武器。

这一争论的核心是美苏间的战略优势问题。双方在争论中都抽象地承认,战略优势概念在用于核武器时是毫不相关的。1974年7月,亨利·基辛格在一次记者招待会上道出了这种不相关性。他宣称:"看在上帝的份上,究竟什么是战略优势? 在这些数量水平上……战略优势的意义何在? 这种战略优势与你何干?"然而,1979年7月31日,他在参议院对外关系委员会上作了一个说明,出于某些理由对他在1974年暗示战略优势已变成了一个毫无意义的概念一事表示遗憾:

> 我的声明反映的是疲劳和愤怒而非分析。如果双方都维持平衡,那么竞赛的确就会变得徒劳无功了,而《限制战略武器条约》也会在增强稳定方面发挥其作用。但是如果我们单方面退出竞赛,那我们最终就很可能会面对一批盘算如何利用战略优势采取行动的年轻的

苏联领导人。

不必说,用这个观点支持战略优势的概念,是缺乏说服力的。

基辛格和其他人已经承认了优势概念在常规军事意义上是毫无意义的,同时努力赋予它以新的政治含义。一旦一国在核武器方面达到了确保摧毁的最适度,那这样一个论点也就成立了:额外的核武器可以极大地增加该国的政治权力——如果在对权力的估算中所考虑的不仅是实际可用的权力,而且是别国对可用权力的看法的话。这就是说,如果苏联比美国拥有更多的弹头,那它并不因此在军事上变得比美国更强大,但它却增加了它相对于美国的政治权力,因为人们认为它——尽管是虚假的——已经在军事上变得更加强大了。

就此而言,这个论点尚不完整,它没有对持有这种想法的人加以限定。直言不讳地说,这个论点假定那些持有这种想法的人是无知的。因为只有无知之辈才不懂得常规武器与核武器之间的区别,因而也才会对超出军事最适度之外所拥有的核武器赋予重大的军事或政治意义。

知识现状的捍卫者还提出了一个政治和军事论点,这个论点是过时思维的典型例证。这个论点是说,相互确保摧毁战略大大限制了美国总统的选择余地。美国政府面临着两种同样不可接受的选择:屠杀千百万平民;或者,如果它厌恶这种野蛮的选择,那只有绥靖。而超出确保摧毁最适度的核武器则使从事有限核战争成为可能,这也就是这样一种原子战争:战后它遗留下来的"仅仅"是现代常规战争使我们所熟知的那种有限摧毁。

这种以常规方式处理核武器的探索,是1945年以后以形形色色面目出现的核战略的主旋律。详细列举为寻求一项新战略而进行的各种尝试是富于启发性的,因为这样一种新战略将允许我们使用核武器而不造成普遍的、失控的毁灭性后果,而我们在理论上则正确地把核武器与这种后果联系在了一起。拿所谓干净的氢弹来说,它出现于20世纪50年代初,并不具有毁灭性的、不加区别的效力,而这种效力甚至是投在广岛和长崎的一千吨梯恩梯当量的原子弹所具有的。它是一种只有极少或根本没有放射性尘埃的炸弹,其效力也就相当于一枚巨大的常规炸弹的效力。用前美国空军参谋长柯蒂斯·勒梅将军的话来说,核弹"只不过是另一种炸弹"。美国原子能委员会在1962年发表的《核武器的效力》的报告中,为这种观念作了临终忏悔。委员会说,没有干净的氢弹这种东西,所有的氢弹或多或少都是"不干净的"——尽管冲击波、火力和放射性的配置在不同的氢弹设计方案中是不同的。那种以为可以设计一种本质上与常规炸弹并无二致的氢弹的想法,是完全错误的。

我们可以把"逐步威慑"概念作为另一个例证。逐步威慑是进行核战争的一种方法,这种核战争不会立即升级为全面的战争。相反,它是用一种与象棋游戏类似的理性的、近乎先决的方式,一方走一步,比如"吃掉"一座城市,另一方即走出另一步,"吃掉"对手的一座城市。由此,每一方都以完全超然的、理性的方式,对另一方施加某种程度的打击。这种观点被某些所谓的思想库广泛接受了,在这些思想库中,生存问题上的博弈游戏得到了高度的发展。人们可以提出支持对各种可能存在的假设情形进行检验的论点。但是就实践而言,不能设想,活在当今世界的人类,以苏联、美国和中国的决策者所持有的那种思想观念和价值观念,会抱着如同国际象棋对弈者以卒易卒时所持的那种超然态度,来看待诸如苏联摧毁芝加哥或美国摧毁明斯克那样的举动。人们会迅速地意识到——姑且不说那种被激发起来的造成估算困难的情绪——一方或另一方会觉得,在任何一种按照理性模拟的象棋游戏中,一方都会占另一方的便宜。对在那种情形下的游戏的对弈者来说,理论上所假定的明斯克与芝加哥之间的等值并不是理所当然的。苏联必定会发现,明斯克比芝加哥重要,而美国则会发现芝加哥比明斯克重要。它们将会发现,这种逐步威慑实际上根本不是什么威慑,因为它凭借自身的动力将会不可避免地导致升级和战略性的全面战争,而威慑的目标就是首先避免这种结果。一旦美国得出了芝加哥比明斯克重要的结论,它就会毁掉苏联两座城市,这两座城市被视为与美国一座城市等值,于是苏联也毁掉两座美国城市,这两座城市被视为与苏联的一座城市等值。此外,我们必须对平民百姓和决策者的感情加以考虑,因为在这种尽管是以理性方式开始的行动中,感情的巨大力量对双方都渐渐开始发挥作用。美国人不会若无其事地看着美国的城市和居民遭受连续不断的——尽管是理性的——毁灭和部分毁灭,反之,苏联人民和政府也不会如此。我们又有了一个几乎不可避免地将导致升级以及逐步威慑所要避免的各种后果的力量。由于我们面临核战争的可能性,所以我们想使核战争尽可能地没有痛苦,尽可能地受到限制,人们甚或可以说——假若允许如此怪诞的排比的话——尽可能地人道。另一方面,苏联的官方军事学说从未接受这些区别。苏联的学说认为,一场战争,尤其是一场欧洲战争,如果以常规战争或有限核战争开始但却被交战国视为利害攸关,那就一定会升级为全面核战争。所以,那种森林防火线似的思想——常规战争或有限核战争与全面核战争之间有一条隔离地带——是不符合苏联的军事学说的。

1962年由国防部长罗伯特·麦克纳马拉首先阐明的打击军事力量战略是对核战争根本误解的又一个例证。这个战略企图限制核战争,从而使核战争成为可接受的国家政策的一个工具。打击军事力量战略简单明了,它认为核战争的进行能够而且应该不针对人口和工业中心而针对严格的军事目标。这种学说在最近的复活是基于同一假设之上的,而且这个假设由于核武器尖端化程度的提高得到了加强。1962年,人们完全可以认定,鉴于核武器的性能,在实践中严格区分军事和民用目标是不可能的,因为核武器的不加区别的、范围广大的破坏力是巨大的,因而一件瞄准军事目标的核武器,由于这个军事目标非常接近民用目标,必定会连民用目标一起摧毁。这个论点仍然是有效的。只举两个例子就够了:如果苏联试图消灭菲尼克斯和夏延附近的导弹基地,那么,苏联的导弹不可能精确到摧毁导弹基地而不对邻近的人口和工业中心带来任何消极后果的程度。最近在精确度方面的提高也许多少改善了这种情况,而且,复活的打击军事力量战略可能比这一战略的原始模式多了一点可取之处。

然而,人们可能要问一个更为深刻的有关打击军事力量战略的问题,即关于它的最终军事目标的问题。打击军事力量战略已成为人们最熟悉的战略,就该战略的美国版来说,美国不会以第一次打击发动核战争。它要等到另一方通过第一次打击已发动核战争时,也只有在这时,它才攻击军事目标——而对方军事目标的表现形式不仅是导弹基地,而且也是导弹本身。但第一次打击已经使那些仍然包含有导弹的导弹基地与那些已经发射完导弹的导弹基地之间的区别完全没有意义了。

但是,我们不妨设定仍然可以做出这种区别,而且这种以牙还牙的攻击依然能够如愿进行。这当然要假定这样一个前提条件:发动战争的敌方没有摧毁己方的全部导弹基地,而己方尚有足够数量的导弹用以摧毁敌人的仍有导弹的导弹基地。若接受全部这种说法并且假定两个交战国彼此都摧毁了对方的陆基导弹,那它们又能得到什么呢?它们的处境恰如当初,只不过它们现在不得不完全依赖海上威慑力量,也许还要依赖空中威慑力量了。因此,一方拥有的破坏力分配情况及其威慑效力就与它在战争开始时一样了,唯一的不同是结构发生了从陆基导弹到海基导弹的变化。某些权威人士争辩说,陆基导弹无论如何是过时了,它们应当通过美苏间的武器管制谈判逐步予以淘汰。如果这种意见是正确的,那么在对军事力量的交互攻击中,我们将会轻而易举地通过消灭各自的陆基导弹来推进共同裁军事业。这样我们的处境就会复归于从前的情况——也就是说,既无胜利者也无被征服者。

这就引出了另一个问题:战争胜败之间的根本区别何在?战争胜败的区别在人们的意识中同样是根深蒂固的,因为它起源于几千年来的历史经验。正因为如此,尤其对军方来说,他们在朝鲜和越南都发现了一个无法接受的事实：一场常规战争竟不能以正义一方的明显胜利而告结束——其事业被视为正义的那一方当然是自己一方。同样不愿放弃胜败间区别的情况也表现在对核战争的考虑中。核战争必然以僵局而告终或以交战国的同归于尽而告终的观点，是那些声称筹划胜战的人们所不能接受的。他们站在类似于商人的立场上——一个商人的主要生活目标是为他的公司牟利；而这时他竟然突然面对这样一种断言，他所能期望的最佳结果是不赚不赔；他永远不能再牟利，不能再收取红利了——显然这样一种观点是违背他的本性的。然而就核战争而言，这却正是我们所面临的那种情势——一种完全不同于以往任何时候的情势：战争本身变成一种毫无意义、毫无理性的事业了。即使有人能使战争保持在有限的范围内（打击军事力量战略），那战争也肯定会以与它开始时一样的均衡情况而告终，只是造成那种均衡的力量组合有所不同而已。

再来看一下防御这个概念。历史上一个不言而喻的公理是：任何一种新武器或迟或早都会造成一种用以防范它的对抗性武器的产生。让我们假定这个公理是得到历史经验证明的。然而，由于核武器的破坏性非常巨大，因此，鉴于目前的技术情况，尤其是被里根政府中的某些人轻率忽略的费用情况，很难设想人们能设计出一种对付核武器的有效防御武器。所以，关于限制战略武器条约的两轮谈判而对反弹道导弹实际上的废弃，是对核时代客观现实的一种承认。一旦我们有了对付核武器的防御手段，那我们也就排除了对核战争的主要威慑力量。这正是星球大战防御倡议所忽略的现实。假如人类指望在核战争之后存活下来，那么，进行还是不进行核战争的考虑就与对常规战争的考虑相似，即基于权宜的实用主义估算。

战术核战争战略是企图避免双方同归于尽、确保一方获胜从而使核战争成为可能的另一项尝试。战术核战争的观念——也就是核武器用于战场的观念——面临着许多实践中和理论上的困难。首先，在战术和一般战略之间划出一条客观的得到普遍承认的和明晰可辨的界线是不可能的。各国的军事学派都曾辩论过这个问题，但均未得出明确的结论。二者的区别与其说是在战场上的客观形势中，不如说是在军事行动的谋划者和指挥员的脑海中。广岛和长崎的原子弹今天只能归入战术核武器一类，这个事实表明战术在被用来涵盖一般被认为是战略的事物方面可以被延伸到何种地步。这样一来，一方可能本想作为战术行为所采取的行动就可能被另一方解释为战略行动，而另一方的反应也可能被前一方或者从战术方面或者从战略方面作出解释。由于在这些情况下双方都倾向于从最坏的可能性来考虑这些问题，也就是说，把敌人的意图设想为最坏，因此，战术与战略方面的区别也就必然非常迅速地消失了。这对常规战争和核战争来说都是如此，而由于后者的性质，问题变得更加严重了。

我们非但没有使我们的思维去适应核武器的现象，反而试图使我们所建议的对核武器的使用去适应我们传统的思维方式。然而，这场辩论历时三十多年这一事实就足以表明，这是不可能做到的。带来有限损失的有限核战争唯有在这样一个前提下才是可以想象的：战争的利害关系也同样有限。但难以想象，为了并非最重要的利益诉诸核武器是合乎理性的，会认定最初的或经逐步升级的无限核战争和潜在的无限核破坏是有道理的。这就是为什么自1945年以来不曾使用核武器的主要原因。有限应用核武器是一个矛盾的概念：核武器是一种对应于最重要的利益但又不可控的带有潜在的无限毁灭性的工具。正因为如此，苏联的军事学说规定，为有限利益而进行的核战争，虽然可能处在核战争的初级阶段，但很可能逐步升级为全面的核战争。如果核武器是为最重要的利益——诸如在欧洲的利益——而使用的，那它就会被用做全面战争的工具。

常规的思想方式迄今为止一直支配着核辩论，这种情况并非偶然。人们普遍不愿背离为全部历史所尊崇的常规，并且决心把与先前各时代相适应的思想和行为方式应用于核武器,常规的思想方式不过是这两种情况的症状而已。核武器管制问题是一个真正重大的问题。不仅对超级大国来说是如此,不仅对它们的盟国来说是如此,而且对全人类来说也是如此。因为,随着目前正在出现的真正的扩散,毫无疑问的是,一场不再限于两个超级大国——它们的政府小心谨慎,彼此怕得要命——而会扩及全球的核武器竞赛,或迟或早终将导致一场不可言状的大灾难。因为历史表明——如果历史能够表明什么的话——所有国家都曾有过被傻瓜和无赖甚至是两者联合统治的时候。这在核武器出现以前就够糟糕的了。若要设想一个傻瓜或一个无赖或一个傻瓜加无赖拥有了核武器,那核战争就会成为不可避免的了。所以,实际核战争的几乎不可避免的危险,固有地存在于一场普遍化的、无限制的核武器竞赛的动力之中,这种核武器竞赛使核武器管制且最终使核裁军变成了对全人类来说生死攸关的问题。

然而,理论上的要求是特别难以实现的。要使核武器的管制成为可能,就有赖于主要核大国有能力达成一个在理性上不可超越的确保摧毁的最适度。但在实践中,核武器的管制则有赖于核技术的稳定,因为只有在这一前提下,有关国家才能停止竞争。由此看来,主要核大国能够就停止大气和水下试验达成协议,是因为这些领域中的试验暂时无望取得技术上的进步。但它们都继续在地下和外空进行试验,并从事研究和实验,从而寻找改进现有武器技术和发明新武器技术的机会。核武器管制就其依赖于技术上的稳定而言,可能仍然是既有限又暂时的。只要促成常规武器方面军事竞争的政治原动力继续存在,常规武器与核武器之间的根本区别仍未划清,裁军就不可能,武器管制至多也是脆弱的。

第十九章 安 全

经典名句

- 任何国家或国家联盟,无论它们多么强大和多么忠于国际法,都不能以集体安全的方法反对任何时候的任何侵略而不考虑谁是侵略者、谁是侵略对象。
- 考虑到对国家的忠诚和对国际的忠诚的相对吸引力,一旦发生冲突,对国家的忠诚必然像许许多多磁石一样将各自国家的公民从国际警察力量中吸引出来,从而使国际警察力量在它还未能应付对于现存法律和秩序的挑战之前便土崩瓦解了。

意大利占领埃塞俄比亚

更为深思熟虑的观察家认识到,裁军本身解决不了裁军的问题。他们发现安全才是解决之道。军备是某些心理因素的结果。只要这些因素继续存在,国家武装自己的决心也将继续存在下去,而这种决心将使裁军不可能实现。一般宣称的和实际上最常见的军备动机是害怕受到进攻,也就是一种不安全感。因此,有人争辩道,所需要的是要找到某种新的方法使各国免遭攻击,从而给它们一种安全感。这样,军备的动力和实际需要就消失了;因为各国可以通过这种新方法找到它们以前试图通过军备找到的安全。自第一次世界大战结束以来,世界上所有政治上活跃的国家都在此时或彼时在法律上许诺实行这样两种方法:集体安全和国际警察部队。

集体安全

在一个有效的集体安全体系中,安全问题不再是个别国家所关心的问题,也无须由军备和其他国家权力的要素来解决。安全成为所有国家关心的问题,它们将像它们自己的安全受到威胁一样集体地保障它们中的每一个国家的安全。如果 A 威胁了 B 的安全,C、D、E、F、G、H、I、J 和 K 将站在 B 一边去采取措施反对 A,好像它们和 B 一起受到了 A 的威胁一样,反之亦然。我为人人和人人为我是集体安全的口号。正像俾斯麦于 1869 年 4 月 12 日对英国大使洛夫特斯勋爵说的那样:"只要你们宣布说,无论哪个国家有意破坏欧洲和平,你们就把它视为共同的敌人——我们乐意支持并加入你们的这一宣言——这种途径如果得到了其他大国的支持,将是欧洲和平最可靠的保证。"此话引自大使于 1869 年 4 月 17

日给英国外交大臣克拉伦登伯爵的报告。

我们已经指出,只要它能够在现行的国际条件下得以实施,集体安全的逻辑是无懈可击的。集体安全若作为防止战争的一种方法,必须满足三个条件:(1)集体体系必须在任何时候都能够聚集到压倒性的优势力量,反对潜在的侵略者和侵略者联盟,使后者永远不敢对集体体系所维护的秩序进行挑战;(2)至少那些能够使它们的联合力量满足条件(1)的国家,必须对它们要保卫的安全具有相同的认识;(3)那些国家必须使它们相互冲突的政治利益服从于共同利益,这种共同利益是从所有成员国的集体防务的角度来定义的。

可以想见,所有这些条件都可能在特定的局势下得到实现。可是实际情形十分不利于这种可能性。过去的经验和国际政治的一般性质也没有表明这种局势有可能出现。确实,在目前的战争条件下和在过去的条件下一样,没有一个国家能够强大到足以单独对抗所有其他国家的联合而有成功机会的地步。然而实际情况是,只有一个国家是侵略者的情形极为少见。一般来说,总有一个以上的国家积极反对集体安全试图维护的国际秩序,还有一些国家对这种反对持同情态度。

集体安全所要保护的那种秩序的特性,说明了出现这种情况的原因。那种秩序必然是在某一特定时刻存在着的现状。因此,国际联盟的集体安全力图维护国联于1919年成立时所存在的那种领土现状。但是在1919年,已有许多国家强烈地反对这种领土现状——这些国家就是第一次世界大战的战败国和意大利,意大利感到它被剥夺了某些答应给它的胜利果实。其他国家,如美国和苏联,对现状的态度至少是冷漠的。对于法国及其盟国来说,由于它们是1919年现状的主要受益国,并且最渴望利用集体安全来保卫它,因此,安全意味着保卫1919年的和平条约所确定的国界并使它们在欧洲大陆上的优势地位固定下来。对于心怀不满的国家来说,安全的意义正相反:重新划定那些国界,并全面增强它们相对于法国及其盟国的权力。

各国分为支持现状和反对现状的两个集团的现象,并不是第一次世界大战后的特有现象。就我们所知,这是国际政治的基本模式。各个历史时期都曾出现过这样的现象。通过现状国家和帝国主义国家之间的对抗,国家间的分化组合提供了历史进程的动力。这种对抗由妥协或战争来解决。只有假设权力斗争作为国际政治的动力可能被一个更高的原则所冲淡或取代,集体安全才有成功的机会。可是,鉴于在国际事务的现实中没有任何东西符合那一假设,试图借助于集体安全来冻结某一特定现状的努力,从长远来看注定要归于失败。从短期来看,由于反对者暂时无力反抗,集体安全也许能成功地保卫某一特定现状。它之所以在长期上要归于失败是因为第三个假设并不存在,正是根据该假设才可做出集体安全能够成功的预言。在20世纪80年代初期,英国和阿根廷在福克兰群岛(即马尔维纳斯群岛)问题上发生了冲突,以色列入侵了黎巴嫩,美国向格林纳达派遣了军队。无论联合国通过了什么决议,它或它的成员国都没有能力将采取了这些行动的国家请回去。

鉴于历史经验和国际政治的实际本质,我们必须假设利益冲突将继续存在于国际舞台。任何国家或国家联盟,无论它们多么强大和多么忠于国际法,都不能以集体安全的方法反对任何时候的任何侵略而不考虑谁是侵略者、谁是侵略对象。

意大利—埃塞俄比亚战争

意大利进攻埃塞俄比亚之后,国际联盟启动了《盟约》第十六条规定的集体安全机制。情势很快就变得十分明朗了,集体安全所赖以成功的那些假设条件,一个也不存在,或在当时世界政治的实际情况下不可能存在。

美国、德国和日本不是国联集体安全体系的成员,而且它们的态度是不同的。德国已经公开采取了旨在推翻欧洲现状的政策,日本已经走上了推翻远东现状的道路。因此,这两个国家只会以赞许的目光注视着其他地区推翻现状的行动,因为这种行动将削弱英国和法国的地位。而英国和法国在欧洲和远东现状的维持上存在着非常重大的利益。另一方面,美国赞同加强维持现状的尝试,但是国内的公共舆论倾向却阻止它积极地卷入这种尝试。那些准备为了国联实验的成功尽一切力量的国家,不是太弱,做不出什么贡献——如斯堪的纳维亚国家,就是它们的诡秘动机十分可疑——如苏联。再者,苏联缺乏在当时的条件下必不可少的海军力量,而且如果没有地理上介于中间地带的国家的合作——这种合作无从指望——它也无法接近起决定性作用的作战区域。

因此,集体安全与意大利的对抗,实质上是英国和法国与意大利的对抗。这与要求集中压倒性力量使预料中的法律破坏者不敢挑衅的理想的先决条件相去甚远。当然,英国和法国的联合力量本来足以击败意大利。然而,英法不仅仅是国联集体安全体系的成员,它们还有其他的道义的、法律的和政治的承诺。它们也不只是忙于反对意大利,维护现状。它们进行着世界范围的权力斗争,与意大利的冲突只是其中的一部分,并且不是最重要的部分。在反对意大利对现状的攻击的同时,它们不能漠视日本咄咄逼人的进击,也不能忽视莱茵河以东正在进行的侵略准备。最后,由于它们害怕共产主义作为一种革命运动对它们国内现状产生威胁,它们不能不考虑对苏联的政策。被英国和法国看作是它们的国家利益的东西,与集体安全所要求它们采取的行动之间相互矛盾。特别是,它们决心——并要表现出这样的决心——不为保卫埃塞俄比亚而走得太远,去冒与意大利进行战争的危险。用曾经引用过的温斯顿·丘吉尔的话来说:"第一,首相宣布制裁意味着战争;第二,他决心避免战争;第三,他决定制裁。显然,要同时满足这三项条件是不可能的。"①

英国和法国不愿意将它们的国家利益屈从于集体安全的要

---

① *London Evening Standard*, June 26, 1936.

求,同时,它们也不愿意完全不顾集体安全而只追求它们的国家利益。这是英法外交政策的致命错误。它们半心半意地同时推行两条路线而又不能贯彻始终,结果它们在两条路线上都遭到了失败。它们不仅没有挽救东非的现状,而且把意大利推入了德国的怀抱。它们破坏了国际联盟的集体安全体系,也破坏了它们作为现状捍卫者的信誉。20世纪30年代后期,反现状国家的胆子越来越大,并最终发展为侵略战争,其原因很多,而英法信誉的丧失是一个重要原因。

集体安全应用于解决意埃战争的失败,提供了两个重要的教训。它显示了在理想上完美的改革方案与政治现实之间的矛盾,因为政治现实中缺乏这一方案的成功所必需的所有要素。它也表明了外交政策应当决定是以国家利益(无论它是如何界定的)为指南,还是以代表所谓国际社会的共同利益的超国家原则为指南。在两者之间摇摆不定是外交政策的致命弱点。

国际警察力量

建立国际警察力量的想法比集体安全前进了一步,因为运用集体力量反对实际的或可能的违法者的权力,已不再受个别国家的控制了。将由一个国际机构指挥国际警察的行动,并决定何时和如何运用它。这种作为永久性的国际组织的警察力量还不曾出现过。可是,《联合国宪章》第四十二条以及其后诸条规定,各会员国有责任设立这样一支力量,也就是联合国武装部队。然而,在这一规定的执行上一直没有任何进展。

自从第一次世界大战结束之后,保卫和平的期望就与建立一支国际警察力量相联系。这种期望产生于与警察在国内社会中所起的维持和平的作用的类比。可是,这种类比使人产生三方面的误解。

国内社会是由数百万成员组成的,在正常情况下,其中只有很少一部分人违犯法律。权力在国内社会各成员中的分布是有很大差异的,因为社会上既有很有权势的成员,也有弱势的成员;然而,守法公民的联合力量在正常情况下总是远远大于甚至最有权势的法律破坏者的联合力量。警察作为大多数守法公民的有组织的机关，只需要相对来说很少的一部分人就能够对付任何可预见的对法律和秩序的威胁。

在这三个方面，国际形势却是完全不同的。国际社会是由相对来说数目很少的成员组成的，总数是一百五十多个主权国家。在这些国家中，有像美国和苏联这样的巨人，也有像卢森堡和尼加拉瓜这样的侏儒。更为重要的是，任何一个巨人的权力都占有国际社会总权力中非常大的一部分。一个大国加上一两个二流国家或几个小国就可以轻易地超过所有其他国家的联合力量。为了对付这样一种强大的潜在的反对力量，显然需要一支真正超大规模的警察力量，如果期望它能够平息破坏法律和秩序的暴行而不把每一次警察行动都转变为全面战争的话。即使普遍裁军导致各国军队的大幅裁员，这一问题仍将存在，只不过其程度将相应有所降低而已。因为国际警察仍不得不拥有具压倒优势的抗衡力，以制衡大国的潜在权力，如军事士气和训练、工业能力、战略优势等；在发生冲突时，大国很容易将这些潜力转变为实际的军事力量。

另外，即使假设——这的确纯属虚构——个别国家为了保护并促进它们自己的利益，愿意把自己的战争工具交付给国际警察力量，这样一支国际警察力量又如何组成呢？国际社会的现实性质使我们得不到对于这一问题的任何令人满意的答案。

在国内社会中，警察力量自然是由那些完全认同现存法律和秩序的成员组成的。但是我们不妨假设，他们中间有些人反对现存的法律和秩序，并且，他们的数目和全部人口中反对现状的人数在比例上是相当的；但不满现状的人仍将是很少的，实际上微不足道，也没有能力影响警察的打击力。国际警察力量必然要由一定比例或相等数量的不同国家的公民组成。可是，正像我们已看到的那样，这些国家事实上总是分裂为既存现状的捍卫者和反对者，即现存法律和秩序的捍卫者和反对者。在这方面，它们的公民作为国际警察力量的成员不能不带有本国的倾向性。我们能够期望他们对自己的国家开战以捍卫一种他们作为自己国家的成员时必须反对的现状吗？考虑到对国家的忠诚和对国际的忠诚的相对吸引力，一旦发生冲突，对国家的忠诚必然像许许多多磁石一样将各自国家的公民从国际警察力量中吸引出来，从而使国际警察力量在它还未能应付对于现存法律和秩序的挑战之前便土崩瓦解了。

这些适用于国际社会整体特别是它的最强大的成员的一般分析，当然不会因为国际警察力量偶尔有可能阻止严格限于局部地区的违法现象而失去效力——只要所有直接有关的国家都在那一阻止行动中具有利益。这种可能性的典型例子是1956年苏伊士战争发生后建立的联合国紧急部队。建立它是为了保护在加沙地带附近的埃及与以色列之间的分界线，并保证蒂朗海峡的非军事化。当人们回想起1967年联合国紧急部队应埃及要求立即撤走时，该部队的例子又说明了由相互对抗的国家所造成的局限。

以海湾地区集结的多国部队的情况来判断国际和平部队的前景是草率的。少数几个国家提供了绝大部分的部队。我们不得不在世界社会的框架中解决国际警察力量问题，如果这个问题确实可能解决的话。这种世界社会拥有各个成员国的最高的世俗忠诚，并要确立一个正义的概念，使得各个国家都愿意用它来检验它们各自要求的合法性。②

---

② 更详细的内容参见 Hans J. Morgenthau, "The Political Conditions for an International Police Force", *International Organization*, Vol. XVII, No. 2 (Spring 1963), pp. 393 ff; and "The Impartiality of the International Police", in Salo Engel and B. A. Métall, *Law, State, and International Legal Order: Essays in Honor of Hans Kelsen* (Knoxville: University of Tennessee Press, 1964), pp. 209 ff。

第二十章　国际政府

经典名句

◆ 国际政府只有基于以下这种认识方能生存：和平与秩序不是一种针对特定问题的具体方法的产物，而是将整合的社会联合在共同的权威和共同的正义观之下的那种共同结合体的产物。

◆ 各主权国家总是能把它们各自的道德观念和政策置于国际联盟这一国际政府的道义目标和政治目标之上。这种做法不可避免地造成国际联盟无力维持国际和平与秩序。

国际联盟

以上我们讨论的关于试图匡正国际无政府状态和消除战争的方法,都是一些具体方法。这些方法都只是在世界秩序的缺乏和战争的趋势在某一特定问题中显现出来时,才试图解决问题。这些方法都是试图通过解决某一特定问题来解决国际和平与秩序的总问题。国际政府只有基于以下这种认识方能生存:和平与秩序不是一种针对特定问题的具体方法的产物,而是将整合的社会联合在共同的权威和共同的正义观之下的那种共同结合体的产物。于是,如何在由主权国家组成的国际社会中建立这种共同权威,创立这样的共同正义观,是建立国际政府的任何努力都必须解决的问题。

在过去的一个半世纪里先后爆发了三次世界性的战争,每次战争过后都有一次相应的建立国际政府的努力。维持国际和平与秩序的全面失败,促使人们做出全面努力,以确保此后的国际和平与秩序。拿破仑战争之后有神圣同盟;第一次世界大战之后有国际联盟;第二次世界大战之后则出现了联合国。对于每一次建立国际政府的努力,都必须问三个问题:(1)统治权的归属何在,即谁来统治?(2)指导这个政府的正义原则是什么,即这个政府要实现何种意义上的共同利益?(3)这个政府在何种程度能维持和平与秩序?

神圣同盟

历史

人们通常称之为神圣同盟的这一国际政府建立在三个条约的基础之上:1814年3月9日的《肖蒙条约》,1815年11月20日在巴

299 黎签订的《四国同盟条约》，以及 1815 年 9 月 26 日的《神圣同盟条约》。在《肖蒙条约》中，奥地利、英国、普鲁士和俄国订立了为期二十年的同盟，旨在阻止拿破仑王朝重返法国，并保障反拿破仑战争结束后所要做的领土安排。《四国同盟条约》重新确认了《肖蒙条约》的规定，并在第六条中确立了所谓"会议政府"或"会议外交"的原则。①

《四国同盟条约》为神圣同盟这一国际政府提供了章程。与《四国同盟条约》形成对照的是，《神圣同盟条约》本身只产生了国际政府的名称，但未包含任何统治原则。该条约宣布，所有的统治者均应信奉基督教原则，把上帝作为世界的主宰者。条约中充满着诸如"互惠服务"、"永不改变的善意"、"相互友爱"、"基督仁慈"、"密不可分的手足之情"之类的辞藻。神圣同盟的创始人是奥地利、普鲁士和俄国的统治者，随后，欧洲各国所有的统治者都加入了，只有教皇和土耳其苏丹例外。② 显然是在俄国沙皇亚历山大一世的影响下，神圣同盟重新确认了欧洲的道德统一。重新确认欧洲国家间的道德共识，是《神圣同盟条约》实际履行了的主要功能。

《神圣同盟条约》对于神圣同盟这一在其名下成立的国际政府的实际运转并无意义。它的原则经常为俄国沙皇援引，其他国家则口头上赞成、实际上拒绝。英国外交大臣卡斯尔雷在它订立时，称它是"一纸高贵的神秘主义和废话"。奥地利首相梅特涅也常以粗鄙的语言取笑它。尽管如此，它充当了三个最初签字国主张的正义原则以及三国为了实行其原则所采取政策的道德依据。《神圣同盟条约》也因此履行了意识形态功能，成为这一时期国际关系

---

① 第六条原文如下："为保证和促进本条约的履行，为巩固因世界利益而形成的四位君主目前团结的亲密关系，尊贵的缔约各方同意，在诸位君主的直接主持下或委派他们的大臣作为代表定期会聚商议，以便增进伟大的共同利益，并随时审议各项举措是否于人民的安宁、繁荣与政府和平的维持最为有益。"

② 英国君主由于宪法原因不能正式加入；英国首相非正式地加入了神圣同盟。

的象征。

《四国同盟条约》的签字国,于1818年接纳法国成为第五个成员国,允许其参加此后根据该条约第六条的规定所举行的一切会议。1820年,奥地利、普鲁士和俄国在举行特洛波会议时签署宣言,保证绝不承认任何国家的人民有权限制他们国王的权力。这一合约被称为新神圣同盟。同年,英国外交大臣卡斯尔雷在两个文件中拒绝参与任何旨在用武力干涉他国内政的政策。他的后任坎宁在1822年维罗纳会议期间仍然坚持这一原则。维罗纳会议成为英国参加的最后一次神圣同盟会议。

坎宁得知维罗纳会议失败的消息之后,于1823年1月3日致函英国外交官巴戈特,欢呼会议方式的国际政府的结束以及对英国来说一个新时代的开始。他亢奋地援引了神圣同盟的宗教原则:"各国为自己,上帝为大家!"会议方式的国际政府为英国背弃之后无法正常运转。以后又经历了两次失败,其一是关于西班牙殖民地问题,其二是关于希腊和土耳其问题。1825年,神圣同盟便土崩瓦解了。

由1815年11月20日《四国同盟条约》第六条创立的这一全面的国际政府体系,生存了不到十年时间。为解决特定问题而设的大使会议制度寿命更短。它也是1815年条约所设立的,由三个机构组成:奥、英、普、俄四国驻法大使会议,主要处理有关与法国签订的和平条约产生的问题,但一般充当四国同盟的最高执行机构;各大国大使在伦敦的会议,负责协调废除奴隶贸易事宜;法兰克福大使会议,负责讨论德意志问题。所有这些机构到1818年悉数土崩瓦解。

大国操纵的政府

神圣同盟是由大国操纵的国际政府。奥地利政治家、作家弗里德里希·根茨曾这样描述它的一般性质:

> 自从1814年、1815年起在欧洲建立的这种制度,是

世界史上前所未有的现象。均衡原则,或者更明确地说,不同联盟相互抗衡的原则已支配欧洲长达三个世纪之久,也不断给欧洲带来动乱,使欧洲遍染鲜血。而今,它已为一个普遍联合的原则代替了,在此原则指导下,所有国家受制于大国支配而结成一个大的联邦。……二等、三等、四等国家并非根据什么条文就默默地屈从占优势的大国联合作出的决定;欧洲在它自己创立的最高法院的主持下统一起来,最终似乎已组合成为一个庞大的政治家庭。③

这种大国与小国之间的差别是一个政治现实,从中可以看出国家之间的权力差异极大,这无疑是国际政治的基本经验之一。用法律手段确立各国的这种国际地位差异,将其作为国际政治和国际组织的一种制度,出自卡斯尔雷的构想,并成为1815年所采纳的计划的基础。1818年11月15日的亚琛会议议定书规定五大国行将举行会议,同时承诺"假如五大国会议议题与欧洲其他国家的利益有特别的关系,那么,只有当这些有关国家接到正式邀请后,会议方可举行。届时有关国家有直接出席会议的特别权利,可以由君主直接参加,也可派遣他们的全权代表参加"。不过,这一保证对神圣同盟的政策,特别是对新神圣同盟的政策并无明显影响。

现状的双重含义

对于何种正义原则指导着神圣同盟这一问题,答案似乎是清楚无误的:在现状的基础上维护和平。在1818年11月15日的亚琛会议上,欧洲五大国签署的宣言中再清楚不过地阐明了这一原则:"同盟的目标,既伟大、有益,又简单明了。它不会有助于任何

---

③ Friedrich Gentz, *Dépéches Inédites du Chevalier de Gentz aux Hospodors de Valachie* (Paris: E. Plon, 1876), Vol. 1, p. 354.

新的政治组合,即不会有助于现有条约确认的国际关系的任何改变。它的活动是冷静的、始终如一的,它唯一的目标就是维护和平,并保证和平赖以缔造和巩固的各项事务。"

不过,如果人们进一步提问,现状的含义是什么,那么上述回答就很模糊了。英国所指的现状,一开始就不同于俄国所指的现状;卡斯尔雷一坎宁政策背后的现状概念,与指导新神圣同盟政策的现状概念也完全是背道而驰的。英国试图利用神圣同盟这一工具保持的现状,严格限于拿破仑战争结束时法国的政治形势。对于英国政治家来说,拿破仑帝国对欧洲均势造成的威胁就相当于拿破仑将英伦三岛置于致命危险之中。英国那时乐意支持一个旨在阻止法国土地上出现新的征服者的国际政府,并且乐意为此目的执行 1815 年针对法国的和平方案。英国的现状概念,限于 1815 年的法国疆界,并阻止拿破仑家族重登法国王位。在这一问题上,卡斯尔雷的政策与坎宁的政策完全相同。

从一开始就左右了俄国政策的现状概念,从适用的领土范围到适用的主题,都是没有限度的。这样一种现状观念从 19 世纪 20 年代起也开始左右奥地利、普鲁士和法国的政策。根据这种现状观念,神圣同盟这一国际政府的目的,是在世界各地保持 1815 年的领土现状,以及君主专制的政体现状。如若实现后一目标,神圣同盟势必干涉那些危及君主专制的国家的内部事务。

这种干涉不可避免的副产品,就是干涉国权力的增长。民族运动和自由主义运动越普遍,进行干涉的国家或国家集团增加其实力并进行扩张的机会也就越大,因而再次破坏均势的机会也就越大。这样发展下去,主要得益国必然是俄国。由于在这一问题上的分歧,英国与俄国分道扬镳了。

拿破仑帝国得到法国革命的活力的滋润,而俄罗斯帝国的梦幻则来源于四海皆兄弟的信条和专制政府的宗教神秘主义。英国与拿破仑帝国苦战了将近四分之一个世纪,自然不愿在拿破仑帝国之后又出现一个俄罗斯帝国。民族运动和自由主义运动的传播给新神圣同盟一次机会来检验它的普遍干涉原则,在这方面英国与新神圣同盟拉开了距离并反对它的政策。1918年当俄国提议派遣一支欧洲联军以协助西班牙在美洲进行殖民战争时,英国阻止了该计划的实施。然而当1820年那不勒斯、皮埃蒙特和葡萄牙爆发革命时,奥地利以新神圣同盟的名义,使用武力恢复了那不勒斯和皮埃蒙特的君主专制政权。1820年西班牙革命爆发。1823年,法国使用武力进行干涉,镇压了革命中建立的立宪政府。法国政府的干涉虽然是单独进行的,但是当时奥地利、普鲁士和俄国三国均给予了道义上的支持。

和平、秩序和国家利益

神圣同盟的这些行动反映出两个事实。一个事实是在所有这些形势下,不存在真正严重的战争威胁。干涉国与被干涉国权力悬殊,被干涉国中的革命团体被迫同时与国内的反革命力量和国外军队作战,使干涉行动不像一场战争,倒带有惩罚性远征的性质。

另一个事实是,无论这一时期的外交语言如何迎合俄国沙皇的神秘偏好,所有国家的政策均由它们各自的国家利益决定。英国的行动在这一点上是最为明显的。无论是卡斯尔雷还是坎宁均不讳言——后者在这方面更是直言快语——他们遵循的是英国的传统利益,除非受到和平与安全的总体利益的限制。奥地利对意大利的干涉、法国对西班牙的干涉,也都是受传统的国家利益所驱使。这种对外政策与国家利益的关系,还可以从这一事实中得到昭示:奥地利和法国对其南部邻邦内政的干涉,在神圣同盟结束后仍持续了近半个世纪之久。

对我们的讨论更为重要的事实是,每当具体的国家利益与神圣同盟的抽象原则发生冲突时,前者总是战胜后者。这种冲突在1820年和1822年分别出现过一次。在这两例事件中,俄国均提议由神圣同盟所有成员国进行一次集体干涉;并表示为此目的它愿意向中欧和西欧派遣一支庞大的部队。从前面所说的英国外交业已返回传统的均势政策的轨道来看,英国反对这一建议是不足为奇的。可是新神圣同盟的另一支柱奥地利居然也与英国站在一起,反对沙俄的建议,这显示了神圣同盟原则的意识形态特点。当这些原则能为各国基于各自的国家利益制定的外交政策提供道义依据时,它们便会得到援用。这些原则若于国家利益毫无裨益,便被弃置不用。

在这方面,当1821年希腊人举行反抗土耳其人的起义时,大国的态度是发人深省的。这是神圣同盟时代唯一一次会导致大规模战争爆发的情势,事实上,这一地区的情势在其后的一个世纪中一再诱使战争的实际爆发。根据新神圣同盟的原则,在这种反对合法政府的民族叛乱的情况下,只能采取一种态度——给予合法政府以积极的支援。然而,这却不是最受影响的那个国家的国家利益所要求的答案。

俄国一向是奥斯曼帝国中信奉东正教的臣民的保护者。占据君士坦丁堡是莫斯科统治者几个世纪以来的梦想。所以当希腊起事之后,俄国沙皇完全没有理会新神圣同盟的原则,而是倾向于向土耳其宣战。另一方面,奥地利和英国只能带着在这之前和此后的近百年间一直存在的焦虑,不安地注视着俄国势力在巴尔干的扩张及其向地中海的挺进。所以,新神圣同盟的反对者卡斯尔雷和新神圣同盟的热诚支持者、奥地利首相梅特涅竟然携手合作,企图制止俄国采取积极援助希腊起义者的步骤。他们居然可以成功地利用新神圣同盟的原则来对付该原则的炮制者,这对于基于抽象原则而不是基于清楚认识到的国家利益的对外政策是一莫大讽刺。对此卡斯尔雷明智地指出,在国际事务中,要维持"冲突国家之间"的均衡已经够难的了,要维持"冲突原则之间"的均衡,更是难上加难。

1826年,当俄国和土耳其之间的战争危险迫在眉睫时,摆脱战争危机的,不是已死亡了的神圣同盟,而是坎宁果敢的行动。坎宁与俄国订立协定,迫使土耳其对希腊人做出一些让步,而没有让俄国从这样的内部变革中获取直接利益。然而坎宁死后,他曾成功地阻止了的事件终于发生了。1828年,俄国单独向土耳其宣战,继而控制了土耳其。战争爆发的部分原因可能是由于坎宁死后英国政治家素质下降,却无论如何不能归因于神圣同盟这一国际政府的消亡。

因此,神圣同盟是对维护国际和平无一贡献的短命试验。作为一个在其势力支配范围内强行统治的国际政府,它只成功地运作了不超过五年的时间。就在其极盛时代的1818年,神圣同盟的设计师之一、杰出的哲学家弗里德里希·根茨即明确指出了它的先天性缺陷:

> 目前体系的最大障碍显然是难以长期维持这个由各种异质成分组成的联合体。互不相容的利益,截然相反的倾向,完全矛盾的预言、观点和秘密想法,暂时都包含并隐藏于一个联盟的共同行动中。这个联盟并不像是一个基于明确和长久的利益而形成的真正同盟,而是比较像为一个特别的目的而进行的短期联合。那种真正的同盟只有在特别环境下才可能产生。各个国家都必然有自己独特的性质和行动计划,在任何时候,企图用联盟来取代由众多不同国家之间不同的情况、利益和见解导致的敌对与冲突,都将是有悖于人性和天理的。④

两个先天缺陷注定了神圣同盟夭折的命运。一个是同盟中的两个主要成员虽都抽象地同意维护现状原则是指导它们行动的道义准则,但在这一原则的具体政治含义上是截然对立的。这一原则的含义是由各成员国的国家利益决定的。假如这些利益恰好吻

---

④ Friedrich Gentz, *Dépêches Inédites du Chevalier de Gentz aux Hospodors de Valachie* (Paris: E. Plon, 1876), Vol. 1, p. 355.

合,同盟可以作为一个集体组织采取一致行动。假如这些利益各不相同,同盟自然就无法运转。这种利益冲突势必不时发生,如同英俄两国之间注定出现永久性的利益冲突一样。

神圣同盟的另一缺陷是,俄国、普鲁士和奥地利三国政府同意作为指导它们具体政治行为标准的正义原则,与神圣同盟统治地区内大部分居民所信奉的正义观念截然不同。这样,合法政府的原则与自由主义和民族主义原则的冲突,促使信奉维持现状原则的国际政府经常凭借武力来保护或恢复君主制以及它们在全世界的属地。

假如所有成员都具有俄国的亚历山大一世那样的信念和热诚,那也只能凭想象来判断这个国际政府在多长时间内能承担这样的任务。神圣同盟无法制服它的部分成员国以及它统治下的各族人民的反抗。在卡斯尔雷时期,这两股反对力量虽未汇聚,却也并行不悖。卡斯尔雷避免同神圣同盟的政策进行积极的合作。坎宁进行了一项受惠于日益强大的民族主义和自由主义运动的伟大创新,他利用这些运动为英国外交服务,也就是说,将其作为均势天平上的砝码。他的后任帕默斯顿完善了这一杰作。由于这一独创,坎宁开创了英国对欧洲大陆的新政策,这一政策在整个19世纪一直占据主导地位。

神圣同盟这一国际政府缺少任何类型的常设组织。除去前已提及的几个短命的大使委员会之外,它只为解决当时的国际问题而召集过几次临时性会议。但是,神圣同盟的确是一个名副其实的国际政府。我们仅不完全地列举一下亚琛会议上的议题,就可以看出这个政府职权之广。这些议题包括:归并德意志邦联的君主指控他们的新统治者滥用职权问题,黑森选帝侯请求将其称号改为国王问题,拿破仑之母请求儿子获释问题,摩纳哥人民指控其君主问题,巴伐利亚与霍科堡王室争夺巴登继承权问题,奥尔登堡公爵与本廷克伯爵关于纽佩豪森领地的争端,普鲁士及奥地利境内的犹太人地位问题,外交代表的等级问题,禁止奴隶贸易和制止北非海盗问题,以及西班牙海外殖民地问题。

欧洲协调

与神圣同盟广泛的政府性活动相比,其后的一个世纪退步了。直到1919年国际联盟行政院重新担当神圣同盟的角色,才再次出现了大国控制的政府君临世界事务的景象。不过,从神圣同盟结束到国际联盟成立这一段时期中,并不是没有大国采取协调行动以解决国际问题的某些特殊的尝试。神圣同盟瓦解之后,各大国继续担负起解决蕴含战争危险的国际政治纷争的责任。大国履行这种责任的方式,是举行若干国际会议来处理危及和平的种种问题,如19世纪30年代的比利时问题,19世纪50年代初期和1878年再度出现的东方问题,以及20世纪初的非洲问题。大国通过召开特别的国际会议履行维持世界和平的责任,这种方式通常被称作欧洲协调。第一次世界大战前夕爱德华·格雷爵士所呼吁的就是大国的这种责任,但未成功。

欧洲协调与一个真正的国际政府相比较,有两点不同。一方面,它没有制度化。大国之间根本没有任何协议规定要举行国际会议,更不用说定期举行会议。只有当各大国认为由于国际局势的发展看来有必要采取协调行动时,它们才召开会议。另一方面,正如我们已经指出的那样⑤,欧洲协调的生命力不再来源于某种可以缓解冲突、提供共同的判断和行动准则的强烈的道德共识。法国大革命造成的民族主义和正统主义之间的鸿沟在整个19世纪一直存在,尽管时宽时窄,但从未消逝。直到第一次世界大战结束时,民族主义原则才高奏凯歌,将中欧和东欧的君主制送入坟墓。

---

⑤ 见第244页及其后。

尽管欧洲协调缺乏强烈的道德共识和制度化的会议政府(更不必说有组织的政府了),它却在其存在的九十年间,在维护普遍和平问题上获得了极大的成功。这一期间发生的唯一的重大国际战争,即1854—1856年的克里米亚战争,起因于一系列偶发事件。假如这些事件中的任何一个不曾出现的话,战争就很可能得以避免。欧洲协调本来已经就一项和平方案达成协议,但是在传递这一方案时延误了二十四小时,从而使形势改观了。

欧洲协调制止全面战争获得成功的原因何在？有三个因素必须提到。在这一段历史时期内,欧洲社会的道德共识一息尚存,又由于人道主义的道德氛围而加强。当时的世界政治版图有利于大国势力向政治真空地带扩展,各自利益的冲突容易得到调和。最后一点也是最重要的一点,这一时期相继出现了许多卓越的外交家和政治家,他们熟谙缔造与维护和平之道,并善于缩短战争时间、控制战争范围。他们的成就对于我们这个时代具有意义深远的启示,对此我们还将在下文中进行讨论。

国际联盟

随着第一次世界大战的结束,国际政府历史上的一个新纪元开始了。国际联盟在职能上与神圣同盟有相当多的相似之处。不过在组织结构上,与在一个世纪之前所做的实验相比则相去甚远。

组织

与神圣同盟相比,国际联盟是一个实际存在的组织,有自己的法人资格、代表和机构。它的政治机构有：大会、行政院和常设秘书处。大会由所有会员国的代表组成。在大会和行政院中,每个国家都有一个投票权,包括有关防止战争的决定在内的所有政治决定,均需与会的会员国全体一致的通过。⑥ 主要的例外是,《国际联盟盟约》第十五条第十款的规定⑦,以及在解决某一争端的表决中,争端当事国的票不予计入的原则。

行政院由两类成员组成:常任理事国和非常任理事国。在某一时期内是国联会员国的所有大国都是常任理事国,例如最初的法国、英国、意大利、日本和后来增加的苏联、德国。非常任理事国最初有四个国家,随后数目不断增加,到1936年已达十一个。因此,最初常任理事国与非常任理事国的比例是一比一。1922年以后,非常任理事国的数目超过了常任理事国,而且差额越来越大。1939年起德国、意大利和日本的相继退出以及苏联被开除以后,行政院剩下法国和英国两个常任理事国和十一个非常任理事国。

从大国和小国之间的权力分配来看,重要的不在于两者数目谁多谁少,而在于大国在行政院中具有常任理事国的资格而小国没有。凭借这种永久性的理事资格,加上全体一致的表决原则,大国可以确保行政院未经它们的一致同意,不能做出任何决定。此外,一个国际机构中,表决力量的分配永远也不能说明全部问题。如果一个大国不愿孤立的话,在赞同抑或反对一项决定时,它是决不会陷于孤立的。同样,任何由大国组成的集团,就某一问题表决时,也无须担当被击败的风险,假如它不愿置身这种处境的话。大多数中小国家均与某大国有经济、军事或政治方面的依赖关系。

---

⑥ 参见国际常设法院对于全体一致原则的强调,该院在关于(土耳其—伊拉克边界的)《洛桑条约》第三条第二款的一项咨询意见中指出:"国联的职责在于处理'属于联盟行动范围以内或事关世界和平之任何事件',在这样的一个机构中,要求遵守全体一致原则的规定是很自然的,也是必需的。只有行政院的决定得到各大国全体一致的支持时,这些决定才能拥有它们必须具备的权威。倘若没有明确规定全体一致原则,就可能出现接受多数国家就重大问题做出决定的情况,国联自身的名誉就会因此受到损害。此外,很难想象的是,影响到世界和平的有关决议,可以违反行政院成员国的意志而得到采纳,因为那些国家虽然居于少数,可是由于他们的政治地位,不得不承担更大的责任及由此造成的后果。"(*P. C. I. J. Series B, No. 12*, p. 29.)

⑦ 全文见下一个脚注。

假如提供援助的大国暗示希望这类受援国投票时留心它的意见，后者是难以违拗的。因此，每一个大国在国际联盟中均操纵着若干中小国家的表决票。比如，在任何重大的国际问题上，法国可以确保获得比利时、捷克斯洛伐克、南斯拉夫和罗马尼亚的票，以及在十多年时间里波兰的票。英国则可望得到其自治领、斯堪的纳维亚半岛国家以及葡萄牙的票。

无论国际联盟的法律结构如何，大国在其中具有的这种支配性的影响力，与不少中小国家代表的卓越的精神领导能力是同时起作用的。这些中小国家尽管国力不强，但是它们各自的代表对于国联工作的影响力，时常超过其国力赋予的相应的能力。发挥这种影响力的主要场所，就是国际联盟大会。与后来的联合国大会不同，国联大会无论对于程序事项和次要问题，还是对于政治问题，如维持和平行动⑧，都有权做出有约束力的决定。从这个意义上讲，国联大会扮演了真正的议会角色，国联大会的领导权多次落入最有资格的代表手中，无论他的国家的权力大小甚至国家利益怎样。

然而，当问题与大国利害攸关，中小国家代表的领导权就终止了。在国联面临重大危机时，大国便确立自己的领导权。在头等重要的政治性冲突中，比如在意大利—埃塞俄比亚战争、西班牙内战期间，某些大国与某些小国的态度有所不同时，大国的政策势必占上风，因为大国在国际舞台上占优势是客观事实，正如在国内社会中大的经济组织占优势是客观事实一样。除非摧毁这种优势权

---

⑧ 见《国际联盟盟约》第三条第三款："大会开会时处理属于联盟行动范围以内或事关世界和平之任何事件。"另见第十五条中的第九款、第十款："对于本条所规定之任何案件，行政院得将争议移送大会。经争执一方请求，大会亦应受理；惟此项请求应于争议送交行政院后 14 日内提出。

"对于提交大会之任何案件，所有本条及第十二条之规定关于行政院行为及职权，大会亦适用之，大会之报告书除争执各方之代表外，如经联盟出席行政院会员国之代表并联盟其他会员国多数核准，应与行政院之报告书……经该院理事全体核准者，同其效力。"

力本身,否则,任何法律安排和组织方式都无法消除这种权力差异引起的政治后果。因此,与现代以前或现代以来的其他时期相比,这一时期中小国家在国际联盟中拥有最多的机会来发挥自己的影响和采取独立的行动。尽管如此,国际联盟这一国际政府仍然是一个各大国控制的政府,至少在涉及重大政治问题的领域是如此。

现状的双重含义:法国与英国之争

国际联盟这一国际政府要坚持什么样的正义原则呢?人们可以从这一事实中找到象征性的答案——《国际联盟盟约》的前二十六条与解决第一次世界大战问题的和平条约的前二十六条是一模一样的。可见,国际联盟与1919年现状之间的紧密关系从一开始就很明显。《盟约》的条款用清楚的法律语言表明了这种关系。《盟约》序言提到,"国际法为各国政府间行为之准则",以及"严格尊重所有条约义务"。《盟约》第十条规定会员国在法律上承担义务,"尊重并保持所有联盟各会员国之领土完整及现有之政治上独立,以防御外来侵犯",从而使国联成为1919年领土现状的卫士。其后各条中关于解决争端的规定和有关执行规定,均必须根据第十条的规定做出解释。国联各机构须在第十条规定所确立的标准的指导下,评判各国主张和行为,制定措施消除对和平的威胁。

当时,《盟约》的制定者的确做出努力,试图使国联不至于因完全认同于1919年的现状而使其名誉受到玷污。为此目的,他们在《盟约》第十九条中规定了和平变革的内容。我们已经指出,这条规定由于内在的缺陷,从问世之日起便是一纸空文。此外,如果从国联《盟约》的整体结构来看,第十九条孤零零无所依托,其意义就更显得微不足道。若将第十九条与第十条对照一下可以发现,后者不同于前者的形单影只,第十条与1919年和约、与《盟约》第十一至十六条有关维护和平与执法措施的规定结合为一个有机的整体。因此,《盟约》第十九条只不过是对于无法否认的变革事实给予字面上的让步而已。国联的基本法和国联的起源一样,与1919

年的和约完全一致,这使得国联这一国际政府的工作机构在判断和解决问题时,不可避免地成为现状的卫士。

构成1919年现状基础的两项原则是:永远剥夺德国从事战争的能力和民族自决原则。然而从一开始,英国和法国这两个负责决定国联政策的主要国家就对这两项原则有迥然不同的解释,并试图根据各自的解释来为国联制定政策。对法国来说,德国永久失去从事战争的能力等同于法国长期保持自己在欧洲大陆的优势。对英国而言,永远剥夺德国的战争能力,并非意味着德国不得在可控制的限度内重获大国地位,从而使欧洲大陆至少仍能在表面上维持均势。

法国基本上把国际联盟当作一种集体警察力量,期望它可以加强法国的军事力量,以保护1919年的现状。英国则主要是把国际联盟当做一个交流中心,它的作用只是使世界各国的政治家聚集一起,讨论共同关心的问题,并通过妥协达成协议。最后,法国把民族自决原则用来作为一件政治武器,壮大其东欧盟国抵御德国的能力。英国则认为民族自决是一项可以普遍适用的原则,至少在欧洲大陆可以普遍适用,人们可用它去削弱法国盟国的力量,加强德国的力量。

在这些对正义标准和政治原则的不同解释的深处,我们再度观察到了国际政治的基本类型。作为国联这一国际政府领导成员之一的法国,把它的一切政策都从属于维持1919年的现状这一压倒一切的愿望之下。1919年现状与法国在欧洲大陆的霸权是一回事。英国则认为它能够重新获得自己在19世纪施展的对欧洲事务的支配性影响力;为达到这一目的,它企图恢复19世纪欧洲存在的国际权力格局——由英国充当"支配者"的欧洲大陆的均势。因此,作为国联这一国际政府的另一个领导成员的英国,它的一切政策都指向一个目标:在英国认为自己能任意决定的可控范围内破坏1919年现状。英国外交政策的这一目标,只有通过削弱法国才能实现。

然而,英法之间这种观念的抵触和政策的冲突,并未最终毁灭了国际联盟,像英俄冲突之于神圣同盟那样。确切地说,这种冲突导致国联的政治活动日趋瘫痪,使它没有能力采取有效步骤来对抗国际和平与秩序受到的威胁。这场冲突以英国观念的取胜而告结束。决定这种结局的主要原因,是英国与法国之间权力分配的状况。

相对于德国力量的增强,法国优势的幅度在20世纪20年代中期开始缩小。法国的衰退最初是缓慢的、难以觉察的,之后随着希特勒上台当权,衰退的速度越来越快。1919年法国试图将莱茵河左岸从德国分割出来,并企图与英国和美国订立同盟条约,均未遂愿。法国所能做的仅仅是通过另外两项措施加强其军事力量,但这两项措施与德国的潜力相比,仍无法掩盖法国内在的虚弱。法国的措施之一是与波兰、捷克斯洛伐克和罗马尼亚订立同盟条约,并与南斯拉夫订立一项友好条约。这些盟国充其量只是一些中等国家。法国即使未对全部这些国家,至少也对其中某些国家的军事力量作了过高的估计,并且法国也不能指望这些国家会永远采取协调一致的行动。另一措施是1925年《洛迦诺公约》的签订。该条约把法德边界置于英国和意大利的共同担保之下。然而法国却无法就德波边界获得类似的担保。同时,它也未能就建立自动的集体安全体系获得英国的支持,这一体系若能形成,本来可能堵塞《国际联盟盟约》中的漏洞。⑨

由于这种短期的霸权和长期的致命虚弱,法国从20世纪20年代中期开始在国联里尾随英国的政策,最初尚举棋不定,到30年代已别无选择。⑩ 因为到30年代,法国由于优柔寡断以及当时显

---

⑨ 见第314—316页。

⑩ 这一趋势曾在1934年短暂地中断,当时法国外交部部长巴托(Barthou)曾寻求与苏联订立军事同盟的基础,然而其后任没有一个敢于继续执行这一政策。巴托之后的外交部长赖伐尔(Laval)的外交政策,虽有强烈反英的动机并赞同与轴心国达成谅解,但在破坏1919年现状方面与英国的外交政策是一致的。

而易见的虚弱,已不再能够单凭自己的力量贯彻《国际联盟盟约》中的有关维持国际和平与秩序、制止战争的规定了,而恰恰是这些规定使国联有可能充当一个国际政府的角色。法国自身的权力已不足以使国联继续扮演这样的角色。英国则没有兴趣让国联扮演这种角色。因为,如果国联起国际政府的作用,意味着法国永远在欧洲大陆上保持无可挑战的优势,而英国下决心要终止的恰恰是法国的这种优势。这样,英国的观念和政策给国联的政府活动打上了烙印。

国际联盟的三个缺陷

这并不是说国际联盟没有行使重要的政府功能。国际联盟管辖着两块领土:萨尔盆地和但泽市。根据《盟约》第二十二条,它间接地而不是实际地管辖这两块委任统治地。⑪ 然而,当涉及维持国际秩序、维持或恢复世界和平问题时,只有在极少见的情况下,也就是会员国中的大国利益不受妨害,或各会员至关重要的共同利益似乎用得着国联时,国联才可实施管治。

1920年波兰占领立陶宛旧都维尔纳时,国联并未采取一个国际政府应采取的行动。因为这一违反国际法的行为,系法国最强大的盟国所为;同时,苏联也反对国联予以干涉。但是,1925年保

---

⑪ 参见第二十二条中的以下规定:

凡殖民地及领土于此次战争之后不复属于从前统治该地之各国,而其居民尚不能自立于今世特别困难状况之中,则应适用下列之原则,即此等人民之福利及发展成为文明之神圣任务,此项任务之履行应载入本盟约。

实行此项原则之最妥善方法莫如将此种人民之保佐委诸资源上、经验上或地理上足以承担此项责任而亦乐于接受之各先进国,该国即以受委任统治之资格为联盟施行此项保佐。

受委任国须将委任统治地之情形向行政院提出年度报告。

倘受委任国行使之管辖权、监督权或行政权,其程度未经联盟会员国间订约规定,则应由行政院予以明确规定。

设一常设委员会专任接收及审查各受委任国之年度报告,并就关于执行委任统治之各项问题向行政院陈述意见。

加利亚与希腊发生短暂的战争时,国联行政院主席分别向双方发出要求立即停止敌对行动的电报,轻易地制止了战争。行政院主席获得了英国和法国的积极支持。英法在这一事件中密切合作,特别是运用了各自的影响,遏止了希腊的进攻行动。

1923年意大利占领希腊的科孚岛时,国际联盟拒绝采取行动。日本1931年入侵中国东北,并于1937年入侵中国内地,国联无动于衷,甚至连象征性的阻止措施都未采取。1932—1935年玻利维亚和巴拉圭之间发生查科战争时,国联除了提出一项武器禁运的建议之外,没有采取任何其他行动防止战争爆发或制止战争。从1935年起,国联未采取任何有效的行动保持其在但泽境内的权威,同时面对德国对《凡尔赛条约》接二连三的践踏,未采取任何行动。国联1935—1936年在意大利进攻埃塞俄比亚问题上的所作所为,正如我们已讨论的那样⑫,即使自知不会奏效,也照样会那么做的。1936—1939年间,国联未采取任何措施来控制西班牙内战的国际影响。不过,1939年12月,国联却因苏联进攻芬兰而将苏联驱逐出这一组织。这是国联采取的最后一次政治行动,也是除了对意大利的制裁之外最激烈的一次政治行动。

国际联盟未能制止任何重大战争,也未起到维持国际秩序的作用。究其失败的原因,除去在现状观念上英国战胜法国这一因素以外,还有章程、结构和政治这三重因素。

章程缺陷

《国际联盟盟约》并未宣布战争为非法。它只是不允许会员国在某些情况下进行战争。据此推断,只要这些情况不存在,会员国仍可进行战争。《盟约》序言规定,会员国"承担不从事战争之义务"⑬。《盟约》第十二条规定,会员国"在仲裁员裁决后三个月届满

---

⑫ 见第292—294页。

⑬ 注意原文为"obligations",不同于"the obligation"。《盟约》法文本为"centaines obligations",更接近前者的含义。

以前,不能从事战争"。根据第十三条第四款,会员国同意,对于已经就一争端遵行司法判决的,"联盟任何会员国,不得进行战争"。最后,依据第十五条第六款,"如除争执之一方或一方以上之代表外,行政院报告书得到该院理事一致赞成,则联盟会员国约定彼此不得向遵从报告书建议之任何一方进行战争"。

只有上述条款中的后两项,才明白无误地禁止会员国诉诸战争。正如让·雷所指出的:"我们相信,《盟约》作者的怯懦导致了严重的后果,致使把他们自己试图建立的新体系置于危险境地。事实上,相反意见并没有得到明确的反映,这无异于默认战争仍然是解决国际冲突的途径,而且是正常的解决途径。从法律上来看,这些义务只是作为例外情况才提出的;其中暗含着诉诸战争的原则。"[14]即使所有会员国都对盟约的规定身体力行,它们也必将在国联的这一根本大法中,同时找到阻止某些战争的工具和使另外一些战争合法化的工具。

结构缺陷

不过,上文提到的章程缺陷并没有影响国联的实际运转,因为国联并未恪守其章程。从另一角度看,国联的结构缺陷才与国联的失败——未能制止其管辖范围内爆发战争——有直接关系。这一缺陷的表现是,国际联盟内的权力分配不能准确反映世界范围的权力分配状况。

在国联所处的时代,国际政治的主要因素已不再是欧洲所能支配的了,而国联的结构仍以欧洲为主导。轮番支配国联的两个大国——法国和英国,都是欧洲大国。会员国中只有日本是欧洲以外的大国。在20世纪20年代,美国和苏联已经成为世界上两个潜在的最强大的国家,可是,美国从未加入国联,苏联也仅在国联走下坡路的时期,即1934—1939年间,才是国联的会员国。

---

[14] *Commentaire du Pacte de la Société des Nations* (Paris: Sirey, 1930), pp. 73—74.

不错,三十一个创始会员国中,只有十个欧洲国家;后来相继加入的十三个国家中,只有七个来自欧洲。然而,此处也是不能仅靠数字就说明问题的。一个以维持国际秩序与和平为宗旨的国际组织,并不需要具有那种包括所有国家的世界性,然而,世界各强国最有可能扰乱世界和平,因此所有强国都应置于国联的管辖之下。就这一意义而言,国联又必须具有世界性。

因此,《盟约》第十七条试图赋予国联世界性的管辖权,而不论管辖对象是不是国联会员国。根据第十七条,如果争端当事国的一方或双方不是会员国时,国联为解决争端,有权邀请非会员国"承担联盟会员国之义务,俾按照行政院所认为正当之条件,以解除争议。……如果被邀请之一国拒绝承受联盟会员国之义务以解决争议,而向联盟一会员国从事战争",则可对该国采用第十六条规定中的制裁措施。第十七条第四款则规定:"如争执之双方……均拒绝承担联盟会员国之义务,……则行政院可采用一切办法并提各种建议以防止战争,解除纷争。"

第十七条最后一款试图使国际联盟成为一个以保卫和平为目的的世界政府。然而,这样一个政府可行与否,仍然有赖于采取一致行动的会员国与国联政府职能的行使对象之间的权力分配状况。国联若是把自己的意志强加于两个中小国,困难不会太大。可是,让我们假定争端的一方是国联的会员国,另一方是美国或苏联,或是美苏两国;或者在1919年到1934年美苏都不是国联会员国的这段时间内,美苏两国出现了争端,在这两种情况下,国联若试图强迫美国或苏联或强迫两国接受其决定,其后果将是一场世界战争。战争的一方将是国联会员国,另一方是世界上两个潜在的最强大的国家或其中之一。若干非会员国或站在美苏一方,或保持中立。于是,试图维持世界范围的和平的努力,反而导致了世界范围的战争。因此,有的大国是国联会员国,有的大国不是,这种情形使得国联无力在世界范围维持和平。

国联没有包括所有大国,也是英国和法国在两次世界大战之间的时期政策失败的根本原因。两国的政策都落后于时代。法国的政策若用在路易十四时代或许会取得成功。那时均势的大部分砝码都在中欧和西欧,如果当时法国就获得了1919年得到的优势,那么它将有一个真正的机会建立起永久的欧洲霸权。可是,自从俄国成为均势中的一个重要因素之后,拿破仑必须懂得,仅仅拥有欧洲大陆的霸权意义并不大,因为欧洲东部及亚洲大部分地区各国,或者并未屈服,或者怀有敌意。第一次世界大战前二十年间,那些杰出的法国外交家都记取了这一教训,他们把维持同俄国的密切关系作为法国外交政策的基石,而在两次世界大战之间的这一段时间内,他们的继任者寄希望于与东欧和东南欧的巴尔干化国家的同盟关系,这实在抵不上同俄国订立的"伟大同盟"。他们如同1789年以后的法国贵族无法摆脱对革命的恐惧那样,宁可牺牲自己的国家,也不愿服从新的国际格局的逻辑。

这一时期的英国外交政策与法国一样不合时宜。英国与欧洲大陆比较,内在力量弱于后者,正如法国的力量弱于德国一样。俄国对法国的影响,与美国和在较小程度上日本对英国的影响差不多。迪斯累里时代成功的政策,用于斯坦利·鲍德温时代必告失败。在整个19世纪,英国的后院是安全的;英国的海军制海权未受到任何挑战。20世纪30年代,其他海军强国崛起,其中包括潜在的世界头号强国。更有甚者,飞机的出现使不列颠诸岛与欧洲大陆的距离比以往任何时候都近。在这种情况下,英国外交只有两条路可走。它可以将自己的砝码永久地置于那只最能保障英国长期利益的欧洲权力天平的秤盘上。另一种选择是,它可以充当美国对欧政策的先锋。⑮ 英国外交绝不应走的路是"光荣孤立",而这恰恰是它实际执行的政策。

面对美国和苏联实际采取的政策,英国、法国是否还有其他真

---

⑮ 值得一提的是,自第二次世界大战结束以来,英国一直在同时推行这样两种外交政策。

正的选择,这永远是一个聚讼纷纭的问题。不过,毋庸置疑的是,如果一个国际政府的核心成员,无论是基于自择还是出于无奈,只要推行一种与世界权力分配的实际格局完全相左的政策,那么,这个国际政府就断无成功的机会。

政治缺陷

假定国际联盟面临大规模战争威胁时,能够像一个整体一样采取行动,也无法弥补其政治缺陷,更何况这一假定从未成为事实。大国各自追求的国家利益,压倒了国联用现状定义的正义原则。在第一次世界大战结束之初的1921年,国联行政院的四个常任理事国在处理比较重要的政治问题上尚能够采取一致行动,如芬兰与瑞典之间的奥兰群岛防御工事问题和上西里西亚的分割问题,后者是德国和波兰间争执的起因。然而,在这些颇有希望的开端之后,不仅有英法政策的彼此冲突,而且还有大国间政策的分歧和普遍对立,致使国联陷于瘫痪,不能就重要国际问题采取任何集体行动。

1925年德国加入国联之后,推行破坏凡尔赛体系的政策。德国主要是利用民族自决原则这一炸弹,摧毁领土现状的基础。这一政策与法国及法国的东欧盟国的政策相左,并且,它最初是隐蔽地后来是公开地寻求结束法国及其盟国在欧洲大陆的优势。除了利用民族自决原则外,德国还将西方国家对布尔什维克革命和俄国帝国主义的双重恐惧,用来作为加强自己地位的武器。德国时而表示愿意充当抵抗布尔什维主义的堡垒,时而又以与苏联结盟相威胁。通过这两种手段的交替使用,它成功地胁迫西方多次做出让步,并离间了法波关系而使波兰陷于孤立,瓦解了国际联盟。

意大利在20世纪20年代实行的政策,与英国的政策有些相似之处。意大利欢迎德国在一定限度内恢复大国地位,以削弱法国及其东欧盟国,尤其是削弱南斯拉夫。30年代的国联已明显软弱无力,这时,意大利利用德国的方式,类似于德国利用苏联的方式。它时而将德国当作共同的威胁,时而把它作为一个沉默的伙伴,还公然向英法挑战,要求控制地中海。

苏联以前在国联之外是孤立的,进入国联后依然孤立。苏联作为一个国家所拥有的潜力和它鼓动世界革命的政策,对西方大国具有双重威胁。事实证明,法国、英国和苏联不可能在1934—1939年的任何重大危机中合作,无法采取共同的行动,只有对意大利的制裁是个例外。在所有这些危机中,西方国家和苏联均分属两个相互对立的阵营。甚至当1939年德国对苏联和西方国家均进行战争威胁时,它们仍然不能同意采取共同的预防性措施,反而企图使德国把战争威胁的矛头转移到对方身上。只是由于希特勒愚蠢地同时向双方开战,才促使它们不由自主地结成联盟。

最后,日本对于1922年条约强加给自己的劣势深感不快,伺机行动,准备建立起自己在远东地区的霸权。要建立这种霸权地位,只有拔除英国和美国在远东的据点,让中国"关闭门户"。而英美基于传统的政策,坚持中国必须向所有国家开放门户。这样,当日本1931年入侵中国东北,迈出建立其远东帝国的第一步时,不可避免地触发了它与法英这两个国联核心国家的冲突。不无讽刺意味的是,日本在建立其远东霸权的过程中,援引了民族自决的原则,而正是这一原则把英法推到了国联中的支配地位。日本利用民族自决原则,鼓动远东地区的有色人种来反对国联领导国的殖民主义。可是,无论日本留在国联期间,还是1932年退出之后,英国都深感自己的实力不够强大,不足以率领国联采取有效的集体行动,制止日本对中国的进攻。

国际联盟制止战争的能力,取决于会员国尤其是其中的大国之间的团结。由于全体一致的表决原则,国联中的任何会员国除争端当事国外,均有权通过投反对票来否决某项采取行动的动议。既然国联中的几个核心国家的政策互相抵触,使用否决权的可能性就足以粉碎任何国家企图采取决定性的集体行动的念头。只有至高无上的正义原则才有可能促成决定性的集体行动。我们已经指出,这样的正义原则的确抽象地存在于以下两项原则之中,其一是集体捍卫现状的原则,它旨在压制第一次世界大战中的战败国,其二是民族自决原则。

然而,一旦面对需要采取具体措施的某种政治情势,各个国家会把这些抽象的原则用来作为各自政策的理论依据。这样,这些抽象的正义原则,远远没有为采取共同行动提供共同的判断标准和指南,而是事实上强化了各个国家间的敌对政策,从而加剧了国际社会的无政府状态。各主权国家总是能把它们各自的道德观念和政策置于国际联盟这一国际政府的道义目标和政治目标之上。这种做法不可避免地造成国际联盟无力维持国际和平与秩序。

第二十一章 国际政府：联合国

经典名句

◆ 联合国有赖于安理会常任理事国的持久团结。

◆ 要求联大采取行动的呼声，其实是大国无法解决它们之间的问题时绝望的呼声，这些问题拖延下去就会在它们中间带来战争的威胁。

◆ 经验丰富的联合国外交官的技巧已经得到人们的赏识，他们能够通过修改和调整本国的政策，使之与正在出现的多数国家的政策协调起来，从而把其他国家拉到自己一边。

联合国大厦

为了理解联合国的法定功能和实际运作,我们必须明确区分《宪章》的法规与联合国各机构在无法预见的政治环境压力下实际发挥作用的情况。像理解美国政府一样,我们只有把宪制上的规定与政治实践的现实进行比较,才能理解联合国的政府。对于法定功能和实际表现分别进行这种分析,将不仅表明联合国各机构的特定政治功能发生了一系列意义重大的转变,而且表明作为一个国际组织的联合国的性质本身也发生了重大转变。

根据《宪章》设计的联合国

超级大国共治的政府

联合国在法定组织方面与国际联盟相似。它也有三个政治机构:包括所有会员国的联合国大会,作为该组织政治执行机构的安全理事会,以及秘书处。不过联大和安理会之间的职权分配与国际联盟的大会和行政院之间的职权分配截然不同。大国共治的趋势在国际联盟中就已很明显了,在联合国中大国则完全控制了职权的分配。这一趋势在《宪章》的三项章程设计中体现出来:联大不能就政治事项做出决定;全体一致的要求限于安理会的常任理事国;争执各方有权否决任何针对本国的强制措施。

正如我们已看到的那样,国际联盟大会是一个真正的国际议会,它能够在政治问题上单独采取行动,或与国联行政院竞相采取行动。根据《联合国宪章》第十条至第十四条的规定,联合国大会只有权就政治事项向有关各方和安理会提出建议。关于国际和平与安全的维持,它能够辩论、调查并提出建议,但不能采取行动。

甚至连这些不大的职权也受到《宪章》第十二条的限制,该条规定大会不得就安理会议程上的事项提出建议。因此,有决定权的行政院和有决定权的大会同时享有管辖权这一国际联盟的显著特征,被有决定权的安理会和有建议权的联大交替享有管辖权所取代。当安理会处理问题时,联大仍可辩论,但是它甚至连建议都不能提了。

这种设计使安全理事会在重大的政治问题上能够间接地控制联大的功能。安理会只要简单地把一个问题列入自己的议程,就能将联大转变成辩论场所,使之甚至没有权利就该问题表达它的集体意见。

对于联大职权的这种限制使联合国具有分裂的人格。大会能够以三分之二多数对安理会提出关于国际问题的解决方案,但是安理会有权置之不理。如果联大只是一个由少数会员国组成的咨询团体,而不是事实上包括世界所有国家的代表机构的话,安理会的这种自由决定权就不是一个严重的问题。实际上,安理会和联大间的职权分配是一种宪制上的畸形。联合国可能就同一问题用两个声音说话——一个是大会的,另一个是安理会的,并且这两个声音之间没有有机联系。联合国所有会员国的三分之二或更多可以提某项建议,而安理会的十五个理事国中的九个,可以无视这一建议而另行决定。

这种宪制设计上的弊端并不在于大国享有优势地位,在神圣同盟和国际联盟中我们也曾发现这种大国具有优势地位的情况。确切地说,弊端在于造成联合国大会尽显其无能的那种安排。神圣同盟显然是大国的国际政府。国际联盟也是大国的国际政府,它征得所有成员国的意见和同意,每个会员国凭借全体一致原则和《盟约》(除去第十五条第十款),都能够使国际政府停止行动。联合国也是一个大国的国际政府,它的宪制安排与神圣同盟相似,它的伪装则类似于国联。伪装与实际之间,《宪章》词句唤起的民主期望与职权实际分配所显示的专制现实之间,形成了鲜明的对照,成为联合国宪制条款的典型特征。

所以,联合国的国际政府等于是安理会的国际政府,而安理会则如同神圣同盟再现于世。《宪章》在这样确立了安理会的优势地位之后,又进而确立了大国在安理会中的优势地位。因为在实际上,只有五个常任理事国有权行使政府职能。我们已看到,就安理会的所有决定而言,全体一致的原则受到了限制。就实质性决定而言,它被取消了,因为这种决定要求有九张赞成票,其中必须包括五个常任理事国的票。考虑到五个常任理事国(中国、法国、英国、苏联、美国)中某些国家的强大影响力,它们的一致决定预料至少可吸引其他理事国的另外四票。

因此,联合国有赖于安理会常任理事国的持久团结。在《宪章》的蓝图中,这五个成员国仿佛是世界邦联的核心,是神圣同盟中的神圣同盟。《宪章》把一致同意原则仅授予它们,从而使它们形成联合国的国际政府。因此,只要有一个常任理事国表示异议,联合国的国际政府就不复存在了。

《宪章》第二十七条第三款进一步加强了大国对政府行动的这种垄断。依据该款,争端当事国不能就根据《宪章》第六章提出的和平解决争端的提案投票表决。换言之,大国的否决权适用于第七章的执行措施。当一个大国是争端的当事国时,安理会可以依据《宪章》第二十七条第三款做出决定,而不考虑那个大国的态度。如果安理会试图执行该决议,任何一个大国——即使是争端当事国——的异议,都将为这一执行行动带来法律障碍。在这种情况下,安理会的决议仍将是一纸空文。

可是实际上,联合国的国际政府是大国的政府这一事实,在程度上远甚于我们前面的分析所显示的程度。安理会的五个常任理事国中只有美国和苏联这两个国家是真正的大国。英国和法国是中等国家;中国只是一个潜在的大国。在目前世界政治的条件下,安理会中的大多数理事国,包括常任理事国在内(如有必要的话),能够被说服去支持美国、中国和苏联采取的立场。所以,联合国的国际政府,剥去其法律上的点缀之后,实际上是美国、中国和苏联协同行动的国际政府。在最好的情况下——如果它们是团结的——它们为了维持秩序和防止战争,能够统治世界其他地区。在最坏的情况下——如果它们不是团结的——国际政府将根本不存在。

在理想上,联合国是一个通过美国、中国和苏联的联合力量统治世界的工具。可是《联合国宪章》并未设想联合国作为国际政府会建立或维持美中苏关系中的秩序,或阻止它们之间的战争的可能性。否决权的设计排除了违背美中苏意愿而使之受制于国际政府的意图。

未定义的正义原则

指导联合国各机构判断和行动的正义标准见于三处:在序言中,在阐明"宗旨和原则"的第一章中,以及散见于《宪章》各处。可是,与神圣同盟和国际联盟的基本原则比较起来,联合国所依据的正义原则为两种内在的矛盾所困扰:一个涉及联合国采取行动的模式,另一个涉及将执行的行动的目的。

序言重申"……大小各国平等权利之信念"*,第二条第一款宣布,"本组织系基于各会员国主权平等之原则"。这一原则得到第二条第七款的加强,该款规定"本质上属于任何国家国内管辖之事件"免受联合国的管辖,除非涉及《宪章》第七章的执行措施。可是《宪章》的主体表明,联合国的整个结构是基于可以被自相矛盾地称为会员国的"主权不平等"之上的。我们已经指出这一事实,如果联合国按照《宪章》的规定运作的话,所有非安理会理事国的会员国将丧失它们的主权,而只会在名义上和形式上享有主权。因此,《宪章》在序言的条款中宣布的主权平等原则是与《宪章》正文

---

* 有关《联合国宪章》相关条文的中译,均据联合国正式发布的《宪章》中文版。——译者

中关于实际职权分配的规定相矛盾的。

序言和第一章规定了行动的五个政治目的:(1)维持国际和平及安全;(2)集体安全;(3)禁止使用武力"侵害任何国家之领土完整或政治独立"*,但保留为了《宪章》定义的"共同利益"而使用武力的权利;(4)"维持正义,尊重由条约与国际法其他渊源而起之义务";(5)民族自决。

在这五个目的中,前两个具有一般性和工具性。它们告诉我们无论联合国做什么,它都应当按照集体安全的原则和平地行动。其他三项原则是特定的和具体的。它们告诉我们在具体的情况下联合国应当或不应当做什么。联合国应当在某些条件下使用武力,在其他条件下不使用武力;它的行动应当是正义的,并应符合国际法规则和民族自决原则。

有意义的是,《宪章》极为明确地阐述了前两个目标及其实现方法(尤其参见第六章和第七章),而对其余三项实际上缄默不语。第十一条第一款和第二十四条第二款笼统地指出,联大和安理会应以《宪章》的"宗旨和原则"作为它们思考和行动的指南。但是像正义、尊重国际法和民族自决这样的概念的具体含义并非是不言而喻的,也并非在任何时间和在任何地方都是相同的。在抽象的意义上,大部分人也许能够就这些概念的某一定义取得一致意见。可是具体的政治局势赋予这些抽象的概念以具体意义,并使它们能够指导人们的判断和行动。在《宪章》的主体部分中,没有任何地方解释或提到具有实质意义的正义原则,也没有任何其他的来源可以给予这些抽象的概念以明确的内容。

联合国——政治现实

表决力量分配的转变产生于这一事实:联合国成员的大量增加主要有利于属于所谓亚非集团的国家。亚非集团占联合国会员

---

* 《宪章》原文为"侵害任何会员国或国家之领土完整或政治独立"。——译者

国的三分之一强。因此,如果它们一致投票的话,它们将能否决任何不利于自己的决议;或者,通过加入美国集团或苏联集团,它们将成为起实际作用的三分之二多数的核心。可是事实上,亚非集团很少作为一个集体投票;它的票通常是分散的,有些成员投美国的票,其他的投苏联的票,相当多的国家弃权。结果,对于联合国通过联大发挥政治作用的能力,亚非集团到目前为止只起了消极的作用。亚非集团将票分散到美苏集团中,因而加强了美苏集团反对简单多数的意志的权力,因为美苏都能争取到超过三分之一的会员国,从而行使否决权。结果,联大发现它很难通过任何执行实质性方针的决议,它所能通过的只具体地限于反对残存的殖民主义和种族歧视,敦促交战双方停火并就达成解决方案进行谈判,以及授权秘书长进行调查、观察、报告、斡旋、组织维持和平部队和采取他认为必要的行动以恢复和平与秩序。由于联大很难以三分之二多数就具体的实质性的政策形成一致意见,秘书长上升为联合国的主要执行官员,暂时获得显赫地位。

《宪章》本欲使秘书长成为"本组织之行政首长"。他"得将其所认为可能威胁国际和平及安全之任何事件,提请安全理事会注意"。他"应执行[联合国]各该机关所托付之其他职务"。正是从《宪章》的这一规定中引申出了秘书长作为联合国首席政治代表的新职能。

新职能是与联大的无能紧密相关的,正像联大承担的行动责任是与安理会的无能紧密相关一样。人们还可以进一步说,联合国作为一个整体所承担的解决政治问题的责任,是直接有关的国家,特别是大国,不能解决它们之间的重大政治问题的副产品,所以它们赋予联合国寻找解决方案的责任。取代了业已瘫痪的安理会的联大,其成员并不能集体地达成一个解决方案,正像它们作为个别国家时不能达成协议一样。所以,它们把寻求解决方案的责任交给秘书长。

因此,秘书长似乎成了联合国的总理。凭借安理会或大会的一般是模糊的授权,秘书长接管了安理会和大会应当自己发挥而又未能发挥的功能。这一职权转变主要归功于1953年到1961年任秘书长的达格·哈马舍尔德的主动性和技巧。用他自己的话说,他把联合国转变为"各国政府的一个有生气的工具"。再引用他的话说,他着手"在某个地方创立一个新的行政责任"并"帮助填补《宪章》和传统外交提供的制度中可能出现的任何真空,以保卫和平和安全"。哈马舍尔德不仅对他从联大或安理会获得的授权作了广义的解释,有时他甚至不经任何授权并在联合国的一个会员国明确反对的情况下采取行动。因此,他在1959年使联合国出现在老挝,尽管苏联事前已宣布它反对他的访问,并特别反对他把一个联合国代表留在那里;因此,1958年他决定扩大联合国在黎巴嫩的观察团,尽管苏联已经否决了美国扩大该团的建议,并否决了日本关于授予他自由处理权的建议。

秘书长职权扩大为某种近似于超国家的政治机构,这不仅必然要引起某些特定国家对秘书长所采取的某些特定措施的反对,而且也尖锐地暴露了使一切政治性国际组织陷于瘫痪的内在矛盾:国家主权与国际组织的效率之间的矛盾。苏联一贯地捍卫国家主权,反对国际条约和国际组织对它的侵蚀,它也一贯反对哈马舍尔德和他的前任特里格夫·赖伊把自己的职位看作是联合国超国家愿望的化身。当1958年夏尔·戴高乐上台之后,法国站到了苏联一边。苏联企图摧毁秘书长的权力,它提出所谓三驾马车提案,要求以三名权力相等、一致行动的官员代替单个的秘书长,这三个官员将分别代表不结盟国家、苏联集团和西方集团。假如这个提案成功了,秘书长的职权也会受制于否决权,并会陷于瘫痪,正像否决权已使安理会陷于瘫痪一样。提案失败之后,苏联、法国和支持它们的国家找到了另一个阻止和扭转联合国的超国家趋势的工具。它们在联大建议的维持和平措施所需的财政资助问题上找到了这个工具。

当1965年联大决定放弃《宪章》第十九条的实施并接受对联

合国维持和平措施的自愿捐献原则时,国家主权的捍卫者和反对建立强大联合国的人赢得了决定性的胜利。正当联合国凭借上述的宪制以外的发展而前进之际,这一胜利相当于对它进行了一场名副其实的反革命。这一决定推翻了近二十年来这些宪制以外的发展,使联合国又退回到符合《宪章》原义的地方去了。

在实践上,这意味着安理会再次成为主要的执行机关,尽管它仍然受到由于否决权和成员数目由十一个扩大到十五而陷于瘫痪的威胁;这也意味着联大基本上被贬为一个辩论场所,小国的大量加入削弱了它的力量,小国的集体表决力量与它们的实际权力不成比例;这还意味着秘书长被剥夺了联大曾赋予他的执行权力。只有未来能够告诉我们安理会常任理事国之间现在是否存在着充分的共同利益,使安理会能够按照《宪章》的意图进行工作,以及联大成员是否充分地认识到它们的利益存在于一个强大的联合国之中,从而恢复联大曾拥有的权力。海湾战争的经验并不能说明问题。

秘书长职权的衰落不仅是因为我们已经指出的联合国内部的反对,而且是因为这一职位具有先天的弱点。局外人可以单独或同时使用四种方法引导政治冲突的各方达成和平解决方案:警告它们说从不断的冲突中得到的好处将不足以抵消害处;允诺给予它们种种好处,这些好处将大于它们预期从冲突的成功结果中得到的好处;运用理性的观点指出利害得失并指出对方和有关的第三方的意愿和能力,从而说服它们;通过说明一个保全面子的和技术上令人满意的方案,帮助它们走完最后的一小步,以完成实质上已达成的协议。这四个方法中,前两个的重要性远远超过另外两个,后者基本上只是起一种辅助性的作用。正是由于秘书长作为政治代理人地位的固有弱点,他几乎完全被剥夺了威胁和允诺这两个最有力的协调工具。他所能运用的工具,只限于说服和拟定实质上已达成的协议。

因此,在目前的这种组成情况下,联大的软弱反映在秘书长的软弱上。两者都能谈论、解释和拟订方案,但目前都无法继续采取威胁和允诺的手段,而威胁和允诺是政治行动的灵魂。秘书长的一时显赫,是他个人人格的作用和联大在被要求采取行动而无能为力时陷入窘境的结果。当秘书长库尔特·瓦尔德海姆寻求释放伊朗人质时,他先遇到人质扣押者的敌意,然后又受到美国人对其失败的批评。要求联大采取行动的呼声,其实是大国无法解决它们之间的问题时绝望的呼声,这些问题拖延下去就会在它们中间带来战争的威胁。因此,秘书长的行动像联大的决议一样,与其说是联合国康复——更说不上痊愈——的先兆,不如说是其顽症的症状。不过,它们对于受惊的神经却有镇静的作用,具有防止已有的创伤面扩大的药物治疗效果。这确实是联合国目前对于和平解决国际争端所能做的贡献。

联大现在所处的地位至少暂时是安理会一开始时所处的地位:它无法采取行动,因为它缺乏《宪章》要求的那种多数。不过,安理会从一开始就因为苏联的可预见的、几乎是自动的使用否决权而陷于瘫痪,而联大的瘫痪则是动态演进的结果;这一演进可分为三个阶段:以美国为首的三分之二多数的解体;两个超级大国试图争取三分之二的多数以支持各自政策的徒劳尝试;两个超级大国尽量减少对方获得支持票的努力——里根政府的驻联合国大使珍妮·柯克帕特里克称之为主要是抢先使对方受阻的行动。这种不断地寻求支持票或者至少是弃权票的行动已经成为大国在联大全力以赴的主要工作之一。从这种活动中,一个新的外交程序已经形成。新程序有双重的重要意义。它迫使大国至少在制定它们的政策时尊重小会员国的意向,因而它缓和了国际冲突的尖锐程度。它还为有关国家提供了一个机会,使它们可以把令人不快的决定的表面责任推到联合国身上,因而它可以作为一种保全面子和起缓冲作用的方法。柯克帕特里克和莫尼汉大使任职期间是例外,他们两人在联合国都倾向用对抗性的言辞阐述和维护美国的政策。

新程序

为了成功地执行其外交政策而需要取得小国支持的强大国家，可以采取两种行动步骤之一。它可以诉诸传统的外交方法，并以优势权力直接影响弱小国家。附属国就是这样建立起来的，联盟也是这样形成的。可是，强国要想通过联合国大会赢得对自己政策的支持，却不能仅仅依靠它的优势权力。如果它不能为其政策目标争取到足够的支持票，优势权力就不会给它带来任何帮助。因此，它必须采取一种不同的行动步骤，即联大程序所规定的步骤。这些新程序和从新程序中发展出来的新式联合国外交，有着减少大国和小国之间明显差别的倾向，因为所有国家都只有一票。

如果大国的工作只是运用传统的外交手段结成一个联盟，那么，它在选择联盟的成员时，就将基本上只着眼于成员能够加给它的权力。可是新式联合国外交的任务主要不在于建立一个拥有最大政治和军事权力的联盟，而在于形成一个拥有最大投票能力的多数。在联大，印度的一票与冰岛的一票有同等效力，卡塔尔的票与英国的票的效力也是如此。在一个联盟中，最强大的成员可以忽视小国的意向，因为它们的权力无足轻重，而只对其权力能起作用的国家做出让步。而在一个多数阵营的形成过程中，最强大的成员则必须注意甚至是最弱小的国家的愿望，因为它需要它们投票支持。因此，一些美国驻联合国大使，包括阿德莱·史蒂文森、查尔斯·约斯特、威廉·斯克兰顿和唐纳德·麦克亨利，都因为他们在走廊和休息室里耐心地寻求对美国政策的支持而闻名。1990—1991年间，托马斯·皮克林大使便在这方面声名卓著。

人们仍然能感觉到大国的权力，也仍然能感觉到小国的软弱无力，这是合乎情理的，因为前者以实力这种有说服力的声音说话，而后者只能以软弱无力的低语回答。然而，虽然权力的强弱仍在新式的联合国外交中起作用，但它的作用已经不像在传统外交中那样大了。传统外交手段与联合国外交手段的重大区别在于：

在前者能够不予考虑的问题上,后者被迫去做说服工作。因此,一个大国必须把要表决的问题以可以接受的方式向一些会员国提出,它需要这些国家投票支持。这种必要性,使以往完全为大国目的服务的措施发生了双重转变。

首先,提出议案的语言,必须能够反映三分之二多数会员国的共同利益,而不是某一特定国家或较为有限的国家集团的利益。这种语言的转变常常可能是以超国家政策的措辞为国家政策进行意识形态上的辩护和使之合理化而已。然而,为了宣传目的和在有得有失的政治交易中不断地使用某些术语,很可能对交易本身的实质产生微妙的影响。因为经常使用的语言将使交易的参与者产生某些期望,交易必须多多少少与那些期望相符合,或者至少不能完全背离那些期望。

因此,某一外交政策一旦得到某一国家或有限的国家集团的完全认同,并且一旦它们为这种外交政策而去争取联大三分之二多数的广泛支持,这一外交政策就很可能发生一种微妙的变化,如果它们为了赢得这种广泛的支持而不断地以超国家的词汇提出这一外交政策的话。这一变化总不会走得太远,以至和原来的国家政策所预期的目标和方式相对立。但是,它却很可能导致国家政策激烈程度的缓和,导致它收回过头的立场并按照决议案语言中的超国家原则进行重订和修正。经验丰富的联合国外交官的技巧已经得到人们的赏识,他们能够通过修改和调整本国的政策,使之与正在出现的多数国家的政策协调起来,从而把其他国家拉到自己一边。

在通过谈判形成支持决议案的三分之二多数的过程中,也将直接地和几乎不可避免地出现同样的结果。会员国之间的利益、能力和观点是不同的,为了取得它们的支持,就需要寻求一个共同的目标,该目标必然低于国家政策的首倡者所希望的最高目标。联大将通过的议案比最高目标低多少,部分地取决于不同国家运用联合国外交新方法的技巧如何。不过,在遇到重大的议案时,就一项政策寻求支持的国家与被求助的国家之间物质权力的分配,将决定前者为了取得这一支持而必须做出的让步的程度。因为那些能这样做的国家将运用它们的权力作为杠杆,去赢得让步而避免自己做出让步。在这里新旧外交结合起来了。

然而,联合国至少在政策制定方面为做出让步提供了两大诱因:它目前无权行动;它以一种自诩是、似乎是并在一定程度上的确是不同于大国的声音讲话。因此,相互冲突的国家能够在联合国采取它们认为彼此在相互关系中不能采取的行动——即在政策阐述上(如果不是在实质上)作一些让步而无须害怕失去面子。如果保全面子的方案是由一个"中立"的国家或国家集团提出的,情况就更是这样。因为在这时,"中立"国家以多数的名义出来说话,争执各方似乎是在对联大的多数让步,而不是相互让步。反过来说,在这种场合下拒绝让步,就显得不是在维护自己的正义立场以反对敌人,而像是违抗"全人类的政治声音"。联大作为执行机关而存在的本身就能带来和施加影响,无论这些影响多么难以捉摸和不可思议,它们都是确实存在的,并且有关国家也考虑了这些影响。

秘书长作为保全面子的方案的设计者,变成了"中立"国家和"人类的政治声音"的化身,并参与了它们在联大中施加的影响。不过,他手中还握有两个工具,使他能够在有利的环境下缓和国际冲突。一是他的职位的权力。这是他拥有的施加真正压力的唯一手段。他可以警告一个顽固的当事国说,他将把争端作为对国际和平和安全的威胁而提请联大注意,并以他认为它应当承担责任的口气提出建议。他这样做,就是威胁要实际运用他的这些影响力,使联大能够发挥我们已提到过的调解和缓和的作用。

秘书长掌握的另一工具是他本人的人格作用,这种作用仅限于说服方面。已故的哈马舍尔德先生的任期有力地显示了秘书长促进和平的职能是多么依赖于这一职位的占有者所具有的学识和道德素质。只有具有哈马舍尔德这样的人格的人,才会试图去做他在这方面所做的工作,并取得他所取得的成就。

  鉴于未解决的问题依然很多,人们可以公平地说,哈马舍尔德取得的成绩是微乎其微的。这种评价也适用于联合国整体。但是,鉴于未解决的问题及其严重恶果不仅威胁着个别国家而且威胁着文明本身,人们必须承认,联合国无足轻重的绩效总比一无所成要好。

第九编 和平问题：以转变求和平

第二十二章　世界国家

经典名句

- 在目前人类的道德情况下,很少有人愿意为一个世界政府而行动,如果他们所理解的自己国家的利益要求他们采取不同的行动步骤的话。
- 没有一个愿意和能够支持世界国家的世界共同体,就不可能有世界国家存在,正像没有愿意和能够支持国家的社会就不会有国家一样。

美国独立战争结束

对于国际和平问题的探讨使我们得出两个结论：企图通过限制国家权力欲望去解决国际和平问题的任何努力都没有成功；这种努力在现代国家体系的条件下不可能成功。那么，是什么原因造成了在国家间关系中和平与秩序的不稳定，又是什么原因造成了在国家内部和平与秩序的相对稳定呢？换言之，那个存在于国内社会而在国际舞台上所缺乏的缔造了和平与秩序的因素是什么呢？答案似乎是明显的——那就是国家本身。

国内社会的和平与秩序归因于国家的存在，国家在其领土范围内拥有最高权力，从而维持着和平与秩序。这便是霍布斯的理论；霍布斯认为，没有这样一个国家，国内社会将和国际舞台相似，"每个人反对每个人"的战争将成为人类的普遍状况。① 从这个前提出发，就会从逻辑上不可避免地得出一个结论，即各国间的和平与秩序，只有在一个包容地球上所有国家的世界国家中才是有保障的。自从中世纪的全球秩序崩溃以来，人们一再提出这一结论。②

在四分之一的世纪内发生两次世界大战的经历和以核武器进行第三次世界大战的前景，使建立世界国家的思想具有空前的迫切性。这种观点认为，为了把世界从自我毁灭中解救出来，我们需要的不是通过国际义务和制度限制国家行使主权，而是要把各国的主权转移到世界权威上。这一世界权威将像各国在它们各自的领土范围内享有主权一样，拥有各个国家的主权。国际社会范围

---

① *Leviathan*, Chapter XIII.
② 见第 283 页及其后之引言。

内的各种改革已经失败,并且注定要失败。所以,目前需要的是一种激进的变革,即把由主权国家构成的现存国际社会转变为由个人组成的超国家共同体。

这一观点基于与国内社会的类比。因此,我们的首要任务是要弄清国内社会是如何维持和平与秩序的。

国内和平的条件

国内各社会集团之间的和平建立在双重的基础上:社会成员不愿破坏和平,而且,即使他们想破坏和平,他们也没有能力这样做。如果占压倒优势的权力使破坏和平的企图成为毫无希望的尝试,个人将无法破坏和平。在两种条件下,他们将不愿破坏和平。一方面,他们必须感到对社会整体的效忠超过对社会任何一部分的效忠。另一方面,他们必须能够期望社会多少满足他们的一些要求,主持至少是起码的正义。占压倒优势的武力、超局部的效忠和对正义的期待这三个条件使国家内部的和平成为可能。在国际舞台上,这些条件的缺乏引起了战争的危险。

这些条件的出现是由什么因素造成的呢?国家在这方面起什么作用?对于促成国内和平的各种社会力量之间的相互影响进行较深入的思考,将有助于我们回答这些问题。

超局部效忠

国内社会是由众多的社会集团组成的。这些集团中有一些是相互对立的,因为它们各自的要求相互抵触。这种对立要求的相互排斥性,在经济领域内尤其明显。在那里,一个集团可能要求分享经济产品,而另一集团拒绝给予。这个经济产品的分配问题只不过是一种无所不在的社会现象的一个突出的例子。各政党、各宗教团体、各种族集团、各行政地区和各地方都在类似的竞争中相对抗。如何防止这些冲突恶化为暴力呢?

首先,公民 A 作为经济集团 E1 的一个成员反对另一经济集团

E2 的成员 B，他并不能完全认同于 E1，并献给 E1 专一的忠诚。他不能这样做是出于三个原因。

A 不仅是 E1 的成员，而且是宗教集团 R、政治集团 P、种族和文化集团 C 的成员。所有这些集团都要求他的效忠；如果他想公平对待所有这些集团，他就不能完全认同其中任何一个。他作为 E1 的成员行动时不能忘记他对 R 也负有责任。当他投身到为 P 的目标进行的斗争中时，他不能不考虑到对 C 的义务。这种国内组合和冲突的多元化，常常使参与者认识到他们的利益和他们的效忠的相对性，从而缓和了不同集团之间的冲突。这种多元化可以说造成了认同强度的减弱，因为这种认同必须被广泛地分散给每个集团和冲突。

再者，当 A 作为 E1 的成员反对 E2 的成员 B 时，他可能发现自己在另一方面和 B 站在同一阵营中，因为两人都是 P 的成员。换言之，A 和 B 在经济领域中是敌人，但在政治上却是朋友。经济上他们相互对立，政治上他们却是团结的。A 和 B 也是宗教、种族和地区等集团的成员，他们两人与这些集团中的任何一个成员都可能发生类似的既冲突又合作的关系。所以，A 不仅同时认同众多不同的社会集团，而且，他作为这些不同集团的成员就同时是他的任何一位同伴的朋友和敌人，只要他们属于不同的集团，而他或是这些集团的成员或是它们的敌人。

A 相对于他的同伴所扮演的朋友和敌人的多元角色，使他无论是作为朋友还是作为敌人都受到了限制。如果他与他的政治朋友完全认同（他的政治朋友同时是他的经济敌人），他就要面临着在争取经济好处的斗争中失败的危险。如果他把争取经济好处的斗争推向极端，他又将失去他在作为政治集团的成员时所需要的政治支持。如果 A 想同时当经济敌人和政治朋友，他就必须兼顾两者，在两者互不妨碍的限度内活动。所以，社会不同成员所扮演的社会角色的重叠倾向于缓和冲突，并把冲突限制在能够使社会成员同时扮演不同角色的限度内。

最后，A 和 B 不仅是相互竞争的经济集团的成员，不仅具有相同的政治态度(且不说他们可能同时属于其他社会集团)，而且根据定义，他们也是同一个国内社会的成员。他们有共同的语言、共同的习惯、共同的历史回忆、共同的基本社会和政治哲学，以及共同的国家象征。他们读同样的报纸，收听相同的广播节目，度过同样的假日，崇拜相同的英雄。更重要的是，他们把自己的国家和其他国家相比较，发现他们相互之间的共同点要远远多于与其他国家的成员之间的共同点。特别是，他们相信他们共同具有的民族特性，在所有重要方面，特别是在道德方面，优于其他国家的成员的品质。因此，A 和 B 渐渐感到，他们不仅属于同一个民族家庭，而且由于这种家庭关系，他们拥有某种非常珍贵的共同的东西，某种增添了他们的价值、使他们在每一重要的方面与外国人相比都成为"更好"的人的东西。

A 和 B 的自尊以及彼此间的尊重，是与他们同属于一个国家共同体的成员资格紧密相连的。他们的思想信念和道德判断都来源于这种成员资格。我们在前面已详细论述过这种成员资格如何给予他们的权力欲望以替代性的满足。③ 他们对国家的忠诚，不仅仅是对于得到的好处的感谢和回报。他们的忠诚也正是他们得到好处的条件。只有忠于国家，只有牢牢地依附于国家并把它看作所有世间财物的源泉，只有自己与国家认同，个人才能体验到自身归属于国家的那种安全感，才能体验到民族骄傲的兴奋，也才能体验到祖国在战胜他国时的成就感。因此，保护国家免遭外来的破坏和内部的分裂，是所有公民优先关心的事情。同样，对国家的忠诚成为所有公民至高无上的义务。他们不能容忍任何可能威胁国家团结的事情。与国家的团结不协调的利益、思想和忠诚必须让位于那种对国家团结的关心。

这种关心时刻限制着可能分裂 A 和 B 的那种矛盾，并时刻限

---

③ 见第 117 页及其后。

制着 A 和 B 以斗争方式解决矛盾的方法。无论他们的冲突对于他们的利益多么重要,他们的冲突都不能危害国家团结本身。无论 A 和 B 使用什么方法解决他们自己的冲突,他们也都不能诉诸危害国家团结的方法。因此,国家内部的所有冲突,在它们追求的目标和运用的手段方面,都受到了限制。它们仿佛都被织入国家共同体这块细密的织物里,从而被保持在界限之内。与局部效忠的多元化、重叠性一起,国家效忠的这种限制和抑制作用,构成了造成国内和平的三个因素中的第一个因素。

对正义的期望

国内社会如何在敌对的社会集团中创造一种期待心理,使它们都期望它们的要求不会被完全忽视,而是有机会使自己的要求至少得到部分的满足呢?如何能使所有相互竞争的集团,期望它们所属的国家社会至少给予它们近似正义的对待呢?

在国内社会中,正义的问题是在两个层次上提出来的。一个层次是整个社会共同信奉的一般原则;另一层次是特定集团提出的特别要求。在一般原则的层次上不会出现对和平的威胁,因为大家都赞同这些界定了社会的公共利益的一般原则。像民主、社会正义、平等和言论自由这样的原则,只要它们仍然停留在社会集体奋斗的最终目标的抽象范围里,它们就不会引起危及社会和平的冲突。

可是,一旦这些抽象概念被各社会集团利用,在这些原则的名义下提出相互冲突的要求,这些原则就会成为社会冲突中的强大武器。这些要求是对社会的极大的挑战。社会也许能够不考虑弱小集团的要求而不会危及和平。社会内聚力和社会对有组织的暴力的垄断,足以使弱小集团的怨恨和不满无法转变成对社会秩序的公然反抗。然而,对于具有潜在权势的大的社会集团的对正义的要求,社会却不能充耳不闻,否则将招致革命和内战的危险,也就是说,将危及社会整体的和平和生存。

和平变革的复杂机制正是在这里开始起作用的,它使所有集团都有机会把它们的正义要求诉诸公共舆论、选举、国会投票、考试委员会等的裁决。这些机制给予各社会集团申述自己意见的机会和依据约束所有集团的规则竞相争取社会承认的机会,从而将各社会集团相互冲突的要求导入和平的渠道。在这种竞争的条件下,没有一个集团能够肯定它将最终胜利,但是所有集团都能够依赖于这样一个机会,即可以于此时或彼时采取某些向赢得正义的方向前进的步骤。

占压倒优势的权力

保持国内社会和平的第三个因素,是社会拥有占压倒优势的权力,能够将任何破坏和平的企图扼杀于萌芽之中。这种压倒优势的权力以两种形式表现出来:作为有组织暴力垄断的实际武力的形式,以及不可抗拒的社会压力的形式。

社会拥有的以有组织暴力垄断的形式出现的权力,与其他形式的暴力,特别是我们在国际领域中遇到的那种暴力比较起来,有两个不同的特征。

国内社会有组织的暴力,对于各社会集团的相互冲突的要求,在某种程度上是中立的,只要这些要求没有超出法律的限度并只运用和平的手段。19世纪的自由主义认为,社会的有组织的暴力是完全中立的,它站在利益冲突的混战之上,并随时准备对任何违法者强制执行法律。马克思主义反对这一学说,它宣称社会的有组织的暴力只不过是统治阶级用来维持它对被剥削大众进行统治的武器。实际上,社会的强制性组织不可能是完全中立的,因为正像我们已经看到的那样④,它所维持的法律秩序不是完全中立的,而是必然有利于它赖以存在的现状。现状在遭到挑战时可以依赖社会强制性组织的支持。

---

④ 见第296页及其后。

可是,社会强制性组织独具的特征是,它虽然偏向于维持现状,但大体上它并不偏向于维持任何特定的现状。美国社会的强制性组织保卫了1800年、1900年、1932年和1940年的现状。英国社会的强制性组织相继支持了封建主义、资本主义和社会主义的现状。然而也可能出现这种情况:一个特定的现状侵害了大部分人口的基本的道德信念和根本利益,而且相当一部分法律执行人员同情他们对现状的不妥协的斗争。在这种情况下,体现着现状的法律秩序将得不到执行。在美国,南北战争的宪法背景以及禁酒法令的命运很好地说明了这种情况。

国内社会的强制性组织具有的另一特征是很少采取集体行动。国内社会的强制性组织通常只对违法的个人进行制裁以维持国内的和平与秩序。只是在罕见的例外情况下,它才作为一种集体武力反对另一个扬言要扰乱和平的集体。在劳资纠纷中使用武力是这种情况的突出例子。但在正常情况下,社会手中掌握着有组织暴力的垄断权并准备必要时介入,这一事实本身就足以阻止人们对国内和平的集体破坏。它的存在这一事实,使得社会的强制性组织没有必要采取行动。

除了这个因素以外,可能比它更重要的是,为了保持和平社会向其成员施加的无组织的巨大压力。一个集团为了能够逃避这种压力就必须在国内社会的框架内建立起自己的社会结构,与自身寓于其中的国内社会相比,该结构必须更完整统一,具有更大的强制力,并且赢得更高的忠诚。在我们的时代,强烈的民族主义、它向民族主义化的普世主义的政治宗教的转变、现代大众传播媒介的渗透性,以及相对同质的小集团对大众媒介的控制——所有这些都成倍地扩大和增强了社会压力,这种社会压力在国内社会中倾向于将意见各异的集团控制在法律与和平的界限之内。

国家的作用

国家对于国内和平的维持有什么贡献呢?"国家"只不过是社

会强制性组织的别名——也是一种法律秩序的别名,这种法律秩序决定了在什么条件下社会为了保卫秩序与和平可以使用它所垄断的有组织的暴力。当我们前面谈到社会的强制性组织和法律秩序时,我们实际上已经谈论了国家。国家对于国内和平的维持有三个功能:(1) 国家提供了国内社会的法律连续性。因此,它能使个人体验到,国家是一个在时间和空间上的连续体,具有一种人们能以它的名义行动的人格。它要求和接受人们的服务,也赐予人们好处。人们对国家的那种个人效忠是除家庭和教会外的其他社会组织所难以得到的。(2) 国家提供了大多数进行社会变革的制度化机构和程序。(3) 国家提供了执行法律的机关。

我们还要确定国家对国内和平的贡献有多么重要。这个问题的答案是双重的。国家对于国内和平的贡献是必不可少的,但只此是不够的。没有国家的贡献,就不可能有国内和平,但是只有国家的贡献而别无其他,也不可能有国内和平。

在我们关于权力、均势和主权等问题的讨论中已经暗含着没有国家便不可能有国内和平的意思。敌对的社会集团为了实现它们认为对自己至关重要的目标,将使用它们拥有的一切手段。如果这些社会集团像主权国家在它们相互关系中所做的那样,控制了物质的暴力工具,它们将以两种不同的方式使用暴力工具。它们或者通过显示自认为优越的力量去向它们的对手施加压力,或者将运用暴力摧毁对手的物质暴力工具。无论使用哪种方法,物质暴力的目的都是要摧毁对手抗拒另一方要求的意志。

国内社会的历史说明,没有一个政治的、宗教的、经济的或区域的集团能够长期抗拒利用暴力手段满足自己要求的诱惑,如果它认为这样做不会冒太大风险的话。无论其他的社会因素如何强烈地支持和平事业,它们的效力最终也要在暴力带给其拥有者的迅速和肯定的胜利希望面前消失。因此,每当国家不能保持对有组织的暴力的垄断,不能有效地使用它拥有的任何暴力手段以维持和平和确保自己的生存的时候,国内社会就会暂时或永久瓦解并分裂成许多较小的单元。

当看来事关重大、值得使用暴力时,任何有能力使用暴力的人都会这样做的。有鉴于此,需要有一个足够强大的社会机构阻止这种暴力的使用。社会也许可以找到某些东西来取代国家给予它的在时间和空间上的法律统一性,并取代国家赖以调节社会进程动力的进行社会变革的各种机构。但是,就国家高居于相互竞争的各集团之上,仅靠它的存在就能将各集团的冲突维持在和平的范围之内而言,社会找不到任何东西来取代这种利维坦式的超级强权。

国家对于国内和平的维持是必不可少的;这是霍布斯哲学的真谛。然而国家仅凭自身还维持不了国内和平;这是霍布斯哲学的重大疏漏。对于国内社会和平的维持,国家的权力是必要的,但不是充分的。这已为历史上的内战经历所证明。如果在很长的历史时期中只有几次内战,那么它们可被视为例外。可是在1480年到1941年所发生的278次战争中,78次是内战,占总数的28%。从1840年到1941年间,发生了18次内战和60次国际战争,两者比率约为1∶3。从1800年到1941年,内战为28次,国际战争为85次,比率正好是1∶3。⑤ 关于内战的耗费,昆西·赖特认为:"法国16世纪的胡格诺战争、英国15世纪的蔷薇战争和17世纪的内战、从德国立场看的三十年战争、从西班牙立场看的半岛战争、美国的南北战争和中国的太平天国起义等内战,在生命和财产上的损失都是巨大的,远超过当时的国际战争。"⑥

内战的频繁和破坏力表明,国家的存在并不能保证国内和平的维持。原因在于国家本身的性质。国家不是根据某些抽象的政府原则被设想出来并被加于任何可能存在的社会之上的,它不是

---

⑤ Quincy Wright, *A Study of War* (Chicago: University of Chicago Press, 1942), Vol. I, p. 651.

⑥ Ibid., p. 247.

制宪会议的人造产物。相反，国家来自社会，是社会的一部分，它随着社会的盛衰而盛衰。国家远远不是脱离于社会的东西，它是由社会创造出来的。

如果社会中各集团间的冲突不被更高的忠诚所限制、抑制和抵消，如果社会变革进程不再能保持所有的主要集团对正义的期待，并且如果它的非组织的强制力量再也不足以迫使这些集团顺从，那么国家无论多么强大也拯救不了这个社会的和平。以阶级、种族、宗教、地区或纯政治的斗争为形式的社会内部产生的破坏力量，将在革命、政变和内战中爆发出来。国家不能置身于这些重大事件之外，它不能像消防队那样置身火源之外，只是在酿成火灾时才着手扑火。国家在两个意义上不可避免地卷入这些重大事件。国家是革命的主要对象，国家必须通过运用武力镇压革命保护自己。另一方面，导致社会分裂的那种意见分歧也会导致其强制性组织——国家的分裂。在这种情况下，或者国家将不再以一个单一的整体进行活动，它的四分五裂的各部分将加入整个社会中的各交战集团，并且国家的统一将在内战中化为乌有，或者使人民分裂的那些争端不是由全体人民通过斗争解决的，而是通过国家组织内部的自相残杀的斗争解决的，这种斗争以政变、叛变阴谋和清洗的形式出现。国家组织中的内斗解决方式在我们的时代更可能出现，因为现代技术使国家获得了对有效权力的垄断。

民众支持的三重检验

为政府的特定形式设计的这三重检验完全可以运用于世界国家。世界上的所有民族是否都愿意接受一个世界政府，或者至少他们不至于反感到如此地步，以至设置不可逾越的障碍以阻止世界政府的建立？他们愿意并能够采取维持世界政府生存的必要行动吗？他们愿意并且有能力根据世界政府对他们的要求去做或不去做某些事情，以使它能够实现它的目的吗？我们在前面讨论到民族主义、民族主义的普世主义、国际道德和世界舆论等问题的时候,已经暗示了这些问题的答案。在我们谈到维持国内和平的条件时也暗示了这些答案。答案必然是否定的。

与设想中的世界国家的相对应的范围广大的社会并不存在。目前存在的是一个由各主权国家组成的国际社会。一个包括了所有国家的所有个别公民因而等同于在政治上组织起来的全人类的超国家社会,亦不存在。在我们的时代,大多数人生活和接触过的范围最大的社会,便是国内社会。正如我们已看到的那样,国家是人们最高的世俗忠诚的接受者。在本国之外,还有其他国家存在,但是却没有一个人们愿意为它效劳而不考虑自己的国家利益的共同体存在。人们乐于将食物、衣服和金钱施舍给穷人而不考虑他们是哪国人。但是他们希望贫穷的人仍留在他们生活的地方,却不愿允许他们迁移到他们愿去的地方,从而重新成为有用的公民。因为人们认为,国际救济是符合国家利益的,而移民自由却不然。在目前人类的道德情况下,很少有人愿意为一个世界政府而行动,如果他们所理解的自己国家的利益要求他们采取不同的行动步骤的话。相反,占压倒性多数的人将把他们视为自己国家福祉的东西置于任何其他事物之上,包括置于世界政府的利益之上。换言之,世界各族人民不愿意接受世界政府,并且,他们对国家的超乎一切的忠诚是建立世界国家的不可逾越的障碍。

世界各国人民也不愿意并且也没有能力采取维持世界政府生存的必要行动。因为他们不准备对所有的价值准则进行重新评价,也不准备进行空前的道德和政治革命,这种革命将把民族国家从它的宝座上赶下来,而把一个全人类的政治组织放上去。为了使国家政府可以继续生存,他们愿意也能够做出牺牲和献出生命。

各种因素都是如此有利于国家,以至人们即使可能愿意为世界政府的建立做出贡献和献出生命,在今天这样的世界中他们也没有这样做的机会。如果有人为了全人类和人类的国家而反对他自己国家的利益和政策的话,他就会因这一削弱自己国家的反对行动而增强其本国的政府可能正在与之进行殊死搏斗的那个国家的力量。在最好的情况下,他可能招致国家对叛国者的惩罚,从而使自己成为自己的信念的殉道者。愿意以世界公民资格行动的人所面临的道德上的矛盾最明显不过地表明,今天的世界缺乏建立类似世界政府的组织的社会和道德的先决条件。也就是说,今天世界的环境将迫使他在成为另一个国家的合作者的同时,成为他自己国家的叛徒。因为在自己的国家之上没有任何人们可以为其利益而行动的政治组织存在。在自己的国家之外,只有其他的国家。

我们不打算详细论述负责社会变革的立法机构如何代表世界各民族的问题。白种人显然不能接受基于人数的代表制,因为那将使世界置于有色人种的统治之下。而违反多数原则的任何代表制度将使白人在世界上的优越地位固定化,它将遇到有色人种的反对,因为那样会使他们永远处于劣势。我们也不准备深究立法机构进行实际运作的显而易见的不可能性,即使我们能够建立起这些机构来。美国人、中国人、印度人和苏联人的道德信念、政治利益和自治的能力是各不相同的,代表如此不同民族的议会不可能在这些差异的基础上形成一个可运作的整体。它的构成单位没有一个会愿意接受这样组成的立法会议的多数表决。内战的威胁和实际的内战将笼罩着这样的机构,它将不得不以强制力弥补共同的道德和政治观念的缺乏。

让我们考虑一下两个具体问题:移民和贸易。关于这两个问题,不同国家的要求历来是相冲突的。像任何联邦国家一样,世界国家将反对把国家间的移民和国家间的贸易交给它的各个组成部分自由处理。它必须自己处理这些问题。即使世界国家在这两个方面的权威已由世界宪法予以严格规定,美国人民是否准备让世界政府有权决定开放美国疆界,允许每年有比如说10万俄国人、25万中国人和20万印度人移入美国呢?再者,俄国政府有可能每年准许10 600俄国人流入美国吗?美国人民会允许无限量地进口外国农产品并与国内产品在平等条件下竞争吗?俄国人有任何可能允许廉价的消费品进口,因而破坏它的计划经济和人民对于政府体制的信心吗?显然,这些问题的答案必然是否定的。如果这些问题的答案是否定的,人们怎能指望世界国家进行统治呢?人们怎能指望能够和平地解决威胁着世界和平的国家间的紧张状态呢?

结论不可避免地是,没有一个世界国家,国际和平就不会长久,而在目前世界的道德、社会和政治条件下,世界国家是无法建立的。根据本书至此为止所做的讨论来看,进一步的结论也是不可避免的,即文明在现代历史的任何时期中都没有像现在这样需要长久的和平,因而也需要世界国家,而世界的道德、社会和政治条件在现代历史的任何时期中都没有像现在这样更不利于世界国家的建立。最后,这一结论也不可避免:没有一个愿意和能够支持世界国家的世界共同体,就不可能有世界国家存在,正像没有愿意和能够支持国家的社会就不会有国家一样。

两个虚假的解决方法

那么,如何才能够创立世界国家呢?人们曾提出两个解决方法:世界征服,以及瑞士和1787年制宪会议创立美国的例子。

世界征服

历史上所有近似世界国家的政治结构都有一个共同点:它们是由强大的国家通过征服当时人们所知的政治世界上的其他国家而建立的。这些世界国家中的大多数还有另一共同点:在其创立者的有生之年,它们就已经难以生存下去了。

在西方文明中,这一规律的唯一例外是罗马帝国。这个世界国家之所以国运格外长久,是由于两个不寻常的转变。罗马征服者把被征服者转变为罗马人,其方法或者是把被征服者纳入罗马的主体文明中,使他们成为罗马公民,或者是根除他们的固有文明,把他们变为奴隶。然而在征服过程中,特别是在征服希腊世界的过程中,罗马征服者按照被征服者的文明重新塑造了自己的文明,使自己也发生了转变。经过这种双重的混合过程,罗马创立了一个新的道德和政治共同体,其范围包括它征服的所有土地,并且它有能力稳定这个新国家。除去这两个转变之外,还必须考虑到环境条件,即罗马帝国在征服地中海世界之后,又扩展到政治上的真空地带,那里只有野蛮人居住。在罗马征服者优越的、有吸引力的文明的冲击下,野蛮人组织松散的文明便土崩瓦解了。

其他大多数世界国家经过征服刚刚建立起来就解体了。因为在武力建立起来的政治和军事上层建筑之下,各个民族社会仍然继续生存,每个民族社会都有自己独立的道德价值和政治利益,每一个都企图摆脱征服者的桎梏。这些世界国家并不是一个与它们范围相同的世界共同体的自然产物,而是一种用武力制造出来的东西,这种东西被人为地强加于众多的不情愿的民族社会之上。

举例来说,拿破仑差一点建立起来的世界国家是被英国和俄国不曾动员的后备力量毁灭的,这当然是事实。可是,当1812年该帝国在一次重大的扩张失败中暴露了它的军事弱点时,组成帝国的各个民族社会便重申它们的主权,并加入英国和俄国一边,从而埋葬了帝国。

征服的规模若是较小,就无法把征服人口和被征服人口统一在一个新的共同体中,但它所面临的叛乱和民族分裂主义的威胁也较小。爱尔兰和英国的关系,东欧和俄国的关系,就是很好的例子。如果征服者能够聚集压倒性的力量,那么,生存于同一国家内的两个民族社会间的冲突,就不会造成对和平的威胁。但是,如果被征服民族的力量和征服者的力量相差不是太悬殊的话,征服者和被征服者之间潜在的内战状况将削弱国家的力量,尽管在现代战争的条件下,这种状况不至于危及它的生存。

有限的征服,如果不能在它征服的领土内建立起一个新的共同体,就可能得到这种后果。因此,由征服创立却缺乏世界共同体支持的世界国家,如果想维持境内的和平,唯一的机会就是要造就和保持数百万的兵员和警察的绝对纪律和忠诚,这些人员将对不情愿的人民强制实行统治。这样的一个世界国家将是一个极权主义的泥足怪兽,只要想一想这个怪兽就足以使人心惊胆战。

瑞士和美国的例子

人们期望世界国家实现的东西,瑞士似乎已经实现了——由一些有着各自的语言、文化、历史、忠诚和政策的主权国家创立一个新的联邦国家。瑞士能够把说四种不同语言的二十二个主权国家统一在一个政治组织中,为什么世界上一百五十多个国家不能这样做呢?只要它们像瑞士那样采用一个联邦宪法,只要它们像瑞士各邦那样彼此相待,世界国家的问题就解决了。这个论点似乎是有说服力的,公众讨论中也常常提到。可是,它一接触瑞士的历史事实就不能自圆其说了。

首先,统一的瑞士国家始自 1848 年。在这之前瑞士的各邦已组成一个邦联,该邦联更像一个成功的国联或联合国,而不大像一个单一的国家。该邦联产生自几个永久性联盟,联盟是由 14 世纪中的所谓森林邦和某些城市邦结成的。这些邦出于某些共同的和互补的利益,结成联盟以抵抗共同的危险。为什么在这些特殊条件消失之后这些联盟仍能继续存在并且强化为具有共同的政府机构的紧密邦联呢?这一问题的解答将对瑞士现象提供解释。

(1)邦联最初的十三个成员的领土是彼此相连的,它们团结起来共同对抗它们都曾臣属的德意志帝国和哈布斯堡王朝,它们共同努力把自己从中解放了出来,而那之后,帝国和王朝仍然是它们每一个邦的自由的敌人。(2)14 世纪和 15 世纪瑞士军队战胜骑士的著名胜利具有双重作用。他们以最英勇的士兵形象饮誉欧洲,历经几个世纪而不衰,他们还证明了构成最初邦联核心的山谷事实上是坚不可摧的。(3)与进攻瑞士要冒的这些军事危险比较起来,取胜的吸引力是很小的。考虑到这些山谷中自然资源的贫乏,这些吸引力完全是战略上的;也就是说,它控制着某些联结意大利和北欧的阿尔卑斯山关口。可是,四个世纪以来,除去拿破仑战争是唯一重要的例外之外,邻近瑞士的各敌对大国发现让瑞士保卫阿尔卑斯山关口以阻止所有交战国进入,较之试图从瑞士手中夺取这些关口更有利。然而,重要的是,只有瑞士强大的邻国继续敌对下去,这种均势才能发挥这一保护作用。拿破仑在意大利的胜利立即摧毁了这一保护作用,于是从1798年起,瑞士成为敌对军队的不幸的牺牲品。另一值得记取的史实是,当奥地利、德国和意大利结成三国同盟时,意大利总参谋部曾六次向德国总参谋部建议经瑞士进军法国,以共同对法国作战。

因此,瑞士之所以能够诞生并生存,不仅是由于执行了表达在宪法安排中的意志,而且是由于许多特别的情形以及这些情形独特的综合作用。这些情形使瑞士能够在强大的邻国包围之中生存下来,但却不能确保瑞士维持其各成员邦之间的和平。在三百多年的时期内,瑞士各邦相互之间进行了无数次的规模较小的战争和五次宗教战争,这些战争涉及或实际上涉及了所有邦,最后的一次是在1847年。而大量的革命和政变更丰富了内乱的画面。

那么,瑞士的历史对于世界国家的问题有什么启发呢?我们可以同意拉帕德的结论,他说,瑞士作为一个邦联享有有限的国家安全,仅仅"是凭借着与它的政权本身无关的特别的环境,……如果说瑞士五个世纪以来集体安全的经验能给当代人提供什么教训的话,这一教训显然是反面的。同时它也证实了从最近的历史中总结出的经验和简单常识的启示。只要国际社会的安全仅仅依靠充分享有主权的国家的自由合作的话,它必然仍是脆弱的"⑦。因此,尽管瑞士的经验强调了在民族国家之上建立国家的必要和困难,但是它也证实了我们自己的这一结论,即受到限制的和平是脆弱的。

---

⑦ William E. Rappard, *Cinq siècles de sécurité collective (1291—1798)* (Paris: Librairie du Recueil Sirey, 1945), p.594.

人们也常常引用美国建国方式的例子来证明,于此时此地运用制宪会议来建立世界国家是可行的。实际上,美国的例子只能说明,任何国家只有依赖于一个原先已存在的道德和政治共同体,才可望长期存在下去。

当1787年举行制宪会议时,十三州只是在名义上而不是在政治事实上拥有主权。它们不是要把十三个独立的主权国合并为单一的主权国。当它们在1776年宣布脱离英国而独立之后,主权问题仍然悬而未决。通过建立美国,它们以一个主权代替了另一个主权——英王的主权。它们以一个共同的效忠代替了另一个共同的效忠。同时,它们都保留了共同的语言、共同的文化、共同的民族遗产、共同的道德信念和共同的政治利益,这些共同的东西刚刚经受了在统一的指挥下团结战斗的革命战争的考验。十三个殖民地在英王的统治下形成了道德和政治共同体,在它们共同对抗英国的斗争中,它们考验了这个共同体并充分认识到了它的存在。在它们赢得独立之后,它们保留了这一共同体。正如约翰·杰伊在《联邦党人文集》第二篇中所说的:

> 上帝乐于把这个连成一片的国家赐予一个团结的民族——这个民族是同一祖先的后裔,讲相同的语言,信仰相同的宗教,遵从同样的政府原则,风俗习惯非常相似;他们齐心协力,在一次长期的流血战争中并肩作战,光荣地建立了全体的自由和独立。……
>
> 迄今,在我们各个阶层和各色人等中,仍然盛行着同样的情感。总的说来,我们是一个和谐如一的民族,每个公民到处享有同样的国民权利、特权和保护。作为一个国家,我们缔造了和平,也打过仗;作为一个国家,我们消灭了共同的敌人;作为一个国家,我们同外国结成联盟,签订了条约,并同外国缔结了各种协定和公约。

费城会议所做的,不过是用另一部宪法、另一个主权和另一个国家取代原有的宪法、主权和国家,而这两者都是建立在同一个早已存在的共同体之上的。制宪会议不是在原来已有的十三个单独的不同国家存在的地方建立一个新国家。美国的建立,不但不能证明仅凭一纸宪法的协议就能创建一个国家,反而证明了前面提出的两个论点的正确性:国家内部和国家之间都能发生战争;美国是建立在道德和政治共同体之上的,它不是由宪法创造的,宪法只是见证了这一业已存在的共同体。美利坚人民的共同体先于美利坚国家而存在,同样,世界共同体必须先于世界国家而存在。

第二十三章　世界共同体

经典名句

- ◆ 决定了历史进程并改变了地球政治面貌的所有重大战争，都是为了实际的利益而不是为了想象中的利益而进行的。

- ◆ 理解与冲突的不可避免性之间的这种联系是历史留给后人的悲惨教训之一：一方越是理解对方的立场、性质和意图，冲突就显得越是不可避免。

- ◆ 只要人们继续按照国家的而不是超国家的标准和忠诚来判断和行动，世界共同体就仍将是有待实现的设想。

国际复兴开发银行

国际货币基金组织

国际劳工组织

联合国教科文组织

联合国专业机构

最后这个结论——世界共同体必须先于世界国家而存在——使人们为了创立一个世界共同体而进行两种努力:联合国教科文组织和联合国的其他专门机构。①

文化的途径:联合国教科文组织

《联合国教育、科学及文化组织组织法》第一条:

> 本组织之宗旨在于通过教育、科学及文化来促进各国间之合作,对和平与安全作出贡献,以增进对正义、法治及联合国宪章所确认之世界人民不分种族、性别、语言或宗教均享人权与基本自由之普遍尊重。
>
> 为实现此宗旨,本组织将:
>
> (a) 通过各种群众性交流工具,为增进各国人民间之相互认识与了解而协力工作,并为达此目的,建议订立必要之国际协定,以便于运用文字与形象促进思想之自由交流;
>
> (b) 通过下列办法给教育之普及与文化之传播以新的推动:
>
> 应会员之请求,与之协作开展各种教育活动;
>
> 建立国家间之协作以促进实现不分种族、性别及任何经济或社会区别均享有平等的受教育机会之理想;
>
> 推荐最适合于培育世界儿童担负自由责任之教育

---

① 参见第七章中与本章有关的关于世界舆论的讨论。

方法;

(c) 通过下列办法维护、增进及传播知识:

保证对图书、艺术作品及历史和科学文物等世界遗产之保存与维护,并建议有关国家订立必要之国际公约;鼓励国家间在文化活动各个部门进行合作,包括国际间交换在教育、科学及文化领域中积极从事活动之人士,交换出版物、艺术及科学珍品及其他情报资料;

提出各种国际合作办法以利于各国人民获得其他国家之印刷品与出版物。

为了评价联合国教科文组织对国际和平所能作的贡献,我们必须作三个区分:(1) 我们这里所关心的,不是联合国教科文组织以文化和教育的传播和改进本身为目的所能做出的贡献。(2) 我们这里关心的,也不是联合国教科文组织通过国际合作这一事实本身对维护国际和平所能做出的贡献,本章最后一节将探讨这方面的问题。(3) 我们这里关心的只是,通过促进国际理解、教育和一般的文化活动,联合国教科文组织对维护国际和平能够做些什么的问题。

卡内基国际和平基金会在对联合国教科文组织1948年度计划的评价中宣称:"首先,它的各个项目并非总是与保卫和平和安全有着明确的和明显的联系。"② 这个评价对于联合国教科文组织的所有活动都适用,无论这些活动本质上多么值得赞赏。这一缺陷不是联合国教科文组织所开展的某些项目的偶然的质量问题,这些项目只要经过修正和完善,就可以发挥维护和平的作用了。相反,这个缺陷是先天的,它产生于作为该机构基础的并渗透到它的一切活动之中的哲学思想。所以,1952年11月17日,即将卸任的联合国教科文组织总干事海梅·托里斯·博德特先生在总结教科文组织的大会所做的讨论时警告说:"联合国教科文组织必须防

---

② *International Conciliation*, No. 438 (February 1948), p. 77.

备的最大危险就是徒劳无功。"

联合国教科文组织的哲学认为,教育(特别是以国际理解为目的的教育)、文化交流和一般而言可能增加不同国家人民之间的接触并促进他们相互理解的一切活动,必然会对国际共同体的创建及和平的维护做出贡献。这个假设暗含的论断是,国家之所以民族主义化并相互进行战争,是因为它们彼此了解不够,也因为它们在不同的教育和文化层次上运作。这两个假定都是错误的。

文化发展与和平

有些原始民族完全缺乏制度化的教育,但它们一般是爱好和平的,而且乐于接受外来文化的影响,达到了自我毁灭的地步。也有其他的民族,例如日耳曼人,受教育程度很高,又有古典文化的熏陶,但它们在历史的大部分时间里都是民族主义化的和好战的。伯利克里领导下的雅典人和文艺复兴时期的意大利人创造了西方文明史上无与伦比的文化,而两者在那个历史时期至少像在那之前或之后的任何时期一样,都是民族主义的和好战的。

另外,在某些国家如英国和法国的历史中,民族主义排他性和好战政策的时期与普世主义和和平的时期交替出现,这些变化与教育和文化的发展之间不存在必然联系。中华民族比任何其他民族都更具有尊重学问的传统,他们的文化成就的历史比其他民族的更悠久,而且至少是和其他民族同样具有创造性。这些教育和文化的优秀品质使中国人蔑视军人的职业,也鄙视所有其他民族。甚至在19世纪初,外族仍被中国皇帝视为蛮夷。可是所有这些,并没有使中国人具有较少的民族主义倾向和较多的和平倾向。在我们的时代里,俄国人的教育成就,特别是在普及教育和技术教育方面,已达到空前的高水平。但这对俄国人民接受外来观念的能力或对俄国政府的外交政策并没有什么影响。

这些随手举出的例子说明,教育和文化本身的质和量与世界共同体的问题显然没有关系。这一问题不以知识为转移,也不以文化价值的创造和欣赏为转移,而是以空前规模的道德转变和政治转变为转移的。

文化一致性与和平

关于教育和文化本身所做的评论同样适用于旨在促进不同民族的文化产品交流的教育和文化活动。超越国界的人际关系的大量存在并不能回答我们的问题。更具体地说,跨越国界的知识和艺术联系的存在不能给世界共同体带来任何好处。具有政治潜力的世界共同体是一个道德标准和政治行动的共同体,而不是知识和感情的共同体。美国的知识界精英欣赏俄国的音乐和文学,苏联的舞台也没有禁止莎士比亚剧目的演出,但这和我们所关心的问题毫无关系。不同国家的成员对同样的知识和艺术经验的分享并没有创造一个社会,因为这种分享没有创造出那种不同国家的成员相互之间的道德上的和政治上的相关行动,那种他们没有分享这些经验时就不会采取的行动。

人们应当记得,在比知识和艺术更高的层次上,西方国家,包括苏联,带着明确的行动目标而分享共同的经验已经有一千多年了。他们向同一个上帝祈祷,具有相同的基本宗教信仰,受同样的道德法则的约束,具有共同的礼仪方式。共同的宗教经验与个人的整个人格及其行动有着紧密联系,这种联系比超国家的知识和艺术经验所带来的联系更紧密。这种共同的宗教经验能够创造某种类型的国际共同体,但是这种国际共同体的凝聚程度还不足以造就一个世界国家。因此我们怎能期望,美国人和俄国人都很欣赏的柴可夫斯基的旋律、陀思妥耶夫斯基的深奥、《联邦党人文集》的真知灼见和《白鲸记》的形象描述,不仅能制造出一个转瞬即逝的感情上的共同体,而且能创立一个撇开旧的忠诚并建立起新的忠诚的道德判断和政治行动的共同体呢?

历史已经对这个问题做出了明白无误的答复。在所有历史时期中,文化一致性——其一致性程度比联合国教科文组织能够计划和取得的程度更高——都是和战争并存的。我们这里讲的不是内战。根据定义,内战是具有相同民族文化的成员之间进行的战争。希腊城邦间的战争、中世纪的欧洲战争、文艺复兴时期意大利的战争、16世纪和17世纪的宗教战争,甚至就统治精英而言的18世纪的战争,都是在同质文化的框架内进行的。这些文化都具有共同的基本要素:语言、宗教、教育、文学、艺术。然而,这些文化没有在一个与自己同样大小的范围内创造出一个遏制了分裂趋势并将它们导入和平轨道的共同体。相对于历史上文化的同质性,目前的各种文化在所有方面都是如此多样,那么,我们又怎能期望通过文化间的交流创造出一种共同体来呢?

国际理解与和平

联合国教科文组织的第三个目标,即国际理解,充分暴露了该组织关于国际事务的认识的根本谬误。国际冲突被认为是知识贫乏的结果,是对于其他民族的品质无知和缺乏判断的结果。如果美国人能够逐渐理解俄国人,俄国人能够理解美国人,他们将认识到他们是多么相似,他们有多么多的共同点,以及值得使他们必须为之争斗的东西是多么少。这一说法犯了两方面的错误。

个人经验表明,友谊和理解并不是同步增长的。任何人都能随意重复体验到这种经验。当然也有许多这样的例子,A误解了B的性格和动机,事实的澄清将消除冲突的根源。当A和B由于各自的重大利益受到危害而陷于冲突的时候,情况就不是这样了。A为了争取经济利益而与B战斗,并不是因为他误解了B的意图,而是因为他对B的意图了解得太清楚了。许多美国士兵满怀对他们并不了解的法国人民的友情到法国去了。可是他们的友情经受不住了解后的震惊。许多友好的访问者到过俄国之后也有相同的体验;其体验之典型,无须我们仔细说明。

许多人从一开始就坚决反对德国纳粹政权的外交目标,甚至不惜冒战争的风险。他们中间有些人对德国文化有着深刻的了解。正是由于这种了解,他们才成为德国国家社会主义政权的不妥协的反对者。同样,研究俄国历史和文化的人,那些真正了解俄国和俄国人的人,通常都不受亲俄或反俄狂热的影响。他们了解俄国扩张主义的传统目标和俄国外交的传统方法。如果他们的理解影响了西方民主国家对外交事务的处理,西方的外交就会比实际上更精明更成功。这种理解是否能导致与苏联的较好的关系,显然是成问题的。一项明智和成功的外交政策有赖于美国人和俄国人理解两国是什么样的国家和两国需要什么。而美国和苏联之间的和平归根结底则取决于它们中的一个国家的性质和需要是否与另一个国家的性质和需要相适应。

这一论断指出了联合国教科文组织关于国际事务的认识的另一个错误。认为国际冲突可以通过国际理解而解决的观点是基于这样一个隐含的假设:造成国际冲突的问题实际上产生于误解,冲突的问题是想象出来的,国与国之间实际上没有真正值得大动干戈的问题存在。没有比这个论点更远离事实的了。决定了历史进程并改变了地球政治面貌的所有重大战争,都是为了实际的利益而不是为了想象中的利益而进行的。这些重大战争中的问题从来都是:谁将统治和谁将被统治? 谁将是自由人和谁将是奴隶?

希腊人和波斯人之间、雅典人和马其顿人之间、犹太人和罗马人之间、国王和教皇之间、中世纪末期的英国人和法国人之间、土耳其人和奥地利人之间、拿破仑和欧洲之间、希特勒和全世界之间的争执的根源,是误解吗? 一方对于他方的文化、性格和意图的误解就是问题所在吗? 是否因此那些战争就不是为了实际问题而进行的呢? 或者,与此相反,难道不能认为,在许多这样的冲突中正是人们对可能的征服者的文化、性格和意图的误解才维持了短暂的和平,而对那些事实的了解才使战争成为不可避免的了吗? 只要雅典人拒绝理会狄摩西尼的警告,战争的威胁就是遥远的。只是在他们了解了马其顿帝国的性质和它的政策的时候——这对于他们挽救自己来说为时已晚——战争才成为不可避免的。理解与冲突的不可避免性之间的这种联系是历史留给后人的悲惨教训之一：一方越是理解对方的立场、性质和意图，冲突就显得越是不可避免。

尽管联合国教科文组织的计划有巨大的内在价值，但它和世界共同体的问题是毫不相干的，因为它对阻碍形成世界共同体的病因的诊断完全是不对症的。世界共同体的问题是道德和政治的而不是知识和艺术的问题。世界共同体是一个道德判断和政治行动的共同体，而不是一个知识普及和艺术欣赏的共同体。让我们假设美国和俄国的教育和文化能够达到同样优异的水平或完全融合起来，并且俄国人欣赏马克·吐温的著作，而美国人欣赏果戈理的著作。即使情况是这样的，谁将控制中东的问题将像今天一样存在于美国和苏联之间。只要人们继续按照国家的而不是超国家的标准和忠诚来判断和行动，世界共同体就仍将是有待实现的设想。

功能的途径

联合国的专门机构

如何才能实现这种标准和忠诚的转变呢？联合国的各专门机构指出了一条道路。这些专门机构是自治组织，它们由一些国家间订立的特别协定而产生，这些国家的参与程度因机构而不同。各专门机构有自己的组织法、自己的预算、自己的决策和行政机关，并且每一机构都有自己的会员国。某些机构的名称就显示出它们的职能：国际劳工组织、粮食及农业组织、国际复兴开发银行、国际货币基金组织、国际电信联盟、万国邮政联盟、国际民用航空组织、联合国教科文组织、世界卫生组织。

《联合国宪章》第九章和第十章规定了这些专门机构与联合国之间的组织关系和职权关系。《宪章》以国际组织历史上前所未有的程度强调，联合国对无论哪国国籍的个人的权利和福祉负有责任。为了履行这一责任，它在经济及社会理事会下设立了一个特别机关。经济及社会理事会有权和各专门机构订立协定——并且在许多情况下这样做了——"以确定专门机构与联合国发生关系的条件"③。联合国可以"提出建议案,以协调各专门机构的政策和活动"④。经社理事会可以采取步骤接受专门机构的定期报告和特别报告,并可以应联合国会员国或各专门机构的请求提供服务。⑤

各专门机构在联合国的配合之下从事社会和经济活动,这些活动的哲学基础是什么呢?这种哲学和国际共同体问题是否相关呢?对于这个问题,米特兰尼教授有过精彩的和有说服力的论述:

> 如果冲突和战争的邪恶产生于世界分裂为独立和相互竞争的政治单位这一事实,那么,它是否会因为简单地改变或减少分界线而被驱除呢?对分立单位的任何政治改组迟早必然产生同一结果;想要引进一个新世界的任何国际体系必然产生与消除政治分裂的目的相违背的结果。就人们所能看到的而论,只有两个方法可以实现这一目的。一个方法是通过世界国家强制性地消除政治分裂;另一方法是本文中讨论的方法,那就是将日益扩展的国际活动和机构的网络覆盖于政治分裂之上,在这个网络中并通过这个网络,所有国家的利益和生活将逐渐一体化。这是任何有效的国际体系必须向往和追求的根本改变:使国际政府与国际活动同样广泛地扩展。……国际政府必须尽可能关心明显的共同需要,同时要尽可能不依赖目前仍是潜在的和未得到承认的社会统一。……〔以这种方法,〕共同体本身将获得一个活生生的实体,这个实体不是通过书面信条获得的,而是通过积极的有机发展获得的。……这一趋势就是按照具体的目的和需要

---

③ Article 63, paragraph 1.
④ Article 58;亦参阅 Articles 62,63, paragraph 2。
⑤ Article 64,66, paragraph 2.

并根据其时间地点条件来组成政府,以取代建立在权利和权力的管辖权的法定划分基础上的传统的国际组织。……功能的途径……将有助于这种积极的和建设性的共同工作的成长,有助于共同习惯和共同利益的成长。功能途径用共同活动和共同的行政机构的自然发展来超越国界线,从而使国界线失去意义。⑥

这确实是共同体成长的方法,也是政府从共同体中成长起来的方法。我们已经指出,主权在它成为理论之前首先是一个事实,并指出,美利坚人民在他们缔造国家之前首先形成了一个共同体。那么,在一个没有共同体的地方如何才能创立一个共同体呢?

在米特兰尼教授看来,只有满足不同国家的成员所共有的需要,才能产生国际共同体。联合国的各专门机构超越国家疆界而为全世界人民服务,其存在和表现将能够建造出一个利益的、判断的和行动的共同体。最后,如果这种国际机构足够多,并为地球上大多数国家人民的最重要的需求服务,那么,人们对这些机构的效忠和对这些机构所代表的国际共同体的效忠,将超越人们对各自的国内社会及其机构的效忠。为了证明这种发展在目前世界的条件下是可行的,米特兰尼教授主要依据的是第二次世界大战期间盟国的经验。当时盟国成立了许多国际功能机构,例如英美原料委员会和中东供给中心。这些例子其实明显反映出功能的途径所带来的问题。

在战争时期,人们对战胜共同的敌人的共同事业和共同利益的效忠,超过了对各自国家的效忠,并使重要的国际功能机构可以成功地运转。在和平时期,国家所能提供给个人的利益似乎远超过个人可能从国际功能机构中获得的利益,尽管人们普遍承认不同国家的公民有着某些共同利益,例如通过避免核战争和控制核

---

⑥ David Mitrany, *A Working Peace System*, 4th ed. (London: National Peace Council, 1946), pp. 14, 15, 18, 28, 34, 35. (Reprinted by permission of the author.)

武器扩散而保证人类的生存，保护自然环境，以及通过控制国际贸易、金融体系和跨国公司而实现的经济福利（这些只有在超国家的基础上才能得到满足）。尤其是，造成国际分裂的权力冲突和由冲突造成的不安全感使人们对国家的认同成为所有国家的大多数成员最关心的事情。国家为个人提供了保护、权力冲动的替代性满足和物质需要的及时满足。除去极少数偶尔的例外——例如世界卫生组织在对抗流行病的时候——联合国各专门机构提供给普通人民的希望和满足，距离他们的直接经验是很遥远的，而且这种希望和满足，也许只有通过国家机构的中介才能被感觉到，结果人们很难知道它的国际来源。当人们向国外寄信时，谁会因为万国邮政联盟正在对这一邮递业务做出的贡献而想到向它致谢呢？

因此，国际功能机构对各国人民的福利所做的贡献便隐没于幕后了。所有呈现在人们眼前的都是巨大的政治冲突，这些冲突分裂了地球上的大国，并且威胁到失败者的福祉，若是尚未危及失败者的生存的话。这主要不是出于无知的虚张声势。它只是对无可否认的事实的承认，即承认从功能的观点看，一个国家政府做或不做某事对于个人需要的满足比国际功能机构做或不做某事重要得多。比任何其他事情更重要的是，国家政府能够保卫它的领土和公民不受外国侵犯，并在国内维持和平和使社会变革的程序运转。公众对国际功能机构的忽视，只不过是对这些机构在解决重大的国际问题时所扮演的次要角色的夸张反映。

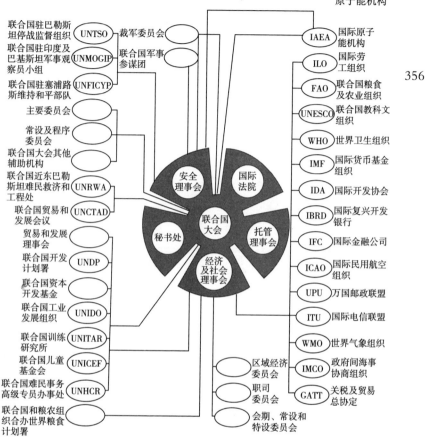

联合国系统

第二十三章　世界共同体

第十编 和平问题：以调解求和平

第二十四章 外 交

经典名句

◆ 一般情况下,大国的外交代表为了能够既服务于本国的利益又服务于和平的利益,必须同时运用说服、提供妥协的好处和向对方显示自己国家的军事实力这三种方法。

◆ 对"兜售"外交政策这一任务来说,外交官的个人感召力及其对外国人民心理的理解力是基本的先决条件。

威尔逊发表"十四点"原则

我们已经看到国际和平不能通过限制国家主权来维护;我们发现之所以如此的原因恰恰在于国家间关系的本质。我们得出结论说,通过将目前的主权国家社会改造成世界国家来求得国际和平,在当代通行于世界的那些道德、社会和政治条件下是难以实现的。如果世界国家在我们的世界上难以建立,而它对这个世界的生存又是不可或缺的,那么就有必要创造条件,使着手建立一个世界国家不至于从一开始就毫无希望。我们建议,以缓和和缩小那些在我们的时代里促使两个超级大国相互对抗和召唤一场灾难性战争幽灵的政治冲突,作为创造此种条件的基本要素。我们把这种为永久和平创造前提条件的方法,称作以调解求和平。它的工具就是外交。

外交的四项任务

我们在前面强调了外交作为国家权力要素的极端重要性,而外交对于维护国际和平的重要性不过是其一般功能的一个特殊方面。因为外交若以战争收尾,那就没有完成它的首要目标:用和平手段促进国家利益。外交的逻辑从来如此,而鉴于全面战争潜在的毁灭性,情况尤其如此。

就最宽泛的含义而言,外交包括外交政策的全部领域,其任务有四重:(1)外交必须根据实际和潜在可用于追求目标的实力来决定自己的目标;(2)外交必须评估别国的目标以及实际和潜在可用于追求目标的实力;(3)外交必须确定这些各自不同的目标在多大程度上是彼此相容的;(4)外交必须利用适于追求其目标的手段。这些任务中的任何一项的失败都会危及外交政策的成功,进而危及世界和平。

一个国家若为自己制定了它没有实力去实现的目标,那么它可能会在两方面临战争的风险。这样一个国家很可能虚掷它的实力,而且不可能强大到在一切冲突场合都足以遏制敌对国家向它发起难以忍受的挑战的地步。该国外交政策的失败可能迫使它走回头路,并根据它的真正实力重新界定它的目标。然而,情况更可能是,在狂热的公众舆论的压力下,该国将继续朝着一个无法企及的目标前进,并倾其全部资源去实现这个目标,直到最后,由于将这个目标混同于国家利益,便寻求诉诸战争来解决不能以和平手段解决的问题。

如果一国的外交错误地估计了别国的目标和别国可支配的力量,那么也会引发战争。我们已经指出了误把现状政策当作帝国主义政策、误把帝国主义政策当作现状政策以及混淆不同类型的帝国主义的错误。① 一个误把帝国主义政策当作现状政策的国家,不会准备去对付别国帝国主义政策所包含的对自己生存的威胁。它的弱点将引诱进攻并可能使战争的发生不可避免。一个误把现状政策当作帝国主义政策的国家,将由于它的过度反应招致它正力图避免的那种战争危险。因为,正像A误把B的政策当作帝国主义政策一样,B也会把A的防御性反应看作是帝国主义政策。于是,由于每一方都想要挫败想象中的来自对方的侵略,因而两国便都匆忙备战。与此相似的是,混淆帝国主义的一种类型与另一种类型也会招致不适当的反应,从而招致战争危险。

至于对别国实力的估计,无论是高估还是低估,对于和平事业来说都是同样致命的。A如果过高估计了B的实力,便会宁愿向B的要求让步,直到最后,A不得不在最不利的条件下为自己的生存而战斗。A如果过低估计了B的实力,便会对自己自以为是的优势过分自信。A便会向B提出和强加它认为后者弱得难以抵制的

---

① 见第77页及其后,第106页及其后。

要求和条件。由于不知道 B 的实际抵抗力量,所以,它会面临一种二者必居其一的选择:要么退却并承认失败,要么前进从而冒战争的风险。

一国若谋求奉行一项明智的和和平的外交政策,就不能不随时比较它自己的目标与别国的目标之间的相容性。如果它自己的目标与别国的目标是相容的,那就不会出现任何问题。如果它们不相容,A 国就必须确定,它的目标对它自己来说是否重要到必须不顾与 B 国目标的不相容去追求的程度。如果 A 国发现即使不实现这些目标自己的根本利益也能得到维护,那这些目标就应当放弃。另一方面,如果 A 国发现这些目标攸关它的根本利益,那它就必须转而自问,与自己目标不同的 B 国的目标是否攸关 B 国的根本利益。如果答案似乎是否定的,A 国就必须努力敦促 B 国放弃它的目标,并向 B 国提出不会影响 A 国根本利益的替代方案。换言之,A、B 两国必须通过外交折冲和互谅互让寻找一种可以调和彼此利益的方法。

最后,如果 A、B 两国彼此互不相容的目标被证明对每一方都是至关重要的,那仍然可以寻求一种能重新界定和调和它们彼此根本利益从而使它们的目标彼此相容的方法。然而,在这一点上,即使假定双方都奉行明智和和平的政策,A、B 两国仍会危险地走近战争的边缘。

旨在维护和平的明智外交的最后一项任务,是为追求它的目标选择适当的手段。外交可以使用的手段有三种:说服、妥协和武力威胁。单凭武力威胁开展的外交不能称作是明智和和平的外交,把一切赌注都押在说服和妥协上的外交也不应称作是明智的外交。在大国的外交政策行为中,仅仅使用一种手段而排除使用其他手段的情况,即使有也是罕见的。一般情况下,大国的外交代表为了能够既服务于本国的利益又服务于和平的利益,必须同时运用说服、提供妥协的好处和向对方显示自己国家的军事实力这三种方法。

外交的艺术就在于在任何一个特定的时刻正确地突出这三种

它可以使用的手段中的一种。已经成功地履行了其他功能的外交,如果在环境主要要求相互妥协时强调了说服,那就很可能在促进国家利益和维护和平方面遭受挫折。如果外交在应当突出地显示该国军事实力时把它的大部分赌注放进了妥协的篮子里,或者,在政治形势需要说服和妥协时强调了军事实力,那它就同样会遭到失败。

外交的工具

外交的这四项任务是构成外交政策超越时空的基本要素。人们可以说,一个与毗邻部落保持政治关系的原始部落酋长为了取得成功和维护和平,必须执行这四项职能。行使这些职能的需要像国际政治本身一样古老和普遍,只是通过有组织的机构来执行这些职能的情况则是较为晚近的事。

外交的有组织的工具有两个:各国首都的外交部和外交部派往外国首都的外交代表。外交部是形成政策的机构,是外交政策的大脑。它汇集和评价外界信息、陈述外交政策、发送可以由外交代表转化为实际外交政策的信号。如果说外交部是外交政策的大脑,那么外交代表就是外交部的眼睛、耳朵、喉舌、指尖,而且似乎就是巡回的外交部的化身。外交官为其政府履行三项基本的职能——象征的、法律的和政治的。

象征代表

外交官首先是他的国家的象征代表。因此,他必须连续地履行象征职能并且在其他国家外交官和驻在国政府履行象征职能的场合露面。这种职能一方面用来检验他的国家在海外拥有的威望,另一方面用来检验他自己的国家对驻在国的威望所持的态度。例如,美国驻伦敦的大使在他被邀请参加的官方活动中都代表美国总统,在他自己举行的国宴、招待会等场合也代表美国总统。凡遇当事国喜庆或悲哀的场合,他就要表达或接受祝贺与慰问。他执行着外交礼仪方面的象征性职能。②

作为外交象征性职能的一个重要例子,我们提到过大多数外交使节感到勉为其难而举办的豪华招待会,用以款待驻在国的政府成员、他们的外交官同行以及他们驻在国首都的上流社会。这种惯例在民主国家曾受到严厉的抨击,但就外交官个人来说,这种惯例主要不是一种嗜好奢华的表现,而是在履行外交代表机制中的一项特殊职能。

外交官在他所举行的招待会上,并不是作为个人代表他自己,而是作为他的国家的象征代表。邀请客人出席纪念1917年十月革命招待会的是苏联大使本人,而通过他(他的身份与这种象征性的目的无关)款待、庆祝和试图给他的客人——以及那些有意未被邀请的人——留下富有和慷慨印象的则是苏联。20世纪30年代,当苏联在国际社会中重新取得了一种重要的但却令人猜疑的地位之后,由苏联在世界各地的使馆所举办的招待会是以其豪华和美酒佳肴之丰盛而闻名的。苏联这样做绝非偶然。这种奢华的目的与其说是向西方世界的那些资产阶级居民们炫耀俄国人民如何富裕,毋宁说在于补偿苏联刚刚摆脱并且害怕会重新跌入的那种政治上的劣等地位。通过指示其外交代表在有关招待的事宜上不能逊色于他们在外国首都的同行,如果不是更胜一筹的话;苏联就像一个刚刚闯进上层社会的暴发户一样,力图象征性地证明它至少与其他国家一样出色。

法律代表

外交官也担当他的政府的法律代表。他是他的政府的法律代理人,就如同总部设在特拉华州威尔明顿市的一家国内公司在其他州和城市由其法律代理人代理的情况一样。这些代理人以我们称之为公司的法人的名义行事,他们发表对公司有约束力的声明,

---

② 见第87页及其后。

签订使公司承担法律义务的合同,并在公司章程的限度内行事,好像他们本身就是这家公司一样。同样,美国驻伦敦大使以美国政府的名义履行美国宪法、法律、政府法令允许他执行的法律职能。他可能被授权签订条约,或者传送和接受有关已签署的条约的批准书以使一项已签署的条约生效。他向海外的美国公民提供法律上的保护。他可以在国际会议上或者在联合国的一个机构中代表美国,并且以他的政府的名义、依照他的政府的指示投票。

政治代表

外交官和外交部一起设计本国的外交政策,这显然是他最重要的职能。外交部是外交政策的神经中枢,而外交代表则是保持这一中枢和外部世界之间双向交流的外部触须。

在以上所讨论的外交的四项任务中,外交官至少肩负着履行其中一项任务的主要责任:他们必须评估别国的目标以及可用于追求这些目标的实际的和潜在的力量。为此目的,他们必须通过直接询问政府官员和政治领导人,通过分析报纸和其他舆论喉舌,来了解驻在国政府的计划。而且,他们还必须估计政府内部、政党内部以及公众舆论中所存在的反对趋势对政府政策的潜在影响。

一个驻在华盛顿的外国外交官必须随时向其政府报告美国政府各个部门目前以及在可见的将来对有关当前国际事务中的问题所持的态度。他必须评估政府和政党中的不同人物在外交政策发展过程中的重要性。不同的总统候选人一旦当选可能对外交政策中悬而未决的问题采取什么样的立场?某一个专栏作家或评论家对官方政策和公众舆论有什么样的影响?他的观点在多大程度上代表了官方思想和公众舆论的倾向?这些都是外交官必须努力回答的一些问题。他的政府的外交政策的成败及维护和平的能力,很可能就依赖于他的报告的可靠性和他的判断的正确性。

当问题涉及对一国的实际和潜在力量进行评估时,外交使节便承担了一个高级的秘密间谍组织的任务。武装部队中的高级军官被派往各个使馆做代表,在使馆里,他们作为陆、海、空军的武官,负责搜集——运用一切可能的方式——有关国家实际的和计划中的军备、新式武器、军事潜力、军事组织以及战争计划的情报。他们的工作还由商务参赞来补充,商务参赞搜集有关经济动向、工业发展、工业中心的情报,尤其注意这些方面的情况与军备之间的关系。在这方面以及不计其数的其他方面,政府得自它在国外的外交使节的报告的准确性和正确性,是保证它自己决策正确性的必不可少的因素。

搜集情报特别是搜集那些使自己国家的外交政策有所依据的机密情报的职能,是现代外交的根本所在。中世纪,在外国游历的君主的特使充当间谍的情况被认为是理所当然的。15世纪,当意大利的弱小国家在其与较强大国家的关系中开始使用常驻外交代表时,它们这样做主要就是为了及时得到有关后者侵略意图的情报。甚至当16世纪常驻外交使节已经变得很普遍时,外交官仍被广泛地看作是接收国的一种烦扰和负担。17世纪初,现代国际法的奠基者雨果·格劳秀斯走得更远,竟然鼓吹废除外交使团。

外交代表不仅仅是向外交政策的神经中枢报告外部世界事件以便为其决策提供原始材料的耳目,他们还是把从神经中枢发送出来的指令转化成言词和行动的喉舌和双手。他们必须使驻在国的人民,特别是驻在国的舆论喉舌和政治领导人理解和——如果可能的话——赞同他们所代表的外交政策。对"兜售"外交政策这一任务来说,外交官的个人感召力及其对外国人民心理的理解力是基本的先决条件。

在履行说服、谈判和武力威胁这些维护和平的职能的过程中,外交代表发挥了突出的作用。外交部可以就追求什么样的目标和运用什么样的手段给他一些指示,但执行这些指示则必须依赖外交代表自己的判断和技巧。外交部可以告诉它的代表运用说服或者武力威胁或者同时运用这两种策略,但却必须把如何及何时运用这些技巧的自由决定权留给它的代表。一个论点怎样才会有说服力,一项谈判达成的协议将会带来什么好处,武力威胁将会造成什么印象,这些技巧中的这个或那个技巧如何有效地加以强调——所有这些问题都在外交官的掌握中，他拥有的权限可以把一项好的外交政策搞糟，也可以使一项坏的外交政策避免最坏的后果。我们曾经提到伟大的外交家对他们国家的权势所做出的惊人贡献。③ 他们对和平事业的贡献同样重要。

外交的式微

今天，外交不再扮演它自三十年战争结束直到第一次世界大战开始那段时期所扮演的那种角色了，那种角色常常是光彩夺目的并永远是重要的。外交的式微是随着第一次世界大战的结束而开始的。20世纪20年代，少数杰出的外交家仍然能够对他们国家的外交政策做出重要的贡献。第二次世界大战爆发前的十年里，外交官参与制定外交政策的作用变得更小了，从而外交作为一种管理对外事务技能的式微也就变得愈益明显了。自从第二次世界大战结束以来，外交已经丧失了活力，其功能萎缩的程度在现代国家体系的演进中是史无前例的。五个因素造成了它的式微。

交通通信的发展

这些因素当中最明显的是现代交通通信的发展。外交的兴起部分地要归结于这样一种情况：当新的领土国家的政府要保持它们相互之间持续的政治关系时，它们却缺乏迅捷的交通通信手段。而外交的式微部分地要归结于表现为卫星、飞机、无线电、电报、电传、长距离电话这些迅捷和常规交通通信手段的发展。

第一次世界大战以前，每当美英两国政府想要进行谈判时，常驻伦敦和华盛顿的代表对它们来说总是必不可少的，这些常驻代表被授予相当广泛的自由决定权来进行谈判。这些常驻代表之所以必需，是因为用以迅速和连续传送详细信息的设备极其笨重，尤其是旅途劳顿所耗费的时间使得当面的磋商不可能在不中断谈判

---

③ 见第159页及其后。

的情况下进行。今天,国务院的一位官员只需要通过越洋电话便可以与英国外交部的对手或者与美国驻伦敦的大使进行谈话,他还可以在晚上乘越洋飞机第二天早晨便在伦敦开始谈判。一旦他需要与他的政府直接磋商,那只要一天的时间就足够他往返大西洋两岸,向他的政府报告谈判的最新进展,并接受他的政府的指示了。

仅仅在二十五年以前,国务卿为参加一个国际会议或者为访问一个外国首都而离开华盛顿数周都还是不可想象的事情。而现在当他不在首都时,他仍然通过电话和无线电与国务院保持着持续不断的联系,并且一经通知就可以在一夜之间返回华盛顿。因此,在通常情况下,重要的谈判并不是由外交代表,而是由一些可能是由外交部部长本人或外交部的高级官员或技术专家充任的特别代表来进行的。现代交通通信技术已经使"穿梭外交"成为可能。

外交的贬值

然而,这些技术上的发展并不是造成传统外交方式被抛弃的唯一原因。除了造成外交机构被废置的技术能力之外,还必须再加上这样一个信念:这些机构之所以应当废弃是因为它们不仅对和平事业毫无贡献,而且实际上对和平事业造成了危害。这种信念是在培养了权力政治作为一种历史的偶然现象可以随意被消灭这个观念的温床上滋生起来的。④

关于外交的这种信念以及关于权力政治的这种观念都承认,在权力政治和外交职能之间存在着密切的关系,在这一点上它们是正确的。外交作为一种制度的出现是与民族国家的兴起同步的,因而也就是与现代意义上的国际关系的出现同步的。然而,外交和现代国家体系出现在同一时代并不仅仅是一个巧合。如果主权国家间全部交往的目的是为了在国际事务中创造和维持最起码

---

④ 见第37页及其后。

的秩序与和平的话,那这种交往就必须由永久性的代表来进行。所以,对外交的反对和贬抑不过是对现代国家体系和由这一体系所产生的那种国际政治采取敌对立场的独特表现。

的确,在整个现代史上,外交官的道德声望不高,而且不仅仅是那些认为可以轻而易举地从国际舞台上消除权力斗争的人士蔑视他们。外交官狡诈和不诚实的名声与外交本身一样古老。17世纪初的一个英国大使亨利·沃顿爵士为外交官下的一个定义是遐迩闻名的:"外交官是一个被派往国外为他的国家而说谎的老实人。"当梅特涅得知俄国大使在维也纳会议上去世的消息时,据说他曾惊叫道:"啊,那是真的吗?他的居心何在呢?"

现代对外交的贬抑,特别着重外交技巧的一个特殊方面——它的秘密性。第一次世界大战期间及以后,广泛流行的一种看法是:外交官们的秘密图谋对这场战争的发生即使不负有主要责任,至少也负有很大责任;外交谈判的秘密性是贵族时代遗留下来的一种落后的和危险的残迹,在爱好和平的公众舆论监督下进行和完成的国际谈判,不可能不促进和平的事业。

伍德罗·威尔逊是这种国际事务新哲学的最雄辩的发言人。他的"十四点"的绪言和第一点是这种新哲学的典型表述。"十四点"的绪言宣称:

> 我们的愿望和目的是,当和平的进程开始之后,它们将是绝对公开的,它们将不涉及且今后也不允许任何形式的秘密谅解,征服和扩张的日子已经过去了;为了某些特定政府的利益而签订秘密协定——这种协定很可能在某个意想不到的时刻破坏世界和平——的日子也过去了。这一令人快慰的事实,现在是每一个思想不再停留在那个已死去已消逝的时代的公职人员都能清楚地看到的。这一事实使得每一个其目的符合正义和世界和平的国家,能够在此时或任何其他时候公开宣布它所希冀的目标。第一点内容如下:"公开的和平协定,以公开的方

式缔结,此后将不再达成任何种类的秘密国际谅解,而且外交将永远开诚布公地进行。"⑤

议会程序的外交

正是遵照这种新的哲学,第一次世界大战之后,世界政治家们开始偏离既有的外交模式。他们通过国际联盟和后来的联合国创立了一种新的外交交往形式:由议会程序决定的外交。需要解决的国际问题被列入这些组织审议机构的议事日程之中。各国政府的代表以公开辩论的形式就问题的是非曲直进行讨论,并根据组织的章程进行投票来处理问题。

这种方法从前曾在诸如 1899 年和 1907 年海牙和平会议这样的特别会议上运用过。而作为一种处理国际问题的普遍方法,它是被国际联盟首先运用的。然而,该组织对这种方法的运用是徒有其表的。国联行政院和大会的公开讨论通常经过精心的排练,尤其是在审议政治问题时就更是如此。全体一致同意的解决办法一般都是在公开会议之前按照传统的秘密谈判方式寻求的,而且常常也是按照这种方式找到的。而公开会议仅仅是向有关各国的代表提供一个向公众陈述各自立场和按照《盟约》的条款批准秘密达成的协议的机会。

与此形成对照的是,联合国则认真采取议会方法来处理外交事宜。它发展起一种新的联合国外交方法,其目的是对要在联合国大会上付诸表决的每一个问题争取到《宪章》所要求的三分之二多数的支持。一般来说,联合国新外交的目的并不在于使造成成员国分歧的问题得到解决,而在于集结三分之二的多数通过投票压倒对方。投票表决正是联合国外交程序的目标所在,也是这一程序的终点。

---

⑤ *Selected Addresses and Public Papers of Woodrow Wilson*, edited by Albert Bushnell Hart (New York: Boni and Liveright, 1918), pp. 247—288.

公开的议会程序取代传统的外交谈判的趋势,在联合国大会的运行中具有典型性,这一趋势也影响到了战后的国际会议——这些会议在成员构成、所要讨论的问题和最后目标方面,都与19世纪和20世纪初的外交会议极为相似。1946年有二十一国参加的巴黎和平会议完全按照公开性原则进行,并且在程序上照搬了联合国审议机构的既有模式。由法国、英国、苏联和美国外长组成的外长会议,试图解决第二次世界大战遗留下来的问题。这些会议的辩论和表决或者是完全公开进行的,或者是在半秘密的透明幕后进行的。这就可以使公众通过各国代表团对新闻记者的披露跟踪辩论的主要进程。

然而,交通通信的便利、对秘密外交的谴责和新的议会外交,并不能完全说明外交的全面解体。外交式微的原因还必须加上另外两个因素:两个超级大国对国际政治问题所采取的独特的、非传统的方法,以及20世纪下半叶世界政治的本质。

超级大国:外交新手

在美国初创时期,那些能够开展非同寻常的出色外交的机构,使美国受益匪浅。从杰克逊时代起,对美国外交卓越素质的需要似乎消失了,随之这种卓越素质本身也就消失了。20世纪30年代末,当形势已愈益明显地需要美国采取一项积极的外交政策时,美国除了一个平庸的外交机构,除了把对权力政治和秘密外交的谴责转向对"侵略国"的义愤,除了在西半球曾经卓有成效的大棒政策的传统之外,一无所依。结果,单凭富兰克林·罗斯福的即兴发挥,间或辅以对国际现实的直观把握,才使得美国外交政策与美国的利益协调起来。

在那个关键时期,国务卿或国务院的常务工作人员或国外的外交代表都只能对美国外交政策的处理施加次要的影响。罗斯福几乎一手把持美国的外交政策长达十二年之久。当他离开舞台时,没有人能够创造和操作那架靠传统外交给予国家利益以和平的保护和促进的复杂而又精巧的机器。只有一小批干练忠诚的公职人员懂得外交政策的奥妙所在,但他们却不能指望公众对外交政策理性的和复杂的程序给予理解和支持,而没有公众的理解和支持,一个民主国家的外交政策就不可能成功地运作。

由于极不相同的原因,苏联也发现难以建立起一套进行外交交往的适当工具。1917年的布尔什维主义革命摧毁了俄国源远流长、功勋显赫的外交机构,革命后留用的少数老式外交官和从革命队伍中擢升上来的有才能的新外交官,没有多少机会一展才华。苏联与其他大多数国家之间的敌对状态以及由此引起的苏联的孤立,则妨碍了正常外交关系的开展。

再者,俄国外交官是极权政府的使节,这个极权政府至少是以丢掉官位来惩罚失败,甚或来惩罚在解释官方指令时过分自行其是的行为的。结果,革命后的俄国外交官传统上——尤其自第二次世界大战结束以来——把他们的任务设想为传递本国政府的建议,他国政府则根据自己做出的恰当的判断来接受或拒绝这些建议。对方提出的反建议和谈判中出现的其他新因素都需要从外交部得到新的文件,这些新文件的内容再次转达给别国政府,别国政府或接受或拒绝。这种情况周而复始,直到一方或另一方或双方的耐心都消耗殆尽为止。这样一种程序毁坏了外交谈判的所有优点,诸如迅速适应新形势、巧妙利用心理漏洞、根据形势的需要决定进退、说服的效力、讨价还价的交易等。新的俄国外交所实践的外交交往,简直就像是从高级指挥官(外交部)向战场指挥官(外交代表机构)下达一连串的军事命令,然后再由战场指挥官把协议的条件转达给敌人这样一个过程。

如果一个外交官主要关心的是保有他的上级对他的褒奖,那他通常就只愿意报告后者乐意听到的情况而不顾报告真实与否。这种为迎合外交部的愿望而扭曲真实情况并且粉饰现实的倾向,在各国外交机构中都存在,因为俯首帖耳增强了官位的稳固,增加了晋升的机会。

第二十五章　外交的未来

经典名句

- 对一个国家来说,最致命的危险莫过于极端的自我偏袒和完全漠视别国自然产生的希望或恐惧。
- 政治家既不能屈从于公众的情绪,又不能漠视公众的情绪,他必须在使自己适应这种情绪与引导这种情绪以支持他的政策这两者之间,寻求一种谨慎的平衡。

丘吉尔在演讲

外交如何才能复兴

外交的复兴需要消除造成传统外交实践式微的诸多因素,或至少要消除这些因素带来的某些后果。在这方面的首要问题当属外交的贬值及其必然结果——议会程序的外交。就外交贬值不过是权力政治贬值的后果而言,我们关于后者所做的论述理应适用于前者。① 无论外交事务对许多人来说在道德上显得多么没有吸引力,外交都不过是主权国家间权力斗争的一种征兆。这些主权国家力图在它们之间维持有秩序的、和平的关系。如果有办法禁止国际舞台上的权力斗争,那外交也就自行消失了。如果世界各国对秩序与无政府状态、和平与战争的问题漠不关心,那它们也就可以抛开外交、准备战争,并企盼最好的结果了。而如果作为主权者的各国——它们在自己的领土内是至高无上的,没有一个更高的权威位居其上——想要在它们相互间的关系中维护和平和秩序,那它们彼此间就必须努力进行说服、谈判和相互施加压力。这就是说,它们必须参与、培植和依靠外交程序。

新的议会外交无法替代这些外交程序。相反,它趋向于加剧而不是缓和国际冲突并使和平的前景变得暗淡而不是光明。新外交的三种基本性质是造成这种不幸后果的原因:它的公开性、它的多数表决制和它造成的国际问题的零散化。

公开性的弊端

有关秘密外交问题讨论中的许多混乱,根源在于未能对这个

---

① 见第37页及其后。

问题的两个单独的方面加以区分:"公开契约"与"公开达成的契约",外交谈判结果的公开性与外交谈判本身的公开性。披露外交谈判的结果是民主原则的要求,因为不这样做就不能对外交政策进行民主控制。而谈判本身的公开则不是民主所要求的,而且有悖于常识的要求。仅从得自日常经验的常识就可以看出,要对谈判者之外各方所感兴趣的任何问题进行公开谈判是不可能的。这种不可能性根源于谈判的本质和谈判通常赖以进行的社会环境。

谈判的一个共同特征是:谈判是以各方提出的最高要价开始的,这个要价在说服、讨价还价和相互施加压力的过程中被逐渐压低,直到双方在一个低于谈判开始时要价的水准上达成协议。谈判的可取之处就在于,它的结果至少可以在一定程度上满足每一方的要求,有助于通过达成协议的行动所显示的把谈判双方联结在一起的共同的和互补的利益的存在,加强彼此间的和睦。另一方面,导向谈判结果的过程,则揭示出谈判者宁愿他们各自在谈判中所充任的角色不被他们的对手耿耿于怀。虚声恫吓、大叫大嚷、出尔反尔、迷惑欺骗等种种色厉内荏的表现,都是讨价还价的谈判交易中司空见惯的现象,而这当然不是富有教益的场面。公开这样的谈判,无异于摧毁或至少是损害他们在今后可能与其他各方进行的任何谈判中的讨价还价地位。

受到损害的还不仅是他们进行讨价还价的地位。如果这些谈判实现公开化从而暴露了他们的弱点、揭开了他们的伪装的话,那他们的社会地位、他们的威望和他们的权势便都将遭受不可弥补的损害。那些为谈判者致力于谋取的利益而展开竞争的人们,将会利用公开谈判透露给他们的一切。他们不仅将在与各方进行的进一步谈判中这样做,而且还将在他们的全部盘算、计划和部署中这样做,这也就把竞争中的所有参加者的素质和潜力都考虑进去了。

正是由于这些原因,自由市场上的任何一个卖主都不愿与买主进行公开的谈判,地主不愿与承租人、高等学府不愿与它的教职员进行公开的谈判。竞选公职的候选人不愿与其支持者进行公开的谈判,公共官员与他的同僚、政客与其他政客也同样不愿进行公开的谈判。那么,我们又如何指望国家能够并且愿意去做没有任何一个私人想要做的事情呢?

国家公开其谈判所遭受的不利由于这样一个事实而会有增无减:目睹公开国际谈判场面的观众不仅包括数目有限的利益有关各方,而且包括整个世界。特别是,有关国家的政府要在它们自己的人民的注视下进行谈判,而尤其当这些政府是经由民主选举产生时,它们便还要在反对党的密切注视下进行谈判。任何想要继续当权或仅想保有其人民尊重的政府,都不可能公开地放弃它最初宣称是公正和必需要求的任何一部分,都不可能从最初所持有的立场后退,都不可能承认对方的要求至少部分的合理因素。公众舆论所崇拜的偶像是英雄而不是善于讨价还价的交易者。公众舆论固然惧怕战争,但却要求外交官像英雄一样行事,面对敌人即使冒战争的风险也毫不屈服,公众舆论谴责那些为了和平哪怕只是作了半步退让的外交官是懦夫和叛徒。

再者,传统外交习惯于以非常适合于其目的的语言和方式来处理国家事务。因此,外交的目的在于以适度的方式促进国家利益,为以谈判解决的形式达成妥协敞开大门。在这种谈判中使用有分寸的、程式化的言辞,使发言者不必作任何承诺,或只承诺他愿意兑现的。这些言辞和俗套空泛无物或者模棱两可,因而易于做出各种解释,以支持最后似乎有利的任何政策和解决方案。这些言辞和俗套也是彬彬有礼的,因而无论可能造成国家间隔阂的那些争端有多么严重,使用这些言辞和俗套的那些人彼此间仍会融洽相处。总之,传统外交的语言和形式是一个机敏、谨慎、温和、通融的谈判者手中的完美工具。

公开外交及其鼓吹者对这种传统外交的工具嗤之以鼻,他们认为这些东西属于一个业已消失的贵族式的谄上欺下和道德上的麻木不仁的时代。为正义而奋斗的十字军战士——这才是外交官应有的形象——不会像传统的外交官那样说话行事。公开外交时代的外交官坐在以整个世界为其听众的舞台上,面向世界发言而不是彼此交谈。他们的目的不是相互说服以找到达成协议的共同点,而是要说服全世界,特别是他们自己的国家,使人们相信他们自己是对的而对方是错的,他们是并将永远是正义的坚定捍卫者。

没有一个在举世瞩目之下采取这种立场的人,能够在众目睽睽之下同意一项妥协方案而不显得像是一个傻瓜和无赖。他必须坚守他的公开言论而毫不妥协地"坚持原则"——公开外交偏爱的词句——而不是坚持谈判和妥协。他必须捍卫他最初所采取的立场,而对方也必须这样做。双方进退维谷,于是引发起有关立场之争的"假战争"。双方僵硬地互相对抗着,每一方都知道对方不会也不可能松劲。为了向公众显示活动的表象,他们对空发射言论的空炮,这种炮弹尽管爆炸声很响,但每个人都知道它们漫无目标。只有在互相谩骂当中,双方谈判代表的思想才会碰撞。当代表们最后带着满腹怨恨和沮丧分手时,无论怎样义愤,他们终会在一点上达成了某种共识:对方是在搞宣传。而恰巧在这一点上,双方都是对的。

所以,外交交往堕落成宣传竞赛是新的外交公开化不可避免的伴生现象。公开进行的外交不仅不能达成协议甚或不能为达成协议而进行谈判,而且每一次公开的会议都使国际问题陷入一种比以往更为糟糕的境地。因为每一次宣传竞赛都强化了各国及其代表的信念,相信自己绝对正确而对方绝对错误,彼此间的鸿沟太深太宽,无法依靠外交的传统方法来弥合。联合国秘书长在1956年报告中作出一项呼吁,1959年报告又对该呼吁做了阐述:"对联合国予以更大程度的重视,把它作为谈判解决问题而非单纯辩论问题的工具。"这一呼吁浸透着真知灼见。

多数决定的弊端

外交公开进行所带来的弊端由于欲通过多数表决来决定问题

的企图而更加严重了。在联合国大会上,这种方法已发展成为一种模式,即至少要有会员国的三分之二多数才能否决其他会员国的提案。这种处理外交事务的方法,没有对任何一个突出问题的和平解决做出直接的贡献。这一点从结果中可以很明显地看出来。例如,苏联集团有关朝鲜问题的提案曾一度遭到否决。然而,联合国大会上的表决仅仅在显示西方集团的投票实力,因而在加强西方集团政治实力的意义上,以及在使支持联合国在朝鲜行动的国家能够配合对抗苏联集团的意义上,有助于朝鲜问题的解决。除了这种增加了一方实力的间接贡献外,表决对朝鲜问题的解决毫无贡献。这个问题是在战场上和东西方之间的外交谈判中而不是在联大的会议厅里得到解决的。在一个国际审议机构中,通过投票压倒对方,除去间或可用以增强一个特定集团的实力外,是一种无益的甚或有害的行为。其原因就在于国际社会不同于国内社会的本质。

当美国国会投票否决了少数派的意见时,它实际上是暂时对问题做出了决定。美国国会之所以能够这样做,理由有四点,而所有这些理由在国际舞台上都是不具备的。

1. 议会多数表决制是一个有关和平变更机制完整系统中的一个不可或缺的部分。这个系统中的每个部分都能够在对其他部分进行补充、支持或制衡方面发挥作用,而所有这些部分都由宪法来制约和协调。国会中的少数派和多数派构成了一个完整的社会。除了审议机构用多数表决制做出决定之外,国内社会还创立了一系列机制,如总统否决权和司法调查等。通过这些机制可以推翻多数表决的结果,可以保护少数免受多数表决制的违宪之用和任意滥用。在多数派决定的背后以及在被否决了的少数派的意见背后,矗立着国内社会的全部道德和政治权力,这种权力准备既实施多数派的决定,又保护少数派免遭不公正和滥用多数表决之害。

2. 在国家社会内部运作的和平变更的工具,向少数派提供了在将来某一时刻成为多数派的机会。这种机会是定期选举机制和社会进步原动力中固有的,因为这种机制和动力不断造成权力的新的组合和分配。这些动力也确保了一个立法机关中的少数派不会在对它来说具有重要性的所有方面永远是少数派。一个集团可能是宗教上的少数派,在这一类问题的表决中被击败,但它却可能是决定经济立法的经济多数派的一部分,如此等等。

3. 少数和多数之间的比例关系,至少大体上接近于权力和利益在全部人口中的实际分配情况。当众议院以二百七十票对六十票否决了一项动议时,一般可以认为,美国人民中只有相对少数的人认同被否决的提案。

4. 在国会中,每投出的一票都以一票来计算,这当然是正确的。然而从政治上来说,并非所有的票都具有同等的分量。一个拥有实权的委员会主席、企业家、农场主或工会领袖在涉及一项影响他们各自集团利益的立法时所投的反对票,会对多数派想使该项立法所带来的政治、经济或社会结果产生影响。但即使国会中最有影响力的一票,所代表的也仅仅是美国人民全部权力中的一部分而已。

在这四项使多数表决制有可能为国内的和平变更做出贡献的因素中,没有一项存在于国际舞台上。

1. 多数表决制是在联合国的框架内实行强制性和平变更的唯一机制。国际社会没有宪法,没有总统否决权,没有强制性的司法审查,没有权利法案对多数派施加实质上和程序上的限制并保护少数派免遭不公正待遇和滥用权力之害。国际社会也没有一个共同体来对多数派和少数派同样施加道德限制,并且能够实施多数的决定,制裁拒不服从的少数派。多数派可以任意频繁地在它所选择的任何问题上,投票击败少数派,而少数派则可以凭借否决权和自己的力量来保护自己抗拒任何一项它不愿接受的多数派的决定。

2. 联合国里的一个少数派很可能——尤其是在目前的政治条件下——是一个永久的少数派。基于同样理由,它的少数派地位必然会扩大到某些极其重大的问题上。支配着当代世界政治的两大集团体系,虽然由于中国和第三世界国家的独立地位而有所制约,但却导致了在分界线两边永久性的结盟关系。两大集团间的紧张局势把由问题所决定的多数派转变成了政治上的多数派。当那些问题付诸表决时,两大集团各自的追随者很可能按集团的分野分裂成两派。

3. 联合国大会中少数派和三分之二多数派之间的比例关系,显然并不一定与联合国会员国间权力和利益的实际分布相对应。联合国大会中那些最强大的成员国的一票也并不代表国际社会全部权力中的一个较小部分。由非洲、亚洲、欧洲和拉丁美洲所有小国构成的一个绝对多数派,与美国或苏联的一票相比,从权力角度看是微不足道的。

在一个国际审议机构中,习惯性地通过表决击败一个强有力的少数派虽然在冷战中可能是一种有力的武器,但是却无助于和平的维护。因为少数派不可能接受多数派的决定,而多数派除非诉诸战争也无法实施其决定。在最好的情况下,移用到国际舞台上的议会程序也只是使情势维持原状,而无法使问题和争端得到解决。而在最坏的情况下,这些议会程序却能毒化国际气氛,加剧埋伏着战争种子的冲突。这些程序向多数派提供了一个公开地和任意频繁地羞辱少数派的机会。这些程序以否决权——它是多数表决制在一个主权国家组成的社会中的必然结果——的形式,向少数派提供用以阻挠多数派意志、阻止国际机构发挥任何作用的武器。多数派和少数派都不必进行自我克制,也不必理会它们对国际组织或对全人类的责任,因为任何一方所赞成或所反对的东西,其本身都不能影响事件的进程。因此,一个主权国家集团习惯性地通过投票击败另一个主权国家集团,其实是在进行一场幼稚的游戏。这种做法不可能有助于国际冲突的和平解决,反而很可能把人类进一步推向通往战争的道路。

零散化的弊端

以多数票作决定暗含着妨碍传统外交实践复兴的第三种弊端:国际问题的零散化。就其本质来说,多数表决关注的是孤立的个案。由多数决定来处理的生活事实,被人为地与涉及这一事实来龙去脉的那些事实割裂开来,并转化成为本身需要由多数决定来处理的一桩法律"案件"或一个政治"问题"。在国内社会中,这种程序并不一定是有害的。国内社会中审议机构的多数决定制是在有关和平变更各种机制的一个复杂系统的环境中运作的,各个机制之间可能相互补充、相互支持或相互制衡,但无论如何它们在某种程度上都是相互配合的,因而使个别决定相互之间以及它们与整个社会系统之间能够协调一致起来。

国际舞台上却不存在这样一个整合各种因素的系统。因此,在这一领域特别不适于逐一对待这些"案件"或"问题",并试图以一连串的多数决定来处置它们。像中东问题或柏林问题这类案子或争端,一向是一个更大局势中的一个特定的侧面和表现。这样的案件或争端有其历史根源,其枝蔓的延伸超越了它的特定地域,并一直伸展到未来。我们就争端与紧张局势相互关系所做的讨论,揭示了在国际冲突的表面现象和那些深藏在国际生活日常事件表象之下的重大而不明确的问题之间存在的密切关系。当案件和争端出现后就着手处理并试图根据国际法或政治权宜加以处置的做法,是治标而不治本的做法。国际联盟早已沦为这种缺陷的牺牲品,而联合国则仍未汲取国联的这一教训。

举例来说,根据国际法,国际联盟 1939 年驱逐苏联无疑是正确的,因为苏联进攻了芬兰。但是,苏联使世界所面临的政治和军事问题既不是因其进攻芬兰才出现的,也没有因其进攻芬兰而结束;而国联却认定情况就是如此并据此对这一问题做出了决定。这是不明智之举,历史已经证明了这一点。因为仅仅是由于瑞典拒绝同意英国和法国军队假道瑞典领土去援救芬兰,才使得英法免遭与德国和苏联同时作战的厄运。每当国际联盟力图把政治局势作为法律问题来处理时,它只会把它们当作孤立的案件依照国际法可适用的规则来处理,而不会把它们当作一个全面政治局势的特定侧面来处理,从而按照政治艺术的规则寻求一项通盘解决方案。结果,政治问题永远得不到解决,只是推来推去,最后则依据法律游戏的规则搁置起来了事。

事实证明,国际联盟的情况如此,联合国的情况也是如此。联合国在处理提交到其政治机构的许多争端时,仍然忠实于国际联盟所确立的传统。这些争端提供了演练议会程序和施展外交伎俩的机会,而后者正是使传统外交经常受到谴责之举。虽然这些争端不过是政治问题的表象,但只是在罕见的场合下,联合国才试图正视政治问题。

战后举行的多次特别政治会议重复了由国际联盟和联合国建立起来的零散化模式。例如,这些会议所处理的或者是朝鲜问题,或者是德国统一问题,或者是裁军问题。所有这些问题都是某一个问题的特定侧面和表现,它们的解决都有赖于这个问题的解决,这个问题就是美苏之间的通盘关系,而上述那些会议中没有一个会议正视过这个问题。由于这些会议不愿意正视国际政治中的这一根本问题,所以它们就不能解决它们集中关注的任何一个特定问题。

这个根本问题的解决是维护和平的基础,而当代外交对这个问题甚至视而不见,更不要说试图去解决了。这种情况是当代外交所运用的方式的不可避免的后果。外交不是以和解的言辞与对方沟通,而是为了宣传的目的向世界声明;不是以通过谈判谋求妥协为目标,而是借助于无益的多数表决和阻挠性的否决权来争取廉价的胜利;不是正视根本问题,而是满足于处理一些次要问题——这样的外交对于和平事业来说与其说是资产不如说是负担。

当代外交的这三项根本缺陷由于对现代交通通信手段的滥用

而变得更为严重了。现代技术对时间和空间的征服不可避免地削弱了驻外外交代表的重要性,但这并不必然引起已成为当代外交特征的外交部和外交代表之间的职能混乱。客观上,国务卿或外交部部长运用现代交通通信手段能够在几分钟之内就与任何一个外国首都通话联络,并且最多在几天之内就可亲抵任何一国的首都。因此,对负责处理外交事务的人来说,日益增强的趋势是:担任巡回大使的角色,从一个会议匆匆赶往另一个会议,利用会议的间歇在外交部作短暂停留,并且利用这段时间为下次会议做准备。本应是外交的大脑和神经中枢的人,充其量是在履行神经末梢的职能。结果,中心出现了一个真空。没有人把握国际政治的总体问题,也没有人清楚所有特定的问题都是总体问题的侧面和表现。相反,外交部的各个专家都专注于属于他那一领域的特定问题。当代外交技能促成了对外交事务进行处理的零散化,而这种零散化倾向又由于缺乏对外交事务的全面指导而强烈地加剧。

外交的希望:它的九项规则[②]

如果外交能够摆脱近年来几乎毁掉其功能的这些缺陷,如果它能够恢复自古以来就支配着国家双边关系的那些技能,那么它就能够复兴。即使做到了这一点,外交也仅仅是实现了维护和平的一项先决条件。复兴的外交对和平事业的贡献将取决于使用它的方法和目的。关于外交用途的讨论,是我们在本书中要完成的最后一项任务。

四项基本规则

1. 外交必须放弃十字军精神。

这是首要的规则。外交若忽视这项规则,就必然会冒战争的

[②] 我们根本无意在这里对外交规则作一个无所不包的说明。我们的目的在于只讨论那些看起来对当代的形势具有特殊影响的规则。

风险。用威廉·格雷厄姆·萨姆纳的话来说：

> 如果你想要战争，那就培养一种信条。信条是人们曾经屈从过的最可怕的暴君，因为信条浸入一个人的理智深处并使他背叛自己。文明的人们为了信条进行过最激烈的战斗。重新夺回圣墓、"权力均衡"、"不要世界统治"、"贸易跟随国旗"、"谁拥有陆地谁就拥有海洋"、"王位与圣坛"、革命、信仰——这些都是人们为之献出生命的东西。……今天，当任何一种信条达及权威的高峰，它的名义就会成为任何一个蛊惑人心的政客可以在任何时候、为了任何事情在你的头顶挥舞的一根大棒。为了描述一种信条，我们必须诉诸神学语言。一个信条就是一项信仰的教条，它是你必须信仰的某种东西，不是因为你有某些理性的根据使你相信那是正确的，而是因为你属于某某教会或教派。……一国的某一政策我们是可以理解的，例如，美国在18世纪末的政策就是要得到密西西比河直达河口的自由航行权，为此不惜与西班牙开战。这项政策本身包含着理性和正义，它基于我们自己的利益之上，它有明确的形式和确定的范围。一个信条则是一项抽象的原则，它必然在范围上是绝对的，在言辞上是玄奥的，它是一种形而上学的断语。它永远不是正确的，因为它是绝对的，而人类事务都是有条件的和相对的。……现在再回头来看看政治，想想一项抽象的信条在治国方略中必然会是一种多么令人憎恶的东西。任何一个政客或编辑都能够在任何时候对它进行新的引申。人民默认这一信条并且为它喝彩，因为他们听到政客和编辑不断地重复它，而政客和编辑重复它是因为他们认为它是受欢迎的。就这样，这一信条便越来越得势了。……在任何时候，它都可以指代任何东西或一无所指，并且没有人知道它将怎样演变。今天，你在一个你所认为的含糊不清

的界限内接受了它;因此,在明天,当同样的名词被用来包括某种你从未听说过或从未想到过的东西时,你仍将不得不接受它。如果你允许一条政治口号继续发展,声势变大,有一天你醒来时会发现它已骑在了你的头上,主宰着你的命运。而你却无力反抗它,就如同人们无力反抗幻象一样。……提出一项抽象的主张,这项主张与我们目前的利害得失没有任何明确的关系,但却包含有产生复杂情势的各种可能,这些复杂情势是我们无法预见的,但它们一旦出现就必定会使我们陷于窘困的境地——难道还会有比这种做法更有悖于稳健的治国之道、更有悖于常识的吗?③

在殖民史开始之初,对自我利益与十字军精神之间的这种冲突,马萨诸塞州首任总督约翰·温思罗普有着明确的认识,并对此问题做出了有利于前者的决定。用埃德蒙·摩根教授的话说:

> 温斯罗普在许多场合注意到自以为是怎样毁灭了仁慈,怎样使人们昧于事实真相。他知道新英格兰在其新经济方面有赖于外部世界,每当又一艘船破浪离开波士顿,将新英格兰的鳕鱼运往崇拜偶像的罗马天主教徒愿意为此出好价钱的市场时,他都满心欢喜。他也懂得一个好的外交部部长必须懂得的道理:当正义对周围的邪恶产生了一种盲目的、不加区别的反抗时,它就会危及他的共同体。因此,当他的同僚们拒绝援助罗得岛以抵抗印第安人时,他评论说那是错误的国策,因为虽然罗得岛人犯了不可救药的错误,而且他们自己中间的那种精神涣散状态也预示着他们的毁灭;但如果印第安人竟然战

---

③ "War", *Essays of William Graham Sumner* (New Haven: Yale University Press, 1934), Vol. 1, pp. 169 ff.

胜了他们,那就会大大有利于印第安人,而对整个国家造成危害。因为印第安人可以得到武器等装备,同时国家将损失大量人员,还将损失属于一百二十多户家庭的大批家畜及其他财产。再者,假如他们竟然被迫向荷兰人寻求保护而荷兰人也准备接受他们的请求的话,那就会对所有英国人造成极大的不利,从而使这样大的一片土地落入如此强大的异国人的掌握之中。④

宗教战争已经表明,把自己的宗教作为唯一的真理强加于世界其他国家的企图,既徒劳无益又代价高昂。经过一个世纪之久的几乎是前所未有的流血、破坏和野蛮化,宗教竞争者们才得以相信,两个宗教是可以相互容忍和共同生存的。我们时代的两个政治宗教,已经取代了16世纪和17世纪的两大基督教教派。难道我们时代的这两个政治宗教也需要三十年战争式的教训吗?或者,它们会及时地从自身清除必将引发一场毫无结果的战争的那种普世主义愿望吗?

和平的事业有赖于对这个问题的回答。因为唯有对这个问题做出肯定的答案,一种出自共同信念和共同价值的道德共识才能发展起来;而在这种道德共识的范围内,一项维护和平的外交才有机会发展。只有在那时,外交才有可能正视需要和平解决的具体的政治难题。如果外交政策的目标不再根据一种世界性的政治宗教来界定了,那它们将怎样界定呢?一旦民族主义化的普世主义所怀有的十字军抱负被抛弃之后,这就成为需要解决的根本问题了。

2. 外交政策的目标必须根据国家利益来界定,必须以适当的权力来支持。

这是维护和平的外交的第二项规则。一个爱好和平的国家的

---

④ Edmund S. Morgan, *The Puritan Dilemma*: *The Story of John Winthrop* (Boston: Little, Brown and Company, 1958), pp. 189,190.

国家利益,只能根据国家安全来界定;而国家安全则必须界定为国家领土和国家制度的完整。⑤ 因此,国家的安全是外交必须以适当的权力毫不妥协地予以捍卫的不可降低的最低要求。但是外交必须对国家安全在核时代的影响下经历的剧烈改变保持经常的敏感。核时代出现之前,一个国家可以运用外交以牺牲另一个国家作为代价来换取自身的安全。今天,除非原子权力均衡发生了有利于一个特定国家的剧烈变化,否则,外交为了使一国免遭核毁灭的危险,就必须确保所有国家具有同样的安全。由于国家利益是以这种限制性和超越性的根据来限定的,因而外交必须遵守它的第三项规则。

3. 外交必须以其他国家的观点来注视政治舞台。

"对一个国家来说,最致命的危险莫过于极端的自我偏袒和完全漠视别国自然产生的希望或恐惧。"⑥其他国家按照国家安全所确定的国家利益是什么? 它们与本国的国家利益是否相容? 在两极体系下较之在任何其他权力均衡体系下,根据国家安全来界定国家利益都更加容易,而两个对立国家的利益也更有可能彼此相容。从和平的观点来看,我们所看到的两极体系却较之任何其他体系都更加不安全,因为这两大集团在世界各地都在进行竞争性的接触,并且双方的野心都被一种负有世界性使命的十字军狂热燃烧起来了。"地理位置的邻近或情势关系的密切构成了国家的天然敌人。"⑦

然而,一旦各国根据国家安全界定了它们的国家利益,它们便可以从它们的那些远离本土、接近或位于别国国家安全范围之内的据点撤退,回到它们各自的范围内,并在自己的范围内实现自我满足。那些远离本土的据点丝毫无补于国家安全;它们只是一些

---

⑤ 关于相关问题的更广泛讨论,见第十九章。

⑥ Edmund Burke, "Remarks on the Policy of the Allies with Respect to France" (1793), *Works* (Boston: Little, Brown, 1889), Vol. IV, p. 447.

⑦ *The Federalist*, No. 6.

负担,万一爆发战争根本无法防守。使两个集团相分离的国家安全范围的距离越大,每个集团获得的安全也就越多。每一方都可以划出一条使彼此远离的界线,并且使对方明白,触及或甚至接近这条线即意味着战争。那么,处在这两条分界线之间的中间地带该怎么办呢?在这里可以适用外交的第四项规则。

4.国家必须愿意在一切并非至关重要的问题上妥协。

> 所有政府,的确还有人们的每一项利益和享受、每一种美德和每一次谨慎的行动,都是建立在妥协和交易的基础上的。我们平衡各种为难之事;我们有所予也有所取;我们放弃某些权利,从而使我们可以享受其他一些权利;我们宁愿做知足常乐的公民,也不做滑头的好事者。正如同我们放弃某些天然的自由以享受公民的利益一样,我们也必须牺牲某些公民自由以换取得自一个伟大帝国的休戚与共的好处。但是,在所有的公平交易中,所买的东西都必须与付出的代价保持一定的比例。没人愿意出卖他内心珍爱的宝石。⑧

外交在这里遇到了它的最困难的任务。对于那些思想不为政治宗教的十字军式狂热所蒙蔽又能够客观地观察双方的国家利益的人来说,确定国家利益应该不是太困难的。在次要问题上妥协则是一件不同的事。这里的任务并不是分开并界定基于它们自身的性质已经趋于分开和确定的那些利益,而是在那些在很多方面触及双方并且可能相互交织而无法分开的利益上保持平衡。允许对方在中间地带享有一定的影响力,但又不让对方把中间地带并入它自己的势力范围,是一项艰巨的任务。几乎同样艰巨的另一项任务是,尽量地削弱对方在邻近自己安全区的中间地带的影响

---

⑧ Edmund Burke, "Speech on the Conciliation with America", *Works*, Vol. II, p. 169.

力,但又不要把那些中间地带并入自己的势力范围。要完成这些任务,并没有现成的公式可以自动地适用。只有通过持续不断的适应过程,并坚持既坚定又克制的态度,才能在次要问题上达成有效的妥协。不过,预先指出什么方式将会促进或妨碍妥协政策的成功还是有可能的。

首先,值得注意的是,妥协政策的成功——即遵守第四项规则——在多大程度上有赖于遵守其他三项规则;而其他三项规则也存在着类似的相互依赖关系。正如遵守第二项规则有赖于实现第一项规则一样,第三项规则也有待于对第二项规则的遵守才能实现。一个国家只有在它放弃了一种政治信条所带有的十字军精神之后,才能对它自己的国家利益采取一种理性的态度。一个国家只有在它对自己所认为的国家利益有了安全感之后,才能客观地去考虑对方的国家利益。只要双方在它们各自的国家利益方面没有安全感,那在任何一个问题上不管是进行多么微不足道的妥协都是不可能的。所以,假如国家不愿意遵守前三项规则,那它们也无望遵守第四项规则。道德和便利都要求遵守这四项基本规则。

遵守这四项基本规则使妥协成为可能,但并不能保证妥协成功。要想使基于遵守前三项规则而成为可能的妥协获得成功,还必须遵守其他五项规则。

妥协的五项先决条件

1.为了实质性的真正利益放弃毫无价值的虚幻权利。

一项从法律和宣传的角度进行思考的外交,特别容易按照它自己对法律的解释固守法律条文,并且忽视这种固守对它自己的国家和人类可能带来的后果。由于总有需要捍卫的权利,所以这种外交便认为任何问题都不能妥协。外交官所面临的并不是要在合法与非法之间做出选择,而是要在政治智慧和政治愚蠢之间作出选择。埃德蒙·伯克说:"在我看来,问题不在于你是否有权使你的人民遭受困苦,而在于使他们获得幸福是否是你的利益所在。不是律师告诉我可以做什么,而是人道、理性和正义告诉我应该做什么。"⑨

2. 绝不要把自己置于一种后退会失面子、前进会冒严重风险的窘境。

对这项规则的破坏常常起因于对前一项规则的漠视。一项将法律权利的影子和政治利益的实际混为一谈的外交,很可能会发现它自己处于一种有法律上的权利但却没有政治上的必要去做某种事情的境地。换言之,一个国家也许会不顾政治后果认同于一种它也许有权也许无权坚持的立场。

于是妥协再次成了难题。一个国家不可能从那种立场后退而又不招致威望的严重损失,也不可能从那种立场前进而又不使自己承担政治风险甚或战争的风险。这种莽撞闯入一种站不住脚的处境尤其是顽固地拒绝及时从这种处境抽身的做法,是无能外交的标志。其典型例子是,拿破仑三世在1870年普法战争前夕的政策以及德国和奥地利在第一次世界大战前夕的政策。它在当代的突出例子则是美国卷入印度支那。这些例子也表明了战争的风险是怎样密切地与对违反这项规则联系在一起的。

3. 绝不允许一个弱小的盟国为你做出决定。

强国若是忘记了前面各项规则,那就特别容易违反这项规则。它们由于把自己的国家利益完全认同于一个弱小盟国的国家利益,因而便失去了行动自由。由于确信能够得到它的强大朋友的支持,弱小的盟国便可以选择适合它自身的外交政策目标和方法。这样,强国就发现它必须支持那些不符合它自己利益的利益,而且它也不能在对它自己并不重要而只对其盟国利害攸关的问题上妥协。

---

⑨ "Speech on Conciliation with the Colonies"(1775), *The Works of Edmund Burke* (Boston: Little, Brown and Company, 1865), Vol. II, p. 140.

违反这一规则的典型例子见于1853年克里米亚战争前夕土耳其迫使英法采取行动所用的方法。欧洲协调实际上已经同意了解决俄土冲突的一项妥协方案,这时,土耳其由于已得知西方列强在它与俄国进行的战争中将会支持它,于是就千方百计挑起了这场战争,从而使英法违背自己的意愿卷入了战争。这样,土耳其就远远地走到了这样一种地步:根据它自己的国家利益为英国和法国决定了战争与和平问题。英法则不得不接受这项决定,即使它们的国家利益并不要求它们与俄国作战,而且它们差不多已经成功地阻止了这场战争的爆发。它们向一个弱小的盟国交出了它们的行动自由,而这个弱小的盟国则利用它对它们政策的控制实现了它自己的目的。

4. 武装部队是外交政策的工具而不是它的主人。

如果不遵守这项规则,就不可能有成功的、和平的外交政策。如果由军方来决定外交政策的目的与手段,那就没有一个国家能够奉行一项妥协的政策。武装部队是战争的工具,外交政策是和平的工具。不错,战争行为的最终目标和外交政策行为的最终目标是一致的:两者都服务于国家利益。然而,在它们的直接目标、它们所运用的手段和它们用以指导完成各自任务的思维方式方面,两者有着根本的不同。

战争的目标是单纯的、无条件的:摧毁敌人的意志;战争的方法同样是单纯的、无条件的:最大限度地破坏敌人防御的最薄弱环节。因此,军事领导人必须以绝对的观点进行思考,他生活在目前和最近的将来,摆在他面前的唯一问题是,如何以尽可能低的代价和尽可能快的速度赢得胜利,如何避免失败。

外交政策的目标是相对的、有条件的:在必要的范围内降服而不是摧毁对方的意志,以求维护自己的重大利益而又不损害对方的重大利益;外交政策的方法也是相对的、有条件的:并不是通过摧毁自己道路上的障碍以求前进,而是或者在这些障碍面前后撤,或者施计克服这些障碍,或者用计迂回地绕过它们,或者借助于说服、谈判和压力逐渐软化和瓦解它们。所以外交官的头脑是复杂而敏锐的,它把眼前的问题看作是历史的一瞬,它超越明天的胜利,预见到未来无以数计的种种可能性。用博林布罗克的话说:

> 这里请允许我只是这样说,夺取城镇和打赢战争得到的光荣,是从这些胜利所带来的功利的角度来衡量的。胜利,给军队带来了荣誉,但却可能使一国政府蒙受耻辱。打赢战争、夺取城镇是一个将军和一支军队的光荣。……但一个国家的光荣却是使它所提出的目标与它的利益和它的实力相称,使它所运用的手段与它所提出的目标相称,使它所投入的精力与它的目标和手段相称。⑩

所以,把对外交政策的处理让予军队,就摧毁了妥协的可能性,从而也就背弃了和平的事业。军人的头脑懂得如何在胜利和失败这两种极端之间行动,全然不理会外交折冲的耐心、复杂和微妙;而外交的主要目的就是要避免胜利和失败这两种绝对的结果,并在经过谈判达成妥协的折中基础上满足对方的要求。军人依据军事艺术的原则来处理外交政策只能导致战争,因为"我们所准备的就是我们应该得到的"⑪。

对于那些了解现代战争潜在可能性的国家来说,和平必定是它们外交政策的目标。外交政策必须以使维护和平成为可能而不使战争的爆发成为不可避免的方式来处理。在一个主权国家组成的国际社会里,军事力量是外交政策的一个必不可少的工具。但外交政策的工具不应演变成外交政策的主人。正如同进行战争的目的在于使和平成为可能一样,处理外交政策的目的在于使和平永久化。为了这两项任务,把军队置于宪法上负责处理对外事务的文职当局的控制之下,是一项必不可少的先决条件。

---

⑩ *Bolingbroke's Defence of the Treaty of Utrecht* (Cambridge, UK: Cambridge University Press, 1932), p. 95.

⑪ William Graham Sumner, *Essays*, p. 173.

5. 政府是舆论的领袖而不是它的奴隶。

那些负责处理外交政策的人,如果不时刻牢记这项原则,就不可能遵守前面各项外交规则。正如本书前面已经详细指出的那样⑫,好的外交政策的理性要求从一开始就不能指望得到舆论的支持。舆论的偏好是感情的而非理性的。对于一项以妥协为目的因而必须接受对方的目标、放弃自己的某些目标的外交政策来说,情况就尤其是如此了。特别是当外交政策是在民主控制的条件下来处理并受到一项政治宗教的十字军式狂热的鼓舞时,政治家们总是受到诱惑以牺牲妥善外交政策的要求来赢得公众的喝彩。另一方面,如果一个政治家想捍卫这些要求的完整性,而去抵制公众狂热情绪的哪怕是最轻微的染指,那他作为一个政治领袖的命运注定就要完结了,而且他的外交政策的命运也就随之完结了,因为他失去了公众的支持,而正是这种支持使他得以获得权力和保持权力。

因此,政治家既不能屈从于公众的情绪,又不能漠视公众的情绪,他必须在使自己适应这种情绪与引导这种情绪以支持他的政策这两者之间,寻求一种谨慎的平衡。总而言之,他必须领导。他必须表现出最出色的治国韬略:不论航程怎样迂回曲折,他都要调整风帆以顺应情绪的风向,同时利用公众情绪的风力推动国家航船到达妥善外交政策的港口。

结论

我们勾勒出的走向国际和平的道路,在鼓舞人心方面无法与那些一个半世纪以来一直激发着一个厌战世界想象力的简单而迷人的方案媲美。在一个极端简单化的方案中,有某些令人惊奇的东西,似乎举手之劳便可一劳永逸地解决战争问题。这曾经是诸如自由贸易、仲裁、裁军、集体安全、全球社会主义、国际政府和世

---

⑫ 见第164页及其后。

界国家这些解决方案的许诺。而在外交事务中,至少对一般大众来说,没有任何使人惊奇、令人神往或鼓舞人心的东西。

然而,我们已经指出,这些解决方案,就其针对的是真正的问题而非仅仅是问题的某些症状而言,预先假定了一个一体化的国际社会的存在,但实际上一体化的社会并不存在。要促成这样一个国际社会的出现并使其继续存在,就需要外交的调解技巧。正如国内社会的一体化和国内社会的和平,产生于调解和改良技巧的并不惊人、几乎不为人注意的日复一日的运作一样,国际生活的最终理想——即超越自身,形成超国家社会——必须通过运用说服、谈判和压力的技巧才能得以实现,而这些技巧正是传统外交的工具。

追随我们读到此处的读者很可能会问:可是外交过去在阻止战争方面不是已经失败了吗?对这一合理问题,可以给出两个答案。

外交在其维护和平的任务中曾多次失败,也曾多次成功。它有时失败是因为没有人想让它成功。我们已经看到,过去的有限战争与我们时代的全面战争在各自的目标和方式上是多么不同。当战争还是国王们的正常活动的时候,外交的任务不是阻止战争,而是抓住最有利的时机促成战争。

另一方面,当各国为阻止战争而运用外交时,它们往往是成功的。在近代,外交成功地阻止了战争的一个突出例子是1878年的柏林会议。凭借调解外交这种和平的手段,会议解决了或至少接近于解决了自拿破仑战争结束以来一直使英俄两国分裂的那些问题。在19世纪的大部分时间里,英俄两国在巴尔干半岛、达达尼尔海峡和东地中海的冲突像一柄悬剑一样威胁着世界和平。可是在克里米亚战争之后的五十年间,尽管战争在英俄之间时有行将爆发之势,但实际上从未爆发。和平得以维持必须主要归功于调解外交的技巧,这种技巧的运用在柏林会议上达到了最高峰。英国首相迪斯累里在参加会议后返回伦敦时骄傲地宣称,他带回来了"光荣的……和平"。事实上,他也为后代带来了和平,因为英国与俄国一个世纪里未曾再战。

不过,我们已经认识到了和平在一个由主权国家组成的社会中的脆弱性。正如我们已经指出的那样,外交在维护和平方面的继续成功,有赖于所有主要的参与者必须具有卓越的道德品质和知识素养。这个或那个主要政治家在评估国家权力的一项要素时所犯的错误,可能意味着和平与战争之间的天壤之别。一起破坏了一项计划或权力估计的意外事件也会如此。⑬

外交是一个由主权国家组成的社会所能提供的维护和平的最佳方式,但是,特别是在当代世界政治和当代战争的条件下,这种方式还是不够完好。只有当国家将现代技术为其提供的毁灭性手段交与一个更高权威时,也就是只有当它们放弃了主权时,国际和平才能像国内和平一样有保障。外交可以使和平比今天更有保障,世界国家也可以使和平比它在即使各国都遵守外交规则的情况下更有保障。但是,正如没有一个世界国家就不可能有永久的和平一样,没有维护和平、创建共同体的外交进程,就不可能有世界国家。为使世界国家不停留在朦胧的远景阶段,外交为减缓和缩小冲突而进行调解的程序就必须复兴。无论一个人对国际事务的最终状况可能持有什么样的看法,所有抱有善意的人们只要认识到了复兴外交的必要性和复兴的条件,便都可以做出共同的努力。

如果在这些篇幅中所提出的有关国际和平的概念需要权威支持的话,那这种权威可以从一个人的忠告中找到,这个人较之于他同时代的任何人在外交政策上所犯的错误都少,这个人就是温斯顿·丘吉尔爵士。他在1948年1月23日向下院致辞时,关切地展望了当代的国际舞台并问自己:"战争会发生吗?"就像他自冷战爆发以来在近五十次演讲中所说的一样,丘吉尔先生呼吁以调解求和平。他当时说:

---

⑬ 见第174页及其后。

我现在只想冒昧地说,在我看来,真正的危险在于继续踟蹰徘徊。我相信,阻止战争的最好机会,就是把问题挑明,在为时过晚之前与苏联政府达成一项解决方案。这将意味着西方民主国家——它们当然应当在最初的时刻就寻求它们之间的团结——为要求与苏联找到解决办法而采取主动。

跟共产党人说理或辩论是徒劳的。不过,与他们在公平、现实的基础上打交道却是可能的。根据我的经验,他们将遵守交易的条件,只要这样做符合他们的利益。一旦问题解决了,这种情况在这个重大问题上就可能是长期的。……

我们面临的非常严重的危险——这就是我今天想要说的一切——在于对各种情况听之任之以致成积重难返之势,直到某件事发生,并在突然之间使你失去控制。

基于对这些事实的全面考虑,我相信今天这样说是对的:避免战争的最好机会,就是和其他西方民主国家一道,把问题向苏联政府挑明,并通过正式的外交程序,以其全部的保密性和严肃性,实现一项持久的解决方案。假如能够达成这样一项解决方案,那它当然对所有国家的利益都能提供足够的保证。不过我必须说,即使是这种方法也不能保证战争不会发生。但我相信,它将提供从战争中死里逃生的最佳机会。⑭

丘吉尔为解决东西方之间的冲突而提出的建议,同样适用于南北两方可能在未来发生的冲突。数月来——如果不是数年的话——对伊拉克威胁中东均势的忽视导致了1990年至1991年的海湾危机。如果在20世纪80年代或1990年8月之前运用过什么

---

⑭ *Parliamentary Debates* (*Hansard*), *House of Commons*, Vol. 446, No. 48, pp. 562—563.

390 外交手段的话，它也没有得到有效的运用。在谈到这一时期的外交时，里根总统要比他的继任者坦率得多，他承认："我们大错特错。"丘吉尔所提出的也是从艾森豪威尔总统到里根总统一直贯彻的外交政策——即与赫鲁晓夫和戈尔巴乔夫等苏联最高领导人举行会谈——最终取得了成效。对已经从处理美苏关系中学会施展明智外交的西方领导人来说，不善加利用这种外交为全球外交政策提供的经验教训将是十分遗憾的。